|光明社科文库|

近代中国民法学中的物权行为理论

姜茂坤◎著

光明日报出版社

图书在版编目（CIP）数据

近代中国民法学中的物权行为理论 / 姜茂坤著 . -- 北京：光明日报出版社，2022.11
ISBN 978-7-5194-6916-0

Ⅰ.①近… Ⅱ.①姜… Ⅲ.①物权法—研究—中国—近代 Ⅳ.①D923.22

中国版本图书馆 CIP 数据核字（2022）第 214308 号

近代中国民法学中的物权行为理论
JINDAI ZHONGGUO MINFAXUE ZHONG DE WUQUAN XINGWEI LILUN

著　　者：姜茂坤	
责任编辑：陆希宇	责任校对：阮书平
封面设计：中联华文	责任印制：曹　净

出版发行：光明日报出版社
地　　址：北京市西城区永安路 106 号，100050
电　　话：010-63169890（咨询），010-63131930（邮购）
传　　真：010-63131930
网　　址：http://book.gmw.cn
E – mail：gmrbcbs@gmw.cn
法律顾问：北京市兰台律师事务所龚柳方律师

印　　刷：三河市华东印刷有限公司
装　　订：三河市华东印刷有限公司

本书如有破损、缺页、装订错误，请与本社联系调换，电话：010-63131930

开　　本：170mm×240mm
字　　数：341 千字　　　　　　　　印　张：19
版　　次：2023 年 1 月第 1 版　　　印　次：2023 年 1 月第 1 次印刷
书　　号：ISBN 978-7-5194-6916-0
定　　价：98.00 元

版权所有　　翻印必究

自 序

传统的中国法律对于"物"（主要是不动产）因契约而发生的物权变动，不同的历史时期有着不同的规定。但是在因契约而发生的物权设定、移转变动过程中，究竟自何时起物权发生变动？物权变动的标志又是什么？对此，传统的中国法学并未做出正面的法学解释。但是，据资料显示，对于"重复买卖"的行为，传统的中国法律毫不犹豫地认定"重复买卖"中的"在后买卖行为"和"盗卖他人财物"（尤其是土地）的行为无效，并对相关当事人予以严厉的刑事制裁。

早在19世纪之前，中国就已经开始出现翻译成中文的西方作品。至19世纪中后期，出于或交往或学习的需要，法律的翻译作品日渐增多。中国人开始初步了解西方近代的法律制度。

20世纪初期，清政府迫于国内外形势和稳定统治的需要，决定学习西方的法律制度，变革中国的传统法制。在此形势之下，对西方民法典的翻译工作相继展开。与此同时，清政府一方面聘请外国民法学家来华，帮助制定新的法律；另一方面，大量派出法科留学生去国外学习法律。与之相随，西方近代民法学的翻译和编辑作品日渐增多并广泛流传，近代法科教育也在国内兴起并迅速扩张。近代民法学在中国得以诞生并快速成长。

在20世纪初的这场法律变革中，邻邦日本则成为中国的首要学习对象。在民法学输入方面，日本民法学在民法学语词借用、民法学讲义和著作的翻译、民法学的法学教育等方面，对中国产生了决定性的影响。日本的"物权的行为""物权之契约"观念也随着民法学的整体输入而得以在中国传播。

民国前期（1912—1929），物权契约理论已被当时的民法学界所接受，并被应用于民事司法审判实践活动中。大理院判例和解释例、最高法院判例和解释例以及"司法院"解释例均可以充分证实物权契约理论在司法审判实践活动中的应用。民国前期的大理院推事、最高法院法官和"司法院"司法官主要由当时著名的法学家担任，因此，大理院和最高法院的相关物权契约民事判例、解释例以及"司法院"解释例，不仅能够反映物权契约理论在民国前期的发展状况，而且可以直接反映物权契约理论在民国前期的司法审判实践活动中的适用情况。

在大理院使用物权契约理论进行审判实践的同时，民法学理论界也加强了对物权契约理论的研究与探讨。在民国前期，物权契约理论的基本内容已经出现，例如，物权契约的定义、物权契约与债权契约的分离，以及物权契约效力不受债权契约效力影响的无因性质等。学者也已认识到物权契约应与物权内容的法定性直接相关联，并与债权契约在内容上相互区别。

然而，民国前期的物权契约理论发展并不成熟。立法者（民法学者）对于物权契约相关制度的要求，还难能有准确和宏观的把握。这种理论的不成熟反映在立法上的缺憾，就是公布于1922年的"不动产登记条例"。在这个关于不动产物权登记的条例中，物权契约理论并未能寻求到不动产物权登记的制度支持。因而，重复典卖的大理院解释例，成为民法学者们对不动产物权移转模式认识冲突的导火索。不动产重复典卖的解释例论争，集中反映了民国前期的物权契约理论发展水平，促进了学者对物权契约理论以及不动产登记制度的深度思考。

1927年，日本著名民法学家横田秀雄先生的《论物权契约》论文被翻译至中国。在这篇文章中，横田秀雄先生介绍了日本民法学界对物权契约的研究成果，并结合日本的民法规定，分析了物权契约理论的解释意义。横田秀雄先生对物权契约理论的分析和论述的字里行间，充满了对物权契约理论学术价值的肯定。这篇文章对近代中国的物权契约理论发展具有重要的意义。它丰富了民国前期的物权契约理论内容，促使近代中国的物权契约理论进一步向纵深发展。

1929—1930年，"中华民国民法"中的"总则""债编"和"物权编"的相继公布和实施，极大地激发了学者们对物权行为理论的研究热情。虽然，"中华民国民法"并未直接而明确规定"物权行为"，但民法学者们却对"中华民国民法"采用了物权行为理论而毫不怀疑。虽然学者间对"中华民国民法"采用物权行为理论的具体表现法条，观点还不尽一致，但这也正是物权行为理论发展水平的表现之一。正是学者们对"中华民国民法"采用物权行为理论的坚定信念，使得物权行为理论成为民国后期的物权法学著作中不可或缺的重要内容。

民国后期（1930—1949）的物权行为理论在研究范围和研究深度方面，都比民国前期有了较大的发展。

在物权行为的定义理解方面，民国后期的物权行为理论不再局限于从日本传入的"目的说"定义,而是出现了多样化的趋势,其中德国的物权行为定义学说日益受到学者的重视和认同。

在物权行为的性质认识方面,民国后期的物权行为理论也出现了质的飞跃。民国前期的中国学者很少谈及物权契约的性质,而横田秀雄先生对物权契约的"要式性"和"践物性"性质的认识,并没有影响到民国后期的民法学者对物权行为的"独立性"的高度认同和对物权行为"无因性"的深度探讨。物权行为的处分性质,未能引起民法学者的足够重视。

在物权行为与债权行为的关系确立方面,民国后期的物权行为理论准确界定了物权意思表示与债权意思表示的三种关系,并对其分别进行了探讨与阐释。尤其是物权意思表示与债权意思表示同时存在的关系情形,有利于说明物权行为拟制性存在方式。而物权意思表示与债权意思表示异时存在的关系情形,则可使人们正确区分物权行为与债权行为,并使物权行为无因性得以充分展示。而物权行为与其他法律行为的关系研究,则为进一步研究物权行为的目的提供了广阔的研究空间。

物权行为理论在民国后期的发展趋势表明,中国的民法学者已逐步摆脱了日本物权契约理论的影响,开始独立审视和检讨物权行为理论的学术价值和实践意义,并且开始有意识地直接从物权行为理论的发祥地——德国的民法学理论中汲取营养。

纵览近代中国的物权行为理论发展历程,清末和民国前期、后期的物权行为理论称谓,就可直观反映出物权行为理论在近代中国的发展轨迹。在清末和民国前期,"物权契约"成为物权行为理论的代名词。虽然在法律行为分类意识里,民法学者并不否认物权单独行为的存在,但在对物权行为理论的应用和论述方面,民法学者仍愿沿袭日本民法学中的"物权契约"称谓。至民国后期,随着物权行为理论内容的发展,中国民法学者们已经逐步摆脱了日本民法学的影响;"物权行为"也已被多数学者接受和使用。因此,对于近代中国民法学中的物权行为理论发展历程,完全可以用"从物权契约到物权行为"来进行宏观概括。

在近代物权行为理论的发展过程中,对物权公示行为("不动产登记"和"动产交付")的民法学的认识至为关键。因为,正是"交付"行为促使近代民法学之父——萨维尼——提出了物权行为理论。德国的物权行为理论发展也从来没有忽视"交付"行为的存在。因此,梳理近代民法学对"登记""交付"的认识发展尤为必要。

物权行为无因性,在民国后期,乃至今日仍是民法学界中争议最大的问题之一。民国前期，民法学者对物权行为无因性尚未有所认识，但在司法审判实践中，物权行为无因性已经被实际应用。横田秀雄先生提出物权契约无因性之后，物权行为无因性成为当时民法学理论中"争论最为激烈的"问题之一。

近代中国民法学中的物权行为理论虽然经历了一个逐步的发展过程，但是自该理论传入之初，就对近代中国的立法和司法实践产生了重大的影响。

在立法方面，中国第一部民法典草案"大清民律草案"中，虽然没有直接出现物权行为或物权契约的用语，但是在条文的"骨子里"，可以看到物权契约理论的间接影响。之后的"民国民律草案"和"中华民国民法"，虽然对"大清民律草案"的部分条文有所修正，但是物权行为理论仍然在法律条文中完整的存在。

在司法审判实践方面，物权行为理论对近代中国的审判实践影响最为明显。民国前期的大理院和最高法院的民事审判实践自不必说，民国后期的最高法院判例和"司法院"解释例也显示出物权行为理论对司法审判实践活动的实际影响。

我国于2007年施行《中华人民共和国物权法》。《中华人民共和国物权法》及其后的司法解释，吸收了物权行为理论的相关内容，为解决我国当时民事合同纠纷和物权纠纷，提供了较好的解决模式。物权行为理论已经从新中国民法学者的引入、讨论，发展到为新中国的立法所吸收借鉴，切实解决司法实践中的物权争议新阶段。

2021年开始施行的《中华人民共和国民法典》，沿袭了《中华人民共和国物权法》中的物权行为理论的立法成果。审判机关的审判人员已经灵活掌握并运用物权行为理论，解决合同和物权相关争议。可以说，物权行为理论已经在新中国大地上生根发芽，并茁壮成长。

谈及当下的《中华人民共和国民法典》和"物权行为理论"，不妨首先了解一下，清末民初那段时期，勤奋而智慧的法学前辈们，为实现我国法律的近代化，为实现我国的法治梦想，学习、借鉴其他先进国家的法学理论，并大胆运用于司法实践的历程。

每每研读民法学或讲授物权法课程，就感到有必要将近代民法学中物权行为理论引入和发展的历史呈现在世人面前。

是为序。

姜茂坤
2021年7月于上海

目录
CONTENTS

导　言 ………………………………………………………………… 1

第一章　传统法律的物权变动规定与西方近代民法学的引入 ………… 6
　　第一节　从"买卖"规定透视传统法律中的物权变动 …………… 6
　　第二节　西方近代民法学的引入与传播 …………………………… 16
　　第三节　近代中国民法学的诞生与日本民法学的引入 …………… 24
　　第四节　近代物权行为理论相关用语的创制与定型 ……………… 31
　　第五节　清末时期的物权契约观念 ………………………………… 51

第二章　民国前期（1912—1929）的物权契约司法适用与理论发展 …… 62
　　第一节　民国前期的物权契约司法适用与理论发展 ……………… 62
　　第二节　民国前期的物权契约学理探研 …………………………… 75
　　第三节　重复典卖的解释例论争与物权契约理论的解释范围 …… 85
　　第四节　日本学者横田秀雄的《论物权契约》与物权契约理论新发展 …… 96

第三章　民国后期（1929—1949）的物权行为理论研究（上） ……… 107
　　第一节　物权意思表示的独立与区分 ……………………………… 107
　　第二节　物权行为的定义研究 ……………………………………… 124
　　第三节　物权行为要件的发展 ……………………………………… 136
　　第四节　物权契约与债权契约的区别研究 ………………………… 143

第四章　民国后期（1929—1949）的物权行为理论研究（下） …… **151**
第一节　物权行为无因性的研究 …… **151**
第二节　物权行为相对无因性的学说 …… **162**
第三节　物权行为的处分行为特性 …… **169**
第四节　物权行为与其他法律行为的关系研究 …… **176**

第五章　近代物权行为理论发展纵论 …… **187**
第一节　从物权契约到物权行为 …… **187**
第二节　物权行为理论与形式主义之关系 …… **197**
第三节　物权行为无因性与交易安全 …… **217**

第六章　近代物权行为理论与近代中国的立法、司法 …… **244**
第一节　近代物权行为理论与近代中国的立法 …… **244**
第二节　近代物权行为理论与最高法院判例、会议决议 …… **264**
第三节　近代物权行为理论与"司法院"解释例 …… **275**

参考文献 …… **282**

导　言

历史悠久的中华民族，孕育了丰富的法学文化。漫长的封建制度也曾创造出光辉灿烂的法制文明，并曾强烈地影响周边国家的法律制度，进而形成历史上的中华法系。然而，随着历史的发展，封建的生产关系日渐成为生产力发展的桎梏，最终严重阻碍了中国经济的发展。至清代中后期，中国已沦落为经济上贫困落后，军事上被动挨打，政治上受人钳制，司法上丧失主权的悲惨国家。

面对现实的危境，意识到民族危机的有识之士开始"睁眼看世界"，积极寻求强国富民的救国道路。"睁眼看世界"的先人们开始逐步了解、学习西方先进的文化。西方的法律制度逐步成为人们了解学习的对象。

早在18世纪，西方文化就开始传入中国。历史发展到19世纪末20世纪初，在西方列强的威逼利诱之下，清政府被迫开展了一场声势浩大的"变法"运动。

清末的法制变革，为近代民法学的输入创造了良好的契机。出于各种原因的考虑，日本民法学开始整体性"移植"进入中国。其中，物权行为理论作为近代民法学的一部分内容开始传入中国，逐步为近代的法学学子认识和接受。

本书所称的"近代中国民法学"是指自1902年至1949年间的西方近代民法学的输入以及中国民法学的形成和发展。但在论述上，仍需对1902年之前关于"买卖"的传统法律规定，以及始自18世纪之前的西方民法学输入情况进行概述。

虽然学者对近代中国民法学的发展起点有着不同的认识，例如，何勤华教授以1902年翻译成中文的《泰西民法志》，作为近代民法学传入的标志，而俞江教授则将林则徐翻译的《各国律例》作为近代中国民法学发展的起点。但无论近代中国民法学从何时开始，日本近代民法学对中国民法学的诞生和成长产生了决定作用这一点上，两位学者似乎并无异议。

物权行为理论是近代民法学的重要内容。其重要程度不仅在于近代的民法学者对物权行为理论的普遍性认同，也不仅在于近代中国的三个民法典（草案）都事实上作了与物权行为理论基本一致的规定，重要的在于，近代中国的司法者们将这种理论真正地运用到了司法审判实践的活动当中，使物权行为理论不仅成为民法学著作中的"学说"或"理论"，而且成为法律人审视和思考相关问题的首要的、基本的意识。

为使读者对本书有一个宏观的认识，特对本书的相关问题介绍如下。

一、梳理近代中国民法学中物权行为理论发展的意义

20世纪80年代，物权行为理论被重新提起，这在民法学术界引起了高度的关注。法学核心期刊中多次刊载物权行为理论的文章，物权法学专著将其作为论述的重点，民法学教材也对物权行为理论进行了必要的介绍。然而，对于近代中国物权行为理论的发展，无论民法学界还是法学史界，则鲜有学者论及，更未见出现专门的研究成果。因此，梳理近代中国民法学中物权行为理论的发展，具有以下三点意义。

（一）有利于认识物权行为理论在近代中国的发展历程

民法学者提及物权行为理论时，对我国台湾地区的民法典采用物权行为理论较为熟知，但是，对物权行为理论在我国近代的发展历程，则不仅难以详述，而且还存在不少误解。

本书从物权行为理论开始传入一直到民国后期的物权行为理论的立法解释和司法实践，既作一宏观的纵向描述，又作一微观的细致考察，使读者能够对物权行为理论在近代中国民法学中的发展过程形成清晰的认知。

（二）有利于促进当代的物权行为理论研究

自20世纪80年代大陆民法学界恢复物权行为理论的研究以来，学者们对物权行为理论已经有较为深入的研究。但是，就研究的深度而言，当代大陆的物权行为理论研究与德国、我国台湾地区的研究相比，还是有很大的差距。这在相当程度上影响了对物权行为理论的认识。

近代中国的民法学虽然起步较晚，但近代中国的物权行为理论研究以立法和司法为依托。加之，参与研究的学者不乏学界名家，因此，在物权行为理论研究上，可谓内容丰富、思想深刻。梳理近代中国民法学中的物权行为理论发展，必将有利于当代的物权行为理论研究。

（三）有利于检讨当代中国的物权立法

《中华人民共和国民法典》已颁布实施。民法典吸收了我国民法学者研究物权行为理论的成果，结合我国的现实情况，科学地设计了物权变动模式。当然，对物权行为理论的研究，仍将继续。

近代中国民法学的物权行为理论正是伴随着近代中国的物权立法在不断地深化和发展，且在不断完善着近代中国的物权相关立法。梳理近代中国的物权行为理论发展，有利于总结物权立法的正当历史经验，汲取物权立法的不当历史教训，从而检讨当代中国的物权立法。

总之，梳理物权行为理论在近代中国民法学中的发展历程，有利于全面了解物权行为理论在近代中国的研究状况，促进当代民法学者对物权行为理论的深入研究，进而检讨当前的立法得失，最终促进物权法学的进一步发展和繁荣。

二、物权行为理论在近代中国的发展阶段划分

物权行为理论在近代中国的发展，大致可划分为三个阶段。

第一阶段为清末时期（大致从1902—1911年），约10年的时间。

在这一阶段，"物权行为""物权契约"已经在清末留日学生编辑的民法学著作中出现，物权行为理论也极有可能已经开始在中国传播。

第二阶段为民国前期（大致从1912—1929年），约18年的时间。

在这一阶段，物权契约的定义和有效成立要件，已经由大理院判例予以确立，并在审判中开始适用。同时，民法学者也已经开始在民法学著述中，对物权契约展开论述。其中，有黄右昌先生在"朝阳大学法律讲义"中的物权契约内容；又有1922年，王凤瀛先生发表在《法学会杂志》上的文章《因法律行为而有物权之得丧变更者，应否以登记、交付为发生效力之要件？各国立法例不一，我国宜采何制？现在登记制度未能即行，宜代以如何方法？》。这些论述表明，民法学者在这一时期，对物权契约已经有了较为深刻的认识。

第三个阶段为民国后期（大致从1930—1949年），约20年的时间。

在这一阶段，随着"中华民国民法"的公布实施，民法学著作在物权行为理论研究成果数量上有了一个大的突破。民法学中的物权行为理论发展也有了一个质的飞跃。在物权行为的定义、物权行为的性质、物权行为与其他法律行为的关系等方面，民国后期的民法学者已经展开了深入的研究和探索。

三、本书的章节安排与写作思路

本书共分六章。

第一章内容主要通过"买卖"的规定发展，透视传统法律中的物权变动规定；对西方民法学的输入状况进行宏观性描述；并对物权行为相关语词和观念进行了细致考察。回顾传统法律对"买卖"的规定，介绍传统中国对物权变动的法律规定，意在使读者在了解物权契约理论在近代中国的发展之前，对中国

传统法律中物权变动的制度变迁有一个大致的认识。对近代西方民法学在中国的输入与传播的宏观描述，重在揭示日本民法学对近代中国民法学的形成和初步发展的决定性影响。对与物权行为相关用语和观念的考察，则意图使读者对物权行为相关用语的使用和含义有一个恰当的认识，为深入理解物权行为理论打好基础。

在写作思路上，基本采用宏观描述的方式，使读者对传统立法状况及西方民法学的输入情况有所了解。

第二章主要介绍民国前期物权契约理论的内容与发展概况。该章主要抓住民国前期的物权契约适用判例与主要研究成果中的"四个重点"，即最高审判机关判例和解释例、物权契约学理探研成果、重复典卖解释例论争和日本横田秀雄先生的《论物权契约》，并对之做出重点论述。对于物权契约理论的其他内容，放入第三、第四章中进行集中论述。

在写作思路上，以集中介绍物权行为的主要发展事件为主，例如，司法审判机关（大理院、最高法院）的判例、解释例所展现出来的物权行为理论内容，1927年的大理院解释例论争内容以及日本学者横田秀雄先生的《论物权契约》论文内容。对于民国前期的物权行为理论研究状况，则主要集中在黄右昌先生的"朝阳大学法律讲义"、1922年王凤瀛先生发表的文章《因法律行为而有物权之得丧变更者，应否以登记、交付为发生效力之要件？各国立法例不一，我国宜采何制？现在登记制度未能即行，宜代以如何方法？》以及1927年陶维能先生发表的文章《契约元素中之常素偶素制限问题》。

总之，第二章在内容方面，通过"以点代面"的形式，叙述民国前期的物权行为理论发展状况。而对民国前期的物权行为理论内容的发展状况，则放在第三、第四章的相应内容中，从而使近代前后时期的发展状况连贯成线，便于读者纵向了解物权行为理论的发展过程。

第三、第四章主要以民国后期的物权行为理论内容做分类描述。第三章主要以物权行为与债权行为的区分为主要内容。从物权意思表示、物权行为的定义、物权行为要件的发展、物权契约与债权契约的区别四个方面，对物权行为理论的相关内容进行论述。第四章主要以物权行为的性质以及物权行为与其他法律行为的关系为内容，使读者对近代中国的物权行为的性质及其与其他法律行为的关系有一个了解。

在各节写作思路上，首先梳理物权行为理论相关内容在近代中国民法学的发展概况，使读者对物权行为的相关内容的历史发展有所了解。然后，对民国后期的物权行为理论研究状况进行深入的论述。

第五章则以整个近代为主线，针对物权行为理论在近代中国的发展过程，从物权契约与物权行为，物权行为与形式主义、物权行为无因性与交易安全等不同方面，做出历史性的描述。

　　在写作思路上，与第三章基本相同。

　　第六章主要论述物权行为理论对近代中国民事立法和司法实践的影响。其中，近代中国民法学中的物权行为理论对立法的影响，主要以近代中国的三个民法典（草案）为分析和比较对象，揭示民法典（草案）规定与物权行为理论内容的一致性。近代中国民法学中的物权行为理论对司法的影响，主要表现为物权行为理论在审判和司法解释中的具体适用。

　　在写作思路上，从立法方面，采用法律文本规定与物权行为理论对照的方式，揭示物权行为理论内容在法律文本上的体现。从司法适用方面，采用物权行为理论内容分别在司法案例上的适用以及在"司法院"解释例的适用两方面，对物权行为理论对司法实践的影响进行阐述。

第一章

传统法律的物权变动规定与西方近代民法学的引入

第一节 从"买卖"规定透视传统法律中的物权变动

随着生产力的发展,社会上生活单位的产品出现剩余时,也就有了"物物交换"的需要。而当一般等价物出现之后,也就出现了"买卖"。作为重要规范的法律随着国家的产生而出现。

随着法制的发达,物权变动过程中的规范也日趋细密。"买卖"是一种使物权变动的最基本和最常见的原因行为。从传统法律对"买卖"的规定,可以透视出传统法律中的物权变动规制思维。

一、中国传统法制对"买卖"的规定

(一) 动产买卖

我国传统法律对动产买卖,有着一定的控制。秦汉时期,买卖行为的规定已经较为严格。从有关史实看,对违反法律规定的买卖行为,都被认定为犯罪行为,被处以刑罚。[1] 至汉代时期,买卖双方在价金的支付方式上已比较灵活。除在立契的同时支付价金外,在立契后约定的期限内支付价金的情形也已极为普遍。此种在约定的期限内支付价金的情形,当时被称之为"赊贳""贳买"。在这种赊买的契约中,约定的担保条款比较完备。例如,约定买方在约定期限内未能支付全部价金的,作为逾期处罚的办法是加计利息。[2] 这种赊买情形表

---

[1] 叶孝信. 中国民法史 [M]. 上海:上海人民出版社,1993:129.
[2] 叶孝信. 中国民法史 [M]. 上海:上海人民出版社,1993:132-133.

明，秦汉时期已经出现"约定债权"与"实际价金支付"的异时分离情形。而这正是近代民法学对物权变动过程中，债权行为与履行行为的区分端倪。

至隋唐时期，律例中有买卖契约必须在买卖行为完成后，三天内订立书面契券并进行确认的规定。例如，《唐律疏议·杂律》规定，凡买卖奴婢、马牛之类，必须在买卖行为发生后的三天内在市司的监督下订立"市券"，违者买方"笞三十"，卖方"减一等"。依近现代物权行为理论，此种在买卖行为发生后的三天内，订立"市券"的行为，均可视为是在买卖债权行为之外的，对物权移转意思表示的确认行为。

两宋时期，对动产买卖出现了一些新规定。例如，北宋末年曾一度规定"牛畜买卖"契约必须使用官契纸，缴纳契税。《文献通考》（卷十九）记载，至南宋绍兴二十七年（1157年），"诏人户买卖耕牛，并免投纳契税"。这说明两宋时期，对牛畜买卖的形式要求有所加强；而在缴纳契税方面，则尚未完全确定。

元代时期，《元典章》（卷二十二）记载，元世祖至元七年（1270年）对买卖进行了规定："私相贸易田宅、奴婢、畜产，及质压交业者，并合立契收税，违者从匿税科断。乞遍行事，都省准呈各路，依上施行。"此规定旨在强调买卖奴婢、畜产要订立书面契约，并经官缴纳契税。对于其他的动产，则未有明确规定。

明清时期，动产买卖已无严格的制度，只需私人立契即可。

传统法律对动产买卖的规制，在"重刑轻民"的思想下，显得有些"微不足道"。因动产买卖所发生的纠纷"细事"，也在传统的解决机制中得以无形消化，从而传统法学无缘形成对动产买卖的民法学问。

（二）不动产买卖

与动产相比，传统中国对不动产的规定明显严格。

"古代，没有'不动产'一语，但历代法律一直将'田房物业'作专门的规定。"① 田宅（土地、房屋）是中国古代社会的主要生产和生活资料，尤其是土地，更是中国历代官府统治的经济基础。因而，中国的历代官府对田宅的典卖交易极为重视，且做出了严格的法律规定予以规范控制。

先秦时期，"不动产买卖的出现当晚于动产买卖"②。秦汉时期，对不动产买卖规定的明确记载也未被世人所见。至三国两晋南北朝时期，《通典·食货十

---

① 郭建. 中国财产法史稿[M]. 北京：中国政法大学出版社，2005：214.
② 叶孝信. 中国民法史[M]. 上海：上海人民出版社，1993：67.

一》记载:"晋自过江,至于梁陈,凡货卖奴婢、马牛、田宅,有文券,率钱一万,输估四百入官,卖者三百,买者一百。无文券者,随物所堪,亦百分收四,名为散估。历宋、齐、梁、陈,如此以为常。以人竞商贩,不为田业,故使均输,欲为奖励。虽以此为辞,其实利在侵削。"从这一记载中,间接可以得知,东晋南朝以买卖田宅为要式行为,必须订立书面契约。①

北朝对于田地买卖,已经有亲族优先受田权及优先占有权的规定。《通典·食货十一》记载:"诸远流配谪无子孙及户绝者,墟宅桑榆,尽为公田,以供授受。授受之次,给其所亲;未给之间,亦借其所亲。"这对后世的"先问亲邻"制度的形成有一定影响。②

唐代时期,有关不动产买卖的法律条文主要是关于土地买卖的,然而房屋、邸店、碾硙之类不动产买卖也可以参照。这些规定相对比较完善,其主要内容有如下三个方面:

第一,土地买卖行为必须符合法律规定。这一方面的法律最主要的就是《田令》。只有贵族、官僚所得赐田,五品以上官员的官勋田、永业田才可以自由买卖。百姓的永业田只能在供丧葬费用或迁居的情况下才可出卖。口分田原则上不准出卖。《唐律疏议》(卷十二)"卖口分田"条规定:"诸卖口分田者,一亩笞十,二十亩加一等,罪止杖一百。地还本主,财没不追。"

第二,土地买卖必须符合法定程序。唐初《田令》规定:"田无文牒,辄卖买者,财没不追,苗子及买地之财并入地主。"

第三,土地交易成立,必须向政府申报转移该项土地所负担的赋税。唐宣宗大中四年(850年)发布了一条制令:"青苗两税,本系田土,地既属人,税合随去。从前敕令,累有申明。豪富之家,尚不恭守。皆是承其急切,私勒契书。自今以后,勒州县切加觉察,如有此色,须议痛惩。"(《唐会要·租税下》)可见在此之前,已有勒令规定了后世称之为"过割"的制度。③

两宋时期的《宋刑统》虽然仍保留着《唐律疏议》中有关土地买卖必须报官批准获取文牒的条文及律疏,然而实际上并无此制。但对土地房屋等不动产交易却规定了严格的程序,首先必须"问亲邻"。买卖土地时要约集地邻以证明土地所有权易手,这是起源很早的一种民间惯例。《折狱龟鉴》(卷六)记载:"卖田问邻、成券会邻,古法也。"

---

① 叶孝信. 中国民法史[M]. 上海:上海人民出版社, 1993:200.
② 叶孝信. 中国民法史[M]. 上海:上海人民出版社, 1993:200.
③ 叶孝信. 中国民法史[M]. 上海:上海人民出版社, 1993:265-267.

其次，两宋法律规定不动产买卖契约必须"印契"和缴纳契税。契税源于东晋南朝的"估税"，北朝隋唐无此税，北宋正式建立印契和税契制度。这种印契带有一定的公证性质，并由官牙人证明、由买主纳税，又称牙契钱。民间田宅及牛畜契约先要立草契，然后至官府买官契纸誊抄，再加盖官印，缴纳官契纸钱和契税。

唐末五代后由于土地买卖频繁，伪冒争讼层出不穷，为此才出现了由官府审查交易行为、并加盖官印证明的制度。契约经加盖官印后称"赤契"或"红契"，是合法的产权证书。没有"赤契"就容易丧失不动产的所有权。官府审理产权纠纷案件，也以"赤契"为主要证据。①

再次，两宋在唐代法律基础上进一步完善"过割"制度。强调田宅买卖要同时转移标的物所负担的赋税。

最后，两宋法律强调在土地买卖订立契约后，必须转移土地的占有，卖方必须"离业"。北宋宋仁宗皇祐年间（1049—1053）专门制定了"官庄客户逃移之法"。《宋史·食货上一》记载："凡典卖田宅，听其离业，毋就租以充客户。"并在南宋开禧元年（1205年）再次强调这一法条。《名公书判清明集》（卷四）记载："准法，应交易田宅，并要离业，虽割零典卖，亦不得自佃赁。"南宋官府在审理田产词讼时也强调："田产典卖，须凭印券交业，若券不印及未交业，虽有输纳钞，不足据凭。"《州县提纲·卷二》在审理田土交易诉讼时，官吏也往往认为："既当论契书，亦当论管业。"对"已卖而不离业"的情况采取不承认其田土典卖合法性的态度。但是对这种不合法的土地买卖，当事人应如何承担相应的民事责任，不同的官吏有不同的裁断。有的承审官认为如果离业，田土交易便被认定为永卖，绝无收赎之理；如果未曾离业，田土交易便被认定为典当，可收赎。而有的承审官认为不离业的土地买卖是不合法的，坚持一旦绝卖契约经官府加盖印章就必须履行，由官府强制出卖人离业，而不把未离业的出卖视为典当。②

两宋在不动产买卖契约方面规定的问邻、印契、过割、离业四个要素，对后世民法中不动产买卖契约制度的影响极大。③ 但至元明清时期，法律对田宅典卖过程中的"离业"已无明确规定。民间出卖土地后又成为买方佃户依旧耕种原田土的情况比比皆是。④

---

① 叶孝信. 中国民法史［M］. 上海：上海人民出版社，1993：345-350.
② 柴荣. 中国古代物权法研究［M］. 北京：中国检察出版社，2007：275.
③ 叶孝信. 中国民法史［M］. 上海：上海人民出版社，1993：345-350.
④ 郭建. 中国财产法史稿［M］. 北京：中国政法大学出版社，2005：228.

元代时期，元代不动产买卖必须有"经官给据""先问亲邻""印契税契""过割赋税"这样四个法定要件才可生效。

明代时期，废除了"经官给据""先问亲邻"的程序规定，仅强调不动产买卖与奴婢买卖必须"印契税契"，田宅买卖还必须"过割赋税"。明初曾一度沿袭元代买卖契约必须使用官印契本的制度。例如，《明会要》（卷三十五）记载："洪武二年令：凡买卖田宅头匹，赴务投税，除正课外，每契纸一本，纳工本铜钱四十文。"但后即废除此制。《明律·户律·田宅》"典卖田宅"条："凡典卖田宅不税契者，笞五十，仍追田宅价钱一半入官。不过割者，一亩至五亩笞四十，每五亩加一等，罪止杖一百，其田入官。"法律规定的程序仅税契、过割两项，畜产买卖无须缴纳契税。①

清代沿袭明制，田宅典卖的过程大致是：田宅典卖双方订立典卖契约后，买主应在当年至官府，缴纳契税（"投缴契税"）；官府会在契约之后粘连契尾，并加盖骑缝官印，并将赋税在簿内重新登记（"过割赋税"）。② 至此，官府律令规定的田宅典卖程序算是完成。

可见，在中国历史上，田宅买卖的程序经历了一个漫长的发展过程。大约从隋唐时起，田宅的买卖就开始规定严格的程序，田宅的交易必须事先"经所部官司申牒"，而宋代的"离业"规定，则算是中国历史上较有特色的制度，有利于减少田宅典卖过程中的纠纷发生。"先问亲邻"则有其深刻的历史渊源和家族伦理背景，③ 但至明清时期，"经官给据"和"先问亲邻"已被废除。至晚清时期，"印契税契"和"过割赋税"成为中国传统的不动产买卖过程中必须履行的义务。

以上是对不动产（田宅）买卖的程序规定发展过程的大致描述。但是，在买卖过程中，印契税契和过割赋税则是较为重要的规定，因此，确有进行深入梳理的必要。

买卖行为征收交易税的制度起源于东晋南朝。但至唐代，"交易税"已经为法律所明定。例如，唐宣宗大中四年（850）制："青苗两税，本系田土，地既属人，税合随去。从前敕令，累有申明。豪富之家，尚不恭守。皆是承其急切，私勒契书。自今以后，勒州县切加觉察，如有此色，须议痛惩。"可见在此制之前，已有敕令规定了后世称之为"过割"的制度。两宋在唐代法律基础上进一

---

① 叶孝信. 中国民法史[M]. 上海：上海人民出版社, 1993：536.
② 郭建. 中国财产法史稿[M]. 北京：中国政法大学出版社, 2005：223-228.
③ 柴荣. 古代物权法研究[M]. 北京：中国检察出版社, 2007：295-322.

步完善了"过割"制度，强调田宅买卖要同时转移标的物所负担的赋税。南宋法律规定："人户典卖田宅，准条具账开析顷亩、田色、间架、元（原）业税租、色役钱数，均平取推，收状入案，当日于簿内对注开收讫，方许印契。"（《宋会要·食货》）强调必须在契约上写清租税、役钱，并由官府在双方赋税账簿内改换登记后才能加盖官印。如有违反者，田宅产业"给半还元（原）业人，其价钱不追，余一半没官"。唐末曾一度废除此税。五代时又恢复交易税，改称"契税"，但只限于田房之类的不动产交易。同时，为防止交易作弊，减少纠纷，又规定凡田房交易的契约都必须经由官府审查，加盖官印，既证明交易合法，又表示已缴纳契税。因此"税契"和"印契"合一。① 北宋时期，各州官府已备有官印契纸。田宅买卖交易需要契纸时，到官府购买契纸。民间田宅典卖，则大多先行立草契，再至官府缴纳契税时转抄于官契纸，由官府加盖官印，成为"赤契"。明代中叶以后，官府不再印制契纸，改由户部印制契尾。粘有官印契尾的契约也被称为"赤契"。清军入关后基本沿袭这一制度，只是规定由各省布政使司印制契尾。但明清两代仍有不少地方官府自行印制官契纸，这些官印契纸的称呼并不统一，但格式与民间私契并无大的差别，其目的主要在于征收契税。② 依《明律》，典卖田宅而不税契者，笞五十，追征田宅价钱之一半。地方司法实践也是如此。③

赋税是官府财政收入的主要来源之一，官府对田宅买卖后的赋税过割也有着明确的强制要求。"所谓过割乃过户、割粮，即'以所典卖田地，过割于己之户籍也；宅无粮差，故不言过割'（《明律集解》），或'由彼户推出，收入此户'的意思。"④《明律》规定，买卖田宅"不过割者，一亩至五亩，笞四十，每五亩加一等，罪止杖一百。其田入官"。其处罚重于对不缴纳契税行为的处罚，同时还附带田产全部没官。一般是先缴纳契税，后过割赋税。⑤ "过割系专为征税目的之制，与……税契之兼有公证目的者不同。"⑥

除官府的律令明确规定外，为了防止田宅买卖可能出现的纷争，民间还有在典卖田宅时，交"上手（老）契"的惯例。"典卖业产，大率写立契字，而

---

① 郭建. 中国财产法史稿 [M]. 北京：中国政法大学出版社，2005：221；丁凌华. 中国法律制度史 [M]. 北京：法律出版社，1999：287.
② 郭建. 中国财产法史稿 [M]. 北京：中国政法大学出版社，2005：227-228.
③ 汪庆祺. 各省审判厅判牍 [M]. 李启成，点校. 北京：北京大学出版社，2007：91-92.
④ 戴炎辉. 中国法制史 [M]. 台北：三民书局，1995：286.
⑤ 郭建. 中国财产法史稿 [M]. 北京：中国政法大学出版社，2005：225.
⑥ 戴炎辉. 中国法制史 [M]. 台北：三民书局，1995：286.

11

于契内注明业产的来历。不宁唯是，若有上手契（老契、老手契），则一并付承买人、承典人。新立之契，即称为现手契。上手契的种类，除卖契、典契外，有分关（阄书）、佃批及垦照等。上手契如失落，则于现手契内批明：'上手契几宗，因某某理由纷失（例如，被焚、遗失或被抢等），日后出现作废'等字样。若非纷失，而因其他理由（例如，连带别宗业产，或将一宗土地分割出卖或出典），不能交出，或系自垦地（违章开垦），并无上手契时，亦应予批明。"① 除交付上手契外，民间还有在典卖田宅过程中，以交执"贴身红契"作为移转凭证的惯例。

田宅在典卖过程中，究竟自何时起，田宅始属于典买方？历代律令并未予以明确界分。但宋代曾有"田产典卖，须凭印券交业，若券不印及未交业，虽有输纳钞（缴纳田赋两税的凭据），不足据凭"的说法，即田产必须到官府缴纳契税并将田产交付典买人后，典买人方为取得田产。如果还未缴纳契税并交付田产，即使典买人有向官府缴纳田赋两税的凭据，此赋税凭据也不能作为田产归属于典买人的证明。清代时期，并未见有此方面的明确律令。

二、传统法律对"重复买卖"的规定

随着土地交易日趋频繁，至两宋时期，律例规定中已出现惩治重叠买卖、典当行为的规定。重叠买卖、典当行为是指将一份田产立契出卖于甲，后又立契出卖于乙的行为。后周广顺二年（952年）敕令明确禁止重叠典卖倚当行为。《册府元龟》（卷六一三）记载："如违犯，应关连人并行科断，仍征还钱物。"《名公书判清明集》（卷九）亦明确规定："诸以己田宅重叠典卖者杖一百，牙保知情与同罪。""在法：交易诸盗及重叠之类，钱主知情者，钱没官，自首及不知情者，理还，犯人偿不足，知情牙保均备（赔）。"根据史料的记载，重复典卖的案例并不少见。例如，《名公书判清明集》（卷九）记载了南宋宋理宗淳祐元年（1241年）的一个"田宅重复典卖"的案例，结果重复典卖的田宅被追还在先典买人；重复典卖人和知情牙人均各杖一百。

至元代时期，买卖当事人已经非常注意在契约中，对出卖方的重复典卖情形要求提供保证。例如，元代地契中已有卖主保证"无重张典挂他人财物"的文句。②

---

① 戴炎辉．中国法制史［M］．台北：三民书局，1995：285-286．
② 郭建．中国封建土地买卖合同制度考析［M］//叶孝信，郭建．中国法律史研究．上海：学林出版社，2003：355-356．

明清时期,"重复典卖田宅"是被明确严格禁止的,重复典卖人会受到重于盗卖的严厉刑事处罚。《明律·户律·户婚》规定:"若将已典卖与人田宅,朦胧重复典卖者,以所得价钱计赃,准窃盗论免刺,追价还主。田宅从元(原)典买主为业。若重复典买之人及牙保知情者,与犯人同罪,追价入官,不知者不坐。"清代的《大清律例》对"重复典卖田宅"也作了几乎完全相同的规定:"若将已典卖与人田宅,朦胧重复典卖者,以所得(重典卖之)价钱计赃,准窃盗论免刺,追价还(后典买之)主。田宅从原典买主为业。若重复典买之人及牙保知情者,与犯人同罪,追价入官,不知者不坐。"

上述关于"田宅典卖"的程序与规范,是中国传统法律和民间惯例长期积淀的结果。在清末法制变革的背景之下,传统律令经受着变革的考验。为了尽快改变法制现状,清政府开始修改当时律令。《大清现行刑律》(简称"现行律")即是清政府在原《大清律例》的基础上修订而成。现行律于1910年5月15日公布,作为清政府的一部专门的过渡性刑法典。现行律虽为刑法典,但其中亦含有民事规范的内容。从总体来看,现行律中的民事规范内容的制定思想并非以西方近代的民法学说和理论作为指导,而仅仅是中国传统法律向近代法律改革的过渡性民事规范。

对"典卖田宅",与之前规定相比,现行律并无明显变化:"若将已典卖与人田宅,朦胧重复典卖者,以所得重典卖之价钱计赃,准窃盗论,追价还后典买之主,田宅从原典买主为业;若重复典买之人及牙保知其重典卖之情者,与犯人同罪,追价入官,不知者不坐。"[①]

现行律对"重复典卖"的规定究竟如何进行解释?从字面意思看,除却刑事责任规定外,"重复典卖"规定可以理解为:将已经典卖与人的田宅,在将田宅移交买主前,又再行典卖给其他人时,典卖人重复典卖所得的价款应当还给后典买之人,所典卖田宅仍应归原先典买之人。

民国时期的法律家郑爰诹先生曾对此规定做出过解释。虽然其解释是在民国时期形成,但可作为理解清末"现行律"规定的参考。郑爰诹先生对此条的解释谓:"本节规定重复典卖之无效。一产两典,谓之重典;一产两卖,谓之重卖。其既卖而复典者亦同。若既典而复卖,则不包括在内,盖典产无禁其出卖之理由也。重复典卖,其后典后卖无效,所典卖之产,应仍属于先典先买之人,并应追还后典后卖之价,给还后典后买之人。盖先典卖之契约,既有效成立,

---

① 郑爰诹. 现行律民事有效部分集解[M]. 上海:世界书局,1928:196.

则后典卖之契约，自应认为无效也。"① 但"先典卖之契约"何谓有效成立？郑爱诹先生并未进一步解释和说明。对因田宅买卖契约而发生的田宅移转时点，此解释也未予以明确。但可以确定的是，若"先典卖之契约"有效成立，那么"后典卖之契约"应为无效，田宅应归属于先典先买之人，追还后典后买之价款。

三、传统法律对"盗卖他人财物"的规定

秦汉时期，"盗卖他人所有的财物"被作为买卖违法的行为之一。土地自由买卖成为惯例后，盗卖他人田宅的犯罪行为也随之出现。西汉元狩五年（公元前118年），名将李广的从弟李蔡身为丞相，得到汉武帝赏赐的一块冢地，共二十亩，位于汉景帝阳陵地区。李蔡"盗取三顷，颇卖得四十万"；又盗取景帝陵墓神道外一亩空地，为自己建造坟墓，被人告发，"当下狱，自杀"。（《汉书·李广传》）盗卖行为构成对他人土地所有权的严重侵犯，因而按盗窃犯进行处罚。在具体的买卖契约当中，买卖双方也有卖方向买方保证所转让的财产不致被第三者追夺的担保内容。例如，藏于日本中村书道博物馆的东汉光和七年（184）樊利家买地铅券，这件买地铅券中有"若一旦田为吏民秦胡所名有，歌子（卖方）自当解之"。明确约定若有第三者对该项地产所有权提出异议时，由卖方负责了结。② 从"歌子（卖方）自当解之"的约定来看，可以推断出，该买卖的财物仍由买方取得，至于主张权利的第三者的权益问题，则由"歌子（卖方）"自行解决，而与买方无关。

至三国两晋南北朝时期，从出土的古代文书看来，这一时期民间买卖契约的惯例与秦汉时相比，其主要的特点是担保条款较多。③ 较为典型的如吐鲁番出土的北凉承平八年（450年，但此件契上写明为己丑年，则应为449年）翟绍远买婢券：

承平八年岁次己丑九月廿日，翟绍远从石阿奴买婢壹人，字绍女，年廿五，交与丘慈锦（兜帽，当为纺织品）三张半。贾（价）则毕，人则付。若后有何（呵）盗仞（认）名，仰本主了，不了，部（倍）还本贾（价）。二主先和后券，券成之后，各不得反悔，悔者罚丘慈锦七张入不悔者。民有私要，要行二主。各自署名为信。券唯一支，在绍远边。

---

① 郑爱诹. 现行律民事有效部分集解 [M]. 上海：世界书局，1928：196.
② 叶孝信. 中国民法史 [M]. 上海：上海人民出版社，1993：133.
③ 叶孝信. 中国民法史 [M]. 上海：上海人民出版社，1993：201.

<<< 第一章 传统法律的物权变动规定与西方近代民法学的引入

倩书道护。①

本件契约规定了卖方担保买方占有的条款。若有第三者出面声称对此婢拥有所有权,要由卖方负责处理。若不能解决,要加倍返还卖价。又规定有具体的悔约惩罚办法,"罚丘慈锦七张"。

从这一时期的其他买卖契约中也可以发现,买卖契约一般约有担保条款。例如,北魏太和元年(477)买地砖券记载:"地卅五亩,……要无寒(呵)盗,□若有人庶(诉)忍(认),仰倍还本物。……券破之后,各不得变悔。"②北魏正始四年(507)买墓田砖券:"其地保无寒盗,若有人识者,抑(仰)伏亩数出……官有政、民私无。立券文后,各不得变悔,若先改者,出北绢五匹。"③从这些契约约定的内容来看,如果出现"后有何(呵)盗仞(认)名""若有人庶(诉)忍(认)""若有人识者"时,则"仰本主了","不了"时,"部(倍)还本贾"。也就是说,出现有人认为所买卖奴婢或财物为其所有时,首先由卖主了结。如果能够了结,所买卖奴婢或财物仍归买方所有。如果不能了结时,则买主退回所买卖奴婢或财物,但卖主应按所买卖奴婢或财物的价金加倍返还。或买主直接将所买卖财物退还卖方,但卖方应按所买卖财物的价金加倍返还。

依现代民法学理论,秦汉时期,对出卖自己没有所有权的奴婢和财物的,买卖行为算是一个"效力待定行为"。如果卖方能解决("本主了"),则契约标的物的物权发生移转;如果卖方不能解决["不了""有人庶(诉)忍(认)""有人识"],即未能取得权利人的同意或追认时,则契约标的物不发生物权移转效力,买主需将奴婢或财物返还给卖方。且卖方应向买方承担加倍返还价金的责任。

隋唐时期,对盗卖国有或他人所有土地的行为,法律规定了严厉的惩罚措施。例如,《唐律疏议·户婚律》"妄认公私田"条:"诸妄认公私田,若盗贸卖者,一亩以下笞五十,五亩加一等,过杖一百,十亩加一等,罪止徒二年。"据上疏,贸指贸易,即交换;卖为出卖。

北宋时,对盗卖田土行为,仍沿袭《唐律疏议》的规定加以处罚。南宋则进一步加重处罚:"盗典卖田业者,杖一百,赃重者准盗论,牙保知情与同罪。"

对盗卖田宅的严厉处罚规定,一直延续至清末。

---

① 吐鲁番出土文书:第一册,187.
② 转引自叶孝信. 中国民法史[M]. 上海:上海人民出版社,1993:201-202.
③ 陶斋藏石记:卷6.

了解传统法律对买卖、重复典卖、盗卖他人财物的规定，对观察和比较近代民法学关于买卖、重复典卖、盗卖他人财物的规定和解释，具有重要的意义。

第二节　西方近代民法学的引入与传播

"在中国古代，既没有独立的民法部门，也没有独立的民法学科。"① 但自19世纪中期至20世纪初期的这段时间里，随着中西法律文化的交流和西方民法学的传入和移植，在中国这片古老的土地上，西方近代民法学在逐步孕育、诞生和成长。

一、近代民法学语词的创制

近代民法学语词的创制必须从中西文化翻译交流活动谈起。在中西文化翻译交流活动中，发挥重要作用的是较早来华的传教士们。传教士的翻译工作实为近代中西文化交流之肇端，其时间可以追溯到1800年以前。②

远在1800年以前，西方传教士就在中国南方及东南亚一带活动，这些传教士出于向西方介绍中国和在亚洲传教的目的，有组织地开展了大量文化交流工作，例如，将《论语》《大学》等中国经典翻译成英文，以及把《圣经》翻译成中文等。这些翻译工作构成了中外文化交流的重要组成部分。而这些著作的翻译与交流，包括了中国与外国的政治法律观念交流。③

至19世纪初，已经有大量词汇形成相对固定的翻译方法，近代首批汉英字典也就应运而生。④ 其中，最重要的当推英国传教士马礼逊（Robert Morrison）编辑的《华英字典》。这套大型字典的发行，为中西文化交流建立了一个广阔的理解平台。同时，通过这套字典，初步构成了一批中英对应词汇，一些法律词汇的对译也在该字典中初步形成。⑤ 在《华英字典》的第一部分《字典》（1815年出版）中，已经用中文表述了"法律""公司"等法律概念。⑥

1862年，中国政府在总理事务衙门下设立了外语人才培训机构——京师同

---

① 何勤华. 中国法学史：第三卷 [M]. 北京：法律出版社，2006：328.
② 熊月之. 西学东渐与晚清社会 [M]. 上海：上海人民出版社，1994：93-100.
③ 俞江. 近代中国的法律与学术 [M]. 北京：北京大学出版社，2008：4.
④ 俞江. 近代中国的法律与学术 [M]. 北京：北京大学出版社，2008：13-14.
⑤ 俞江. 近代中国的法律与学术 [M]. 北京：北京大学出版社，2008：4.
⑥ 何勤华. 中国法学史：第三卷 [M]. 北京：法律出版社，2006：62.

文馆。美国传教士丁韪良（W. A. P. Martin）受聘担任英文教习。① 从1862年丁韪良着手翻译美国学者惠顿（Wheaton）的《万国公法》到1864年该书出版，只花了两年的时间。而在丁韪良翻译的《万国公法》一书中，已经出现了"权利""责任""利益""赔偿"等民法学经常使用的语词。② 丁韪良在中国近代法学史上的贡献在于：在已有的理解平台上，由于他的劳动，一些重要的法学语词如"权利"等词在汉语系统中被切分出来。如果没有这种切分工作，观念将始终处于混沌状态，不可能有凸现的机会，而一切对观念的定义、诠释、比较和思想的进一步阐发也都无从展开。③

早期的互译法学语词虽然以国际法学用语为主，但这些国际法学中的部分语词与民法学语词有着共通共用的关系。正如学者俞江教授所述："国际法学的传播，法学各基本语词的形成与相对统一都是现代法学大规模传入的基础。试想一下，如果没有'权利'一词的统一，人们将怎样去理解日本传来的大陆法系中的'债权''物权''人格权'等各种词汇呢？"④

随着中外文化交流的频繁和深入，丁韪良翻译的惠顿所著的《万国公法》于1864年刊行。此后，各种关于国际公法的译书相继出版。在这些国际公法译书的出版传播过程中，公法一词作为与International Law相对应的含义逐渐被国人所认可，并最终固定下来。而私法一词，与公法对应使用的现象也在这个时期出现，例如，王韬在其《法国志略》中提出："泰西之例有公法，有私法；有万国所共有，有一国所颁行。"但是，这时的私法概念还很模糊，并不是今天所谓的规范民事关系的法律。⑤

经过19世纪60年代的国际法学翻译风潮，中国对西方法学有了初步的认识。随之而来的是，一些原有的汉语词汇悄悄在语言系统中获得了现代法学的意义。至19世纪末，已经出现了一些相对独立和固定的专用法学语词。这些法学语词中保留至今的有：代理、合同（或契约）、瑕疵、迟延、租赁、担保、利息、合伙、权能、交付，等等。当然，这些词汇中，有些和原有的意义相比已经有所变化，但变化不大。⑥

1900年之后，日本的法学著作被大量翻译至中国。日本的民法学著作也在

---

① 何勤华. 中国法学史：第三卷 [M]. 北京：法律出版社，2006：62.
② 何勤华. 中国法学史：第三卷 [M]. 北京：法律出版社，2006：62.
③ 俞江. 近代中国的法律与学术 [M]. 北京：北京大学出版社，2008：6-7.
④ 俞江. 近代中国的法律与学术 [M]. 北京：北京大学出版社，2008：8.
⑤ 俞江. 清末民法学的输入与传播 [J]. 法学研究，2000（6）：140-149.
⑥ 俞江. 近代中国的法律与学术 [M]. 北京：北京大学出版社，2008：9.

这些翻译过来的法学著作中，占据着相当大的比重。在相较短的时间里，大量日本法学语词涌入，使中国没有仔细辨别的机会。因此，1905年前后，当《法律经济辞解》《法典经济辞解》《汉译新法律词典》《法律名辞通释》等第一批汉语法学词典出现的时候，里面充斥着直接从日本"拿来"的汉字。可以说，如果不懂得日本法学语词的意思，是不可能看懂1900年至1911年期间的法学文献的。① 20世纪初期的历史现实是，日本民法学语词从整体上输入中国。

二、西方近代民法典的翻译

"从法学移植的角度来说，1840年林则徐组织翻译的《各国律例》无疑是近代西方法学传入中国的起点。"②《各国律例》的翻译工作主要以袁德辉为主，参照美国医生伯驾（Peter Parker）的译文完成。但由于法学语词的准确对译尚未确定，因此《各国律例》的翻译并不准确，是所谓"运用了表述中国伦理的语言来翻译国际法"③。例如，《各国律例》中用"道理"来对译"right（权利）"，用"例制"来对译"constitution（宪法）"，等等。即用中国传统观念和旧有事物来比附异质文化。④

为培养翻译人才，清政府总理衙门于1861年附设京师同文馆，翌年开学。1866年，法国人毕利干（Billequin，A. A.）应聘来华，担任京师同文馆化学兼天文教习。毕利干在授课之余，将当时的法国法律翻译成汉文，定名《法国律例》。《法国律例》成书于1880年，京师同文馆聚珍版刊行。全书包括六种法典：《刑律》《刑名定范》《贸易定律》《园林定律》《民律》《民律指掌》。其中的《民律》（Code Civil，民法典）"系制定民间一切私利之事"。《民律》为狭义的《拿破仑法典》，即通常所称的《法国民法典》。《民律》虽仅为六部法典之一，但是在全书中的比重最大，分量最重。在46册译本中，它就占据22册（从第17册起到第38册止），几乎是全书的二分之一。⑤ 不过，由于法学名词的翻译问题仍然没有能够得到解决，人们能够理解的成分非常有限。例如，当时将"民事权利"译成"一切之人有应享受例应者"，将"不动产"译作"房

---

① 俞江. 近代中国的法律与学术 [M]. 北京：北京大学出版社，2008：15-16.
② 俞江. 近代中国的法律与学术 [M]. 北京：北京大学出版社，2008：3.
③ 鲁纳. 万民法在中国——国际法的最初汉译，兼及《海国图志》的编纂 [J]. 中外法学，2000（3）：300-310.
④ 俞江. 近代中国的法律与学术 [M]. 北京：北京大学出版社，2008：5.
⑤ 李贵连. 近代中国的法制与法学 [M]. 北京：北京大学出版社，2002：50-51.

屋土地","动产"译成"动赀之物"等。① 从 1897 年的"湖南时务学堂学约"和"学堂课程表"来看,《法国律例》是当时必读的科目。② 这说明,虽然谈不上研究,但《法国律例》为 20 世纪以前的中国知识界提供了一个接近民法学的机会。在之后的很多年里,《法国律例·民律》仍然是人们理解民法和民法学的重要中介,而这一译本也为以后的民法学翻译奠定了基础。③

翻译各国法律从修订法律馆成立时起就居于重要的地位。"参酌各国法律,首重翻译。"④ 1909 年正月,沈家本对修订法律馆的翻译做了一次统计。从这次统计的结果来看,日本民法(未完)、德国民法(未完)、法国民法(未完)、奥国民法(未完)等均已包含其中。在同年十一月,沈家本在《修订法律馆奏筹办事宜折》中,又称译出德国民法总则条文、奥国亲属法条文、法国民法总则条文、法国民法身份证条文、法国民法失踪条文、法国民法亲属条文等。⑤

宣统年间(1909—1912),修订法律馆用铅字印刷的《法兰西民法正文》问世。这是自《法国律例·民律》刊行 30 年后出现的第二个《法国民法典》汉译本。⑥

对《德国民法典》的翻译,清末也已经有三种译本,分别是商务本、法律馆本和马德润的一个稿子。其中商务本已经将《德国民法典》全部翻译过来,由商务印书馆编译人员翻译,1912 年出版。法律馆本可以见到 7 章 240 条,现有的资料暂不能证明修订法律馆是否将《德国民法典》全部翻译完。马德润翻译的《德国民法典》则是直接从德语版而来。但马德润最后是否将《德国民法典》翻译完整,现在尚不清楚。⑦

清末翻译的民法典至少有六种,除上文介绍的法国民法和德国民法外,还有俄罗斯民法和日本民法、《瑞士民法》和《奥地利民法》。现在能够看到的只有前四种。《瑞士民法》和《奥地利民法》,只知道修订法律馆已经翻译出部分,但未发现成熟的译本传世。俄罗斯民法共四卷,也是由修订法律馆组织翻译的,该译本在当时影响较小。四种外国民法典译本中,影响最大当数日本民法,它是商务印书馆出版的 81 册的《法规大全》中的一部分,这套巨译从 1901

---

① 俞江. 清末民法学的输入与传播 [J]. 法学研究, 2000 (6): 140-149.
② 李贵连. 近代中国的法制与法学 [M]. 北京: 北京大学出版社, 2002: 212-213.
③ 俞江. 近代中国民法学中的私权理论 [M]. 北京: 北京大学出版社, 2003: 13.
④ 沈家本. 修订法律大臣沈家本奏修订法律情形并请归并法部大理院会同办理折 [M]. 清末筹备立宪档案史料, 下册.
⑤ 李贵连. 近代中国的法制与法学 [M]. 北京: 北京大学出版社, 2002: 78-79.
⑥ 李贵连. 近代中国的法制与法学 [M]. 北京: 北京大学出版社, 2002: 52.
⑦ 俞江. 近代中国民法学中的私权理论 [M]. 北京: 北京大学出版社, 2003: 43-44.

年秋冬间开始商量翻译，光绪三十三年（1907）才出版，以后直至民国年间仍不断再版。①

这些外国民法典的翻译，使得当时的学人有机会能够了解西方国家的民法规定，从而为移植西方近代民法学奠定了良好基础。

三、西方近代民法学的引入

（一）法科留学的出现与增多

中国近代的法科留学活动，肇始于1840年鸦片战争之后，实现此愿望的第一位法科留学生，是中国近代著名法律改革家、外交家、大律师伍廷芳（1842—1922）。他在西方传教士所创办的香港圣保罗书院读完之后，曾在香港担任过一段时间的法庭译员工作，然后于1874年赴英国留学，在林肯律师学院学习英国法律，并于1876年毕业，获得英国大律师证书。

随着自费留学法律活动展开，清政府官派的留学活动也开始起步。1872年，清政府首次派遣30名男童赴美国留学。1877年，福建船政学堂派出学员与艺徒共28人赴法国和英国学习，其中接触法律的有马建忠（1844—1900）和严复（1853—1921）等人，而对中国近代法学贡献最大者则是严复。1885年，福建船政学堂又派出9名学生赴英国和法国学习法律。②

在向欧洲国家派遣法科留学生的同时，中国也开始瞄向以西方为模范变法图强并获得成功的日本。尤其是1894年甲午战争中国的惨败，极大地刺激了中国的政界与学界，人们开始认真考虑和渴望了解日本学习西方的经验，包括变法方面的成功经验。在这种历史背景下，1896年，第一批13名赴日留学生派出。随后，以中央政府、地方政府和个人自费等各种方式向日本派出留学生的活动愈演愈烈，于1905年、1906年两年达到高潮。③

据统计，从1905年至1908年，赴日的公费法学留学生约有1145人；从1872年至1908年，赴欧美的公费法学留学生约有几十人（有姓名可考的28人）；从1908年至1911年，赴欧、美、日的公费和自费法学留学生有958人；从1913年至1917年，赴欧、美、日的公费法学留学生有1050人。④

这些法科留学生在回国后，部分人员通过在大学或法政学院从事民法学教

---

① 俞江．近代中国民法学中的私权理论［M］．北京：北京大学出版社，2003：46.
② 陈学恂，田正平．留学教育［M］．上海：上海教育出版社，1991：268-269.
③ 何勤华．中国法学史：第三卷［M］．北京：法律出版社，2006：66-68.
④ 郝铁川．中国近代法学留学生与法制近代化［J］．法学研究，1997（6）：1-31.

育、翻译外国民法学著作、创办法学刊物以及在民法学方面著书立说，为近代中国民法学的诞生和成长做出了巨大贡献。

（二）外国民法学家的聘请与讲学

近代民法学的诞生和成长与外国法学家的聘入有着密切的联系。早在1862年，京师同文馆即聘请丁韪良讲授《万国公法》。正是其译作向中国介绍和传播了西方的权利意识及权利观念。① 北洋大学堂也邀请美国人丁家立（Charles Daniel Tenney）作为第一任总教习。之后又有奥籍教员加入法律系。1907年，美国律师林文德成为北洋大学学法科教员之一。在山西大学堂，教授法律的为英国人毕善功（Bevan, louis Rhys Oxley）。

在这些来华的外国教员中，对近代中国民法学影响最为巨大者，则为日本来华的民法学家。其中，最著名者为松冈义正先生。松冈义正先生于1906年11月，受清政府聘请，来华任清政府修订法律馆顾问，起草民律，并在京师法律学堂讲授"民法""民事诉讼法"和"破产法"。② 这些民法学家大多在国内已有相当高的声誉，来华之后也能够恪尽职守，使中国国内的民法学教育保持较高的水准，③ 从而启蒙了中国的近代民法学教育，有力地促进了近代中国民法学的形成与发展。

（三）外国民法学著作和讲义的翻译

随着西方民法的传入，西方民法学也开始进入中国。1902年，由基督教会所设立的上海广学会出版了《泰西民法志》（英国人甘格士原著，胡贻穀翻译，上海蔡尔康删订），即是中国正式引入的第一部西方民法学专著。④

在沈家本的主持下，修订法律馆开始大量翻译引进西方尤其是日本的民法学著作。1909年正月，修订法律馆对翻译的西方法学著作做了一次统计。统计中所显现出来的民法学译著已包括英国公司法论、亲族法论、日本加藤正治破产法论等。同年十一月，沈家本在《修订法律馆奏筹办事宜折》中，称译出日本奥田义人所著继承法、日本法律辞典；未完者有日本冈松参太郎所著民法理由总则、物权债权等。⑤

日本民法学家在各大学的民法学讲义也成为民法学翻译的对象。这些翻译

---

① 何勤华. 中国法学史：第三卷 [M]. 北京：法律出版社，2006：52.
② 何勤华. 中国法学史：第三卷 [M]. 北京：法律出版社，2006：66-68.
③ 俞江. 近代中国民法学中的私权理论 [M]. 北京：北京大学出版社，2003：38.
④ 何勤华. 中国法学史：第三卷 [M]. 北京：法律出版社，2006：328-329.
⑤ 李贵连. 近代中国的法制与法学 [M]. 北京：北京大学出版社，2002：78-79.

过来的书籍在当时广为流传，有的直接作为法政学堂的民法学教材。早在1901年，留日学生即已注意并开始介绍日本的民法学名著，例如，富井政章的《民法理纲》、冈松参太郎的《民法理由》、梅谦次郎的《民法要义》等。着手对这些民法学名著的翻译大约也在这一时期。①

这些西方民法学著作和讲义的中文翻译文本，是近代中国的法律学子了解、认识和移植西方民法学的主要途径。

（四）近代民法学教育的确立与发展

中国的近代教育始于1862年开办的京师同文馆。该馆最初仅设英文馆，以后又设法文馆、德文馆、俄文馆；是一所专门学习外国语言文字、培养翻译人才的学校。1869年，美国人丁韪良在京师同文馆讲授《万国公法》。这应该列入近代法学教育的组成部分，是近代法学教育的胚胎。②

在19世纪中国近代法学教育的胚胎期，除京师同文馆之外，尚须提及还有甲午战争后出现的湖南时务学堂和天津的北洋大学堂。湖南时务学堂于1897年秋科开办，据梁启超"湖南时务学堂学约"记载，该学堂功课分"溥（普）通学"与"专门学"两类。普通学人人必习，专门学每人各占一门。专门学分为"公法学""掌故学""格致学"。公法学，"学约"对其有如下注解："宪法、民律、刑律之类为内公法，交涉约章之类为外公法。"北洋大学堂于1895年由盛宣怀（1844—1916）呈请北洋大臣王文韶转奏批准成立。开办时，名为天津中西学堂，亦称天津大学堂。由美国人丁家立设计该校的学制和修业年限。内分头等学堂和二等学堂。二等学堂为预备科。头等学堂共分四门：法律、土木工程、采矿冶金和机械。曾著有《比较民法概要》的近代著名法学家王宠惠即毕业于北洋大学堂头等学堂第一班。③

1902年，袁世凯从八国联军手中接收天津后，重振学务。因战争而停办的天津中西学堂因之重建，改名北洋大学堂，设法律、矿学、土木工三科，同时附设师范科。据学部派员调查报告，课程包括："大清律要义""法律总义""法律原理学""罗马法律史""合同律例""罗马法""损伤赔偿法""田产法"等。1912年，北洋大学堂更名为北洋大学校，1913年更名国立北洋大学。1917年，北洋大学法科归并北京大学。同年，山西巡抚岑春煊筹办山西大学堂。在山西大学堂筹建期间，也处于筹建时期的中西学堂改为西学专斋（简称"西

---

① 俞江．近代中国民法学中的私权理论 [M]．北京：北京大学出版社，2003：47．
② 李贵连．近代中国的法制与法学 [M]．北京：北京大学出版社，2002：210．
③ 李贵连．近代中国的法制与法学 [M]．北京：北京大学出版社，2002：210-213．

斋"），并入山西大学堂。西斋的法律课程包括"罗马法""契约法""法理"等，由英国人毕善功（Bevan, Louis Rhys Oxley）授课。1902 年，京师大学堂重建。同年 10 月、11 月，招收 120 多名学员组建速成科。该速成科讲授的法律学课程包括"罗马法""日本法""英吉利法""德意志法"；"民法""商法"等列入政治学课程。

除大学法学教育外，清末的专门法政学校的法学教育也将民法学作为重要的教育内容。例如，京师法律学堂第一年的科目就包括"民法""罗马法"；第二年和第三年的科目仍包含有"民法""商法"课程。而京师法政学堂的课程也将"民法学"作为重要的课程。例如，第一年为"民法总论"；第二年为"民法物权"；第三年为"民法债权"；第四年为"民法亲族相续""商法海商保险""破产法"等。

这些民法学课程的设置和讲授，标志着西方近代民法学的教育在清末时期已经完全确立并发展起来，对西方近代民法学在近代中国的传播起到了重要的促进作用。

四、近代民法学著作的编辑

清末修律的主要人物沈家本认为："欲明西法之宗旨，必研究西人之学，尤必编译西人之书。"①

早在 1900 年年末的《译书汇编》中，一篇《现行法制大意》的文章就将日本民法和商法放在"私法"范畴里进行了系统介绍。译介虽然比较简单，却显得快捷，整体性也强。②

在 20 世纪初期，中国大地上还出现了一些以日本民法为蓝本，由中国人自己编辑或节译的民法学书籍，例如，湖南群治书社出版的《法政粹编》丛书的第四种（1906）、丙午社出版的《法政讲义》丛书的册七、册八（1907）、湖北法政编辑社出版的《法政丛编》丛书的第四种（1905）、上海法政学社出版的《政法述义》丛书的第十种（1909）、作新社编译的《民法要论》（1905）、民新社出版的《民法债权总论各论》（1910）、东京警监研究社出版的《民法精义》（1907）、山西法政专门学堂编辑的《民法总则》（1909）等。由于这些书籍的内容以转述、选编外国民法学著作为主，因此是否可算作中国民法学研究的萌芽还可继续讨论。然而有一点是毋庸置疑的，这些编辑工作对民法学在清末中

---

① 李贵连. 沈家本传 [M]. 北京：法律出版社，2000：382.
② 俞江. 清末民法学的输入与传播 [J]. 法学研究，2000（6）：140-149.

国的广泛传播曾起过巨大的作用。换言之,民法学能为近代中国法律学人所广泛理解并扎下根来,正是依靠了这些经过编辑的较为浅显的书籍。①

第三节 近代中国民法学的诞生与日本民法学的引入

随着中西法学交流的日益频繁和深入,经过多年孕育的近代民法学终于在20世纪初的中国大地上"呱呱坠地"了。"1900年是中国近代法学史的分界线,这之前是它的酝酿时期,之后,现代意义的法学才真正从传统学科中喷薄而出。"② 1902年,近代中国民法学终于诞生了。③

然而,近代中国的民法学却与日本民法学有着切不断的血脉联系。

一、近代中国民法学的诞生与留日法科学生队伍的壮大

在近代中国民法学诞生时期,中国的留日法科学生对近代中国民法学诞生做出了重要贡献。

甲午战争之前,中国的留学生去向均为欧美国家。甲午战争结束后,日本逐步成为中国留学的主要国家。④ 1896年,第一批13名赴日留学生派出,随后,以中央政府、地方政府以及个人自费等各种方式向日本派出留学生的活动愈演愈烈,至1905年、1906年两年达到高潮。这两年,中国留日学生均达到8000人⑤,而其中的相当部分,都是法科留学生。据统计,从1905年至1908年,赴日的公费留学生约有1145人⑥,而1908年,仅从日本法政大学法政速成班毕业的学生就达1070人⑦。1908年之后,留学日本的热潮虽开始回落,但在1914年至1915年留学日本的官费留学生仍然达到1107人。其中,学法科的有

---

① 俞江. 清末民法学的输入与传播 [J]. 法学研究, 2000 (6): 140-149.
② 俞江. 近代中国的法律与学术 [M]. 北京: 北京大学出版社, 2008: 11.
③ 李贵连. 近代中国法制与法学 [M]. 北京: 北京大学出版社, 2002: 243.
④ 李贵连. 近代中国法制与法学 [M]. 北京: 北京大学出版社, 2002: 84.
⑤ 实藤惠秀. 中国人留学日本史 [M]. 谭汝谦, 林启彦, 译. 上海: 三联书店出版社, 1983: 39.
⑥ 郝铁川. 中国近代法学留学生与法制近代化 [J]. 法学研究, 1997 (6): 1-31.
⑦ 实藤惠秀. 中国人留学日本史 [M]. 谭汝谦, 林启彦, 译. 上海: 三联书店出版社, 1983: 50.

110 人①。

1896 年之后,去日本的早期留学生逐步学有所成,成为一批掌握近代法学知识的传播主体。这些数量众多的留日学生通过翻译外国民法学著作或讲义、从事民法学教育、编辑法学刊物、著书立说等方式,将新知识反馈回国内,极大地推动了此后十余年的法学移植活动,② 促进了近代中国民法学的诞生与成长。③

在翻译引进外国法学方面,湖北籍留日学生编辑出版的"法政丛编"(共 24 种)堪称典范。此套书系与汪庚年编辑的"法学汇编——汪辑京师法律学堂笔记"(共 22 种)和熊元楷、熊元襄、熊元翰三氏编辑的"京师法律学堂笔记"(共 22 种)共同构成奠定中国近代法学基础的三套法学体系书。其中,湖北法政编辑社于 1905 年前后出版的"法政丛编"(共 24 种),取材于日本法学各个学科著名学者的讲义和专著,由留学生依据课堂笔记并参照主讲教授以及其他同学科的法学家和专著编译而成。其中,民法学方面的内容占有较大的比重。此外,在专门编译的民法学著述方面,也有不少高质量的成果。在民法学方面,由严献章、匡一、王运震编译日本民法典的起草者、近代民法学奠基人梅谦次郎(1860—1910)的民法讲义及其专著《民法原理》和《民法要义》而成的《民法总则》一书,最为典型。

在从事民法学教育方面,留日法科学生可谓贡献卓著。此方面事例众多,仅举数例,以代说明。例如,1903 年留学日本早稻田大学的江庸,回国后任教于京师法律学堂、法政大学、朝阳大学;1906 年留学日本中央大学的戴修瓒,回国后任教于北京法政大学和北京大学;1908 年留学日本帝国大学的陈瑾昆,回国后任教于北京大学、朝阳大学。④ 这些留日法科学生回国后的法学教育活动必然使近代中国民法学与日本民法学血脉相通。

在编辑法学刊物方面,由留日学生编辑的《译书汇编》,于 1900 年 12 月创刊于东京。《译书汇编》连载西方著名的法学论著,其中就包括德国法学大师伊耶陵(Rudolph von Jhering,现译为耶林)的《权利竞争论》(现译为《为权利而斗争》)。之后,又陆续刊登了一些西方民法学作品。

在著书立说方面,留日法科学生也是著述颇丰。例如,留日法科学生胡长

---

① 陈学恂,田正平. 留学教育 [M]. 上海:上海人民出版社,1991:693.
② 俞江. 近代中国的法律与学术 [M]. 北京:北京大学出版社,2008:11.
③ 何勤华. 中国法学史:第三卷 [M]. 北京:法律出版社,2006:66-82.
④ 何勤华. 法科留学生与中国近代法学 [J]. 法学论坛,2004(6):82-90.

清的《中国民法总论》（商务印书馆1933年版）、《中国民法债编总论》（商务印书馆1934年版）、《中国民法亲属论》（商务印书馆1936年版）、《中国民法继承》（商务1936年版）；留日法科学生陈瑾昆的《民法通义债编》（北平朝阳学院1930年）、《民法通义总则》、《民法债编各论》（北平大学1930年）、《民法通义债编总论》（北平朝阳学院1930年）、《民法通义债编各论》（北平朝阳学院1931年）等。事例众多，不再多举。

虽然"同期留学欧美的学生也有回国从事法律事业的，但就人数与翻译编辑规模而言，都远不及留日生"①。正是主要由留日学生在各方面的不懈努力，才使得近代中国的民法学传播广泛、发展迅速，并在一定程度上表现出沿袭日本民法学的特征。

二、近代中国民法学的诞生与日本民法学家的聘入

如果说留学日本的法科学生在中国所从事的民法学教育，是培育了近代中国民法学的胚胎的话，那么聘入的日本民法学家则是近代中国民法学顺利孕育的"营养师"。

为了早日制定出符合西方列强要求的民法，清政府不惜重金聘请日本民法学家来华帮助制定民法典。来华的日本民法学家以松冈义正先生为代表。松冈义正先生一方面从事民法学教育，另一方面则直接帮助清政府制定民法典。"据《日本教习》一书的统计，从1901年至1911年，在中国各地从事法学教育的教习，大约有29人。其中从事民法学教育的应少于此数。"②

当时，到底有多少日本的民法学教习在中国的各类法政学堂任教？笔者未能做出准确统计。但从何勤华教授在《中国法学史》（第三卷）中列出的"中国近代聘请之外国法律教师任职情况表"③来看，在众多的外国法学教师中，以日本籍为最多。在这些日本籍的外国法学家中，当然包括以松冈义正先生为代表、讲授民法学课程的民法学家。

这些日本民法学家，在中国从事民法学教育，由于当时中国还没有制定民法典，因此，在课堂中所讲授的民法，则直接以日本民法为范本。日本民法学家所口传身授的自然也为日本民法学。这正是近代中国的民法学诞生之初表现出日本民法学特征的原因之一。

---

① 俞江. 近代中国民法学中的私权理论 [M]. 北京：北京大学出版社，2003：38.
② 俞江. 清末民法学的输入与传播 [J]. 法学研究，2000（6）：140-149.
③ 何勤华. 中国法学史：第三卷 [M]. 北京：法律出版社，2006：56-59.

三、近代中国民法学的诞生与日本民法学讲义、著作的译、介

在翻译的外国民法典译本中，影响最大当数日本民法。它是商务印书馆出版的 81 册《法规大全》中的一部分。这套巨译从 1901 年秋冬间开始商量翻译，光绪三十三年（1907）才出版，以后直至民国年间仍不断再版。①

除日本民法典的影响外，日本的民法学讲义和著作也是清末时期的主要翻译、介绍对象。正如学者俞江所述："清末民法学输入的主要途径是翻译日本民法和民法学教科书以及日本人翻译的西方民法典和民法论著。"②

翻译日本民法学著作的主体既有政府层面的修订法律馆，也有以留日学生为主的私人翻译。

1909 年正月，修订法律馆对翻译引进西方的民法学著作进行统计。统计中所表现出来的日本民法学译著已有包括日本加藤正治破产法论等。同年十一月，沈家本在《修订法律馆奏筹办事宜折》中，称已译出日本奥田义人所著继承法，尚未完成翻译的还有日本冈松参太郎所著民法理由总则、物权债权等。③ 可见，修订法律馆实际上担负了翻译日本民法学论著的重任。

在私人翻译、介绍方面，最早以法政为主要介绍内容的杂志是《译书汇编》（月刊）。该杂志第一期发行于日本明治三十三年（1900）十二月，对政治学、"国法（即公法）学"、行政法学等进行了系统介绍。④ 其中，也包括一些民法学的内容。

早在 1901 年，留日学生便已注意并开始介绍日本的民法学名著，例如，富井政章的《民法理纲》、冈松参太郎的《民法理由》、梅谦次郎的《民法要义》等。着手对这些名著的翻译大约也在这一时期。现在见到的最早的民法学译著是会文学社 1903 年出版，范迪吉等人翻译的《普通百科全书》丛书中的三部分，包括《民法总则篇物权篇释义》（丸尾昌雄）、《民法债权篇释义》（丸尾昌雄）和《民法亲话编相续编释义》（田丰）等。⑤ 这些翻译过来的民法学著作和讲义在当时广为流传，有的直接作为法政学堂的民法学教材。

从留日学生编辑的这些民法学著作来看，日本梅谦次郎先生的著作和讲义为最多。在有些编辑的作品里面，还在介绍完梅谦次郎先生的学说理论之后，

---

① 俞江. 清末民法学的输入与传播 [J]. 法学研究，2000（6）：140-149.
② 俞江. 清末民法学的输入与传播 [J]. 法学研究，2000（6）：140-149.
③ 李贵连. 近代中国的法制与法学 [M]. 北京：北京大学出版社，2002：78-79.
④ 俞江. 近代中国的法律与学术 [M]. 北京：北京大学出版社，2008：11.
⑤ 俞江. 近代中国民法学中的私权理论 [M]. 北京：北京大学出版社，2003：47.

将其他民法学者的不同观点，一同编入，便于读者了解和比较。

日本民法学著作和讲义的译介，是西方近代民法学传入中国的主要途径。也正是这种"同文同种"的便利，近代中国的民法学才得以诞生并迅速成长。日本民法学著作和讲义的译介，可谓是近代中国民法学诞生的"助产师"。

四、近代中国民法学语词的创制与日本民法学语词的引入

在19世纪的鸦片战争时期，近代的法律翻译者已经开始创制近代法上的语词。例如，在由林则徐主持翻译的《各国律例》中，即已经有"公法"的出现。至19世纪70年代初，在王韬编的《法国志略》中，已有"私法"语词的出现。例如，"泰西之例有公法，有私法；有万国所共有，有一国所颁行"。

在日本民法学语词传入之前，已经有部分民法学语词得以创制和使用。但是，作为近代民法学所使用的语词，则主要是从日本民法学中引入的。

据北京大学李贵连教授考证，日本法律新词的创制者为箕作麟祥（1846—1897）。日本明治十九年（1886年）由藤林忠良和加太郎宪合编、知新社发行的《佛和法律字汇》总结了日本新创制的法律名词情况。其中直至今天仍在中国现代民法学中使用的部分汉语词汇有：

能力　不动产　善意　让渡人　让渡　让受人　民法　私诉　法典　诺成　契约　共有　确定物　惯例　债权　请求　损害　损害赔偿　赠与　受赠者　赠与者　保证人　习惯法　漂流物　遗弃物　担保　抵当　遗产　无能力　关系人　代理　司法　立法　遗赠　恶意　所有权转移　负债　分配　所有权　所有物　公示　返还　偿还　引渡　期限　使用权

这些词中的大部分并非我国古代的法学用词，而是借用汉字重新构作的新词。

日本实藤惠秀先生在《中国人留学日本史》一书中，对中日两国语言文字的互相摄取过程做过详细考证。据实藤惠秀先生考察，中国初期留日学生的翻译，以法律及有关教育的书籍为主。从现有的材料看，当初的法律留日学生在翻译时，采用了以下方法，对上述新名词进行解说。

一是在翻译过程中，进行夹注式的解说。例如，《译文汇编》第七期刊登日本人所著的《政治学提纲》，就有不少这样的夹注。如"法人、自然人：人有自然人与法人之别；自然人者，天生之人；法人者，法律所承认为有人之资格者也，如团体等类皆有法人之性质者也"。

二是整理出版日本专家讲义，书后对讲义中的名词集中解说。例如，京师法律学堂聘请日本专家授课，学生将课堂笔记整理出版的《法学汇编》，最后专

列"名词解",对讲授中的新词进行解释。这种解释较为详细、准确。举数例如下:

动产:可以移动之财产也。凡不必毁坏而可以移动之财产,曰动产。

不动产:指不可移动财产而言。如山林池沼田井,及建于地的房屋,植于地之竹木,埋于地之矿物等类,皆曰不动产。

不当得利:法律上不当得之利而苟得之,致他人被其损害,曰不当得利。如借他人之财力而谋划,致他人被损害者是也。若甲乙二商,同市同业,甲则过廉其价,以广招徕。乙则因之而亏损,而不得谓之不当得利。不当又与不法迥殊,不法者无赦,不当者从轻也。

债权:有令人偿债之权。惟所谓债者,非专指金钱而言,得监督其作为不作为之权,均谓之债权。如二人之工作,雇主有使其动作之权,工人苟舍己耘人,则雇主有禁其动作之权。

占有权:不问其物之属己属人,得有随意使用其物之权利者,名曰占有权。

所有权:凡大小财产,必有所属之人,此人对此财产,自有一种专权,名曰所有权。

物权:物本属我,我实有左右此物之权利,名曰物权。

让渡:让一己所有之权利,以付诸人,名曰让渡。让渡有有偿无偿之别,如买卖交换,为有偿之让渡;如赠与遗赠,为无偿让渡。

三是编纂翻译辞典。例如,1903年上海明权社刊行的《新尔雅》,解释政治法律新词。1907年,商务印书馆出版的《新译日本法规大全》,为方便读者阅读,附录《日本法规大全解字》,单行本作《日本法规解字》。此外,还有1905年京师译学馆出版的《汉译新法律词典》和1909年商务印书馆出版的《汉译日本法律经济辞典》。

随着这些翻译成汉文的日本民法学著作的迅速传播,从日本民法学著作中的大量民法学用语被直接套用过来,成为中国民法学的用语。加上译者对这些新民法学语词的有效解释,从日本民法学直接套用的语词逐渐成为中国民法学中固定且不可缺少的基本民法学用语。

比起19世纪末中国对应英语产生的语词,日译法学语词最大的优势就是不再零敲碎打,而是一个完整的语词系统,每一个语词在系统中都有各自相对固定的位置。所以,日本法学语词在20世纪初能够迅速占领中国法学的各个学科,其优越处正是在于它的系统性和固定性。面对成熟的日译法学语词系统带来的冲击,19世纪末原已形成的法学语词根本无法抵御。而且,面对成熟的日译法学语词,人们一旦接受,就不能无视它的系统性,无法随意更改或抽取系统中的个别语词。因此，在移植初期，除了全盘接受外，没有更多的选择。①

日语法学语词之所以能够迅速为汉语系统接受的另外一个原因，在于日本汉字与汉语的亲缘关系，即所谓的"同文同种"。总的来说，只要放在汉语系统中基本上能够被汉字相近的意义所解释，也不违背汉语本身的语言习惯的日本汉字，才能够接受并固定下来。其中，有的日语词虽然不符合汉语习惯，但只需要稍做调整，就可以继续使用，例如，将"不当利得"改为"不当得利"。至于那些完全不符合汉语意义和习惯的语词，则必须面临被更替的危险。事实上，除了一些清末编辑的，如商务印书馆出版的《新译日本法规大全》等，到了民国初年（1912），像"辨济""过料""永小作权"这样的曾在清末流行甚广的日译语词已经很少在法学书籍中使用了。②

不管怎样，历史的事实是，近代中国的民法学语词在民法学诞生之初，近乎全部地接受了日本民法学语词，从而使近代中国民法学的血液中流动着日本民法学的"因子"。

五、近代中国民法学的诞生与清末的日式法学教育

在清末修律、建立新式法科大学之前，中国已经开始了近代内容的法律教育。1867年，美国传教士丁韪良出任京师同文馆的国际法学教师，讲授美国学者惠顿的《万国公法》（Elements of International Law）。据文献记载，该课程为京师同文馆学生第七年学习的必修课。可以说，京师同文馆的法律教育，拉开了中国近代法律教育的序幕。1895年，天津海关道台盛宣怀奏请批准设立中国第一所新式大学天津中西学堂（1902年改名北洋大学堂），聘请美国传教士丁家立出任总教习（校长），以美国哈佛大学和耶鲁大学为模式，设置了新的学制和一整套课程体系。其中，头等学堂分"法律""采矿冶金""土木工程""机械"四科，专门学分"律例学""机器学""矿务学""电学"和"工程学"五科，从而正式开始了中国近代西方式的法律教育。

1903年，清政府颁布了《奏定学堂章程》。规定了高等教育的学制与科目，北洋大学堂开设法政科大学，开设课程有"政治""法律""交涉""理财""掌故"等。自此，法政教育开始勃兴，法政学堂数量大大增加，学生人数也不断上升。③

---

① 俞江. 近代中国的法律与学术 [M]. 北京：北京大学出版社，2008：17-19.
② 俞江. 近代中国的法律与学术 [M]. 北京：北京大学出版社，2008：10-21.
③ 何勤华. 中国法学史：第三卷 [M]. 北京：法律出版社，2006：83-85.

自修律始至 20 世纪的前 10 年时间里，近代中国的法学教育明显受到日本法学教育的巨大影响。作为法学教育组成部分的民法学教育也不例外。这种日式的民法学教育，主要表现在教学师资队伍、教学教材讲义方面。

在教学师资队伍方面，最早从事法律教育的主要是西方传教士以及其亲属，例如，丁韪良、丁家立、林乐知之子林文德等。至清末修律时，中国政府又大量聘请外国法律专家来华任教。① 据 1909 年 11 月在天津北洋师范学堂讲习的日本教师中岛半次先生所著《日清间之教育关系》一书记载，当时聘请日本教师的法政学堂有京师法政学堂、京师法律学堂、直隶法政学堂、山西法政学堂等 22 所，聘请日本教师 311 人（其中还有女教师 23 人）。② 在这些日本教师中，最为著名的民法学教师为松冈义正先生。

从事教学的除日本法学家外，剩下的部分则主要以归国留日的学生为主。据叶龙彦先生《直隶法政学堂教员表》记载，直隶法政学堂 14 名教员，其中日本教习 5 人，归国留日学生 5 人。比例之大，十分惊人。③

由于日本教习和归国留日学生在各类法政学堂任教人数众多，因此，各类法学课程几乎全部由他们担任。例如，京师法律学堂，根据听课学生的笔记来看，笔记所列二十多门近代法课程，全部由日本教师讲授。④

在教学教材讲义方面，这些从日本来华的法学家和从日本归国的留学生，在法律教育的岗位上，主要以日本法学为主要讲授对象。"在京师法律学堂、京师法政学堂、奉天法政学堂等各大法律学堂中讲授的都是日本法学。"⑤

"总之，20 世纪的法律教育，中国完全受日本法律教育的左右。正是由于这样，所以当时中国接受的西方法律理论观点，大都是日本化的西方法律理论观点。日本法学对中国法学的影响，再没有比这一时期更大的了。"⑥

第四节　近代物权行为理论相关用语的创制与定型

近代中国的民法用语主要由日本整体性移植进入中国，但日本民法学的语

---

① 何勤华．中国法学史：第三卷 [M]．北京：法律出版社，2006：111．
② 张耕．中国政法教育的历史发展 [M]．长春：吉林人民出版社，1995：73．
③ 李贵连．近代中国的法制与法学 [M]．北京：北京大学出版社，2002：86．
④ 李贵连．近代中国的法制与法学 [M]．北京：北京大学出版社，2002：86．
⑤ 俞江．近代中国的法律与学术 [M]．北京：北京大学出版社，2008：15-16．
⑥ 李贵连．近代中国的法制与法学 [M]．北京：北京大学出版社，2002：84．

词在进入中国之后,各语词的使用寿命并不相同。在物权行为领域,日本民法学的语词也反映出这种情况。因此,在研究物权行为理论在近代中国的发展状况之前,非常有必要梳理一下,物权行为相关语词的命运变化。

一、近代物权行为理论相关用语的创制与定型

综合近代民法学中的物权行为相关语词在近代的演化进程来看,从日本传入的物权行为相关民法学语词的流变情况,大致可分为以下五种情况:①有些语词被中国民法学完全接受。例如,"动产""不动产""移转"等词。②有些语词在出现之后,逐步统一。例如,"存案"为"登记"所替代。③有些语词表述发生部分改变,但含义未发生变化。例如,"卖渡"转化为"卖"。④有些语词为中国语词替代。例如,"引渡"被"交付"所替代;"取引"被"交易"所取代;"相手方"被"相对人"所替代。⑤有些语词含义有所变化。例如,"契约""卖买"等。

下面,我们结合清末时期的民法学著述中所使用的语句,对物权行为相关用语的流变情况进行分析。

(一) 有些语词被中国民法学完全接受

在我国的传统法律中,并无"动产""不动产"的法律称谓。近代民法学中所指的"动产",传统法律一般用"物""财"或"财物"称之。"不动产"则用"产""业"或"产业"指称。"动产"属于私人时,称为"私财"或"私物"。动产属于国家时,则称为"官财"或"官物"。"动产"的所有权人称为"物主""财主"。"不动产"的所有权人,则称为"业主""田主""地主""房主"等。综称"动产"与"不动产"时,普通用"财产",有时亦用"物"一字。传统法律对财产加以区别,分为田宅与财物,此犹如现代法的"不动产"与"动产"的区别。①

我国传统法律,不使用"动产""不动产"语词,但在其他语词使用上稍有区别之义。例如,清律(田宅"私借官车船")辑注谓:"车船可以行使,故曰雇。店舍、碾磨不动之物,就其处以用之,故曰赁。"其区别的标准,在于有无移徙性。②

从"不动产""动产"的使用和流传情况而言,近代中国的民法学已经完全接受了"不动产"和"动产"这一组民法学语词。证例明显,无须多论。

---

① 戴炎辉. 中国法制史 [M]. 台北: 三民书局股份有限公司, 1991: 274.
② 戴炎辉. 中国法制史 [M]. 台北: 三民书局股份有限公司, 1991: 274.

<<< 第一章 传统法律的物权变动规定与西方近代民法学的引入

在民法学的物权变动论述中,"移转"一词,也属此种情况。虽不能说古代汉语没有"移转"一词,但近代中国民法学使用并接受了"移转"一词在日本民法学中的含义。

初版于 1905 年,由湖北法政编辑社社员编辑的《民法(财产总论、物权)》中,编者即使用"移转"一词。例如,"物权除所有权之外,均可谓之设定物权,例如土地本为己有,他人不能侵犯其权利。今也开泉凿井,许他人有地役权,是谓物权之设定。设定之后,所有权利,即转与于人,是谓物权之移转"①。"动产之设定移转,不仅以当事者之意思表示,必有引渡之事实,用生效力。"②(着重号为引者加)

1908 年被翻译成汉语并出版的织田万的《法学通论》也使用了"移转"一词。例如,"凡物权之设定及移转,仅以当事者之意思表示,而生其效力。此固近世进步法律之原则也。在古代,则恒拘以形式,当其物未交付之间,其物权之设定及移转,皆无效力。迨及近世,法律上之行为,日益繁杂,遂觉拘牵虚式之甚不便,且学者又极论形式主义之悖于法理。于是乃立为意思之原则。例如买卖之时,其当事者之意思,若既合致,虽卖主未交付其物,买主亦未偿以代金。然于所有权之移转,则毫无阻碍是也"③。(着重号为引者加)

由日本民法学编译而来的"移转"一词,至民国前期,已经完全为中国人编写的大学法律讲义所接受和使用。

黄右昌先生在其编著的"朝阳大学法律讲义"中讲述道:"让与者,谓依权利者之意思作用,将其权利移转于他人也。故让与只可通用于传来取得之时,而于原始取得之时则否。盖让与系基于权利者之意思,不可无积极行为。若由继承法规定之继承,即未可称为让与……若问让与与移转之区别为何?即让与所以示权利移转之原因,而移转则从其结果立言也。虽让与之原因,有出于买卖者、赠予者、交换者,然不问其原因为何,凡基于权利者之意思,将权利移于他人时,即称之为移转可也。"(着重号为引者加)

民国后期的钟洪声先生在其《物权新论》中,也有对"移转"一词的使用,例如,"让与者何?系依权利者之意思作用,将其权利移转于他人之谓

---

① 湖北法政编辑社社员. 民法(财产总论、物权)[M]. 东京:湖北法政编辑社,1906:48.
② 湖北法政编辑社社员. 民法(财产总论、物权)[M]. 东京:湖北法政编辑社,1906:52.
③ 织田万. 法学通论[M]. 刘崇佑,译. 上海:上海商务印书馆,1908:75-76.

也"①。(着重号为引者加)

此类证例众多，不再赘举。这些事例说明，民国时期的民法学实际上已经完全接受了"移转"一词在物权变动中的使用。

(二) 有些语词在出现之后，逐步统一

我们以"登记""存案"为例，来说明传入的民法学语词在民国前期统一的情形。

对于不动产物权移转过程中的"登记"，在清末传入时即有学者使用"登记"一词。例如，在《民法（财产总论、物权）》的论述中，即使用了"登记"一词。"动产之引渡犹不动产之登记。此二者不能相互为用。"②（着重号为引者加）

陈国祥1913年版的《民法总则》也使用"登记"一词。例如，"以上为当事者对于第三者之例。至第三者对于第三者，亦可以登记为对抗必要之条件也。……乙既未登记，乙之债权者，不能以事实上之理由，而对抗甲之债权者也"③。（着重号为引者加）

在"大清民律草案"的规定中，"登记"一词已经被完全接受。"大清民律草案"第九百七十九条规定："依法律而有不动产物权之得、丧及变更者，非经登记，不生效力。"（着重号为引者加）

但在民国前期的民法学翻译作品中，也有使用"存案"者。例如，由何燏时和汪兆铭译述的日本学者户水宽人所著的《法制经济通论》（民法为铃木喜三郎著）中，即使用"存案"一词。

就物权之设立移转言，从来有二种主义。曰意思主义，曰形式主义。意思主义者，当事者之一方，表示其物权设定或移转之意思，而对手人承诺时，即生其效果。此外无须执何等之法式。形式主义者，于意思表示之外，不行某种法式，则权利设定移转之效不生，其法式，如让授或存案之类是也。

日本民法所定，于当事者之间，采用意思表示主义。若对抗于第三者，则需法式。盖于为设移转之当事者间，仅为意思表示，即生设定移转之效，而欲对于第三者有其效力，则不可不执一法式，其法式于动产则为让授；于不动产

---

① 钟洪声.物权新论[M].上海：大东书局，1932：34.
② 湖北法政编辑社社员.民法（财产总论、物权）[M].东京：湖北法政编辑社，1906：52.
③ 陈国祥.民法总则[M].天津：丙午社，1913：20-21.

则存案。①（着重号为引者加）

"民国民律草案"仍然使用"登记"一词。例如，第七百四十五条规定："不动产物权之取得、丧失及变更，非经登记，不生效力。登记程序及施行细则，以特别法令定之。"

上述例证说明，在民法学传入时，"登记"与"存案"具有相同含义，但"存案"一词在民法学发展过程中逐步为"登记"所取代，从而退出民法学的语词使用范围。

（三）有些语词表述发生部分改变，但含义未发生变化

民法学语词"卖渡"与"卖"字之演变，即属此类。

从日本传入的民法学，多使用"卖渡"一词。陈国祥1913年版的《民法总则》，即为使用"卖渡"一词之例。例如，"事实上，不动产已卖渡于乙，然后登记簿观之，仍为甲之所有。假令甲之债权者，因欲实行其债权，而差押乙未登记之土地。……然甲虽以土地卖渡与乙，乙既未登记，乙之债权者，不能以事实上之理由，而对抗甲之债权者也"②。（着重号为引者加）

从近代中国民法学相同词义的使用习惯来看，一个"卖"字足以表达日本民法学中"卖渡"一词的含义。例如，清宣统年间，由李鸿文先生在"直隶法律学堂讲习科讲义"中，就使用了一个单字"卖"。该讲义谓："如甲以其土地卖之于乙，未为登记；后甲复以此土地，卖之于丙。丙于结约之当时，即为登记。则乙对于丙，不得对抗，而丙中取得其土地之所有权也。（乙）关于动产之效力　动产之得丧、变更，非经引渡，不可以对抗第三者。如甲以其表卖之于乙，契约虽立，尚未引渡，后更以此表卖之于丙，即时为之引渡。此时，丙可取得此表之所有权。而乙对于丙，无请求返还之权利。惟乙对于甲，可依不法行为之通则，而为损害赔偿之请求耳。"③（着重号为引者加）

可见，在李鸿文先生的讲义中，一个"卖"字足以表达"卖渡"之含义，且更符合中国的语言传统和习惯。

因而，"卖渡"一词多为"卖"字所取代，但也不能排除仍有近代民法学者使用"卖渡"一词之可能。

---

① 户水宽人. 法制经济通论 [M]. 何燏时，汪兆铭，译. 上海：上海商务印书馆，1913：206-207.
② 陈国祥. 民法总则 [M]. 天津：丙午社，1913：20-21.
③ 李鸿文. 直隶法律学堂讲习科讲义 [M]. 保定：直隶法律学堂，清宣统间：2.

（四）有些语词为中国语词替代

民法学中的"引渡"一词为"交付"所替代，是此类语词流变的典范。

在《民法（财产总论、物权）》中，译者即直接使用了"引渡"一词。例如，"买卖、赠与、遗言之类，皆法律行为。即设定及移转之一最大原因。按第一百七十六条'物权之设定及移转，仅因当事者之意思表示，遂生效力'。而古代诸国之法律，不仅由当事者之意思，尚须引渡之事实。如罗马法、德国法及日本旧民法是"①。"动产之设定移转，不仅以当事者之意表示，必有引渡之事实，乃生效力。……故动产之引渡即为对抗其权利于第三者之绝对的条件。动产之引渡犹不动产之登记。此二者不能相互为用。故引渡截然为动产之公示方法。"②（着重号均为引者加）

姚华1913年版的《民法财产（物权）》中也多有使用"引渡"一词之处。例如，"甲移转一动产所有权于乙，复以之移转于丙，丙何由知其所有权之已移转于乙乎？若丙信甲之言，则丙与甲今日契约，必致后日知之而被意外之损失。故有远虑者，不轻易为动产之取引，是以关于动产物权之让渡，非引渡其动产，则不得以之对抗于第三者。故无论何人，当其就动产为取引时，可即时请求物之引渡。若相手方不即为物权之引渡，或有第三者之权利附着之时，不可轻易信相手方之言。若得物之引渡，即令第三者于其物上有如何之权利，其权利非可对抗于已受物之引渡者。故受物引渡者，毫无被损失之虞。如此，则人人皆得安全。而为关于动产之取引，凡爰始商业及其他一切之取引，皆得圆滑行之，是以必要引渡，不得仅依当事者意思之表示，即得对抗于他人也"③。（着重号为引者加）在此段文字中，"引渡"一词使用频率之高，可见一斑。

一般而言，"引渡"一词为汉语"交付"的含义。因此，传入之初的民法学，多有使用"引渡"者，而少见译成"交付"者。但在同一部民法学著述中，也有将"引渡"与"交付"同时使用者。例如，由姚华编辑的《民法财产（物权）》就在同一段文字中，交叉使用了"引渡"和"交付"两词："于如何之场合，认为有引渡乎。此为事实问题。日本新民法一切不规定之。故法官不得不就各场合，斟酌实际之事情而定之也。例如在仓库中为动产之引渡，不必要各个交付于让渡人之手中，但锁其仓库，交付其钥于让受人，则仓库中之动

---

① 湖北法政编辑社社员.民法（财产总论、物权）[M].东京：湖北法政编辑社，1906：48.
② 湖北法政编辑社社员.民法（财产总论、物权）[M].东京：湖北法政编辑社，1906：52.
③ 姚华.民法财产（物权）[M].天津：丙午社，1913：23-24.

产其全体即可视为已引渡者。"①（着重号为引者加）

刘崇佑翻译的《法学通论》（1908年版）则全部使用了"交付"一词。例如，"买卖之时，其当事者之意思，若既合致，虽卖主未交付其物，买主亦未偿以代金。然于所有权之移转，则毫无阻碍是也。虽然是特于当事者间则然耳。若欲对于第三者生其效力者，则更须有一定之条件，盖凡不动产物权之得丧变更，必当登记之；动产物权之让渡，必当交付之。否则不得对抗于第三者"②。（着重号为引者加）清末宣统年间，李鸿文先生在"直隶法律学堂讲习科讲义"中，仍使用"引渡"一词。例如，"动产之得丧、变更，非经引渡，不可以对抗第三者。如甲以其表卖之于丙。契约虽立，尚未引渡，后更以此表卖之于丙，即时为之引渡。此时，丙可取得此表之所有权。而乙对于丙，无请求返还之权利。惟乙对于甲，可依不法行为之通则，而为损害赔偿之请求耳"③。（着重号为引者加）

以上例子可以说明，在清末时期的民法学中，"交付"一词和"引渡"一词被不同的学者用来表达相同的含义。

"大清民律草案"则明确使用了"交付"一词。"大清民律草案"第九百八十条规定："动产物权之让与，非经交付动产，不生效力。但让受人先占有动产者，其物权之移转于合意时，生效力。让与动产物权时，让与人若继续占有动产，让与人与让受人间得订立契约，使让受人因此取得间接占有，以代交付。以第三人占有之动产物权而为让与者，让与人得以对第三人之返还请求权，让与让受人，以代交付。"

日本民法学中"取引"一词为汉语"交易"一词所取代，也属此例。

在清末传入的翻译或编辑日本民法学著作中，多见有日本语词"取引"的出现。陈国祥1913年版的《民法总则》，即使用了"取引"一词。例如，"有远虑者，不轻易为动产之取引，是以关于动产物权之让渡，非引渡其动产，则不得以之对抗于第三者。故无论何人，当其就动产为取引时，可即时请求物之引渡。……而为关于动产之取引，凡爰始商业及其他一切之取引，皆得圆滑行之"④。（着重号为引者加）

由于"取引"一词，是从日语中直接引用而来，与中国的语词使用习惯不

---

① 姚华. 民法财产（物权）[M]. 天津：丙午社，1913：23-24.
② 织田万. 法学通论[M]. 刘崇佑，译. 上海：上海商务印书馆，1908：75-26.
③ 李鸿文. 直隶法律学堂讲习科讲义[M]. 保定：直隶法律学堂，清宣统间：2.
④ 陈国祥. 民法总则[M]. 天津：丙午社，1913：23-24.

符。所以"取引"一词逐步为汉语"交易"一词所取代。

"交易"一词是中国古代律例的常用词,在相关的规定中较为常见。例如,《元典章》(卷十九)记载,元世祖至元六年(1269 年),书省户部札付太原路:"照得田例:诸典卖田宅及已典就卖,先须立限,取问有服房亲(先亲后疏),次及邻人,次见典主。若不愿者,限三日批退;愿者,限五日批价。若酬价不平、并违限者,任便交易。限满不批,故有遮占者,仍不得典卖。其业主亦不得虚抬高价及不相本问而辄交易。"(着重号为引者加)明清时期,也有使用"交易"的律例。例如,"田产交易,昔年亦有卖价不敷之说,自海公以后则加叹杜绝遂为定例,有一产而加五、六次者"①。(着重号为引者加)

随着民法学的发展,日语"取引"一词逐渐退出近代中国民法学的论著,而为"交易"一词所取代。

与此同类的,较为显著的还有另外一例,即"相手方"一词的借用和淘汰。不仅从日本民法学翻译或编辑的论著中使用"相手方"一词,清末的中国人在讲义中也使用着"相手方"一词。例如,李鸿文讲述的"直隶法律学堂讲习科讲义"中,就有:"依日本民法第一七六条所规定,当事者之一方,表示为相手方设定物权或移转之意思时,不须用何等之方式。但依其意思表示,相手方即可取得其物权。"②但"相手方"语词的使用时间并不是很长。"大清民律草案"中就已使用"相对人"一词。例如,"大清民律草案"第五百五十八条规定:"买卖因当事人之一造约明移转财产权于相对人,相对人约明支付其价金而生效力。"(着重号为引者加)

通过民法学中"引渡""取引"和"相手方"词语的流变,可以发现部分日本民法学语词被中国民法学语词所取代。

(五)有些语词的含义有所变化

有些日本民法学语词传入中国后,在民法学发展的过程中,其含义逐步发生变化。例如,"契约""卖买"语词的含义变化。具体内容,下面二、三部分专为论述。

二、"契约"用语的含义演化

(一)"契""约"的词义进化

查《古汉语常用字典》,"契"的一个意思为"券,符契,契约"。古代符

---

① 叶孝信. 中国民法史 [M]. 上海:上海人民出版社,1993:541.
② 李鸿文. 直隶法律学堂讲习科讲义 [M]. 保定:直隶法律学堂,清宣统间:2.

契，刻字之后，剖为两半，双方收存以作凭证"。《韩非子·主道》："符契之所合，赏罚之所生也。"①（符：古代国君传达命令或调兵将用的凭证。生：产生）

"约"字的意思为"捆缚、套"。《诗经·小雅·斯干》："约之阁阁。"（阁阁：上下严紧的样子）《战国策·赵策四》："于是为长发君约车百乘，质于齐。"（百乘：百辆。质于齐：到齐国作人质）又有"订约、约定"。《史记·高祖本纪》："与诸将约，先入定关中者王之。"又"约定的事，明约"。《盐铁论·和亲》："匈奴数和亲，而常先犯约。"（数：多次。和亲：封建王朝与边疆各族统治集团结亲和好。犯约：指撕破和亲时订的盟约）②

"契约二字自古即指发生一定权利义务关系的协议。"③ "契"字本意为刻画，故从刀；"约"字本意为缠束、缠绕，这两字本身就反映了远古时代"刻木为信""结绳记事"之遗风。远古时代的契和约，很可能只是用以提醒双方当事人之间达成某项协议的一种信物。在文字使用普及以前，刻画在竹木片上的记号与绳索上的绳结就足以提醒双方对契约内容的回忆。而且当时契约的内容也比较简单，人口流动也比较少见，刻木结绳足以提醒契约的内容。当人们经济交易活动逐渐频繁时，简单的结绳已不能满足需要，于是双方各执一片刻有记号的竹木片的"券"就出现了。④《说文解字》："券，契也，从刀、券声。券别之以刀，以刀判契其帝，故曰契券。"《说文解字》中有："契，大约也。"

开始时，券与契一样也只是一种提醒记忆的信物，只是券以双方各持、合券履约的形式，更容易提醒双方当事人对契约内容的记忆。直到文字使用逐渐普及，契约内容也随着社会经济生活的复杂化趋于复杂后，人们才开始在券契上写上文字。为了表示与一般券契的区别，以后统称这种写上文字的券契为"书契""券书""判书"等，进而仪式契约演进为书面文字契约。⑤

关于汉代（或汉代稍前）的契书形制，可以发现汉代契书的形制特点都是制作两份。而制作两份契书的目的无非是纠纷发生时可将两份契书合在一起证验契约内容的真实性。只有"合"且"同"的两份契书，契约的内容才真实可信。换言之，汉代契书形制就是"合同"观念的体现。魏晋以后，纸的普及使

---

① 《古汉语常用字字典》编写组. 古汉语常用字字典 [M]. 北京：商务印书馆，1998：228.
② 《古汉语常用字字典》编写组. 古汉语常用字字典 [M]. 北京：商务印书馆，1998：362.
③ 叶孝信. 中国民法史 [M]. 上海：上海人民出版社，1993：62.
④ 叶孝信. 中国民法史 [M]. 上海：上海人民出版社，1993：62-63.
⑤ 叶孝信. 中国民法史 [M]. 上海：上海人民出版社，1993：62-63.

契书形制发生了一些变化。一些契书形制消失了，但"合同"的观念却保留了下来。实际上，后世的合同契约综合了"傅别""质剂"和"契书"的形制特征。①

在西方法传入中国以前，"契约"并非汉语中的习惯用语，要表达今天说的"契约"时，人们一般只说"契"或者"约"，因为"契"和"约"本来就是同义词。"契""约"虽然也有连用，但不是普遍的现象。②

日本在引进德国法和法国法时，均将其译成"契约"。"契约"一词普遍的运用，先是出现在日本的现代法学书籍和法典里。中国自1900年开始大规模移植大陆法时，主要以日本成型的法学概念为工具。"契约"一词也就直接成为中国法学家理解西方民法的重要词汇。而"契""约"连用在汉语中也成为一个固定的、普遍的表达方法。③

（二）"契约"的含义演变

在中国古代，"契"或"约"主要作为约束双方的"文书"或"契书"而存在。近代中国，在翻译和编译日本的民法学著作时，"契约"的含义开始发生变化。

在日本民法学输入和中国近代民法学诞生、成长过程中，"契约"主要是作为两种含义来使用，一种含义为"合意"；但更多情况下，"契约"更多地被作为法律行为的一种而使用。即使"契约"作为法律行为来使用，其含义也有着明显的变化。

1. 含义为一种"合意"的例证

1913年，陈承泽先生编纂出版了《法制大要》。该《法制大要》的小册子是作为当时的中学生教科书来使用的。这本中学生法制教科书是这么解释"契约"的："契约者，使生法律上效果之二人以上之合意也。契约之内容不同。而种类亦复繁多。然民律上为设特别之规定且特标以名称者，为买卖、互易、赠予、使用、赁贷借、用益赁贷借、使用贷借、消费贷借、雇佣承揽、居间、委任、寄托、合伙、隐名合伙、终身定期金……"④ 在这里，"契约"明显是被作为二人以上之"合意"，这个"合意"被称为"契约"。

由赵修鼎先生著述的《契约法论》（1927年版）一书则称："契约一语，有

---

① 俞江．"契约"与"合同"之辨 [J]．中国社会科学，2003（6）：134-148.
② 俞江．"契约"与"合同"之辨 [J]．中国社会科学，2003（6）：134-148.
③ 俞江．"契约"与"合同"之辨 [J]．中国社会科学，2003（6）：134-148.
④ 陈承泽．法制大要 [M]．上海：上海商务印书馆，1913：72.

广狭二义，广义契约者，总称以效果之发生为目的之合意也。如德国法律中契约一语，乃指广义而言，德国以关于一切契约之通则，揭载于民律总则之中。狭义契约者，唯以债权成立为目的之合意。如英国、法国法律中契约一语，乃指狭义而言。故以广义之契约，不称为契约，而称为合意。"① 显然，在赵修鼎先生看来，"契约"仅能指"债权合意"。其他"合意"则"不称为契约"。如此，则"物权合意"不能称为"物权契约"。

而至民国后期，学者对契约则又有了新的解释。周新民先生在其《物权法要论》中认为："契约一语，有广狭二义：广义的契约，即指发生私法上之效力的一切合意而言，包含债权契约、物权契约、准物权契约及身份契约在内；狭义的契约，即仅指发生债之关系的合意而言，不包含物权契约、准物权契约及身份契约在内。"② 可见，债权以外之"合意"，仍可称为"契约"。

而曹杰先生在其《中国民法物权论》中，认为"法律行为，可分为单独行为与契约行为两种"③。由曹杰先生的表述可以看出，曹杰先生在此处使用的"契约"应为"合意"。因为同时期的多数民法学著作认为"法律行为可分为单独行为和契约"，显然，这里的"契约"是被作为"法律行为的一种"而使用。但同样的含义，曹杰先生则表述为"契约行为"，可见，"契约"是被作为"合意"来使用的。如果作为"行为"来使用，则明显词义重复，后面的"行为"完全可以省略。

2. 含义为一种"行为"及含义演变的例证

由陈国祥编辑的《民法总则》将"契约"作为一种行为："（甲）单独行为、契约　单独行为，亦曰一方行为，谓无相手方之意思合致，仅以单独之意思而成立之者也。（不曰一人之意思行为，而云单独行为者，因有时集合众人之意思而成一意思。其意思仍为单独，不限以一人也）契约亦曰双方行为，谓须有二人以上之意思合致之行为也。……例如，为担保因于不法行为而负义务者之义务而结质契约或结保证契约。"④ 从此译述来看，契约即被作为"行为"来使用。但这种"二人以上之意思合致"是对应的，还是共同的，在契约的定义中，并未予以细分，应该理解为既包括对应的合意行为，也包括多方共同一致形成一个意思的合意行为。

在清末的"直隶法律学堂讲习科讲义"中，李鸿文先生也将"契约"作为

---

① 赵修鼎. 契约法论 [M]. 上海：上海商务印书馆，1927：1.
② 周新民. 物权法要论 [M]. 上海：商务印书馆，1936：32.
③ 曹杰. 中国民法物权论 [M]. 周旋，勘校. 北京：中国方正出版社，2004：17.
④ 陈国祥. 民法总则 [M]. 天津：丙午社，1913：21-22.

41

一种"行为"来讲述。例如,"单独行为、契约 单独行为者,谓以当事者一方之意思即可成立者也。如追认,遗言、寄附行为等是。契约者,谓以二人以上之意思表示相投合而成立者也。如买卖、更改、贷借等是"①。

民国前期的黄右昌先生,在朝阳大学的法律讲义中,也将"契约"作为法律行为的一种而进行定义。例如,"法律行为又可别之为契约及单独行为。为契约有以发生债权关系为目的者,有以物权之移转为目的者。前者谓之债权契约 Obigatorischer Vertrag,后者谓之物权契约 Dinglichr Vertrag。例如,甲对于乙为家屋买卖要约承诺之行为(即债权契约)。必先因两造之合意,而发生权利义务,而后因债权之实行,将家屋之所有权成直接移转之关系。其移转家屋所有权之实行行为,即物权的法律行为也(即物权契约)"②。

由东方法学会编辑的 1914 年版的《民法总则》,对契约的含义理解与上述论述明显不同。该书对契约的相关论述为:"单独行为、契约及共同行为。(1)单独行为乃由单一之意思表示而成之法律也,或称之为一方行为或片面行为;(2)契约为二个以上之意思表示合致而成立之法律行为也,或谓之双方行为。(3)共同行为(Gesamtakt. Vesemsbarungen)谓二个以上之意思表示向共同之目的互相平行合流而成立之法律也。有一派学者不认此观念以为应包含于契约中,然所谓共同行为与契约实相异。盖契约乃二个以上之意思表示互为对应之作用而交错合致者也。若共同行为,则取共同之目的而平行合流者。例如,卖买契约,卖主以卖出之意思,买主以买受之意思,由两相异之意思合致交错而成立者也。又如,法人之社员总会之决议或闲话会之决议,乃由多数之同一目的,即有同一方向之意思协同而做出别个之意思即所谓共同行为。"③ 在这里,契约的含义发生了分化,部分意思,即"谓二个以上意思表示向共同目的互相平行合流而成立的行为"被"共同行为"所取代。契约的含义内容大为缩小。

1923 年版的《民刑法要论》认为:"契约是以法律上的效果,为目的的意思,彼此合致的行为。"④ 而陈戴人先生对契约的定义,则与众不同。"双方行为是由二人以上的合致而成立的法律行为,在民法上叫契约。凡以发生私法上

---

① 李鸿文. 直隶法律学堂讲习科讲义 [M]. 保定:直隶法律学堂,清宣统间:16.
② 黄右昌. 民法物权(本论、自物权)[M]. 北京:朝阳大学法律讲义,印刷时间不详:10.
③ 东方法学会. 民法总则 [M]. 上海:上海泰东图书局,1914:75-76.
④ 赵欣伯. 民刑法要论 [M]. 上海:上海商务印书馆,1923:198.

效果为目的之合意者都叫契约行为。"① 在这个定义中，陈戢人先生将"行为""合意"与"契约"的概念纠合在一起，"契约"到底是表示"法律行为"，还是"合意"，似乎前后矛盾，令人难以捉摸。

民国后期的契约定义内容相对稳定，例如，周新民先生认为："契约乃由双方的意思表示而成立的法律行为；详言之，即以有相对应的二个以上的意思表示（即要约与承诺）的合致为其成立要件的法律行为，亦称'双方行为'。"② 欧阳谿先生认为："双方行为者，由双方当事人之合致而成之法律行为也。申言之，即依法律行为受利益方面当事人之意思表示，与任负担方面当事人之意思表示相合致而成立之法律行为也。民法所称之契约，即属于此。"③ 李宜琛先生则认为："契约云者，因二个或二个以上当事人之意思表示之合致而成立之法律行为。"④

总之，民国后期的民法学所用"契约"，含义虽有变化，但综合民国后期的契约定义，可以看出契约一般具备以下两个基本特征：（1）契约是一种与单独行为相对应区别的一种"法律行为"，而不是"合意"。（2）契约为意思表示的"合致"。从定义的语境来看，此"合致"应当是指"方向相对"的意思表示达成一致，而不是"方向相同"的意思表示一致。

三、"买卖""让与"用语的概念区分

（一）"卖买"语词的流变：

中国古代关于契约的记载中，有关于买卖的契约方式。例如，《周礼》记载的一种叫"质剂"的契约。何谓"质剂"？史书记载："听卖买以质剂。"即"质剂"是关于买卖的契约文书。⑤ 可见，古代就已经使用"卖买"一词。但"西周时买卖契约总称为'券契'，而书面券契称之为'质剂'，'大市以质'，'小市以剂'。大市指臣妾、马牛、田土买卖，小市指珍奇异物买卖"⑥。由此可知，在西周时，并不直接使用"买卖"一词，而是使用"市"一字来表达"买卖"的含义。

至春秋战国时，则已出现"买卖"一词。《赵国策·赵策三》："夫良商不

---

① 陈戢人. 民法学概论 [M]. 上海：上海民治书店，时还书局，1929：90.
② 周新民. 民法总则 [M]. 上海：上海华通书局，1931：243.
③ 欧阳谿. 民法总论 [M]. 上海：上海会文堂新记书局，1937：317.
④ 李宜琛. 民法总则 [M]. 南京：国立编译馆，1947：211.
⑤ 俞江. "契约"与"合同"之辨 [J]. 中国社会科学，2003（6）：134-148.
⑥ 叶孝信. 中国民法史 [M]. 上海：上海人民出版社，1993：67.

与人争买卖之贾，而谨司时。时贱而买，虽贵已贱矣；时贵而卖，虽贱已贵矣。"（着重号为引者加）至唐代，"买卖"已经在律令中较为常用。如唐初《田令》规定："田无文牒，辄卖买者，财没不追，苗子及买地之财并入地主。"（着重号为引者加）唐玄宗开元二十五年（737年），《田令》也规定："凡卖买（田地）皆须经所部官司申牒，年终彼此除附。若无文牒辄卖买，财没不追，地还本主。"（着重号为引者加）

另外，唐《杂律》规定买卖双方必须"和同"，禁止"较固"（律注："较，谓专略其利；固，谓障固其市。"即欺行霸市之意）、"更出开才，共限一价"（垄断价格，强买强卖）、"参市"（律注："谓人有所买卖，而傍高下其价，以相惑乱。"即诈欺起哄，高低物价）等行为，违者"杖八十，已得赃重者，计利准盗论。"《唐律疏议·名例律》称："嫁娶有媒，买卖有保。"……唐昭宗《改元天复赦》规定："旧格：买卖奴婢，皆须两市署出公验，仍经本县长吏，引验正身，谓之'过贱'。及问父母见在处分，明立文券，并关牒太府寺。"（着重号为引者加）可见，在唐代，律令中既使用"卖买"，也使用"买卖"，词义并无明显差别。

"买卖"一词的使用情况至两宋时期，开始发生变化。由于两宋典当盛行，法律往往将典当与买卖连同加以规定，合称"典卖"。民间也往往将典当与一般的买卖混称。单称"卖"往往指在转移全部所有权后，出卖人仍保留赎回的权利。《敦煌契约文书辑校》记载，北宋初年太平兴国七年（982年），吕住盈，阿鸾卖地契："自卖余后，任令狐有。住盈阿鸾二人能辩修（收）渎（赎）此地来，便容许。兄弟及别人修渎此地来者，便不容许修渎。"典当、买卖混同，因而往往统称为"活卖"。真正的买卖不动产契约则逐渐称之为"永卖""绝卖""断卖"等，以示区别。这在南宋时民间已成习惯，如现存南宋《名公书判清明集》中就有不少例证："今游朝之契，系是永卖。""所有定僧父判官契内田，必有陈偓断卖骨契。""绝卖已及一年，初无词说"等等，不胜枚举。① 可见，在两宋时期，无论律令、还是民间习惯，单字"卖"的含义已经发生变化；"买"和"卖"两字连用现象已不多见。"典卖"成为律令中的常见语词。

五代时期之后至明清时期，也有文献显示，"买卖"连用语词仍在使用。例如，《册府元龟》（卷五百四）记载，后唐天成四年（929年），"京城人买卖庄宅，官中印契，每贯抽税契钱二十文"。又如，明太宜"洪武二年令：凡买卖田宅头匹，赴务投税，除正课外，每契纸一本，纳工本铜钱四十文"。但"典卖"

---

① 叶孝信. 中国民法史［M］. 上海：上海人民出版社，1993：345.

被更为广泛地使用。"至元六年（1269年）中书省户部札付太原路：'照得田例：诸典卖田宅及已典就卖，先须立限，取问有服房亲（先亲后疏），次及邻人，次见典主。若不愿者，限三日批退；愿者，限五日批价。若酬价不平、并违限者，任便交易。限满不批，故有遮占者，仍不得典卖。其业主亦不得虚抬高价及不相本问而辄交易。'……'照得田例：官人百姓不得将奴婢、田宅舍施典卖与寺观，违者价钱没官、田宅奴婢还主。'"①《明律·户律·田宅》也使用了"典卖"一词。其"典卖田宅"条："凡典卖田宅不税契者，笞五十，仍追田宅价一半入官。不过割者，一亩至五亩笞四十，每五亩加一等，罪止杖一百，其田入官。"（着重号均为引者加）

　　唐宋以来典卖不分状况的情形在明清仍旧存在。真正的买卖契约必须写明"绝卖""杜卖""根卖""永卖"等字样，甚至有"永远割藤拔根杜绝"文契。就律例审断而言，一般默认没有写明"绝卖"等字样的为活卖、典当契约。清嘉庆六年（1801）定例规定："如契未载绝卖字样或注定年限回赎者，并听回赎。"民间惯例，绝卖文契还必须由卖方做出绝卖保证。明代卖田契式多有写明："此系尽根正卖正买之事，两家各愿，再无反悔。"卖房契式多载："此系尽根，各无反悔。"或者买方要求卖方保证在卖后"不得刁蹬勒索赎回等情"。②这说明，民间社会中的"买"或"卖"已经不能充分表达多元化的内在含义，必须增加定语或者使用句子来明确表达效果意思。

　　在明清律令中，"典卖"连用仍为正统语词。例如，《明律·户律·户婚》规定："若将已典卖与人田宅，朦胧重复卖者，以所得价钱计赃准盗论，免刺，追价还主。田宅从元（原）典买主为业。若重复典买之人及牙保知情者，与犯人同罪，追价入官，不知者不坐。"《大清律例》仍然沿用"典卖"一词，例如，"若将已典卖与人田宅，朦胧重复典卖者，以所得（重典卖之）价钱计赃准盗论，免刺，追价还（后典买之）主。田宅从原典买主为业。若重复典买之人及牙保知情者，与犯人同罪，追价入官，不知者不坐"。《大清现行刑律》对"典卖田宅"的规定，与之前规定相比，现刑律并无明显变化："若将已典卖与人田宅，朦胧重复典卖者，以所得重典卖之价钱计赃准窃盗论，追价还后典买之人主，田宅从原典买主为业；若重复典买之人及牙保知其重典卖之情者，与犯人同罪，追价入官，不知者不坐。"③"典卖"含义未发生丝毫变化。

---

① 叶孝信. 中国民法史 [M]. 上海：上海人民出版社，1993：345-346.
② 叶孝信. 中国民法史 [M]. 上海：上海人民出版社，1993：347.
③ 郑爰诹. 现行律民事有效部分集解 [M]. 北京：世界书局，1928：196.

然而，自清末开始，从日本传入的民法学中，则与同期的律令规定明显不同。例如，在1905年出版，由彭树棠编辑的《民法（债权、担保）》一书，编者则使用了"卖买"一词。"卖买者，谓当事者之一方，将其任一种之财产权移转于相手方而相手方付以代金之契约也。凡物权、债权及无形财产权皆可。但必须买主以金钱报酬始为卖买契约。若以他物报酬则为别种之契约矣。"①

在同期的其他民法学著作中，也可见"卖买"一词的频繁使用。由壬许编辑的《民法财产（债权、担保）》一书中，编者也使用了"卖买"一词。"于卖买之定义，自罗马法以来，有种种之学说。各国之立法例，亦不一致。例如有谓卖买为权利移转之方法者。然与之正反对者，则谓卖买惟于当事者间生义务。是皆极端之主义。其他于其中间尚有种种之学说及立法例，暂措勿论。兹就日本新民法所采之主义述之。卖买者，因当事者之一方约移转或财产权于相手方，相手方约对之付其代金，而生其效力之契约之谓也。是为日本民法第五百五十五条所下之定义。"②（着重号为引者加）可见，"卖买"为部分翻译民法学著作所使用。但也有使用"买卖"一词的，如1908年刘崇佑翻译的《法学通论》即使用"买卖"一词。例如，"买卖之时，其当事者之意思，若既合致，虽卖主未交付其物，买主亦未偿以代金。然于所有权之移转，则毫无阻碍是也"③。（着重号为引者加）"大清民律草案"也使用了"买卖"语词。例如，"大清民律草案"第五百五十八条规定："买卖因当事人之一造约明移转财产权于相对人，相对人约明支付其价金，而生效力。"（着重号为引者加）

在"大清民律草案"之后，民法学上"卖买"一词的使用仍为常见。例如，日本著名的民法学家梅谦次郎先生所著的《日本民法要义（债权编）》，由孟森译述，于1913年在中国出版。此译著仍然使用了"卖买"一词："第五百五十五条　凡卖买，因当事者之一方，约以某财产移转于相手方；相手方约以其代金付之，而生其效力。本条揭卖买之主义，并定其成立之时期者也。"④（着重号为引者加）但"民国民律草案"仍然继承了"大清民律草案"的相应语词，使用了"买卖"一词。"民国民律草案"第四百三十二条规定："称买卖者，谓卖主约定移转财产权于买主；买主约定支付价金之契约。"在司法审判实践中，仍然存在着"买卖"与"卖买"混用的现象。如1925年，大理院以解释例统字第一九四八号解释例称："查'不动产登记条例'第三条所定：应为登记

---

① 彭树棠.民法（债权、担保）[M].东京：湖北法政编辑社，1905：344-345.
② 壬许.民法财产（债权、担保）[M].天津：丙午社，1913：34.
③ 织田万.法学通论[M].刘崇佑，译.上海：上海商务印书馆，1908：75-76.
④ 梅谦次郎.日本民法要义（债权编）[M].孟森，译.北京：商务印书馆，1913：272.

之事项，必须实有此事项而为登记，始生登记之效力；否则应许权利人诉请涂销；故第一买主如实已取得所有权，则旧业主与第二买主之卖买契约系无权处分，即不生所有权移转之效力，虽经登记，亦属无效，自应适用现刑律重复典卖之规定，许其诉请涂销。"但在学者对此解释例的研究讨论中，"卖买"与"买卖"是混用的。

历史上"买卖"语词的流变过程，初看似乎并无重大的研究价值。但笔者认为，这反映了在近代民法学传入之初，乃至近代中国的民法学在相当长的一段发展时期，学者间对民法学用语称谓的逐步确定过程。犹如当代民法学已经确定了"买卖"的学术用语，如忽有学者反称"卖买"时，虽能明其意思，但感觉极不习惯。

（二）买卖的含义变化

"买卖"在历史上的演化不单单表现在使用语词方面，实际上，"买卖"的含义也在不断地发生变化。

对于宋代之前的"买卖"含义，虽然很难说明其具体含义，但可以肯定的一点是，宋代之前的"买卖"并没有细致的含义区分。但至两宋时期，则情况有所变化。由于两宋典当盛行，法律往往将典当与买卖连同加以规定，合称"典卖"。民间也往往将典当与一般的买卖混称。单称"卖"往往指在转移全部所有权后，出卖人仍保留赎回的权利。《敦煌契约文书辑校》记载，北宋初年太平兴国七年（982），吕住盈、阿鸾卖地契："自卖余后，任令狐有。住盈阿鸾二人能辩修（收）渎（赎）此地来，便容许。兄弟及别人修渎此地来者，便不容许修渎。"典当、买卖混同，因而往往统称为"活卖"。真正的买卖不动产契约则逐渐称之为"永卖""绝卖""断卖"等，以示区别。这在南宋时民间已成习惯，如现存南宋《名公书判清明集》中就有不少例证："今游朝之契，系是永卖。""所有定僧父判官契内田，必有陈偃断卖骨契。""绝卖已及一年，初无词说"等，不胜枚举。

至明清时期，两宋延续而来的含义，仍没有大的变化。一般真正的买卖契约必须写明"绝卖""杜卖""根卖""永卖"等字样，甚至有"永远割藤拔根杜绝"文契。就律例审断而言，一般默认没有写明"绝卖"等字样的为活卖、典当契约。清嘉庆六年（1801）定例规定："如契未载绝卖字样或注定年限回赎者，并听回赎。"民间惯例，绝卖文契还必须由卖方做出绝卖保证。明代卖田契式多有写明："此系尽根正卖正买之事，两家各愿，再无反悔。"卖房契式："此系尽根，各无反悔。"买方还要求卖方保证在卖后"不得刁蹬勒索赎回等情"。

可见，明清时期，"买卖"的含义还没有确定，且因习惯、法律的影响，"卖"字含义仍呈现出复杂含混的状况。如果需具体明确其含义时，还需在"卖"之前多加定语，或需以其他语句明确说明，这样才能在双方间确认真正的意图。

为了规范民间含混不清的买卖含义，清代的律令试图做出规范。然而，前后不一的强行规定又可能在一定程度上加剧"买卖"的含混程度。例如，"乾隆十八年（1753）定例，凡典卖田产文契'远在三十年以外，契内虽无绝卖字样，但未注明回赎者，即以绝产论，概不许找赎。如再混行争告者，均照不应重律治罪'。不应重律指'不应得为'律条，'笞四十，事理重者杖八十'。绝卖即不准找价。嘉庆六年（1801年）定例又规定活卖典当'若卖主无力回赎，许凭中公估找贴一次，另立绝卖契纸。……倘已经卖绝、契载确凿，复行告找告赎……俱照不应重律治罪'。将找价限制于活卖加绝情况下才可允许，并且只准找价一次。清代民间绝卖契约，卖方都必须向买方保证'永不找、赎'，或'永不言加言赎''一卖千秋，永不找赎'为当时绝卖契约的惯用语"。①

清末时期，从日本传入民法学后，"买卖"之间的关系，出现了完全不同的景象。学自欧陆的日本近代民法学，完全接受了"物权""债权"的权利体系划分。因而，日本民法学将"买卖"过程进行了更为细致的行为区分。

例如，在民法学"债"的相关内容中，日本民法学将"买卖"或"卖买"作为"契约"的一种，但在对"买卖"或"卖买"的具体含义上，又有着明显区别。

例如，在彭树棠编辑的《民法（债权、担保）》中，编者采用了一种说法："卖买者，谓当事者之一方，将其任一种之财产权移转于相手方而相手方付以代金之契约也。凡物权、债权及无形财产权皆可。"②（着重号为引者加）在"卖买"的这个定义中，"卖买"是"将其任一种之财产权移转于相手方而相手方付以代金之契约"。

但在同期的其他民法学著作中，"卖买"的定义，则另有他说。例如，在千许编辑的《民法财产（债权、担保）》中，编者即对"卖买"的含义做出如下介绍："于卖买之定义，自罗马法以来，有种种之学说。各国之立法例，亦不一致。例如，有谓卖买为权利移转之方法者。然与之正反对者，则谓卖买惟于当事者间生义务。是皆极端之主义。其他于其中间尚有种种之学说及立法例，暂措勿论。兹就日本新民法所采之主义述之。卖买者，因当事者之一方约移转或

---

① 叶孝信.中国民法史[M].上海：上海人民出版社，1993：541-542.
② 彭树棠.民法（债权、担保）[M].东京：湖北法政编辑社，1905：344-345.

财产权于相手方，相手方约对之付其代金，而生其效力之契约之谓也。是为日本民法第五百五十五条所下之定义。"①（着重号为引者加）在这里，编者介绍了"卖买"的新学说，其所举学说有"权利移转之方法"，或"惟于当事者间生义务"。但编者更注重日本民法对"卖买"的定义。从日本民法对"卖买"的定义中的两个"约"字来看，实质上采用了"惟于当事者间生义务"的学说，而并非"移转财产权于相手方"。

1911年，日本著名民法学家梅谦次郎先生所著的《日本民法要义（债权编）》（孟森译述）在中国出版。此译著揭示了日本民法对"卖买"的学说主张和立法定义。"第五百五十五条 凡卖买，因当事者之一方，约以某财产移转于相手方；相手方约以其代金付之，而生其效力。本条揭卖买之主义，并定其成立之时期者也。"②

在民法学"债"的内容中，对"买卖"或"卖买"的含义，学说各异。而在民法学"物权"的内容中，对于财产权移转，则另有着完全不同的表述语词。

湖北法政编辑社社员编辑的《民法（财产总论、物权）》，对"物权"的变动使用了"移转"的用语。例如，"物权之设定以后，所有权利即转与于人，是谓物权之移转。……买卖、赠予、遗言之类，皆法律行为也。即设定移转之一最大原因。按百七十六条'物权之设定及移转，仅因当事者之意思表示，遂生效力'"③。虽然，日本民法对物权的变动统称为"移转"，但是对"不动产"和"动产"在语词使用上，还是有所区分的。例如，日本民法"第百七十七条'关于不动产之物权之得丧及变更，非从登记法所定，为其登记，不得以之对抗第三者。'……第百七十八条'关于动产之物权之让渡，非引渡其动产，不得以之对抗第三者'"④。（着重号为引者加）

又如，1913年版的《民法总则》论述："故有远虑者，不轻易为动产之取引，是以关于动产物权之让渡，非引渡其动产，则不得以之对抗于第三者。……例如，在仓库中为动产之引渡，不必要各个交付于让渡人之手中，但锁其仓库，交付其钥于让受人，则仓库中之动产其全体即可视为已引渡者。"⑤

---

① 壬许. 民法财产（债权、担保）[M]. 天津：丙午社，1913：34.
② 梅谦次郎. 日本民法要义（债权编）[M]. 孟森，译. 北京：商务印书馆，1913：272.
③ 湖北法政编辑社社员. 民法（财产总论、物权）[M]. 东京：湖北法政编辑社，1906：48.
④ 湖北法政编辑社社员. 民法（财产总论、物权）[M]. 东京：湖北法政编辑社，1906：50-52.
⑤ 陈国祥. 民法总则[M]. 天津：丙午社，1913：23-24.

(着重号为引者加)

再如，1908年翻译出版的《法学通论》，也对"买卖"过程有所论述。例如，"买卖之时，其当事者之意思，若既合致，虽卖主未交付其物，买主亦未偿以代金。然于所有权之移转，则毫无阻碍是也。虽然是特于当事者间则然耳。若欲对于第三者生其效力者，则更须有一定之条件，盖凡不动产物权之得丧变更，必当登记之；动产物权之让渡，必当交付之。否则不得对抗于第三者"①。(着重号为引者加)

可见，近代民法学在"债权编"和"物权编"中存在着两种互相对应的语词表述。在"债权编"中，如果将"买卖"或"卖买"作为"约定移转财产权和支付价金"的含义，与"物权移转"即"不动产物权的得丧变更，动产物权的让渡"成为互相对应的权利移转系统。而如果"买卖"或"卖买"作为"移转财产权和支付价金"，则"买卖"和"卖买"与"物权移转"的内容实质相同，即财产权的移转。但不同的是，"买卖"或"卖买"是双务契约，为两个物权的移转（一为契约标的物，二为价金），而"物权移转"则仅为一个物权的移转（契约标的物的物权移转）。

至于"让与""移转"与"买卖"的关系，黄右昌先生在民国前期的"朝阳大学法律讲义"中有所论述：

让与者，谓依权利者之意思作用，将其权利移转于他人也。故让与只可通用于传来取得之时，而于原始取得之时则否。盖让与系基于权利者之意思，不可无积极行为。若由继承法规定之继承，即未可称为让与，……若问让与与移转之区别为何？即让与所以示权利移转之原因，而移转则从其结果立言也。虽让与之原因，有出于买卖者、赠予者、交换者，然不问其原因为何，凡基于权利者之意思，将权利移于他人时，即称之为移转可也。②（着重号为引者加）

可见，在近代中国的民法学上，"买卖"只是"让与"或"移转"的原因，而后者是前者的结果。如此，对于物权变动过程中的两套相互对应的语词系统，不可混淆。

---

① 织田万. 法学通论[M]. 刘崇佑，译. 上海：上海商务印书馆，1908：75-76.
② 黄右昌. 民法物权（本论、自物权）[M]. 北京：朝阳大学法律讲义，印刷时间不详：23-24.

第五节 清末时期的物权契约观念

清末时期，法制变革。日本民法学逐步被引入中国。从清末时期的民法学著作来源看，这些著作均从日本民法学家的著作翻译、编辑而来。在清末时期，这些翻译、编辑而来的日本民法学著作总共有二十种左右。这些民法学著作的引入与传播，对中国民法学的生成和发展具有重要的价值和意义。在中国民法学的生成和发展过程中，物权契约的观念也在逐步生成。

一、契约

"契约"观念，古已有之。但作为近代民法学意义的"契约"观念，则是随着日本民法学的输入而逐步形成的。

何谓近代民法学意义上的"契约"呢？

（一）契约的定义

对于契约的定义学说，清末时期的日本民法学著作进行了大致的介绍与分析。"契约之定义，各国法制及学说，亦极不一。"① 但从总体而言，"契约之义，有广狭之殊"②。

1. 狭义说

"狭义曰：契约者即债权创设之主目的之合意也。"③ 即"以契约为生债权之合意是也"④。有学者认为"最初谓契约者，必创生一种债权者"⑤。也有学者认为，契约的此定义被认为是"迄今所最通行者"⑥。"若从此定义，是设定物权之当事者间之合意，非契约；即变更或消灭债权之当事者间之合意，亦不得为契约。所谓契约者，特限于以创设债权为目的之合意者耳。"⑦

2. 广义说

"广义曰：契约者，以使生法律上之效力为目的而有二人以上合致之意思

---

① 织田万.法学通论[M].刘崇佑，译.上海：上海商务印书馆，1908：103.
② 彭树棠.民法（债权、担保）[M].东京：湖北法政编辑社，1905：282.
③ 彭树棠.民法（债权、担保）[M].东京：湖北法政编辑社，1905：282.
④ 织田万.法学通论[M].刘崇佑，译.上海：上海商务印书馆，1908：103.
⑤ 陈国祥.民法总则[M].天津：丙午社，1913：128.
⑥ 织田万.法学通论[M].刘崇佑，译.上海：上海商务印书馆，1908：103.
⑦ 织田万.法学通论[M].刘崇佑，译.上海：上海商务印书馆，1908：103.

也。"① 或者说"契约者,谓以使生法律上之效力为目的之二人以上之意思之合致也"②。"恒以一切使生法律上效果之合意,皆为契约。"③ 但日本通常所言之契约,只在私法上使用。所以,民法中论及的契约,只限于私法上之契约。④ 因此,准确地说,契约的广义可以被认为是:"以使生私法上效果为目的之二人以上意思之合致也。"⑤ "即无创设物权债权,或变更或消灭之者,苟为二人以上之意思合意,而以使生私法上之效果为目的者,则皆为契约。"⑥

契约的定义对"物权契约"观念的形成和存在有着重要的意义。契约的定义决定了契约用语的使用范围,使物权契约观念形成和使用成为可能。假使契约为仅限于生债权之合意,则生物权之合意无由被认为是"物权契约",物权契约的观念也就难以形成。正因契约定义的内容增加,使契约的外延大为扩张,从而使单纯的"契约"难以准确涵摄部分契约(如物权契约)的特征。

(二) 契约的效力

当事者之间所订契约,究竟可以产生什么样的效力?清末时期的日本民法学著作对不同的观点进行了简单介绍。"盖契约之有效力,世所公认,而果生如何之效力,则各国法制及学说不一其议。"⑦

分类言之,契约之效力有以下四种观点:

"其义有谓限于生债务关系之效力者。"⑧

"有谓生债务关系之创设变更或消灭等之效力者。"⑨

"有谓生债务关系之创设及物权移转之效力者。"⑩

"契约者以使生法律行为之效力为目的。"⑪

从以上对契约效力的诸种观点来看,各法制或学说对契约能够产生的效力并无分歧,只是在契约产生的具体效力范围上有所区别。而这些具体的效力则是以近代西方大陆民法学的概念、权利、体系为基准而进行的划分。因此,契

---

① 彭树棠. 民法(债权、担保)[M]. 东京:湖北法政编辑社,1905:282.
② 陈国祥. 民法总则 [M]. 天津:丙午社,1913:127.
③ 织田万. 法学通论 [M]. 刘崇佑,译. 上海:上海商务印书馆,1908:103.
④ 彭树棠. 民法(债权、担保)[M]. 东京:湖北法政编辑社,1905:282.
⑤ 织田万. 法学通论 [M]. 刘崇佑,译. 上海:上海商务印书馆,1908:104.
⑥ 织田万. 法学通论 [M]. 刘崇佑,译. 上海:上海商务印书馆,1908:104.
⑦ 彭树棠. 民法(债权、担保)[M]. 东京:湖北法政编辑社,1905:282.
⑧ 彭树棠. 民法(债权、担保)[M]. 东京:湖北法政编辑社,1905:282.
⑨ 彭树棠. 民法(债权、担保)[M]. 东京:湖北法政编辑社,1905:282.
⑩ 彭树棠. 民法(债权、担保)[M]. 东京:湖北法政编辑社,1905:283.
⑪ 彭树棠. 民法(债权、担保)[M]. 东京:湖北法政编辑社,1905:283.

约的不同效力自然可以顺理成章地作为契约分类的标准。

综观契约的广狭定义和不同效力学说,可以发现,契约的定义与效力有着密切的关联,相辅相成。如果采用狭义的"创设债权"或"生债权"的契约定义,则契约自然不能具有"债务关系变更或消灭等效力",更不能产生"物权移转之效力"。但若采用"生私法上之效果"的广义契约定义,则契约不仅具有"债务关系变更或消灭等效力",还具备"生物权移转之效力",即"生法律行为之效力"。

从契约的定义广狭和效力大小来看,学说观点上的区分均是以民法学中的权利形态作为标准或依据的。也就是说,契约的效力范围是以所"创设"或"生"的权利形态或法律关系做出的界分。这些权利形态或法律关系被划分为以下类别:

契约定义与契约效力对应关系图:

$$\text{私法上之效果(广义的契约定义)} \begin{cases} \text{债权} \begin{cases} \text{债权创设(狭义的契约定义)} \\ \text{债权变更} \\ \text{债权消灭} \end{cases} \\ \text{物权} \begin{cases} \text{物权创设} \\ \text{物权变更} \\ \text{物权消灭} \end{cases} \\ \text{其他……} \end{cases}$$

$$\text{法律行为之效力} \begin{cases} \text{债务关系} \begin{cases} \text{债务关系之创设} \\ \text{债务关系之变更} \\ \text{债务关系之消灭} \end{cases} \\ \text{物权移转} \\ \text{其他效力……} \end{cases}$$

二、物权移转主义

在民法学理论上,法律行为的效力因法律行为而产生。法律行为是物权设定、移转的主要方式。契约作为重要的法律行为,是物权设定、移转的重要方式。在因契约而发生的物权设定、移转问题上,清末时期的民法学著作将之区别为两种主义:

(一)形式主义

此种主义认为:契约标的物的登记、引渡可以对抗任何人,不仅仅可以对抗第三人,如契约标的物未进行登记、引渡的,即使是契约双方当事人之间,也不会产生物权移转效力。①

(二) 意思主义

意思主义与形式主义正相反。意思主义认为,物权因当事者之意思而设定、移转。② 但在对于保护第三者上,又有以下两种主张:

1. 区别第三者为善意与恶意

以第三人的善意、恶意主观为标准,对物权的移转效力进行分别确定。对于善意第三人,契约当事人之间非有登记、引渡,不得对抗之;对于恶意之第三者,即未登记、引渡,亦可对抗。③ 以卖买契约为例,双方当事人之间虽已订立卖买契约,但双方当事人未进行契约标的物的登记、引渡,如果善意第三人又与契约卖出方订立卖买契约,则物权移转于善意第三人。卖买契约中的买入方不得以之前的卖买契约对抗善意第三人。如果又与契约卖出方订立卖买契约的第三人系恶意,即使卖买契约当事人之间未对契约标的物进行登记、引渡,物权仍然移转于契约买入方。

2. 以登记、引渡产生对抗效力

当事人之间,根据当事者的意思合致,已经产生物权设定、移转效力,无须进行契约标的物的登记、引渡。但对于第三人而言,则不问第三人为善意、恶意,必以登记、引渡为公示之方法,使人得明知权利果属何人,始可以对抗之。④

物权移转主义是民法学面对因契约而发生的物权设定、移转现实,而不得不做出的抉择。因为物权移转主义的确立,对于确定契约当事人所享有的权利内容、合理划分契约标的物的风险负担具有极为重要的意义,从而最终保护当事人的合法权利,减少当事人之间不必要的法律纷争。

物权移转主义的确立对于契约的效力有着决定性的影响,因而,物权移转主义对于契约的分类也就有着直接的影响。在形式主义模式下,契约标的物的权利移转只有在契约标的物的登记、引渡时,才会发生移转。因此,从效力的角度而言,一般情况下,在契约标的物的登记、引渡之前,契约并不能因为当事人的合意而产生物的权利移转效力,契约所产生的效力仅限债务

---

① 姚华. 民法财产 (物权) [M]. 天津:丙午社,1913:25.
② 姚华. 民法财产 (物权) [M]. 天津:丙午社,1913:27.
③ 姚华. 民法财产 (物权) [M]. 天津:丙午社,1913:27.
④ 姚华. 民法财产 (物权) [M]. 天津:丙午社,1913:28.

关系的效力。但在意思主义模式下，契约当事者的意思合致即可产生效力，包括债务关系和契约标的物的权利移转。正因为意思主义模式下的契约所产生效力的广泛性和综合性，使得在意思主义模式下的每个具体的契约所产生的效力又并非完全相同。有些契约能够产生物的权利移转效力，有些契约则只能产生债务关系。因此，意思主义模式下的契约具备了进一步区分的必要性、可能性和现实性。

三、日本民法学的取向

（一）对于契约的定义和效力学说

狭义的契约"定义失之过狭"①，日本的旧民法曾采用狭义的契约概念。②对于仅以"生债权之合意"为契约，而"设定物权之当事者间合意"为"非契约"，且"变更、消灭债权之当事者间之合意""亦不得为契约"。日本有学者认为，对于区别债权、物权的契约定义，"然此二者，即区别之，亦无实益。且各法制中，其务为此区别者，究仍不免混同。如日本旧法典。即其一矣。故在今日，则概不认此区别"③。综合日本民法学者的意见来看，主张采广义的契约定义者为绝大多数。所以日本的新民法采用了广义的契约概念。④

（二）对于物权移转主义

日本民法学通说主张采用意思主义，在学说理论上，有两方面的理由：

1. 在实践操作上，意思主义较为便捷

若依形式主义，必生出不良之结果。盖以动产言之，假令甲已以其所有物卖渡于乙，尚未引渡，甲忽反复，至起诉时，甲即以未引渡之故，而主张并无买卖之关系，则乙必大受损失。以不动产言之，登记为登记义务者（卖主）所应为之事。苟因卖主未尽义务，而反与之以可得对抗他人，这将造成法律专为保护不尽义务之人。因此，形式主义实为必不可采之主义。⑤ "今日之法律上以吾人之意思为重，而于当事者之间尚须经法式甚为迂远其极也。将使取引萎靡。"⑥

---

① 陈国祥. 民法总则 [M]. 天津：丙午社，1913，128.
② 彭树棠. 民法（债权、担保）[M]. 东京：湖北法政编辑社，1905：282.
③ 织田万. 法学通论 [M]. 刘崇佑，译. 上海：上海商务印书馆，1907：103.
④ 织田万. 法学通论 [M]. 刘崇佑，译. 上海：上海商务印书馆，1907：103.
⑤ 姚华. 民法财产（物权）[M]. 天津：丙午社，1913：25.
⑥ 户水宽人. 法制经济通论 [M]. 何燏时，汪兆铭，译. 上海：上海商务印书馆，1913：31.

区别第三者为善意、恶意的意思主义似为适当主义，但民法不采之者，有二理由。其一是区别之困难。盖实际上善意、恶意颇难区别。其二是手续之繁杂。欲一一区别善意、恶意，颇感手续之不便。①

以登记、引渡为对抗第三人的意思主义于法理原则上充分确认当事者意思之效力，无论对于何人，其权利自然可为移转。惟为保护第三者，对之不得援用，于实际上能补区别第三者善意、恶意的意思主义之缺点，最为便利，是以日本民法采此主义。②

2. 从法制史的考察来看，意思主义是法制史发展的必然结果

"古代诸国之法律，不仅由当事者之意思，尚须有引渡之事实。"③ "近世法律发达，凡事取其迅速。如必有事实，则必迟延，迟则弊生，故仅以当事者之意思表示，而物权之设定及移转，遂以成立。……此所以既有意思表示，遂可以生其效力也。"④ 物权移转采用意思主义，"盖因于法律之进步。……罗马法尚未为充分发达之法律，甚拘于形式，仅以当事者之意思而动者，不能使生法律上之效力……是法律上保护颇不完全。近世因法律，渐脱罗马法之羁绊，至生上述之主义"⑤。因此，从法制史的考察来看，"凡物权之设定及移转，仅以当事者之意思表示，而生其效力。此固近世进步法律之原则也。在古代，则恒拘以形式。当其物未交付之间，其物权之设定及移转，皆无效力。迨及近世，法律上之行为，日益繁杂，遂觉拘牵虚式之甚不便，且学者又极论形式主义之悖于法理。于是乃立为意思之原则。例如买卖之时，其当事者之意思，若既合致。虽卖主未交付其物，买主亦未偿以代金，然于所有权之移转，则毫无阻碍是也。虽然是特于当事者间则然耳；若欲对于第三者生其效力者，则更须有一定之条件。盖凡不动产物权之得丧变更，必当登记之。动产物权之让渡，必当交付之，否则不得对抗第三者"⑥。

清末时期，翻译日本民法学著作是中国引入西方民法学的主要途径。在中国从事法学教育和立法的人员也主要是日本法学家。因此，日本民法学的态度与取向对尚处于"摇篮"时期的中国近代民法学有着决定性的影响力。

---

① 姚华. 民法财产（物权）[M]. 天津：丙午社，1913：27-28.
② 姚华. 民法财产（物权）[M]. 天津：丙午社，1913：28.
③ 湖北法政编社社员. 民法（财产总论、物权）[M]. 东京：湖北法政编辑社，1906：48.
④ 湖北法政编社社员. 民法（财产总论、物权）[M]. 东京：湖北法政编辑社，1906：48-49.
⑤ 姚华. 民法财产（物权）[M]. 天津：丙午社，1913：13.
⑥ 织田万. 法学通论[M]. 刘崇佑，译. 上海：上海商务印书馆，1907：75-76.

日本民法学通说采用了将产生私法上效果（包括债权关系和物的移转效力）的二人以上意思表示合致均定义为契约，而在因契约而产生的物权移转主义上采用了意思主义，即当事人之间的意思表示合致即可产生物权移转效力。对契约的定义和效力采用统括各种私法效果（效力）的契约，与对因契约全部产生物权移转效力的意思主义移转方式之间，就会出现部分契约与物的移转主义之间的"错搭"现象。这种"错搭"现象为"物权之契约"的出现提供了可能。因为有些契约能够产生物权移转效力，而有些契约只能产生债务关系，而不能产生物权移转效力。统一物权移转效力的意思主义为进一步区别契约提供了现实需要。在"卖买"这一具体契约中，契约区别表现得尤为明显。

四、卖买

（一）卖买定义

1. 物权效力说

"卖买者，谓当事者之一方将其任一种之财产权移转于相手方而相手方付以代金之契约也。"① 即"卖主有移转自己之权利于买主而受取代价之意思，买主亦有支付其代价于卖主而取得权利之意思也"②。

2. 债权效力说

"当事者之一方。以某种之财产权，约转移于对手人。而对手人约定付以价金。如此之契约，曰卖买。"③

此二定义，表面观之，无大区别，但从契约的定义和效力方面观之，则差异巨大。物权效力说认为，卖买实际上产生了财产权移转的效力（"将一种之财产移转于相手方"）；债权效力说则认为，卖买实际上仅产生债务之效力（以某种之财产权，约转移于对手人）。因此，二说虽都称为"卖买"，但从契约效力角度而言，前说"卖买"产生物权效力，后说"卖买"则仅产生债权效力。而这对区别卖买契约的不同，具有重要的参考价值。

（二）卖买之效力

卖买是契约的一种，在意思主义的物权移转模式之下，卖买契约的标的

---

① 彭树棠. 民法（债权、担保）[M]. 东京：湖北法政编辑社, 1905: 344-345.
② 陈国祥. 民法总则 [M]. 天津：丙午社, 1913: 127-128.
③ 户水宽人. 法制经济通论 [M]. 何燏时, 汪兆铭, 译. 上海：上海商务印书馆, 1913: 103.

物物权自应因契约当事者的意思合致而发生物权转移，但现实的"卖买"却并非如此简单。由于具体卖买物的不同，卖买的意思合致所产生效力也就有所差异。

"债权之目的，其为物之交付者，则须别为特定物及不特定物二种。"①

1. 特定物与不特定物

（1）特定物

"特定物者，谓与人结约时所指定之物至引渡时不得以同种之他物易之者也。例如指定一表，则此表即为特定物，虽债务者贩卖之表甚多，而引渡时终不得以他表代之是也。"②

在意思主义物权移转模式下，"在特定物，则其物权，不待物之过付，而已移转。其变为债权之目的而存之者，即此交付之行为也"③。虽然，卖买契约的标的物并没有"过付"，但因采用"意思主义"物权移转模式，在当事者达成卖买意思合致的情况下，"特定物"的物权已经发生移转。因此，关于此特定物的卖买契约在当事者意思合致时，已经产生物权移转效力。也正因物权已经移转，"此时，债务者（卖方）于其未交付之间，负有以管理者之注意保存其物之义务"④。

（2）不特定物

"不特定物者，谓与人结约时但云某物若干而未指定其物为何等品质者也。例如甲在乙店买米或酒，但言定米几何、酒几何，而米与酒之品质，皆未确实指定。此即不特定物之谓也。"⑤"物既未特定，则债权者不独于其物无所有权，并无其他之物权"，因为物权尚未移转于债权人，债权人也就没有"以管理者之注意保存其物之义务"。原因就在于"其物保存与否，尚于债权者无利害之关系。故不付于债权债务之两方生引渡之问题。而仅付于债务者之一方生给付之问题"⑥。因为对于不特定物，虽然卖买双方已经达成卖买的意思合致，但因卖买契约之标的物尚未特定，此卖买之意思合致，只是产生债务关系，尚无法产生物权转移的效力。

在特定物与不特定物的卖买契约效力对比中，契约效力范围与物权移转意

---

① 织田万. 法学通论［M］. 刘崇佑，译. 上海：上海商务印书馆，1907：118.
② 彭树棠. 民法（债权、担保）［M］. 东京：湖北法政编辑社，1905：16.
③ 织田万. 法学通论［M］. 刘崇佑，译. 上海：上海商务印书馆，1907：118.
④ 织田万. 法学通论［M］. 刘崇佑，译. 上海：上海商务印书馆，1907：118.
⑤ 彭树棠. 民法（债权、担保）［M］. 东京：湖北法政编辑社，1905：20.
⑥ 彭树棠. 民法（债权、担保）［M］. 东京：湖北法政编辑社，1905：20.

思主义的"错搭"问题表现得至为明显,不特定物的卖买契约并不能按当事者的意思合致产生物的移转效力,依当事者的意思合致能够产生物的移转效力的卖买契约只是契约当中的一部分。契约效力的实际区别为契约的分类提供了划分的标准。

2. 卖主之所有物与他人之所有物、现行存在物与未来所发生之物

与不特定物相同,契约当事者的卖买合意并不能产生物的移转效力的,还有他人之所有物、未来所发生之物。

卖买契约的目的物为非卖主之所有物或未来所发生之物时,卖买契约因当事者的意思合致而成立。"然为目的之权利不必为卖主之所有者,又不必现行存在者。故虽他人之所有物、或未来所发生之物,亦得为卖买之目的物。"① 也就是说,非卖主之所有物或未来所发生之物均可以作为卖买契约的标的物,卖买契约仍为合法有效之契约。但与卖主所有物和现行存在物的契约不同,非卖主之所有物或未来所发生之物并不能在意思合致之时,发生契约标的物的物权移转效力。因卖买之目的物非为卖主之所有物或未来所发生之物,卖买契约只是产生债务关系,使"卖主负担使买主得财产权之义务,……即将他人所有之权利卖买之时,则有取得其权利于己,而将其移于买主之义务"②。

在卖买契约之中,根据卖买物的不同,卖买契约会产生不同的效力。契约标的物符合一定条件(如契约标的物为特定物、卖主之所有物、现行存在物)的,则卖买契约能够在契约当事者意思合致时产生物的移转效力。契约标的物不符合一定条件(如契约标的物为不特定物、非卖主之所有物、未来所发生之物)的,则该卖买契约在契约当事者意思合致时,仅能产生债务关系,并不能产生物的移转效力。这样,卖买契约就因产生效力的不同而会有所分别。

五、清末时期的物权契约观念

清末时期出现的民法学著作,均为从日本民法学著作或讲义翻译、编辑而成。至清代末年,还未发现由中国民法学者自己写作的著作。因此,根据目前发现的材料,很难确切知晓,清末时期的中国民法学者对物权契约的真正理解和看法。但从日本民法学著作的翻译状况来看,译者已经使用了"物权之契约"的用语;在"编者识"中,编者也使用了"债权契约"的词汇。这些都说明,

---

① 户水宽人. 法制经济通论 [M]. 何燏时,汪兆铭,译. 上海:上海商务印书馆,1913:103.

② 户水宽人. 法制经济通论 [M]. 何燏时,汪兆铭,译. 上海:上海商务印书馆,1913:104.

清末时期的部分法律研习者已经初步具有物权契约的观念，且对于物权契约的有效成立要件有着较为深刻的思考。

（一）物权契约观念的产生与物权移转的"意思主义"有密切关联

在物权移转意思主义之下，从宏观方面而言，契约以当事人的意思合致即能产生物权移转效力。但具体到微观的卖买合同，则有些卖买合同可以产生物权移转效力，如特定物且为所有物的卖买。有些卖买则难以因当事人的意思合致而产生物权移转效力，如不特定物的卖买或者非所有物的卖买。因此，卖买契约可能会产生出两种不同的效力，有些会产生物权移转效力；而有些则仅能产生债权债务效力。这就为根据效力而进行定义的契约，留下了合理的想象和思考空间。

在物权移转形式主义之下，物权移转效力只有在登记、引渡时才能产生。在登记、引渡之前的契约则不能产生物权移转效力，而仅能产生债务效力或不发生效力。因此，从契约的效力来审视契约时，则契约仅能产生债权债务效力或不发生效力。物权效力是因为当事人之间的登记、引渡产生，而非因契约产生。因此，仅能产生债权债务效力或不发生效力的契约则很难进行再一次的区分和细化。

综上，"物权契约"的观念与物权移转意思主义取向有着密切的关联。（具体关系参见下图）

意思主义：

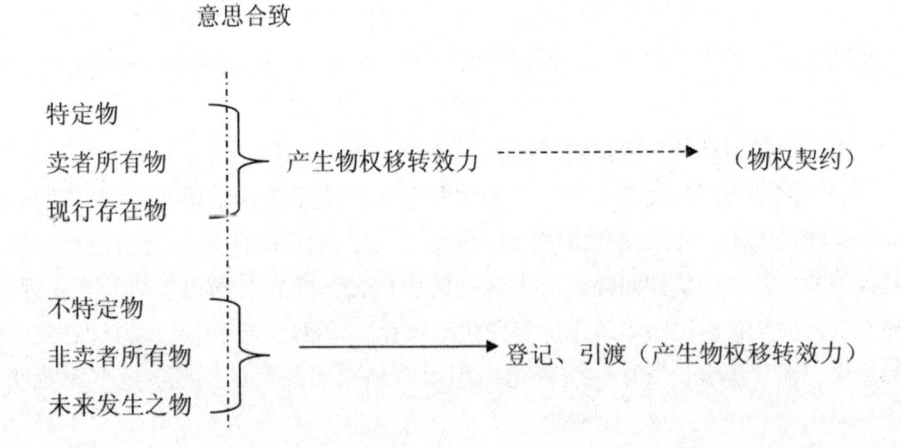

意思合致

特定物 ┐
卖者所有物 ├ 产生物权移转效力 --------→ （物权契约）
现行存在物 ┘

不特定物 ┐
非卖者所有物 ├────────→ 登记、引渡（产生物权移转效力）
未来发生之物 ┘

形式主义：

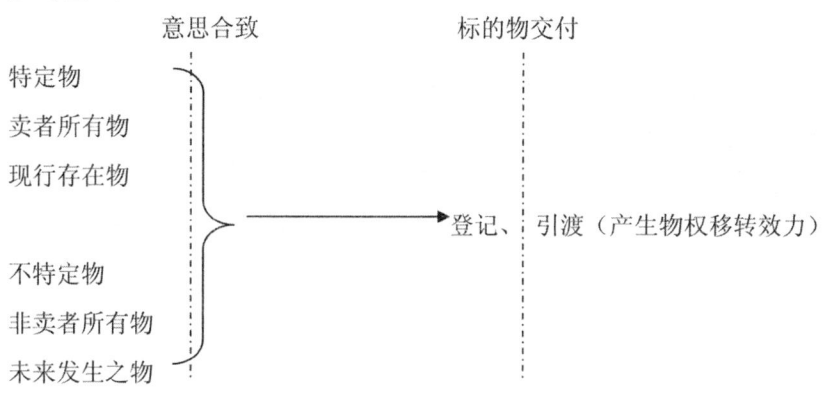

```
          意思合致              标的物交付
特定物    ⎫
卖者所有物  ⎬
现行存在物  ⎪
          ⎬───────→ 登记、引渡（产生物权移转效力）
不特定物   ⎪
非卖者所有物⎬
未来发生之物⎭
```

（二）虽无物权契约的系统论述，但已有"物权之契约"用语的实际使用

从民法学理论中的契约分类来看，"物权之契约"或"债权之契约"的分类方法并未见于清末时期的相关民法学译著，也并未见"物权契约""债权契约"的定义，更无关于"物权契约"构成要件的系统论述。但在契约的实际相关表述中，还是自觉不自觉地使用了"物权之契约"的用语。如"使物权之契约虽已成立，而未登记，债权者无从调查，仍不得对抗之"①。（着重号为引者加）"债权之契约"也已实际为清末时期的民法研习者接受和使用。如在《民法总则》（第二十一册）的"编者识"中，编者就指出："梅（指梅谦次郎）于本讲义讲授时，契约之部最详，是就一般讲义债权之契约总论。而以之入于总则论之。盖不如他讲义必拘于日本民法法典之顺序也。故于债权契约之总则、于其绪论及契约之成立，皆从省者，亦以其已详于此耳。"②（着重号为引者加）

---

① 湖北法政编社社员. 民法（财产总论 物权）[M]. 东京：湖北法政编辑社，1906：51.
② 陈国祥. 民法总则[M]. 天津：丙午社，1913：编者识.

61

第二章

民国前期（1912—1929）的物权契约司法适用与理论发展

第一节　民国前期的物权契约司法适用与理论发展

民国初年，由于"大清民律草案"并未能在清末颁布实施，新的民事法律在短期内还难以制定，而社会则不能没有法律的规范。出于司法的需要，《大清现行刑律》（简称"现行律"）得以继续适用。对此，政府法令和大理院判例的态度非常明确。

随着近代民法学的迅速传播，一批优秀的掌握近代民法学原理的学者逐步出现。而在民国前期的特殊法制环境下，民法学者和立法者、司法者的法学共同体逐步形成。众多优秀的民法学者承担着最高审判机关的民事审判工作。因此，民国前期的最高审判机关的判例和解释例可直接反映民国前期的民法学理论发展状况。

由于新的民事法律还没有出台，而现行律中的民事有效部分的规定与近代民法学原理并不完全相符，因此，大理院和最高法院在理解和适用现行律时，还是自觉或不自觉地融入了近代民法学理论的相关内容。在此方面的典型判例，为民国五年（1916）上字第二〇八号判例中对现行律"重复典卖"规定的解释和适用。民国五年上字第二〇八号判例认为："按现行律田宅门典买田宅律文载，若将已典卖与人田宅，朦胧重复典卖者，追价还主，田宅仍从原典买主为业云云。其所谓典卖与人者，自系指设定移转不动产物权之契约（物权契约）业经合法成立者而言，非仅缔结买卖之债权契约者所可遽行援用。依向来惯例，移转不动产所有权之物权契约，通常以作成契据为其成立要件。故合法作成契

<<< 第二章　民国前期（1912—1929）的物权契约司法适用与理论发展

据，一经交付之后，其标的物之所有权，即移转于让受人。倘原所有人有重复典卖情事，则后典后买之人，即使确系善意，亦仅能对于原所有人请求返还价金，赔偿因此所生之损害，而不能取得典权或所有权。"① 由此判例可以看出，现行律关于"重复典卖"的规定。在此判例中，"所谓典卖与人者"，已被解释为"自系指设定移转不动产物权之契约（物权契约）业经合法成立者而言。非仅缔结买卖之债权契约者所可遽行援用"。然而，现行律是从原《大清律例》的规定演化而来，而《大清律例》的规定又是袭自明代的《明律·户律·户婚》规定。因此，从立法的原意来看，"典卖与人"根本不可能有近代民法学中的所谓"物权契约"与"债权契约"之分。但在这个判例中，大理院推事通过司法解释，将近代民法学中的物权行为理论的相关内容巧妙地"嫁接"到现行律的规定中，从而，使物权行为理论的学说事实上成为大理院审判的依据。

1912年，"中华民国"成立后，大理院进行了改组。大理院一方面以"判决例"的形式指导全国的司法审判工作。同时，大理院还行使着法令解释权，即对法令的适用做出解释。大理院解释以"统"字编号。"自民国元年改组时起至民国十六年闭院"②，大理院行使解释法令之权十余年间，共对法令做出相关解释2012号。"自民国二年一月十五日统字第一号起，至十六年十月二十二日第二千零十二号止。"③

1927年，"国民政府奠都南京，庶司草创，建设未遑，其改大理院为最高法院也"④。同年12月，最高法院成立。⑤ "国民政府成立后，统一解释法令之权初以最高法院，继改属'司法院'。"⑥ 1929年之前，即"民国十八年以前之解释例，系最高法院掌管"⑦。"司法院"自民国十八年（1929年）起行使解释法令之权。"最高法院用'解'字编号发表，计自解字第一号起至第二百四十五号止，凡二百四十五号。'司法院'改用院字编号。"⑧ 时至今日中国之台湾地区，法令解释权仍由"司法院"行使。

---

① 郭卫. 大理院判决例全书 [M]. 上海：上海会文堂新记书局，1931：156.
② 郭卫. 大理院判决例全书 [M]. 上海：上海会文堂新记书局，1931：凡例.
③ 郭卫. 大理院解释例全文 [M]. 上海：会文堂新记书局，1932：凡例.
④ 最高法院判例编辑委员会. 最高法院判例要旨（合订本）[M]. 上海：大东书局，1946：居正"序".
⑤ 最高法院判例编辑委员会. 最高法院判例要旨（合订本）[M]. 上海：大东书局，1946：例言.
⑥ 郭卫，周定枚. 最高法院法令解释总集 [M]. 上海：上海法学书局，1934：刊例.
⑦ 朱鸿达. "司法院"解释例要旨汇览 [M]. 上海：世界书局，1931：例言.
⑧ 郭卫，周定枚. 最高法院法令解释总集 [M]. 上海：上海法学书局，1934：刊例.

63

大理院和最高法院的民事判决例反映着民国时期的司法审判机关将相关法令适用于具体案件的审判实践；大理院、最高法院和"司法院"对相关民事法令的解释也能够反映出民国时期的民法学发展状况和法律解释者的学说倾向。

本节即以民国前期的最高审判机关的判例和解释例为研究对象，来考察物权行为理论在民国前期的内容、发展和适用状况。

一、物权行为的内容

物权行为分为"物权单独行为"和"物权契约行为"。民国前期的大理院已经有关于物权单独行为的判例。如大理院三年（1914）上字第一二五号判例，即是对物权单独行为的判决内容。大理院三年（1914）上字第一二五号判例称："物权之消灭具有种种原因，而抛弃亦无（估计为'为'，引者注）一端。故即正当取得之所有权，一经表示抛弃之意思，即失其从来所有该物之一切权利，苟非再行依法取得其所有权，即无重就该物主张权利之余地。"大理院的这一判例，虽然未使用物权行为用语，但清楚地表明了大理院对物权单独行为——抛弃——的理论认识。即"抛弃"为物权消灭的原因之一，而抛弃行为仅以"抛弃之意思"表示，即可发生效力。换言之，一旦权利人将抛弃的意思表示出来，原权利人即失去了对"物"的所有权。

通过民国前期的判例和解释例所表现出来的物权行为理论，更多的则是物权契约的内容。

早在民国二年（1913），大理院就以判例的形式对物权契约的定义和有效成立要件做出了明确的解释。大理院二年（1913）上字第八号判例称："物权契约以直接发生物权上之变动为目的，与债权契约异。契约成立同时履行，更无存留义务之可言。物权契约普通有效成立要件约有三端：（一）当事人须有完全能力且缔约者除法律有特别规定外，须就该物或权利有完全处分之权。故无处分权者所为之物权契约，当然不发生效力。如卖自己所有之特定物，则物权契约即包含于债权契约，二者同时发生效力。若卖他人所有之物或不确定之物，则其债权契约虽属有效，然不能即发生移转物权之效力。有时仍不能不为物权契约之意思表示。（二）标的物须确定。（三）当事人之意思表示不得反于一般法律行为及契约之原则。"[①]

除大理院二年（1913）上字第八号判例外，大理院和最高法院的其他判例

[①] 郭卫. 大理院判决例全书 [M]. 上海：会文堂新记书局，1931：153-154；杨鸿烈. 中国法律发达史 [M]. 上海：上海书店，1990：1202.

也对物权契约的有效成立要件有所涉及,并在某种程度上强调和修正着物权契约的有效成立要件。

综合大理院关于物权契约的判例,我们可以发现物权行为理论的基本内容。

(一) 物权契约的定义

在大理院二年(1913)上字第八号判例中,大理院虽未对物权契约做出直接定义,但判例对物权契约的描述,实际上概括出了物权契约的定义特征。"物权契约以直接发生物权上之变动为目的",此即是对物权契约实质含义的概括。

(二) 物权契约有效成立的要件

1. 契约标的物须为特定物

大理院二年(1913)上字第八号判例明确指出,"标的物"须确定为物权契约的有效成立要件。但对标的物为不确定物的契约,自然不能发生物权移转效力。虽然不能发生物权移转效力,但大理院判决例并未否认该契约能够发生其他法律效力。大理院六年(1917)上字第八一五号指出:"就将来可取得之物,为买卖者,其行为虽不能即生移转物权之效力,而此项行为究非法律之所禁止。"大理院六年(1917)上字第一〇七五号判例认为:"契约标的之给付,如系客观的绝对不可能,其约固属无效。惟以较短之时期,使债务人负交付不特定物之债务,则非绝不可能之事,自难以此否认其效力。"该"效力"自然是指债权效力。因此,可以概括得出大理院对债权契约的标的物,并无特定物要求,"将来可取得之物"和"不特定物"之债务,"究非法律所禁止",也"自难以此否认其效力"。

对于物权契约,大理院二年(1913)上字第八号判例内容则非常明确地表述出了物权契约的特定物要件。

2. 当事人须有处分权

大理院二年(1913)上字第八号判例,明确物权契约应具备"处分权"这一有效成立要件。即"当事人须有完全能力且缔约者除法律有特别规定外,须就该物或权利有完全处分之权。故无处分权者所为之物权契约当然不发生效力。如卖自己所有之特定物,则物权契约即包含于债权契约,二者同时发生效力。若卖他人所有之物或不确定之物,则其债权契约虽属有效,然不能即发生移转物权之效力,有时仍不能不为物权契约之意思表示"。也就是说,对像"卖他人所有之物",虽然不能发生物权移转效力,但该契约并非没有效力,该契约只不过产生债权效力,卖主负有移转权利,交付契约标的物的义务。

处分自身没有处分权的标的物,因为不符合物权契约的有效成立要件,其契约不能发生物权移转效力，物权并不因此发生移转。大理院三年（1914）上字第七九九号判例对此予以明确："法律上应得他人同意始能为处分行为之人，若不得该同意权者同意，而为处分物权之意思表示，该物权并不因而移转。"大理院四年（1915）上字第四六九号判例也称："凡无处分权之人，处分他人之物，与人缔结典卖契约者，其债权契约固属有效，而对于物权法上，则并不能发生效力。"

1927年，大理院改组为最高法院后，最高法院的判例也确认了"处分权"为物权契约的有效成立要件。如最高法院十七年（1928）上字第一〇一四号判例称："共有人中一人或数人未经全体共有人同意，专擅处分共有物者，其处分行为固不生移转物权之效力。"① 又如最高法院十七年（1928）上字第一一七九号判例认为："共有物之管理人不能自由处分共有物，若未经共有人全体同意擅自处分，其处分行为，不能生移转物权之效力。"再如最高法院十八年（1929）上字第一四二〇号判例称："凡物权之移转设定，非有完全处分权之人为法律上有效之意思表示，不生物权法上之效力。"②

3. 不动产物权契约应采用书面形式

物权契约与债权契约有不同的形式要求。一般认为，物权契约，应订立书据；债权契约，则无须订立书据。对物权契约的书据的具体要求，大理院进行了灵活解释。如大理院六年（1917）上字第九六〇号判例认为："不动产让与契约只以订立书据为必要，并无必须本人书押之明文。故卖契苟系真实成立，即不能仅以未经卖主本人书押，遂谓其无物权移转之效力。"另外，大理院六年（1917年）上字第九六二号判例也体现了同样的精神。该判例称："不动产所有权之移转，虽以订立契据为要件，然其契据并无一定方式。如果足以表明移转权利之意思，即不得不认为合法。"

随着立法和社会的发展，审判机关对物权契约的书据要件，在判例中不断被强调。如最高法院十八年（1929）上字第六四二号判例称："设定或移转不动产物权之契约，非经订立书据，不生物权得丧之效力。"又如最高法院十八年（1929）上字第一五九二号判例认为："不动产物权之移转，以订立书据为契约成立之要件。未订立书据，自不生物权移转之效力。"再如最高法院十九年（1930）上字第三五九号判例称："设定不动产担保物权，应订立书据，否则不

---

① 最高法院判例［EB/OL］. S-link：电子六法全书. 此注中最高法院是指中国台湾地区的法院机构，后同，不另行标注。
② 最高法院判例编辑委员会. 最高法院判例要旨（合订本）［M］. 上海：大东书局，1946：64.

生物权法上之效力。"

这些判例都说明了最高审判机关对物权契约书据要件的正面肯定,而对于债权契约,判例则完全表示出对书据的否定态度。

对于债权契约,大理院认为,债权契约的买卖并没有"字据""书立字据"的要求。这从大理院判例看得清清楚楚。大理院四年(1915)上字第二三〇号判例将债权契约的有效成立要件表述为:"债权契约并非要式行为,即无须以债券为成立之要件。故债券之有无及其记载如何,不能独执之,以断定债权之存否。要视其实际于债权之发生,当事人间是否有合致之意思表示及其意思表示之是否合法有效以为断。"大理院四年(1915)上字第一二八九号判例也认为:"买卖有无字据,与字据内有无当事人书押,均非买卖债权契约成立之要件。"大理院四年(1915)上字一八一七号判例:"债权法上不动产之买卖,只以当事人之合意而生效力,并不以书立字据为契约成立之要件。故依相当之证据方法,已足证明当事人间有买卖之合意者,则纵无买卖字据或字据形式未备,仍不能不认买卖契约之成立。"

大理院解释例的态度与大理院的判例态度完全相同。大理院在"民国九年四月六日大理字覆山东高等审判厅函"的"统字第一二五四号"解释例中称:"查债权法上不动产之买卖,只以当事人两造之合意,即生效力,不以立契为要件。"①

最高法院的判例也继承了大理院判例的态度。最高法院十八年(1929)上字第二九五六号判例称:"买卖之债权契约并非要式行为,除第一百六十六条情形外,自无须以订立书据为其要件,苟有其他证据方法,足以证明确有买卖事实,则因买卖所发生之债务关系,即不容借口无书据而任意否认。"最高法院十九年(1930)上字第三三五号判例也认为:"买卖契约非要式行为,除第一百六十六条情形外,不论言词或书据只需意思表示合致即可成立,其写立书据者,亦无履行何种方式之必要。若嘱人签字即系授权行为,当然对于本人直接生效。"

这些都表明,大理院和最高法院,作为最高审判机关和法令解释机关,根据物权契约与债权契约的不同性质,分别做出了评判和解释。

就不动产物权的设定移转,从物权移转效力而言,需要订立字据。但是对当事人之间没有字据的情况,则可认为当事人之间缔结买卖契约,可以发生债权效力。卖主即负有订立字据,移转物权的义务。大理院三年(1914)上字第

---

① 郭卫.大理院解释例全文[M].上海:上海会文堂新记书局,1932:725.

四七八号判例即表现出此种倾向。"依法律行为而为不动产物权之设定移转者，固以订立字据为必备之要件。然当未订立字据以前，当事人间合法缔结之债权契约，仍不得不谓为有效。故虽未订立字据而根据已立之买卖契约（债权契约），买主本有请求卖主订立字据之权利。如卖主不肯订立，自可以其他相当方法，代订立字据之行为（如由审判衙门以裁判代意思表示），使其所有权移转于买主。"

(三) 物权契约与债权契约的区别

物权契约与债权契约的区分基础在于物权与债权的区分，债权是对人权、相对权，其义务主体是特定的契约当事人；物权是对世权、绝对权，其义务主体为不特定的当事人。因此，债权、物权的权利划分，确定了物权契约、债权契约的性质。大理院对债权契约、物权契约的性质区分，确定了契约的法律关系。"债权契约系特定人间之关系，非有特别原因，断无拘束第三人之效力。"大理院三年（1914）上字第四八三号判例则显系顺此学理而做出的判决。从此判例，可以清楚地看出，大理院对债权契约所形成的法律关系仅仅是特定人之间的关系的明确肯认。虽然该判例对物权契约所形成的法律关系未有涉及，但其突出"债权契约"系特定之人间之关系，即可推知，大理院对物权契约所形成的法律关系与债权契约所形成的法律关系的不同认识。

在大理院二年（1913）上字第八号判决文中有："物权契约以直接发生物权上之变动为目的，与债权契约异。契约成立同时履行，更无存留义务之可言。"此判例内容即指出了物权契约与债权契约的显著区别。

买卖不动产为标的物的债权契约，无作成字据的要求，一旦买卖契约合法成立，则卖主即负有移转不动产标的物的义务，而移转不动产标的物的物权契约具有作成字据的形式要求。因此，债权契约之买主有作成契据的履行义务，而作成契据即为缔结物权契约，因此债权契约有所谓履行。大理院三年（1914）上字第九一六号判例即是对债权契约的履行与物权契约的缔结关系而做出的说明："以买卖不动产为标的之债权契约，如已合法成立，则除该契约具有无效或撤销之原因或由两造合法解除外，卖主即有作成契据交付买主（缔结物权契约）之义务。故为第三人就标的物上主张权利，致妨碍契据之作成交付，则卖主除已与约定连同物上担负并移转于买主者外，自应有除去其权利为完全履行之义务。"

物权契约本身即为物权设定或移转契约，因而物权契约不存在履行问题。而债权契约之履行义务，即"须缔结物权契约"。大理院十四年（1925）上字第五九八号判例对物权契约与债权契约的区别关系论述可谓"经典"。大理院十四年（1925）上字第五九八号判例称："查契约有物权契约，有债权契约。物权契约无所谓履行义务之观念，依其契约之成立即以设定或移转物权。而债权契约，则以使债务人负担给付之义务为目的，依其契约仅发生移转物权之义务，因其履行义务尚须缔结物权契约。"

二、物权契约的性质

物权行为分为单独行为和契约行为。当事人从事法律行为，自然有其决意为法律行为的动机、缘由。根据行为受原因影响的程度，法律行为可分为要因行为和不要因行为。区分要因行为和不要因行为的实益在于，对于要因行为，如欠缺法律上原因或原因为违法，则该行为受到原因的影响，而不能成立；对于不要因行为，如欠缺法律上原因或原因为违法，则该行为将不会受到原因的影响，仍可成立有效。大理院四年（1915）上字第二八九号判例即对要因行为与不要因行为作出了明确区分，并表明了原因对于法律行为效力的影响。该判例称："法律行为之原因与其缘由，有别除依法律规定及行为性质为不要原因者外，如欠缺法律上原因或原因为违法，则该行为即不能有效成立，即当事人不得主张由该行为所生之权利。"

在债权契约在先的情况下，当事人负有履行给付义务，即缔结物权契约的义务。此种情形，存有两个契约，一个为债权契约，一个为物权契约。在二者发生存在先后的情况下，物权契约行为效力是否受到债权契约行为效力的影响呢？简单言之，债权契约无效或不存在或消灭时，物权契约是否受债权契约的影响而成为无效或消灭，从而使已经移转且交付的标的物自然不发生移转？还是使物权契约不受债权契约效力的影响，物权契约仍然有效，标的物仍然移转，然后依不当得利规定，返还受损害者？

虽然未见大理院对物权契约无因性的明确表述，但从大理院的判例来看，大理院表现出物权契约不受债权契约消灭影响的态度，从而使物权仍然发生移转，后再以不当得利方式保护受损害者的利益。如大理院三年（1914）上字第二〇七号判例即判称："凡无法律上之原因而因他人之给付受利益，致他人受损害者，负归还其利益之义务。"大理院四年（1915）上字第一二号判例也判称："凡因他人之给付而受利益者，如为其给付之法律上原因一旦消灭，致他人受意外损失时，自宜将其所受之利益返还。"

上述两个判例虽均未提及债权契约，但从判决用语可知债权契约的存在。债权契约的主要效力即在于"给付"义务的产生，而此两个判例均述及"因他人之给付而受利益",显然此"给付"源于债权契约的效力。这两个判例对此的态度,均以"归还"或"返还"利益的债权保护形式(不当得利),作为维持当事人之间利益平衡的法理依据,而并未采用所有权回复的物权保护手段。由此可以看出,大理院实际上已将物权契约作为无因行为看待。

三、物权契约的适用

物权契约为大理院判例所认可后,其有效成立要件等自然成为大理院在后判决的适用依据。然而,大理院的判例表明,物权契约理论需要一个被逐步接受的过程。

大理院的判例对物权契约适用主要表现在重复典卖判例和无权处分判例中,从大理院判例可以发现物权契约的适用历程。

(一)物权契约在重复典卖判例中的适用

自大理院二年(1913)上字第八号判例提出物权契约的定义和有效成立要件后,大理院的有些判例对于重复典卖的认定,已经开始按物权契约的有效成立要件进行分析推理。如大理院三年(1914)上字第三七五号判例,即表现出物权契约的适用迹象。该判例称:"因契约而移转所有权者,必须所有权人始得为之,故所有人以其土地卖与他人,既经成契,则其所有权已移转于人。若原所有人于既卖之后,复以其一部立契出卖,自不能生移转所有权之效力。"很显然,在这个判例中,所卖土地为特定物自属应然,而大理院推事对于处分权(所有权)以及契约形式的要求,表明这个判例已经注意到物权契约的要件适用情况。

大理院四年(1915)上字第二二五九号判例,虽然对契约效力的区分为债权法上的效力,但其对不动产买卖契约显然缺少物权契约的要件分析。该判例称:"不动产之所有人,以一不动产为二重买卖者,其嗣后所缔结之买卖契约,无论其买主是否善意,要皆不过发生债权法上之关系。"如果在前之不动产买卖契约,能够符合物权契约的有效成立要件,不动产所有权自然移转于在前买主。原不动产所有人如嗣后再与他人缔结买卖契约,嗣后所缔结之买卖契约,因不符合物权契约的"处分权要件",自然难属物权契约,"要皆不过发生债权法上之关系"。

大理院五年(1916)上字第二○八号判例,利用物权契约原理对重复典卖的现行律规定的解释,可谓为物权契约适用的"经典"判例。"按现行律田宅门典买田宅律文载,若将已典卖与人田宅,朦胧重复典卖者,追价还主,田宅仍从原典买主为业云云。其所谓典卖与人者,自系指设定移转不动产物权之契约(物权契约)业经合法成立者而言。非仅缔结买卖之债权契约者所可遂行援用。依向来惯例,移转不动产所有权之物权契约,通常以作成契据为其成立要件。故合法作成契据,一经交付之后,其标的物之所有权,即移转于让受人。倘原所有人有重复典卖情事,则后典后买之人,即使确系善意,亦仅能对于原所有人请求返还价金,赔偿因此所生之损害,而不能取得典权或所有权。"在这个判例中,大理院依据物权契约的学理,对现行律的规定进行了"全新解释",从而使现行律焕发出"近代民法学"的生机。尤其是对于并无不动产登记制度的现实情况,强调不动产"交付"行为的价值,此点在大理院判例中实为少见。

然而,大理院六年(1917)和八年(1919)的解释例则都表明,物权契约并未能得到普遍认可和接受。在"民国六年四月十一日大理院覆重庆四川高等审判分厅电"的大理院统字第六〇六号解释例中,"同一物重复典当在后者,依法无效。自无告争回赎之可言"①。"民国八年十一月二十五日大理院覆甘肃高等审判厅函"的大理院统字第一一三九号解释例则称:"查重复典卖,其后典后卖无效。继续有效之前清现行律,定有明文。甲(出典人,引者加)最先将住房典乙,如果属实。则其再典与丙丁,均不能有效。"② 大理院的这些解释例与判例的观点显然不同,在这两个解释例中,大理院解释者并未接受物权契约的定义和要件相关理论,对契约的物权效力和债权效力做出区分,而是直接依据现行律规定,认为"重复典当在后者,依法无效"。这种状况表明,此时期的大理院推事们对物权契约理论的不同态度。

之后的大理院判例表明,大理院判例并未受到解释例的影响。大理院十年(1921年)上字第七〇四号判例中,仍旧判称:"卖主就同一标的物为二重买卖,在前之卖约仅发生债权关系,而后之卖约已发生物权契约者,即令后买主缔结卖约。实有恶意,其对于前卖主亦仅发生是否侵害债权及应否赔偿损害之问题。前买主对于后买主不能就该标的物已经发生之物权关系,主张其为无效。"

1927年,最高法院成立后,最高法院对于重复典卖的判例,虽有细微变化,但总体而言,物权契约理论,仍为最高法院所适用。

最高法院十八年(1929)上字第二五号判例,对大理院十年(1921)上字第七〇四号判例的内容则有所修正,增加了一个"依习惯有先买权"的条件。

---

① 郭卫. 大理院解释例全文[M]. 上海:上海会文堂新记书局,1932:336.
② 郭卫. 大理院解释例全文[M]. 上海:上海会文堂新记书局,1932:648.

"卖主就同一标的物为二重买卖，在前之卖约仅发生债权关系，而后之卖约，已发生物权关系者，前买主除依习惯有先买权外，对于后买主不能就该标的物已经发生之物权关系，主张其为无效。"

之后的最高法院十八年（1929）上字第二七七二号判例，则又对重复典卖的判决态度有些变化。该判例称："以同一不动产为二重买卖者，其在合法成立契约之买主，当然取得该不动产之所有权，其后之买主无论是否善意，其契约要不能发生移转物权之效力。"

再之后的最高法院十九年（1930）上字第一三八号判例则又恢复了对物权契约的适用。"卖主就同一标的物为二重买卖，如前买约仅生债权关系，而后买约已发生物权关系时，前之买主不得主张后买约为无效。"

由大理院的前后判例内容，可以看出，物权契约在大理院的判例适用经历了一个不断反复、逐步被接受的过程。

（二）物权契约在"无权处分判例"中的适用

在大理院二年（1913）上字第八号判例中，当事人是否有处分权被作为物权契约有效成立的要件之一。因此，当事人是否拥有处分权是判断物权是否发生移转的重要标准。对此，民国前期的大理院判例予以明确认可。

1. 无权处分行为不能发生物权行为的物权移转效力

大理院三年（1914）上字第七九九号判例称："法律上应得他人同意始能为处分行为之人，若不得该同意权者同意，而为处分物权之意思表示，该物权并不因而移转。"大理院对于无处分权不能发生物权移转效力的判决较为常见。如大理院四年（1915）上字第四六九号判例也称："凡无处分权之人，处分他人之物，与人缔结典卖契约者，……对于物权法上，则并不能发生效力。"又如大理院四年（1915）上字第二三一八号判例也认为："承继人于被承继人生存中，处分被继承人之财产者，其处分行为不能发生效力。"再如大理院五年（1916）上字第一一八八号判例和大理院六年（1917）上字第四六〇号判例也是判定无权处分行为不生物权效力的判决。大理院五年（1916）上字第一一八八号判例称："父之财产，其子私擅处分者，固不生物权法上之效力。"大理院六年（1917）上字第四六〇号判例称："凡仅保管他人所有物，未经其所有主授以处分之权限，而擅行处分该物者，其物权并不因而移转。"

无权处分行为不能产生物权移转效力的内容在大理院的解释例中也有所体现，大理院在"民国八年十月十六日大理院覆浙江永嘉第一高等审判分厅电"

的"统字第一一〇二号"解释例中称:"绝卖所典他人不动产,自系无效。"①

最高法院十七年(1928)上字第一〇一四号判例也认为:"共有人中一人或数人未经全体共有人同意,专擅处分共有物者,其处分行为固不生移转物权之效力。"

2. 无权处分行为可以产生债权债务效力

无处分权之标的物,虽然不能产生物权移转效力,但并非表明该契约为绝对无效,其虽不能产生物权移转效力,但可以产生债权效力。大理院三年(1914)上字第一一九〇号判例也间接表述了同样的观点,即"买卖之标的物,在缔约当时并不必属于卖主,今上告人既与被上告人缔约,将该地卖出,则无论是否上告人所有,而上告人要有移转权利、交付地段之义务"。即在缔结买卖标的物的契约时,买卖之标的物并不以必属于卖主为买卖契约有效成立与否的要件。换言之,在缔结买卖契约时,卖主是否拥有标的物的所有权并不影响买卖契约的效力。因此,买卖契约当然发生债权效力,买主也就负有履行债务的义务。因此,在大理院三年(1914)上字第一一九〇号判例中,卖主(上告人)"要有移转权利交付地段之义务"。

之后的大理院判例对无权处分的情况,在表述上更加细致明确。如大理院四年(1915)上字第四五五号判例和第四六九号判例,均明显对契约的债权法效力和物权法效力做出区分。大理院四年(1915)上字第四五五号判例称:"处分他人之所有权,虽不能发生物权得丧变更之效力,而得发生债务之关系。苟其行为,别无无效原因,即不得遽认为无效,并其债权债务之关系而亦否认之。"大理院四年(1915)上字第四六九号判例称:"凡无处分权之人,处分他人之物,与人缔结典卖契约者,其债权契约固属有效,而对于物权法上,则并不能发生效力。"

3. 无权处分人嗣后取得处分权时,是需再订物权契约,还是溯及补正无权处分行为

契约当事人在无处分权的情况下,绝卖或以其他方式处分他人之物权,在无权处分人取得物权后,是应当重新签订物权契约,还是可以追溯当时的处分行为,使之发生效力?大理院前后表现出不同的态度。

大理院三年(1914)上字第四五号判例即认为应再为有效之物权移转契约。该判例称:"无权限人与人约定绝卖他人之产者,在债权法上,该契约当事人间虽可有效发生债权义务关系,而于他人物权之取得,则非由诸约人先取得其物

---

① 郭卫. 大理院解释例全文[M]. 上海:上海会文堂新记书局,1932:626.

权后，再为有效之物权移转契约不可。"

而之后的大理院判例则表明，大理院三年（1914）上字第四五号判例的内容并未被认可接受。之后的大理院判例认为，处分行为人取得权利，或经权利人同意或经追认，原行为则为有效。如大理院四年（1915）上字第二二五九号判例称："凡无权利人之处分行为，若嗣后该无权处分人已取得其权利，即应追溯当时，认为有效。故在前纵以非其所有，不能处分，迨其继承权利之时，即已成为有效之行为。"又如大理院五年（1916）上字第一一八八号判例也判称："父之财产，其子私擅处分者，固不生物权法上之效力。惟嗣后经其父之表示追认者，仍应认为有效。"

在解释例方面，大理院也持相同态度。大理院在"民国八年十月十六日大理院覆浙江永嘉第一高等审判分厅电"中做出"统字第一一〇二号"解释例，该解释例认为："绝卖所典他人不动产，自系无效。惟如果处分人依不动产典当办法，已取得所有权者。因其权能业有补充，不得再以无权处分，向买得人告争无效。"①

最高法院延续了大理院"溯及补正"的观点。如最高法院十七年（1928）上字第一〇一四号称："共有人中一人或数人未经全体共有人同意，专擅处分共有物者，其处分行为固不生移转物权之效力。惟法律行为之同意不必限于行为时之，若于事前预示，或事后追认者，不得谓为无效。"又如最高法院十八年（1929）上字第一八九九号判例称："不动产抵押权应由不动产所有人设定之，其由第三人设定者，则须经所有人同意或追认，始能认为有效。"

大理院判例和解释例及最高法院判例的内容发展，充分展示了物权契约在民国前期的司法适用过程。在这一过程中，也是物权契约理论逐步被理解和接受的过程。从最高法院的一些判例内容看，这种过程还表现得较为漫长。如最高法院十八年（1929）上字第六七六号判例，即是一个处分权要件区分不彻底的判例。该判例称："共有财产非经共有人全体之同意，不得由共有人之一人或数人自由处分，若无共有人之同意而与他人缔结买卖财产之契约者，则该契约自不得认为有效。"可见，这一判例在处分权要件方面，并未意识到物权契约与债权契约的区分，从而依无权处分认定了债权契约的无效。又如最高法院十八年（1929）上字第七六五号判例称："第三人就债务人已被查封拍卖之标的物不缴价向法院拍定，而径向处分权已受限制之债务人私相授受，债权人本可主张其买卖无效。"在这一判例中，债务人处分权虽受限制，但其与第三人所缔结之

---

① 郭卫. 大理院解释例全文 [M]. 上海：上海会文堂新记书局，1932：626.

买卖契约系属债权契约,而债权契约并不要求债务人具有处分权。因此,如果债务人与第三人发生物权让与行为,固可认为债务人(让与人)的让与行为无效,而不可判定债务人与第三人的"买卖无效"。

第二节 民国前期的物权契约学理探研

民国前期,民法学在经历了清末的输入诞生期之后,逐步开始独立成长。同期,民法学教育也日益繁荣。由中国民法学者自己编写的法律讲义日渐增多。除以法律讲义形式出现的民法学著述外,民国前期的法学期刊也大量出现。这些法学类期刊登载了大量的法学研究文章,成为学者展现研究成果和进行学术交流的重要阵地。从这些法律讲义和法学期刊中的民法学论述文章中,也可以了解到物权行为理论在民国前期的研究状况。

在近代中国民法学发展史上,较早对物权契约学理进行系统论述的学者是黄右昌先生。黄右昌先生在其编辑的"朝阳大学法律讲义"中,以"物权契约效力之主义"为标题,对物权契约进行了学理阐述。

在法学期刊刊载的民法学研究文章中,也已出现了涉及物权契约学理的文章。在这些研究论文中,王凤瀛先生1922年发表在《法学会杂志》上的《因法律行为而有物权之得丧变更者,应否以登记、交付为发生效力之要件?各国立法例不一,我国宜采何制?现在登记制度未能即行,宜代以何方法?》一文,在论证中国的民律应当采用德国的物权移转形式主义时,对德国的物权契约理论也有所涉及。而陶惟能先生1927年发表在《法律评论》第5卷第10期上的《契约元素中之常素偶素制限问题》一文,则显示出物权契约与债权契约在常素、偶素制限方面的区别。

为了培养和储备高素质的优秀司法人才,在"法学界名宿"的共同努力下,[1] 司法储才馆在1926年年末至1927年年初筹备成立。司法储才馆确定实行导师制,在分科讲授的教员以外,聘定5人为导师(此五导师为:王宠惠、罗文干、林志钧、郑天锡、叶在均)。这些教师和导师均是当时中国法学界最有影响力的学者。[2]

1927年6月,司法储才馆进行第一学期结束时的期考。此次民法物权的试

---

[1] 俞江. 近代中国的法律与学术 [M]. 北京:北京大学出版社,2008:280.
[2] 俞江. 近代中国的法律与学术 [M]. 北京:北京大学出版社,2008:283.

题有两个题目。其中,第一个题目为:"物权契约与债权区别之点安在?我国有无设此区别之必要,试就向来习惯及现行判例说明并详论之。"

据俞江教授的研究,司法储才馆的期考"试题均在教师已经讲过的讲义范围之内"。不难推知,讲授物权的教师在课堂上将"物权契约"作为讲授的重点。"这些试题,某种程度上,反映了当时学界关注的问题。"民法物权的试题当然也是反映了当时民法学界或物权法学界关注的问题。由此可见"物权契约与债权契约的区别""是当时立法和司法上的难点和重点",① 也是当时民法学界关注的问题。

查司法储才馆的教员名录,知"民事法规及判例(总则、亲属、继承)"由余棨昌讲授;"民事法规及判例(债权)"由李怀亮讲授;"民事法规及判例(物权)"由刘含章讲授;"商事法规及判例"由刘志敫讲授。遗憾的是,未能查到这些学者在该时期对物权契约的相关论述。

本节内容主要以黄右昌先生、王凤瀛先生和陶惟能先生的研究成果为论评对象,对民国前期的物权行为理论发展状况作一宏观描述。

一、物权契约的认识

物权行为包括物权单独行为和物权契约行为。物权契约行为在现实生活中最为常见。民国前期的学者对物权行为的论述均直接以物权契约为论述对象。

(一) 物权契约定义

在对物权契约的认识中,物权契约的定义为物权契约研究的最基本内容。何谓物权契约?民国前期存有两说。大致可概括为"契约目的说"和"登记交付说"。

"契约目的说"为法学家黄右昌先生主张。

法学家黄右昌先生认为:"契约有以发生债权关系为目的者,有以物权之移转为目的者。前者谓之债权契约 Obigatorischer Vertrag,后者谓之物权契约 Dinglichr Vertrag。"② 由此可知,黄右昌先生以契约行为的目的作为界定物权契约的标准,因而可将此种学说概括为"契约目的说"。在黄右昌先生看来,债权契约以发生债权关系为目的,而物权契约"以物权之移转为目的"。与债权契约的"发生债权关系为目的"相对应,物权契约也就相应为"以发生物权关系为

---

① 俞江. 近代中国的法律与学术 [M]. 北京:北京大学出版社, 2008: 289-290.
② 黄右昌. 民法物权(本论、自物权)[M]. 北京:朝阳大学法律讲义,印刷时间不详: 10.

第二章 民国前期（1912—1929）的物权契约司法适用与理论发展

目的"的契约。

为了使物权契约概念更加明晰，黄右昌先生还举出了一个买卖的例子来说明物权契约的存在与目的。"例如甲对于乙为家屋买卖要约承诺之行为（即债权契约），必先因两造之合意，而发生权利义务，而后因债权之实行，将家屋所有权直接移转之关系。其移转家屋所有权之实行行为，即物权的法律行为也（即物权契约）。"① 从黄右昌先生为解释物权契约所举的例子来看，黄右昌先生显然将一个买卖行为，分为了两个契约行为。在这个买卖过程中，存在着两个契约。第一个契约是以发生债权关系为目的的，因此为债权契约；第二个契约是以发生物权移转为目的的，因此为物权契约。从这个例子中，可以看出，黄右昌先生是将"债权之实行，将家屋所有权直接移转之关系"，即移转家屋之所有权之实行行为，看作是物权的法律行为（物权契约）。但是，"移转家屋所有权之实行行为"究竟是何种行为？是指家屋的"交付"还是"登记"，抑或是重新签订一个"以移转家屋所有权"为目的的新契约？在此例中，黄右昌先生并未做出具体说明。

与黄右昌先生所持学说观点不同，王凤瀛先生则接受了德国的"登记交付说"。1922 年，在《法学会杂志》上发表的《因法律行为而有物权之得丧变更者，应否以登记、交付为发生效力之要件？各国立法例不一，我国宜采何制？现在登记制度未能即行，宜代以如何方法？》一文，作者王凤瀛先生在论述完法、德二国的立法理由后评论道，法国注重当事人的意思，以当事人之间合意而形成的债权契约，即可发生移转所有权的效力，并无所谓物权契约观念的存在。在法国，契约不仅发生债权债务关系，而且发生物权得丧变更之效力。"德国则不然，债权契约与物权契约，分别极清。债权自债权，物权自物权，仅有债权契约，不足以发生物权移转之效力，必也不动产则以合意及登记为要件，动产则以合意及交付为要件，此种登记及交付，称为物权契约。"在论述完德国的物权契约观念后，王凤瀛先生针对我国的立法状况建议道："现在编订民法，究应何去何从？……意思主义，按诸法理事实，均未有当，考诸吾国习惯，亦无根据，舍短取长，自应采用德国之形式主义，毫无可疑。"② 在此，王凤瀛先生虽未直接说明物权契约的含义，但从作者对德国学理的引述和赞成态度看，

---

① 黄右昌. 民法物权（本论、自物权）[M]. 北京：朝阳大学法律讲义，印刷时间不详：10.
② 王凤瀛. 因法律行为而有物权之得丧变更者，应否以登记、交付为发生效力之要件？各国立法例不一，我国宜采何制？现在登记制度未能即行，宜代以如何方法？[J]. 法学会杂志，1922（9）：69-80.

德国的物权契约定义——"登记交付说"自为王凤瀛先生所认。

（二）物权契约的历史起源

在民法学史上，物权契约从何时产生？

民国前期，对物权契约的历史起源，学者间也形成不同学说。一为"罗马说"，一为"德国说"。

"罗马说"为黄右昌先生所主张。在黄右昌先生看来，物权契约与债权契约的区别最早是在罗马法中产生。因为，"在罗马法上，债权契约之效力，仅能使债务人负担设定移转物权之义务；而物权之设定移转，则非交付，不能生效。此现今债权契约与物权契约之区别所由发生也"①。从黄右昌先生的论证理由来看，其论述重心似乎更注重法律行为的效果。债权契约"仅能使债务人负担设定移转物权之义务"，而罗马法的物权设定移转，非经交付，则不能发生物权效力，从而使契约在债权物权的效力上发生了时间差，使得法律行为的效力产生了明显的区别，一个为债权行为，一个为物权行为。换言之，也就有了债权契约与物权契约的划分。

为了论证物权契约自罗马法时代产生，黄右昌先生还对罗马法的契约发展进行了介绍："罗马法上债权契约与设定移转物权之契约显有区别。设定移转物权之契约，其初无论动产不动产，皆用 Mancipatio 或 In Jure cession 之方式。行之至 Justinianus 帝时始以交付 Traditir 为设定移转之方法。凡所有权之移转及地上权永借权质权之设定，皆以交付行之。其后以实际交付颇涉烦琐，于是于实际交付之外，又认许假想之交付即所谓长手之交付 Longa maud 与短手之交付 Brevi manu 是也。"② 黄右昌先生的此番介绍意在论证"物权契约源自罗马法"。

"德国说"为王凤瀛先生所提倡。王凤瀛先生1922年发表在《法学会杂志》上的《因法律行为而有物权之得丧变更者，应否以登记、交付为发生效力之要件？各国立法例不一，我国宜采何制？现在登记制度未能即行，宜代以如何方法？》一文，对于物权契约发源于德国的学说主张，有所阐发："至德国登记制度，萌芽最早，蛛丝马迹，亦有线索可寻。德国古代，土地本为全部落所共有，后虽分给个人，然其变更移转，非经全部落同意不可，人民交易，深感不便，于是呈明裁判所，置簿登记，以代部落会议，此为登记嚆矢。民间沿行既久，

---

① 黄右昌．民法物权（本论、自物权）[M]．北京：朝阳大学法律讲义，印刷时间不详：11.
② 黄右昌．民法物权（本论、自物权）[M]．北京：朝阳大学法律讲义，印刷时间不详：11.

咸称便利。登记制度,始确立其基础,而民法告成,遂以之为绝对要件,学者称之为形式主义。……德国……债权契约与物权契约,分别极清。债权自债权,物权自物权。仅有债权契约,不足以发生物权移转之效力,必也不动产则以合意及登记为要件,动产则以合意及交付为要件,此种登记及交付,称为物权契约"①。由此可以看出,虽然王凤瀛先生并未直接称物权契约源自德国,但既然"登记及交付,称为物权契约",则物权契约应先有"登记",后才有"称为物权契约"之可能。因此,不难推理,物权契约源自德国。

"罗马说"与"德国说"之分歧根源,在于论者黄右昌先生以罗马法存在"交付"之事实,而认"在罗马法上债权之效力,仅能使债务人负担设定移转物权之义务;而物权之设定移转,则非交付,不能生效"。进而主张"现今债权契约与物权契约之区别也由发生也"。而王凤瀛先生则以"债权自债权,物权自物权。仅有债权契约,不足以发生物权移转之效力,必也不动产则以合意及登记为要件,动产则以合意及交付为要件,此种登记及交付,称为物权契约"。作为论证其观点的根据。王凤瀛先生所论的一个"称"字,道明了德国是在"意识"上将"登记及交付,称为物权契约"。可见,黄右昌先生主要从事实考察,王凤瀛先生则主要从"意识"发展而论。可以说黄右昌先生之所言物权契约为事实论,王凤瀛先生之所言为认识论,二说所认或不为冲突。

(三) 法国民法有无物权契约

基于对物权契约的认识和理解不同,黄右昌先生和王凤瀛先生在对法国民法是否有物权契约的问题,也形成各自的不同学说。

黄右昌先生主张"肯定说"。在黄右昌先生看来:"物权的法律行为,简言之即物权契约也。凡以物权之得丧变更为目的之契约,其效力如何发生。依立法上之主义而异。在原始社会,一般人尽注重方式,故罗马时代所有权之移转,以目的物之现实交付或假想交付为必要。其未交付以前,让与人仍保有其所有权,而可以再让与于第三人。欧洲各国继受罗马法时,皆准此以立法,其后因各国之习惯不同,于是立法上关于物权契约之效力,其主义互有出入。……意思主义……以为物权契约之效力,专依当事者之意思表示以发生。……现行法兰西主义……其于物权得丧变更,就原则论,但使当事者之一方,表示设定移

---

① 王凤瀛. 因法律行为而有物权之得丧变更者,应否以登记、交付为发生效力之要件? 各国立法例不一,我国宜采何制? 现在登记制度未能即行,宜代以如何方法? [J]. 法学会杂志,1922 (9):69-80.

转之意思，他一方表示其取得权利之意思，即可以发生效力。"① 综合来看，黄右昌先生认为，法国民法也是承认物权契约的，只不过，法国民法采用了物权移转的意思主义，即依当事人的合意即可发生物权移转效力。

王凤瀛先生则主张"否定说"。在王凤瀛先生看来，"法国注重意思，故以两造合意之债权契约，为足移转所有权，无所谓物权契约之存在"。因此，法国民法并无物权契约观念之存在。

由上述两种学说的区别来看，黄右昌先生对物权契约的探讨主要关注物权契约事实的存在。依此观念，考察物权契约的事实，自然可以追溯至罗马法时期的"交付"行为，也就是说，罗马法时期即已经有物权契约行为的事实。但在罗马法继承问题上，欧陆法德则根据各自的习惯，采用了不同的物权移转主义。法国采用物权移转意思主义，德国采用了物权移转形式主义。由此推论，法国民法自然存有物权契约，只不过，物权契约采用的是意思主义。王凤瀛先生则与黄右昌先生的论证不同。王凤瀛先生更注重民法理论的产生和发展。根据王凤瀛先生的考察和研究，王凤瀛先生认为德国最早实行了不动产的登记制度，而"登记及交付，称为物权契约"。在民法史上，法国民法并非袭自德国。由此推之，法国民法自然也就"无所谓物权契约之存在"。

（四）物权契约与物权法律行为的关系

在法律行为的相关论述中，清末时期传入的民法学即已经将法律行为分为单独行为和契约。由此推之，物权法律行为也应自然分为物权单独行为和物权契约。但由于未能见到清末时期的民法学著作对于物权契约的论述，因而，很难查知，清末时期的物权行为与物权契约的关系。

民国前期的民法学说中，单独行为和契约仍是法律行为的最基本分类。对于物权单独行为与物权契约的关系，民国前期的学者有所论述。如黄右昌先生在其"朝阳大学法律讲义"中的"第二节 物权之得丧变更"中的"第一欵 泛论"中，认为："法律行为又可别之为契约及单独行为。"② 如依此推之，则物权行为自然可分为物权契约和物权单独行为。但接下来，黄右昌先生在"第二欵 物权契约的效力主义"开始，即论称："物权的法律行为，简言之即物权契

---

① 黄右昌. 民法物权（本论、自物权）[M]. 北京：朝阳大学法律讲义，印刷时间不详：11.

② 黄右昌. 民法物权（本论、自物权）[M]. 北京：朝阳大学法律讲义，印刷时间不详：10.

约也。"① 由此可以看出，虽然黄右昌先生有法律行为分为契约及单独行为的意识，但是，在具体到物权的法律行为分类上，黄右昌先生则明显忽视了物权单独行为的存在，而遂认为物权的法律行为即物权契约。

民国前期的民法学者之所以将物权行为视为物权契约，与近代中国的民法学的诞生与成长存在密切的关系。近代中国的民法学由日本传入，因此，在许多方面，深受日本民法学的影响。虽然现在还没有确切的资料显示在清末时期或民国前期的日本民法学将物权行为等同于物权契约，但不难想象日本民法学对近代中国民法学的绝对影响。这种影响也必然在物权法学领域有所体现。又由于民法学尚处于"发育"时期，近代的学者还没有足够的能力辨析物权行为与物权契约关系。自然，处于诞生和成长初期的民法学不能不说是受到日本民法学的影响。

"物权的法律行为，简言之即物权契约也。"这一观念的出现，还有一个原因，就是在现实生活中，物权的单独法律行为极为少见，而物权的契约行为则比比皆是。因此，近代中国的民法学对物权行为理论的探讨，主要集中在物权契约方面，而很少提及物权单独行为。对于物权行为的学说探讨，也主要表现在对物权契约的研究论述上。

二、物权契约的价值

(一) 物权契约与物权移转形式主义

物权契约的承认和存在，是否会对物权移转形式主义造成影响。也就是，承认物权契约，是否就必然采用物权移转形式主义。对此，学者也是观点相异，王凤瀛先生持"肯定说"，黄右昌先生持"否定说"。

王凤瀛先生论述了物权契约与不动产登记、动产交付关系。即"德国则不然，债权契约与物权契约，分别极清。债权自债权，物权自物权，仅有债权契约，不足以发生物权移转之效力，必也不动产则以合意及登记为要件，动产则以合意及交付为要件，此种登记及交付，称为物权契约。"②（着重号为引者加）

黄右昌先生认为："物权的法律行为，简言之即物权契约也。凡以物权之得

---

① 黄右昌. 民法物权（本论、自物权）[M]. 北京：朝阳大学法律讲义，印刷时间不详：11.
② 王凤瀛. 因法律行为而有物权之得丧变更者，应否以登记、交付为发生效力之要件？各国立法例不一，我国宜采何制？现在登记制度未能即行，宜代以如何方法？[J]. 法学会杂志，1922 (9): 69-80.

81

丧变更为目的之契约,其效力如何发生,依立法上之主义而异。在原始社会,一般人尽注重方式,故罗马时代所有权之移转,以目的物之现实交付或假想交付为必要。其未交付以前,让与人仍保有其所有权,而可以再让与于第三人。欧洲各国继受罗马法时,皆准此以立法,其后因各国之习惯不同,于是立法上关于物权契约之效力,其主义互有出入。然大要可别为左之二大主义。甲　意思主义……乙　形式主义……"① 简言之,物权契约效力主义可分为意思主义和形式主义;意思主义仅以当事人的意思表示即可发生物权设定移转效力,无须另外的"交付"或"登记"行为;形式主义则要求除当事人的意思表示外,还需另外的"交付"或"登记"行为。也就是说,物权契约并不必然采用物权移转形式主义。

（二）物权契约的交易安全价值

王凤瀛先生1922年发表在《法学会杂志》上的《因法律行为而有物权之得丧变更者,应否以登记、交付为发生效力之要件?各国立法例不一,我国宜采何制?现在登记制度未能即行,宜代以如何方法?》一文,王凤瀛先生认为:"就实际上言之,债权与物权合而为一,债权无效,则物权之得丧变更,亦不发生效力。果如是也,第三人苟欲有所交易,必先调查甲乙间债权契约之是否合法,方能安心着手,然债权为当事人间对人契约,外人往往不得其底蕴,于是踌躇彷徨,不敢贸然尝试,殊非保护交易安全之道。"这里,王凤瀛先生明确道出了承认"物权契约"的存在,有利于"保护交易安全"。

三、物权契约与债权契约的区别

民国前期,对物权契约与债权契约的区别,大理院二年（1913年）上字第八号判例已有所论及。物权契约无所谓履行,而债权契约则有所谓履行。此其重要区别之一。

然而,在学说上对物权契约与债权契约做出区别论述的文章或著述,却并不多见。

1927年,著名法学期刊《法律评论》第5卷第10期,刊出了陶惟能先生的一篇名为《契约元素中之常素偶素制限问题》的文章。在这篇文章中,陶惟能先生依据物权内容与债权内容的区别,并结合契约的内容,对物权契约与债权契约在内容和常素、偶素制限上的区别,作了简要论述。

---

① 黄右昌. 民法物权（本论、自物权）[M]. 北京:朝阳大学法律讲义,印刷时间不详:11.

陶惟能先生先以契约的学理，对契约的元素分类进行了阐述。在陶惟能先生看来，契约的内容由元素组成，而契约内容的元素，又分为要素、常素、偶素。接着，陶惟能先生对要素、常素、偶素之于契约之价值进行了分析。

要素是契约所必须绝对具备之元素。要素如有欠缺，必涉及契约成立要件欠缺的问题。如买卖契约价金之合意及标的物之合意。常素是法律上对契约所通常要求具备的元素。对于常素，除当事人在契约中有特别意思表示外，仍为有效存在。如买卖契约上的瑕疵担保，虽为法律所明定，但如当事人约有免除此项责任的特别合意表示（例如商店中所悬"出门不换"的标语），此约定排除责任仍无碍于契约的成立。偶素则系法律规定契约本所未有，但当事人可以特别约定而加入契约，从而成为契约的元素，如契约约定附条件、附期限等，均为契约的偶素。

契约内容虽由三种元素组成，但三种元素对于契约却有着不同的价值和意义。要素与常素均为契约上必有之元素，但要素缺乏，契约不成立；常素缺乏，无害于契约之成立。常素与偶素均为契约上可有之元素。

在论述完契约的元素及各自价值之后，陶惟能先生结合物权契约与债权契约的具体情况，对契约元素中的制限情况，分别做出了分析。

物权契约与债权契约虽同为契约，但由于物权与债权的性质不同，在契约的制限元素上也表现出明显差别。

物权以对世效为其本质，法律上被保护之力甚巨，其于人类之社会生活，尤感切要，故物权法制之良窳，影响于社会经济者甚大。各国之立法例，虽各因其习惯经济等理由，而异其法则，但就其内容与种类，皆设有严格规定，不许私人任意规避其适用。

接着，陶惟能先生结合物权契约的内容，指出：

学者论物权法之全部，有强行法之性质，即在于此。因之物权契约内容之元素，立法例上亦恒以制限为原则，似此则物权契约内容之常素偶素，不许当事人任意除去或加入，其理甚明。缘一国之富力，全赖物产，物权法制不良，则物之效用不全。间接上即可引起一国之穷困。不动产尤为生产之源，效用更著。制限较疏，必致委弃。……故物权契约之制限偶素常素，今昔观念，殊无异致。①

可见，陶惟能先生以契约元素和物权特性做出的铺垫，意在论证"物权契约之制限偶素常素，今昔观念，殊无异致"。

---

① 陶惟能. 契约元素中之常素偶素制限问题[J]. 法律评论，1927，5（10）：1-5.

对于债权契约，陶惟能先生做出了不同的分析。陶惟能先生认为，债权关系，其双方关系时时立于平等地位与否，不无疑问。其以非平等之环境与地位而订立者，因利用其环境与地位而任意排除常素、增加偶素，自易为力。此近世所以就契约自由之原则加以制限也。可见，在陶惟能先生看来，债权契约的常素、偶素受到制限，是基于债权关系双方当事人的地位关系而做出的。

陶惟能先生接下来论述道："缘此项原则，乃对于阶级压制反动奋斗而得之结晶品。自拿破仑法典采入后，各国亦争相效法，乃行之日久，而贫富阶级旋生，法律上任其自由，结果适得其反；不加限制，实难谋实际之均衡。"至此，陶惟能先生根据债权契约在不同历史时期的情况，为达到"实际之均衡"，而得出了债权契约需要进行制限的初步结论。

缘理，陶惟能先生将"制限"的方针实施于"债权契约"，则可发现，然契约内容之要素，有不可或缺之性质。此外而求制限，就已成立之法制，只能于偶素常素中以一定之标准而为制限之解释。

接下来，陶惟能先生分别对债权的制限解释做出了列举。在陶惟能先生看来，债权契约的制限解释，可分为风化之制限、解释上之制限、团体关系上之制限。

由债权契约的制限解释可知，债权契约在无贫富阶级出现，各方能够达到实际之均衡时，无须对债权契约做出制限。但当贫富阶级旋生，结果适得其反时，如不加制限，则实难谋实际之均衡，故需对债权契约在元素上制限。因此，对债权契约的制限可谓古今不同，适时而变。

最终结论为：物权契约的常素偶素制限，今昔观念，殊无异致；而债权契约的常素偶素制，古无今有，乃为谋实际均衡而适时而变。

陶惟能先生从物权、债权的区别出发，辨析物权契约与债权契约的差别，从而有利于阐明物权契约的特性。更重要的是，作者认识到物权契约与债权契约在契约的性质和其他关系方面的差别根源，即在于契约所形成的权利内容不同（物权法定、债权自由）。加之，物权契约形成物权，债权契约形成债权。物权契约与债权契约出现区别，自属应然。

陶惟能先生的论文虽然只是在契约的内容方面指出了物权契约的法定性特征，认识到物权契约的常素、偶素不许当事人任意除去或加入，从而任意规避物权强行法的适用。这一论点，启发学者（包括当代学者）根据物权的特性（如物权的公示公信特性），考量物权契约的特性，加快了民国时期的物权行为理论的进一步深入研究。

第三节　重复典卖的解释例论争与物权契约理论的解释范围

清末时期，法制变革。清政府一方面选派人员出国学习，一方面聘请外国专家帮助制定新的法典。各部门法典的工作相继展开，但制定法典，尚需时日。为了适应新的法制形势，清政府着手制定过渡性法典。《大清现行刑律》即是在《大清律例》稍加修改并颁行的一部刑法过渡性法典。

民国初期，南北割据，民事法律，仓促之际，尚难速定。为了缓解民事法律上的无法可依状况，民国当局决定继续适用前清制定的《大清现行刑律》（以下简称"现行律"）的民事有效部分。实际上，直至1929年南京国民政府公布新的民法典，现行律民事有效部分一直在适用。

"田宅重复典卖"是民间社会早已存在的一种现象，为了规范此种不诚信的行为，现行律对田宅重复典卖问题做出明确规定："若将已典卖与人田宅朦胧重复典卖者，以所得价计赃，准窃盗论免刺；追价还主，田宅从原典买主为业。若重复典买之人及牙保知情者，与犯人同罪，追价入官，不知者不坐。"①

现行律对"重复典卖"的规定较为笼统，《现行律民事有效部分集解》的编者、当时的法律家郑爱诹先生对此规定进行了细致解释："本节规定重复典卖之无效。一产两典，谓之重典；一产两卖，谓之重卖。其既卖而复典者亦同。若既典而复卖，则不包括在内，盖典产无禁其出卖之理由也。重复典卖，其后典后卖无效，所典卖之产，应仍属于先典先买之人，并应追还后典后卖之价，给还后典后买之人。盖先典卖之契约，既有效成立，则后典卖之契约，自应认为无效也。"②

随着法制的发展，民国政府在1922年公布了"不动产登记条例"，其中第三条规定不动产左列权利之设定保存、移转变更、限制处分或消灭应为登记：（一）所有权；（二）地上权；（三）永佃权；（四）地役权；（五）典权；（六）抵押权；（七）质权；（八）租借权。前项规定于一切官产、公产、民产、前清皇室私产、旗产及其他特标名久之官公产，均适用之。第五条规定：不动产物权应行登记之事项，非经登记，不得对抗第三人。"不动产登记条例"（1922年公布）的规定对于重复典卖问题做出新的规范，但司法机关对于重复典卖的法

---

① 郑爱诹．现行律民事有效部分集解[M]．上海：世界书局，1928：13.
② 郑爱诹．现行律民事有效部分集解[M]．上海：世界书局，1928：13.

律规定理解或裁判意见似乎并未形成一致共识。

1925年，大理院以解释例统字第一九四八号的形式，对于重复典卖的裁判问题，做出解释。该解释例称："查'不动产登记条例'第三条所定：应为登记之事项，必须实有此事项而为登记，始生登记之效力；否则应许权利人诉请涂销；故第一买主如实已取得所有权，则旧业主与第二买主之卖买契约系无权处分，即不生所有权移转之效力。虽经登记，亦属无效，自应适用现刑律重复典卖之规定，许其诉请涂销。"

1927年，《法律评论》第202期刊登了署名为"渔溪"的《重复典卖与登记》一文。该文对于大理院统字第一九四八号解释例，提出了不同的意见，指出了其中存在的解释用语不准确、逻辑推理不严谨以及法律适用错误等问题。同年，《法律评论》又陆续刊登了"次素"和"裴锡豫"的文章。该两篇文章对于大理院统字第一九四八号解释例，分别发表了各自的看法。稍后，渔溪又在《法律评论》上发表文章，对次素的观点进行反驳。这就是"重复典卖的大理院解释例论争"。

1927年的这次以《法律评论》作为阵地的大理院解释例论争，在民国前期的重复典卖法制和物权行为理论法学发展史上都具有重要的地位和重大的意义。

一、论争源起

1927年，《法律评论》第202期刊登了署名为"渔溪"的《重复典卖与登记》一文（以下简称"重文"），该文针对大理院统字第一九四八号解释例指出："因'不动产登记条例'第五条，既明文规定应登记之事项，非经登记不得对抗第三人，则第一买主之移转，既未登记，则对于第二买主应无对抗之力，除或第二买主与卖主有通同虚伪之行为。即无此行为而为登记，应得依照该解释第一段所云得由权利人诉请撤销，该第一买主虽未登记，要亦不失为权利关系人一，亦应准诉请涂销登记外，如果第二买主与卖主并无虚伪之事实，则第一买主对于旧业主固可以提起无权处分之诉，而第二买主之登记，要无诉请涂销之权。因不登记，不得对抗第三人，乃系登记法之所明定也。今原解释第三段之论结，不问第二买主之卖买，是否虚伪，而第一买主迳得适用重复典卖之例，认定第二买主之卖买无效，诉请涂销登记，则是第一买主之所有权取得，虽不登记，亦得对抗第三人矣。是登记制度之设，势将成为陷人之工具而已。"

《法律评论》第4卷第50期刊登了署名为"次素"的《对渔溪君所著"重复典卖与登记"之商榷》一文（以下简称"驳文"）。对于"重文"中称"如果第二买主与卖主并无虚伪之事实，则第一买主对于旧业主固可以提起无权处分之诉,而第二买主之登记,要无诉请涂销之权"的说法,"驳文"认为:"所谓必须实有此事项者,即指须实在有此买卖事项之谓;而第二段所谓旧业主无权处分者,即谓旧业主之处分,系无权处分;无权而盗卖他人之产业,亦即所谓非实在之处分。换言之,即旧业主系无权处分;而在第二买主虽善意的实有此买卖行为,依我大理院判例之见解(四年上字九五号及五年上字二零八号),无论第二买主是否知情,当然不发生物权移转之效力;买主因此已缴买价或受其他损害者,亦仅能对原所有人请求返还价金,赔偿因此所生之损害,而不得以此为由对抗真正所有人。"也就是说,即使卖主与第二买主无恶意串通等通同虚伪行为,第二买主虽为善意,根据大理院之前的判例[四年(1915年)上字九五号及五年(1916年)上字二零八号],卖主与第二买主之间也不发生物权移转效力,重复典卖之不动产所有权仍属第一买主,但第二买主有权要求卖主返还价金,赔偿损害。

对于"重文"中称"因不登记,不得对抗第三人,乃系登记法之所明定也"的说法。"驳文"认为:"查'不动产登记条例'第五条,虽以明文规定应登记之事项,非登记不得对抗第三人,似乎第一买主之移转,既未登记,则对于第二买主应无对抗之力矣。其实不然,考我国向来习惯及大理院判例(五年上字二零八号),关于不动产物权之移转,通常以订立契据为成立要件;一经订立契据,即生移转之效力。所谓生移转之效力者,即自立契以后,旧业主之所有权即移转于买主之谓也。"既然卖主与第一买主之间已经发生所有权移转,契约标的物之不动产所有权即移转于第一买主。"此时如第二买主与卖主有通同虚伪之行为,即无此行为而为登记,即应受现行律重复典卖与登记条例第一四七条之限制;该第一买主虽未登记,要亦不失为权利关系人之一,即可本于所有权之作用诉请依登记条例第一四七条依刑律治罪,并不仅涂销登记已也;如果第二买主与卖主并无虚伪之事实,则第一买主对于旧业主可以提起无权处分之诉;而第二买主之登记,亦即为不实在之登记;此时真实所有权者之第一买主,虽未为登记,亦得主张其固有之所有权,且得对抗他人排除妨害权利之登记(参照日本明治四年东京控诉院及明治三十二年大审院判例)。"因此,第一买主虽然未进行登记,但其是不动产之真实所有权者。既然是真实所有权者,虽未被登记,其仍可主张所有权,包括涂销不实登记之所有权所应有的排除妨害权利。

综上分析,"驳文"结论为:"渔溪君谓善意第二买主之登记,要无诉请涂销之权误矣;以此乃所有权之权能,而非以'不动产登记条例'第五条为根据也。"

对于不动产物权的移转，"驳文"进一步指出通过契约行为取得不动产物权的条件。"我国现在关于不动产之移转，以现行法为主，而以登记法左之，故必实体法合法成立，然后登记始能有效。故就买主言之：（一）须合于物权契约有效成立要件（民二年上字八号例）；（二）物权取得，须有正当之权原（七年上字四五一判例）；（三）备以上二条，为实在正当之登记，始能发生登记之效力（十四年上字三七九二号）。""如以上三种条件欠缺，则物权契约根本不能成立，在已施行不动产登记条例之区域，虽经登记，亦可由权利人诉请撤销。"

对于"不动产登记条例"（1922年公布）第五条的规定，"驳文"认为："我国登记制度，采取'登记相对公信主义'。即登记之效力，以有合法原因为要件；若登记原因不合法时，不问其买卖是否虚伪，而第一买主即以不合法为原因，遂得适用重复典卖之例，认定第二买主之买卖无效，诉请涂销登记。"之所以采用"登记相对公信主义"，理由在于："是乃比较善意第三人及真正所有人，而以保护真正所有人之利益为得计，尤与现行法与大理院所采之旨趣，若合符节矣！"

针对渔溪、次素二君针锋相对之争论，1927年《法律评论》第5卷第10期刊登了裴锡豫的评论文章《对渔溪次素二君所著"重复典卖与登记"之商榷》（以下简称："评文"）。"评文"首先介绍了登记的几种主义。"登记主义约有三种：曰地券交付，曰登记公示，曰登记要件。地券交付主义行之者尠，毋庸赘述。登记公示主义为法国所创，又曰法国主义；依此主义，凡不动产物权之得丧变更，均须登记，俾有利害关系之第三人，借以推知该不动产物权之权利状态焉；若不登记，则不得对抗第三人，至当事人间仅依意思表示，即生效力。登记要件主义，创自德国，又曰德国主义；据此主义，不动产物权之得丧变更，均须登记；若不登记，非但不能对抗第三人，即当事人间亦不发生效力。采法国主义者，如比利时、意大利、希腊、葡萄牙、日本新民法及其他法法系诸国。采德国主义者，如匈牙利、瑞典、奥地利。"

然而，仅仅上述的登记主义介绍并不能指出解释例论争的核心所在。"评文"进一步指出："法国主义，又有二立法例焉：一曰绝对公信主义，又曰登记有公信力主义；二曰相对公信主义，又曰登记无公信力主义。绝对公信主义者，即对于登记权利之内容实体及目的，不问是否属于真实，凡善意第三人为交易且履行登记手续者，均可取得权利。相对公信主义者，即登记之效力，以有合法原因为要件；若登记原因不合法时，第三人虽信其登记而为交易，亦难取得何等之权利。"而大理院重复典卖解释例"按相对公信主义与大理院统字一九四八号（十四年九月二十一日）之解释，其情形虽略有不合，要之有不合法原因，

<<< 第二章 民国前期（1912—1929）的物权契约司法适用与理论发展

虽登记，亦不发生效力乃其共同之点"。

显然，"评文"认为"渔溪次素二君之争点，殆即所具之眼光，所采之主义，各有不同"而已。

次素和大理院的重复典卖解释例将"不动产登记条例"（1922年公布）所采用登记主义作为"相对公信主义"来看待。"盖吾国数千年来，不动产物权之权利状态，向无公示于社会之机会，遇重复典卖情事，无已，惟依取得前后，以为判断之标准，其理至明，其法至平，此清律之所由规定也。"

"渔溪君以绝对公信主义之眼光，而观察之"，故"细绎渔溪君之意，第二买主之物权，能否发生效力，当以旧业主与第二买主为交易时，第二买主是否与旧业主有通同虚伪之行为为断定之标准。如果第二买主系善意第三人，第一买主未登记，而第二买主已登记，即应保护第二买主。吾人以绝对公信主义为大前提，以此种事实为小前提，其所得之结论，固毫无谬误者也"。"渔溪君以绝对公信主义之眼光，而观察此解释，认为矛盾，亦自成理。"

裴锡豫对次素和渔溪的观点及理由都做出了各自合理的解释。不过，裴锡豫还是对次素和大理院的解释例提出了自己的看法："今也情势变迁，此种法例，已觉不适。盖第一买主与善意之第二买主，处于平等地位，第一买主之不登记，乃属过失，善意第二买主乃无过失之人，今不保护善意之第二买主而保护过失之第一买主，于法于理，岂得谓平？"对此，裴锡豫以学者的高姿态评论道："大理院受清律之拘束，故不得不采相对公信主义以解释不动产条例，此吾人宜加以原谅者也。"

对清律规定和大理院的不合理解释，裴锡豫提出并表达了现实的解决办法和对立法的殷切期望。"吾人以客观之眼光，作公平之论调，审度社会之情势及风俗，均宜使登记法具强国之效力，人民对之，具极大之信仰心，夫然后纠纷少而交易得以安全。"① 在文章的最后，裴锡豫表达了对新民法的期盼："吾甚愿民法早日颁布，俾吾人有所遵循，则此类不合情势之解释，不变更而自变更矣。"

对于"驳文"的质疑，渔溪也在《法律评论》第205期上发表了《重复典当与登记之商榷》（以下简称："复文"）一文，对于"重文"的观点，予以再次重申，并对"驳文"中所引用的日本判例予以回应，并介绍了有关登记与物权移转关系的日本判例。"复文"认为大理院重复典卖解释，"因第一段只限不

---

① 裴锡豫. 对渔溪次素二君所著"重复典卖与登记"之商榷［J］. 法律评论, 1927, 5(10): 16-17.

实之登记者，可以涂销；而第二段则不问第二买主之登记，是否不实，均可认作无效，又何能谓之相合？因之第三段结论，乃为重复典卖之第二买主，可适用现刑律重复典当规定，许其涂销矣。若倒果为因之例以例之，则解释例之第一段，直可云：'凡重复典卖，第二买主之卖买无效。'此种不问第一买主有无登记，不问第二买主是否实在，而一律赋予第一买主以对抗权，是完全与'不动产登记条例'第五条非登记不得对抗第三人之规定相违，是不得不谓之错误"。

二、重复买卖行为的当代物权行为学说解释

当事人之间仅以双方的合意而形成的买卖契约，在一般情况下（除简易交付、占有改定、请求权让与等），仅在当事人之间形成债权债务关系，并不发生契约标的物的物权移转效力。契约标的物的物权只有在标的物交付或登记时，物权才能发生移转。从理论层面而言，在债权买卖契约之外，双方当事人之间还存在着一个抽象的物权移转契约。正是这个抽象的物权移转契约（物权合意），加之契约标的物的交付或登记行为，才使契约标的物的物权发生移转。

在契约标的物有交付或登记行为时，契约标的物的物权方才发生移转，是基于物权的本质和特性而形成的必然认识，即物权为绝对权、对世权，物权的义务主体为不特定的人。因此，物权必然应当具有公示的特性，从而使物权的不特定义务主体明确物权的存在。同样的道理，物权的移转也应具有公示的特性，以使不特定的义务主体明确权利的存在。因此，在一般情况下，物权应当在契约标的物交付或登记时，方才发生移转。交付或登记正是物权移转的公示方法。

在重复买卖的情况下，在卖主与第一买主签订买卖契约后，契约标的物交付或登记之前，又将契约标的物再卖于第二买主且已完成交付或登记。则卖主与第一买主之间仅形成债权关系，第一买主有权依债权契约的约定，请求卖主履行给付义务，即移转契约标的物所有权并进行交付或登记。但第一买主并未仅依买卖契约而当然获得契约标的物的物权，契约标的物的物权仍然为卖主所保有。而卖主与第二买主之间，不仅存在一个债权债务的买卖契约，且还存在一个物权移转契约，且卖主与第二买主间对契约标的物的处分行为是有权处分。依此物权移转契约，契约标的物的物权已经移转至第二买主。因此，契约标的物的物权为第二买主所取得和享有，第一买主只能向卖主主张其所应承担的违反债权契约的违约责任。

三、民国前期的学理解释

清末晚期，清政府和胸怀强国之志士，自觉学习和引入西方近代民法学，以实现强国兴邦之夙愿。因此，近代中国民法学诞生并有了一定程度的发展，民法学者已能独立运用民法学知识对一些法律现象做出合理解释。

1927年的大理院重复典卖解释例论争，即是近代中国的民法学者将民法学原理应用于司法实践而做出的民法学解释。

在这场重复典卖与大理院解释的论争中，学者裴锡豫恰当地运用了登记的几种立法主义对论争的核心问题做出解释：

登记主义约有三种：曰地券交付，曰登记公示，曰登记要件。地券交付主义行之者尠，毋庸赘述。登记公示主义为法国所创，又曰法国主义；依此主义，凡不动产物权之得丧变更，均须登记，俾有利害关系之第三人，借以推知该不动产物权之权利状态焉；若不登记，则不得对抗第三人，至当事人间仅依意思表示，即生效力。登记要件主义，创自德国，又曰德国主义；据此主义，不动产物权之得丧变更，均须登记；若不登记，非但不能对抗第三人，即当事人间亦不发生效力。

裴锡豫介绍的几种登记主义，似乎还难令读者看到论争之焦点与登记主义之关系。裴锡豫接下来进一步阐述道：

法国主义，又有二立法例焉：一曰绝对公信主义，又曰登记有公信力主义；二曰相对公信主义，又曰登记无公信力主义。绝对公信主义者，即对于登记权利之内容实体及目的，不问是否属于真实，凡善意第三人为交易且履行登记手续者，均可取得权利。相对公信主义者，即登记之效力，以有合法原因为要件；若登记原因不合法时，第三人虽信其登记而为交易，亦难取得何等之权利。

阅毕此番阐述，读者势必已经意识到"法国主义"登记立法例与这场重复典卖与大理院解释论争的联系。

接下来，裴锡豫顺理成章地解开了"渔溪次素二君的争点"。

渔溪次素二君之争点，殆即所具之眼光，所采之主义，各有不同乎？渔溪君以绝对公信主义之眼光，而观察之……大理院受清律之拘束，故不得不采相对公信主义，以解释不动产登记条例……①

"评文"以登记主义之学说，游刃有余地解释重复典卖的问题关键点，但依

---

① 裴锡豫. 对渔溪次素二君所著"重复典卖与登记"之商榷［J］. 法律评论，1927，5(10)：16-17.

当代民法学的观点言之，似觉其学说解释尚显粗浅。

在介绍并比较登记公示主义与登记要件主义之后，虽然"评文"论述道："按此二主义，似德优于法。盖法国主义之缺点，既成物权，又不得对抗第三人，与物权之本质不符，学者病之。次素君大意谓第一买主虽未为登记，亦得对抗他人，乃本于所有权固有之权能者，殆昧于法国主义本身之弊端乎？德国主义，简捷易行，亦不致有不能对抗第三人之物权，实际理论，均臻妥协。吾国新旧民法草案，皆采用之。"但是，对隐于登记主义之后的深层民法学理——"物权行为理论"，"评文"则未能深入阐明揭露。当然，因时代所限，学者对重复典卖论争难以做出更深层次的理论分析。这也从另一方面反映出物权行为理论在民国前期的发展状况。

四、民国前期的物权契约学说解释范围

对颇令人烦恼之"重复典卖"问题，虽然从登记主义表面而言，通过采用"登记要件主义"，完全可以解决此"棘手"问题，正如"评文"所言：

吾人以客观之眼光，作公平之论调，审度社会之情势及风俗，均宜使登记法具强国之效力。人民对之，具极大之信仰心，夫然后纠纷少而交易得以安全。盖吾国数千年来，不动产物权之权利状态，向无公示于社会之机会，遇重复典卖情事，无已。惟依取得前后，以为判断之标准，其理至明，其法至平，此清律之所由规定也。

今也情势变迁，此种法例，已觉不适。盖第一买主与善意之第二买主，处于平等地位，第一买主之不登记，乃属过失，善意第二买主乃无过失之人。今不保护善意之第二买主而保护过失之第一买主，于法于理，岂得谓平？……吾甚原民法早日颁布，俾吾人有所遵循，则此类不合情势之解释，不变更而自变更矣。

但对于登记要件主义，在民法学者间，则显得"知其然，不知其所以然"。对于"登记要件主义"背后的"物权行为理论"，则茫然无论。

民国初期，大理院判例已引入"物权契约"定义，并界定其为有效成立要件。① 物权契约的引入对判断当事人之间的物权移转状态和解决重复典卖纠纷，具有一定的作用，但由于未能将物权公示（"登记"或"交付"）作为物权契约的有效成立要件，因而物权契约并未从根本上减少和杜绝重复典卖纠纷。相反，随着"不动产登记条例"在1922年的公布，其中第五条的"不动产物权应

---

① 郭卫. 大理院判决例全书 [M]. 上海：会文堂新记书局，1931：153-154.

行登记之事项，非经登记，不得对抗第三人"的规定，使得不动产重复典卖时的物权移转和确定问题，愈加显得扑朔迷离。

大理院解释例统字第一九四八号对于重复典卖的解释，虽使司法机关对这一"多难""棘手"问题，在传统与现实、立法与司法之间，以"快刀斩乱麻"之势，给司法裁判者确定了一个裁判的标准，表明了大理院的倾向，但这一解释，却给法律学者的学理解释增添了难度。

在"驳文"中，次素虽然提及物权契约，但该物权契约并未能够对重复典卖以及登记问题进行令人信服的解析：

故就买主言之：（一）须合于物权契约有效成立要件（民二年上字八号例），（二）物权取得，须有正当之权原（七年上字四五一判例），（三）备以上二条，为实在正当之登记，始能发生登记之效力（十四年上字三七九二号）。如以上三种条件欠缺，则物权契约根本不能成立，在已施行不动产登记条例之区域，虽经登记，亦可由权利人诉请撤销，……①

诚然，依物权契约有效成立要件，卖主与第一买主所定买卖契约，因符合契约标的物为特定物，卖主对契约标的物享有处分权，且又符合法律行为的其他有效成立要件。因此，卖主与第一买主所定买卖契约为物权契约。在物权移转意思主义的情况下，契约标的物的物权已经由卖主移转至第一买主。契约标的物的物权虽已移转，但在未登记的情况下，卖主又将其卖于第二买主，因契约标的物的物权已不为卖主所享有，所以其无处分权。既是无处分权，则卖主与第二买主所定之买卖合同，不符合物权契约有效成立要件，非物权契约，而为债权契约。因此，契约标的物的物权自然无法在卖主与第二买主间依物权契约发生移转。

五、民国前期的物权契约理论发展评价

早在1922年，学者王凤瀛先生即在《法学会杂志》上发表文章，呼吁物权移转应当采用德国的形式主义，并对法、德两国的学理进行了深入探讨。② 然而，王凤瀛先生所倡言之物权契约理论，却并未被多数民法学者所接受。民国前期的民事审判实践，也未能对王凤瀛先生所言之物权契约理论做出必要的

---

① 次素. 对渔溪君所著"重复典卖与登记"之商榷 [J]. 法律评论，1927，4 (50)：17-19.

② 王凤瀛. 因法律行为而有物权之得丧变更者，应否以登记、交付为发生效力之要件？各国立法例不一，我国宜采何制？现在登记制度未能即行，宜代以何方法？[J]. 法学会杂志，1922 (9)：69-80.

回应。

1927年，重复典卖论争的出现，促使民法学界对物权契约理论进行了阶段性的反思。可以说，这是自清末输入的物权契约理论发展到此时期必须越过的一个"坎"。

民国前期，法律行为虽然可分为单独行为和契约，但"物权的法律行为，简言之，即物权契约也"，则更成为学者的共识。并且认为，法国民法学和德国民法学均承认物权行为（物权契约）观念，因物权契约所形成的物权移转效力分为意思主义（法国主义）和形式主义（德国主义）。①

从日本传入的物权契约理论，在采用法国的物权移转意思主义之下，根据契约的不同情况，将具备标的物确定、具备处分权且意思表示不违反一般法律行为和契约原则的要件作为标准，对因契约而发生的物权变动，做出物权是否移转的判断。因此，在中国民法学的诞生和发展之初，中国民法学所接受的物权行为理论就与德国民法学说中的物权行为理论有所区别。

依物权契约意思主义，在有关物的契约中，如果具备契约标的物为特定物，缔约者对该契约标的物或权利有完全处分之权，且当事人意思表示不反于一般法律行为和契约原则，则契约标的物的物权在缔约双方当事人意思一致时，即发生移转。如契约标的物、缔约者以及当事人意思表示不具备物权契约有效成立要件时，则该契约仅是债权契约，契约当事人之间不发生契约标的物的物权移转。

与物权契约意思主义不同，物权契约形式主义是在符合物权契约有效成立要件的条件下，即在契约标的物的物权交付或登记之时，契约标的物的物权方才移转。

可见，在民国初期，物权契约理念与物权移转主义并没有必然关联。虽然名为物权契约，亦可依缔约当事人之间的合意而即时发生物权移转，无须契约标的物的物权交付或登记。

民国初期物权契约理念的形成根在于源，在清末民初的法学近代化的过程中，中国的法律人引入了日本民法学。而日本民法学关于物权契约的理论，是在吸收了德国物权行为学说部分元素的情况下，结合法国的物权移转意思主义变异而成。所以，日本民法学一方面采用物权移转意思主义，另一方面又承认物权契约（物权行为）观念的存在。

---

① 黄右昌. 民法物权（本论、自物权）[M]. 北京：朝阳大学法律讲义，印刷时间不详：11.

第二章 民国前期（1912—1929）的物权契约司法适用与理论发展

源自日本民法学的物权契约学说，在民初大理院的具体判例［大理院二年（1913年）上字第八号］中，则表现为，大理院在界定物权契约的有效成立要件时，并未将物权移转公示（交付或登记），作为物权契约的要件；在民初大理院的重复典卖解释例中，则表现为，一方面承认物权契约仅依意思表示即可发生契约标的物的物权移转，另一方面又指出卖主与第二买主之卖买契约系"无权处分"。

更深层次的问题，则在于物权契约意思主义传入的同时，德国民法学上的重要概念——处分行为——也随之一同传入中国。虽然，从民法学著述中，未能见到学者对"处分行为"的专门论述。但是，学者或者大理院推事们还是自觉不自觉地使用了"处分行为"概念，并且事实上接受了"处分行为"的含义。

与"处分行为"相应而生的另一个概念就是"无权处分"。正是这一概念，使学者将因契约而发生的物权移转行为，分化为两种行为。一种是虽无处分权，也并未"登记"或"交付"，但可以成立债权契约；另一种是无处分权，但当事人之间已经"登记"或"交付"，则物权契约不能有效成立，物权不能因契约发生移转。后一种行为被称为"无权处分"行为。

同时，德国的物权行为理论，并非一个孤立的理论，而是与其他理论密切相关的。这些其他理论包括德国采用的"物权绝对公信主义"和"不动产物权的善意取得制度"等。

从大理院重复典卖论争，可以看出，民国前期虽已引入物权契约定义和有效成立要件，但由于此物权契约学说系由日本民法学者，是在糅合了德国物权契约学说和法国物权移转意思主义后，而形成的物权契约"怪胎"。这一学说，虽从一定程度上，阐明了买卖契约与物权移转之间的关系，但未能从根本上解释物权契约与物权移转的内在实质关联，从而使得民国前期的重复典卖的民法学解释上表现出"混血"的特征。

在近代相当长的一段时间内［自1922年"不动产登记条例"实施至1930年"中华民国土地法"（后文简称"土地法"）实施］，物权契约理论适用表现出与不动产物权登记制度的不相协调。这种状况在"中华民国民法"颁布之后依然存在。产生这种状况的原因就在于，民国前期的物权契约理论源自日本，而日本的物权契约理论又源自德国。德国的物权行为理论是与其民法典采用物权移转形式主义、不动产登记立法采用绝对公信主义相契合协调的。但是，日本民法学的状况却与德国民法学不同。日本民法学一方面接受了德国物权契约理论；另一方面，在民事立法和不动产登记立法方面，又借鉴了法国的物权移转

95

意思主义模式和不动产登记相对公信主义。民国前期的民法学状况则与日本极为相像，物权契约理论接受了日本民法学中的物权契约理论，民国前期的不动产登记立法也模仿日本，采用相对公信主义。因此，重复典卖的大理院解释例，成为民国前期民法学理论发展不相协调的表现焦点。这场不动产重复典卖论争，促进了学者对物权契约理论以及不动产登记制度的深度思考。

第四节　日本学者横田秀雄的《论物权契约》与物权契约理论新发展

1927年以前，近代中国民法学中的物权契约学理已经有了一定发展。如王凤瀛先生论证物权移转应当采用形式主义时，对德国民法学中的物权契约理论已经有较为深入的论述。又如黄右昌先生在其"朝阳大学法律讲义"中，也已对物权契约进行了论述。

1927年，东北大学的张其威先生将日本著名民法学者横田秀雄先生的《论物权契约》一文（以下简称："《论》"文）翻译成中文并发表在《东北大学周刊》上。该篇论文对物权契约进行了较为全面的论述，给近代中国民法学带来了一些新鲜的气息，推动了近代中国民法学中的物权行为理论向纵深发展。

在《论》文中，日本学者横田秀雄先生首先论述了物权契约的定义。"契约目的之法律关系，有对于特定人而生者，有对于一般人而生者。因是得区分之为债权契约与物权契约。债权契约者，当事人之间以创设债权为目的，使其相互间发生对人的请求权者也。反之，物权契约，因当事人之间意思表示，以设定移转变更物权为目的，其效力及于当事人以外之第三人者也。与仅使当事人相互间发生请求权之债权契约，异其性质也。"在此论述之前，学者黄右昌先生对物权契约的定义已有所论述。但明显可以看出，横田秀雄先生在论述债权契约与物权契约所涉及的当事人方面，则更为深入。横田秀雄先生从债权的对人权与物权的对世权的性质角度出发，演绎出债权契约"使其相互间发生对人的请求权"，而物权契约"效力及于当事人以外之第三人"。从而，债权契约与物权契约"异其性质"。

在债权契约与物权契约的认识区别方面，《论》文的论述深化了此前中国民法学者的论述。在物权契约的要件、性质和理论评价方面，该文的论述也更为深入，极大地推动了近代中国民法学中物权行为理论的发展。

<<< 第二章 民国前期（1912—1929）的物权契约司法适用与理论发展

一、《论》文与物权契约要件的新发展

在《论》文发表以前，近代中国民法学中关于物权契约要件方面的研究成果，在民国初年的大理院判例已经有所体现。大理院二年（1913年）上字第八号判例认为物权契约的普通有效成立要件为：标的物特定，当事人有处分权，不反于法律行为及契约的一般原理。然而，学者王凤瀛先生和黄右昌先生在各自论述物权契约的相关论文或专著中，却并未对物权契约的要件进行论述。

在《论》文中，横田秀雄先生指出了物权契约所应具备的要件。与民国初年大理院的判决例所述的物权契约要件相比，横田秀雄先生所述的物权契约要件与之并不完全相同。在横田秀雄先生看来，物权契约成立之要件应当具备三项：第一，须有以物权之设定移转变更消灭为目的之当事人意思表示；第二，意思表示须以特定之有体物为目的；第三，当事人之一方须有关于目的物之处分权。

两相比较，可以看出，横田秀雄先生并未将"不反于一般法律行为或契约"作为物权契约的要件。但从论述语境来看，横田秀雄先生显系将物权契约所应具备的要件与普通法律行为的要件分开论述。此处所论的物权契约行为自然应当符合一般法律行为所应具备的要件。否则，如果一般法律行为的有效成立要件尚不具备，何谈属于法律行为的物权契约行为有效成立。

与大理院的判决例相比，横田秀雄先生强调了"须有以物权之设定移转变更消灭为目的之当事人意思表示"应为物权契约的成立要件。"意思表示"是法律行为的核心成分，但是清末和民初的民法学虽然已使用"物权之行为"（或"物权的契约"）语词，并对物权契约的要件有所论述，但民国初期的大理院判决例却并未将物权意思表示作为物权行为（物权契约）的成立要件。这或许与民国初期的大理院在论述物权契约有效成立要件时，未对一般法律行为的有效成立要件和物权契约的有效成立要件进行区分，有一定关联。在不对一般法律行为有效成立要件和物权契约的有效成立要件区分的情况下，作为法律行为核心成分的意思表示已实际含于"不反于法律行为及契约的一般原理"中。作为物权契约行为核心成分的"物权意思表示"自然也无加以强调和区分的必要。

在《论》文中，横田秀雄先生还对物权的意思表示的存在情形，进行了细致区分和明确列举。横田秀雄先生认为，物权的意思表示存在于以下四种情形：①债权意思表示，同时为物权意思表示而生其效力者。以关于特定物物权之设定移转变更消灭为债权契约之目的时，则债权的意思表示同时为物权的意思表示而生其效力。②当债务之履行而为物权的意思表示者。当事人之间关于物权

97

之设定或移转之债务关系，一旦成立之后，债务人就其履行，而为物权的意思表示。③物权的意思表示，与债权契约成立上之必要事实相随者。例如于消费贷借契约之成立，必交付必要之金钱或代替物，即于贷主借主相互间，生移转目的物所有权之效力。④物权的意思表示，不由于当事人之间之债务关系而为单独行为之者。例如，以设定有支付地租义务之地上权、永佃权、质权、抵当权为目的之意思表示，以其设定为目的之债务关系之存在，乃为未预想者，属于此种之意思表示；抛弃物权之行为亦然。

在横田秀雄先生看来，物权意思表示是因为债务之履行而为物权意思表示者情形，又可细分为以下三种情况：①就不特定物债务之履行，而为特定物之授受时，其物之交付，即于债权人债务人间，成立一种以移转所有权为目的之物权契约。此时，债务人以移转契约目的物之所有权于债权人之意思，而交付目的物于债权人；债权人亦以取得目的物所有权之意思，而领受之也。②受任人或事务管理人，移转以自己名义为本人所取得之权利于本人时，亦于本人与受任人或与事务管理人之间，成立物权契约。③法律行为之取消或解除时，原状回复权利人与义务人之间，因原状回复而成立物权关系；又不当得利返还权利人与不当得利人之间，亦因不当得利之返还，亦成立物权契约。

《论》文中的物权的意思表示作为物权契约的有效成立要件之一的观点，以及物权的意思表示存在情形的细致论述，是在此前的物权契约学理论述中所未见到的。这些论述丰富了当时中国民法学的物权契约理论内容，为近代中国的物权契约学理研究者极大地拓宽了思考和研究的空间，有利于近代的民法学者摆脱原有的，即先有债权契约，再有实行之物权契约的单一片面认识，使近代的民法学者对于物权契约的有效成立要件和物权的意思表示的存在情形认知向前发展了一大步。

二、《论》文与物权契约性质的新认识

对于物权契约具有何种性质？1922年，王凤瀛先生的文章虽有物权契约效力不受债权契约效力影响的论述，但王凤瀛先生却并未明确将之表述为物权契约的无因性质。黄右昌先生对物权契约的论述中对物权契约的性质并未涉及。

在《论》文的开头，日本学者横田秀雄先生就已指出："物权契约，因当事人间之意思表示，以设定移转变更物权为目的，其效力及于当事人以外之第三人者也。与仅使当事人相互间发生请求权之债权契约，异其性质也。"

物权契约与债权契约之间，究竟在哪些方面异其性质。《论》文在接下来的论述中，对于物权契约的性质逐步予以揭示。

(一) 物权契约的独立性

物权契约为何具有独立性？横田秀雄先生以买卖契约为例，说明了在买卖契约过程中存在着两个意思表示。"例如，因买卖契约，目的物之所有权，由卖主移转于买主，于当事人间，乃有两个意思表示。其一为债权的意思表示，其他则为物权的意思表示。当事人间生债权债务之关系者，债权的意思表示之效果也；目的物之所有权，由卖主移转于买主者，物权的意思表示之效果也。故此二个意思表示，为互相独立者。……此说以德民法所认之物权契约独立性为基础。"也就是说，在买卖过程中，存在着两个意思表示，一个是债权意思表示，一个则为物权的意思表示。物权的意思表示与债权的意思表示互相独立存在，此即物权契约的独立性。

以物权的意思表示和债权的意思表示为成分而分别成立两个法律行为。以债权的意思表示所成立之债权行为为原因行为，债权行为的给付行为又成立一个物权行为。这两个行为各自独立，分别成立。正如横田秀雄先生所述："甲乙间之买卖，乃以创设自甲移转目的物所有权于乙之债务关系为目的之所谓原因行为也，更因登记或交付，自甲移转其所有权于乙者，原因于买卖之给付行为也。故物权契约为一种之给付行为与为其原因之买卖行为，全然属于别异之行为。此二行为各别成立。"这两个行为互相独立，承担着不同的功效。"依德民法，债权契约与物权契约，互为独立。当事人间债权债务，自以其创设为目的之债权契约而生。物权之得丧变更，必常由以之为目的之当事人间之物权契约而生。此二者间有截然之区别，而不许混淆紊乱之者也。"

(二) 物权契约的要物性或践成性

在德国，不动产移转非经登记不生效力，动产移转非经交付不生效力。横田秀雄先生将之视为物权契约的要物性或践成性。"德民法以物权契约为一种要物契约，于动产若不为目的物之交付，不动产若不为登记，则不生其效力"，则"依德法系之学说及立法例，则物权契约，属于所谓要物契约或践成契约之一种。为契约目的之物权的效果，仅因当事人之意思表示不能发生，于当事人之意思表示外，在动产以交付为必要，在不动产对于为契约目的之物权得丧变更，以为登记手续为必要也"。

(三) 物权契约的无因性

因为物权意思表示具有独立性，从而与债权意思表示相互区分。"故此二个意思表示，为互相独立者。"物权行为也与债权行为相互独立，彼此不受影响。"则债权契约之买卖无效，无妨于与之同时成立之物权契约之效力也。"

"例如甲约将其所有之表出卖于乙","依德民法,则甲乙间无表之交付时,其所有权不由甲而移转于乙,故其买卖契约为无效时,当事人间固不生债权债务,即于物权关系,亦不生何等变动也"。"同时或至其后交付表于乙,而移转所有权",因为"债权契约之买卖,与随表之交付而成立之物权契约,乃互为独立之别个法律行为",故"其买卖契约虽不成立,而随表之交付,同时成立曰物权契约之效力不受何等影响也。买卖契约虽无效,而乙完全取得表之所有权也"。"故买卖契约无效,毫无影响于与之同时或于其后所为之物权契约效力之理也。"

当然,"当事人基于无效之原因,经登记而为不动产上物权之让与时,亦可适用同一之原则也"。

"唯此时若无法律上之原因,而已给付其物于乙时","虽然,若甲乙间,有表之交付。与此同时,物权契约应发生表之所有权移转于乙之效果","则于甲乙二人间,发生不当利得或原状回复之请求权矣"。"须由乙移转其所有权于甲。"

对于德国的物权契约的独立性和无因性品格,横田秀雄先生认为是德国采用物权移转形式主义的自然结果,毫不怀疑。横田秀雄认为:"以登记或交付为物权契约成立之要件,其契约必然之结果言之,自带无因性及独立性,犹之我民法上因目的物之交付而生效力之占有权让与,带有离原行为而存在带有我因独立法律行为之性质。毫无疑义也。""此乃由德民法认物权契约之要物性与无因性而生之当然结果也。"

物权契约无因性是日本民法学界争论较为激烈的问题之一。横田秀雄先生在阐述完德国的物权契约性质之后,又根据日本的民法规定,对日本的物权契约性质做出分析。

由于日本民法模仿法国民法规定,规定不动产移转,非经登记不得对抗第三人;动产移转,非经交付不得对抗第三人。换言之,日本民法并未规定物权契约的要物性或践成性。因此,对日本的物权契约的无因性也与德国的物权契约无因性有所差别,横田秀雄先生根据契约标的物是否为特定物,对契约的性质进行了分类论述。

1. 特定物同时履行问题

由于日本民法并未采用德国的物权移转形式主义,而是采用了法国的意思主义。因此,对特定物的物权移转设定,即自意思表示成立起生效。那么此时,物权契约是否具有无因性呢?

横田秀雄先生认为:在契约标的物为特定物的情况下,物权契约不具有无因性。理由在于:"以关于特定物物权之设定移转,为买卖赠予交易及其他于当事人可生债权债务关系契约之目的时,其契约为债权契约,而同时有为物权契约之性质,乃生债权债务关系,同时即生物权设定移转之效果者也。故其契约不成立时,于当事人间,固不生债权债务之关系,而亦无生物权的效果者。"横田秀雄先生进一步分析道:"盖于此时,因一意思表示生二效果,分割其意思表示,关于债权部分为无效,而使关于物权之部分存立不可能也。其契约既有无效之原因存在,则使其契约全部为不可分的无效,乃必要也。"

但是,在特定物已经登记或交付的情况下,因该特定物的物权契约不具有无因性,则已经交付的特定物依不当得利债权返还,还是依所有权的回复请求权返还,则成为是否承认物权契约无因性的具体表现。

横田秀雄先生举例说:"例如甲对乙为杀害丙之报酬,而约将让与其所有之表。其契约为无效,而物之所有权不移转于乙也明矣。然甲若既交付其表于乙时,则此时物权契约成立,而移转其所有权于乙否乎?"在这里,横田秀雄先生明显分为了两个契约,一个是债权契约,一个是物权契约。债权契约因违法而无效,但物权契约有效成立。那么,此时依有效成立之物权契约,乙是否取得了特定物"表"的所有权呢?

横田秀雄先生论述道:"余就我民法之解释而信其表虽于交付后,依然为甲之所有,乙不得取得其所有权也。"这是因为:"我民法上登记或交付,非物权契约之成分,而为属于其以外之行为,故当事人为无效契约之履行而止,而于其契约以外,不得视为另缔结物权契约。"也就是说,前面认为的甲将表交付于乙时所成立的物权契约是一个假象,而并非缔结物权契约。"故于前例,甲对于乙就不当利得使其已移转之表所有权返还之问题不发生。"因而,"甲以其所有权为理由……有回复之请求权也"。而不能适用不当得利的规定,因为表之所有权并未发生转移,甲还可依所有权的回复请求权,请求回复占有。

2. 不特定物的无因性问题

在横田秀雄先生看来,因特定物而成立的债权契约,债务人为履行债务而交付特定物时,于当事人之间,"既有移转物之所有权于相对人之意思表示,已交付之特定物,因其意思表示之效力,而移转于相对人者,则其交付不过为特定其物且移转其事实上之占有于相对人者",则如因交付原因之意思表示,即债权意思表示无效时,那么也就同时不生移转已交付物之所有权于相对人之效力。

但是,在以不特定物之给付为目的物而为债权契约时,债权契约"与其履行交付特定物于相对人,而移转其物权之物权契约,全为特异之"。所以,以不特定物为给付目的物的债权契约,与"以特定物给付为目的之契约,以同一契约并生债权的效力及物权的效力者迥异其趣也"。

在以不特定物之给付为目的之契约时，当事人之间"纯然之债权的意思表示，无生物权的效果之理也。已交付之特定物所有权移转于相对人者，不能不解为全因其交付而成立之物权契约之效果也。换言之，约定移转不特定物所有权于相对人之意思表示，乃于当事人间以使债权债务关系发生为唯一之目的"。因此，在因不特定物的债权契约，而"移转特定物之所有权于相对人"时，"其效果之发生另于当事人间，以有物权的意思表示为必要焉"。而"此意思表示，不能不解为因目的物之交付而成立，故以不特定物之给付为目的之意思表示，仅因目的物之特定，不得生物权的效果，与目的物之特定同时，若非有移转其所有权之意思表示，则无生物权的效果者也。且此意思表示，于既有目的物之交付时，得推测之，目的物之所有权，移转于相对人者，乃此意思表示之效果也"。

综上分析，可知"在不特定物之债务，因其目的物不特定，故无与债务成立同时可发生物权的效力之理由。为当事人目的之所有权移转，乃常因交付而行者也"。故因"交付"行为而在当事人之间"移转"目的物的物权于相对人时，"乃于当事人间使独立之物权契约成立"，"而目的物之所有权，因之移转于让受人。故依交付而行之物权契约，乃常有无因之性质者"。

"故就不特定物债务之履行，而既为特定物之交付时"，"物之交付基于以不特定物之给付为目的之者，其契约即无效，然不能基于其契约，而为已交付之物所有权移转于相对人之障碍也"。理由在于："此地，其债务不存在或无效"，"无妨于所有权移转效果之发生，虽我民法上登记或交付虽非为物权契约成立之要件，然实际交易上，物权契约不妨因登记或交付而成立"。

总之，"目的物之所有权，因交付而生移转于相对人之效果，既为交付之当事人只有从不当利得之原则，回复其物之所有权，或替代其物而求偿还其价格之权利而已"。

以上即是横田秀雄先生对特定物和不特定物的契约的具体分析。通过分析，不难发现横田秀雄先生认为特定物的契约与不特定物的契约存有差别。特定物契约既是债权契约又是物权契约，二者乃属同一意思表示。因此，特定物权契约不存在无因性问题。而不特定物契约在目的物特定时，并不必然发生物权的移转，而仍需要一个"交付"行为，而据此"交付"行为即可推测知"物权的意思表示"。换言之，在不特定物契约的物权移转过程中，存在着债权契约与物权契约两个契约，且此两契约互相独立。因而以"交付"和"推测"出的物权意思表示而成立之物权契约具有无因性。如债权契约无效或被撤销时，则物权契约的效力并不受债权契约的影响，仍然有效。债权人只可依不当得利债权而使利益得以返还。

横田秀雄先生的细致分析使物权契约及其无因性体现得以具体化和形象化，从而为近代中国的民法学者提供了极好的物权契约无因性研究的分析范式，为物权行为理论在近代中国的进一步发展起到了积极的促进作用。

三、《论》文与物权契约理论评价

依据德国的物权契约学理，横田秀雄先生结合日本的民法规定做出了这样的解释："物权的意思表示者，仅依其意思表示即生物权之得丧变更者也。故如目的物之交付或登记之行为，非为必要也。……是乃民法采用法法系意思主义之结果。"采用法国的意思主义，"唯其交付及登记，因为对抗物权之得丧变更于第三人之要件，故其欠缺，使所有权取得人之乙，只生对于第三人不得主张其权利之结果耳。但此点于所谓法兰西主义之学说及立法例为一大矛盾，无论就法理论之方，就立法论言之，不得不认其为最当攻击者也"。因为德国实行物权移转形式主义，物权的意思表示与登记、交付行为共同完成物权的移转。但以法国的物权移转意思主义，登记、交付行为为债权意思表示的履行行为和物权依当事人意思已经移转之后的公示行为而已。但从学理言之，"债权债务由以其创设为目的之意思表示而生，而物权关系亦不能不由以其得丧变更为目的之物权的意思表示而生"。因此，"无论何等物权的意思表示，而谓由债权契约当然之效果，发生物权关系绝无是理"。横田秀雄先生对于此种质疑，也不得不承认法国物权移转意思主义在此方面难以辩驳。横田秀雄先生对此也承认："此议论，就法理论观之，有动听之价值，即余亦不异承认之。德民法对法法系之立法例，有一日之长者，实在于此默也。"

因此，对法国的意思主义与德国的形式主义，横田秀雄做出这样的评价：法法系"较诸物权的效果之发生，以登记或交付为必要之德法系之立法主义不同也。……但法法系之立法主义，与德法系之立法主义，何者较优。识者间已有定论，将来改正民法，以为可改从德法主义者，其见解殆一致也"。可见，在日本民法学界，对于物权移转主义的选择倾向，已多有讨论，且已成定论。

对于日本的物权变动立法采用法国意思主义的做法，横田秀雄先生认为："夫法法系使物权的效果发生，只系于当事人之意思，登记或交付不成其要件，识者之非难，所不能免。于此点余亦赞同德法系之立法主义，是可以登记或交付为物权契约成立之要件，而信为时机一至，我民法有大加修正之必要者。虽然，德法两法系主义之差异，一于此点，其他之差异，不过为由此必然而生之结果。法法系之所短，亦存于此点，其他不自然之结果，要不外由此短处流出者也。故他日于此点加改正，将以登记或交付为物权契约之要件，则一切问题可依之而解决。关于物权契约之无因性及独立性之议论，必至于全然消散也。"由此可明显看出，横田秀雄先生已经完全接受了德国的物权行为理论，"赞同德法系之立法主义，是可以登记或交付为物权契约成立之要件"，并大力主张日本民法在修正时完全采用物权行为理论。

对特定物契约的无因性问题，横田秀雄先生在论证了特定物契约不具有无因性之后，评论道："但自立法论之，则以德法无因契约说为可，而由我民法所生前述之结果，决不得谓为妥当。虽然，是一由于我民法不论物权契约之要物性、无因性，在解释论上不得不如此也。然在我民法之下，当事人因登记或交付而为移转所有权之意思时，于兹吾信有解为不妨独立之物权契约成立之余地也。"由此评论看来，横田秀雄先生对特定物契约的解释，是根据日本民法规定的精神而做出的"不得不如此"的解释。对于"当事人因登记或交付而为移转所有权之意思"，仍"有解为不妨独立之物权契约成立之余地也"。

日本民法在制定时，一面采用法国的物权移转意思表示，即以物权契约为诺成契约，另一方面又承认物权意思表示的独立性无因性时的做法。横田秀雄先生对此评论道："崇拜德法系而讴歌其法理之论者，其所见之重要点，无他，即在于以物权契约为践成的之法律思想，及以该契约为无因独立之法律思想。其连锁关系，如何之点也。夫前者与后者，本来之观念，非必有不可分离之关系，而以物权契约为诺成契约，同时以之为无因独立之契约者。于法理上无若何之障碍。然由规律共同生活关系为目的之立法政策上观察之，则以物权契约为无因独立之契约与以物权契约因登记或交付而生其效之践成的，始可得实现之者，二者常有不可分离之关系也。若立法者未涉想及此，于一方以物权契约为诺成的，而于一方又以之为独立无因者，斯诚立法者不解立法之要谛，不能不受紊乱共同生活关系之交易上秩序之消也。"由横田秀雄先生的论述，不难明白日本民事立法上对物权行为理论的态度。

虽然认为德国的物权契约学理更为妥当，但横田秀雄先生并不赞成在日本立法采用法国意思主义的情况下，生硬套用德国的物权行为理论，来解释日本民法的主张。"法法系之意思主义，反对契约之本质而为不当，亦余之所认。对此根本之原则，虽有民法修正之必要，然既采用此意思主义后，对于法民法及我新旧民法，不敢妄从我贤明德法系学者独特之见解，宣告物权契约之独立性、无因性，而反否定之。物权之设定移转无所谓独立之物权契约，而已生其效者为多。何则？以物权契约，非为要物性、实践性者。若肯定其独立性、无因性，乃陷于第二之过失,于物权关系至惹起极非常识,不条理之结果。除徒使错综之外,无若何之实益也。"

对于日本的立法过失,非本书讨论重点。但是,很明显,在论述物权契约理论的合理性时,横田秀雄先生表现出了对物权契约理论坦然认可的态度。横田秀雄先生的这种高度认同的态度,在中国民法学受日本民法强烈影响的大背景下,不能说不对中国民法学界在对物权行为理论的态度上造成一定影响。

四、《论》文对近代中国民法学中物权行为理论的影响

日本学者横田秀雄先生的这篇《论》文,对于正处发展时期的中国民法学中的物权行为理论带来了较为完整的全新知识体系。结合此《论》文之前和之后的物权行为理论研究状况,不能不深切地感受到该篇论文在近代物权行为理论发展过程中的价值和影响。

具体而言,《论》文对近代中国民法学中物权行为理论的影响表现在以下方面:

在物权契约的有效成立要件方面:《论》文提出的物权的意思表示为物权契约的成立要件之一的观点,在之后的物权契约论述中,有了明确体现。有多名学者的论述,与《论》文的观点一致,将物权的意思表示作为物权契约的要件之一。

在物权契约的性质方面:《论》文所明确使用的"独立性""无因性"的物权行为性质表述,为之后的学者所接受和使用。《论》文对于德国物权契约的"践成性"表述,虽然未能为之后的民法学界所完全接受,但也形成了一定影响。如李宜琛先生在其1933年版的《现行物权法论》中,就出现如下表述:"在德国主义,物权的行为为践成契约(法国主义则为诺成契约)。"① 这可谓与《论》文对物权契约的"践成性"的性质表述如出一辙。

在物权行为与其他行为的关系方面:在之前的物权契约论述中,未见有学者论述物权的意思表示与债权意思表示的关系,也未见有论述物权行为与其他行为的关系内容。在《论》文之后,学者的论述明显增加了物权的意思表示与债权的意思表示的关系内容,② 以及物权行为与其他法律行为关系的内容。

在对物权契约理论的态度方面:《论》文作者横田秀雄先生对物权契约的态

---

① 李宜琛. 现代物权法论[M]. 上海:好望书店,1933:33.
② 余榮昌. 民法要论(物权)[M]. 北平:北平朝阳学院,1931:10-11;刘鸿渐. 中华民国物权法论[M]. 北平:北平朝阳学院,1933:56-58.

度，不能不对之后的物权契约理论研究学者造成一定的影响。实际上，在之后的学者论述中，虽在是否承认物权契约的独立性与无因性问题上，学者间有所争论，但从保存下来的民法学论述资料来看，未见有对物权契约的独立性和无因性的否定之说。这种状况的出现，虽有多方面原因，但不能否认《论》文对物权契约理论的赞成态度所造成的学说倾向性影响。

总之，日本学者横田秀雄先生的《论》文，在近代中国的物权行为理论发展史上具有重要的地位。它为近代中国的民法学界输入了物权行为理论的系统知识，使近代中国民法学界对物权契约有了全新的认识。《论》文对近代中国的物权行为理论发展，起到了良好的导向和促进作用。

第三章

民国后期（1929—1949）的物权行为理论研究（上）

第一节 物权意思表示的独立与区分

意思表示是法律行为的主要成分。同理，物权意思表示是物权行为的主要成分。对物权行为的认识，关键是对物权意思表示的认识，在近代民法学物权行为理论发展史上，物权意思表示的认识与发展具有重要的研究价值。

一、物权意思表示的认识过程

清末时期，从翻译过来的日本民法学著作来看，对于物权移转变动过程中的"意思表示"，并未进行细致区分，也未使用"物权（的）意思表示"的相关用语表述。如在1908年，由刘崇佑先生翻译的日本法学家织田万的著作《法学通论》中，作者在论述物权变动过程时的"意思表示"时认为："凡物权之设定及移转，仅以当事者之意思表示，而生效力。此固近世进步法律之原则也。在古代，则恒拘以形式，当其物未交付之间，其物权之设定及移转，皆无效力。迨及近世，法律上之行为，日益繁杂，遂觉拘牵虚式之甚不便，且学者又极论形式主义之悖于法理。于是乃立为意思之原则。例如买卖之时，其当事者之意思，若既合致，虽卖主未交付其物，买主亦未偿以代金，然于所有权之移转，则毫无阻碍是也。"[①]（着重号为引者加）在此论述中，作者两次提及"当事者之意思"，但从表述的语境来看，均未对该"当事者之意思"的性质或差别进行强调和区分。而依物权行为理论的观点来看，前一个"当事者之意思表示"应

[①] 织田万.法学通论［M］.刘崇佑，译.上海：上海商务印书馆，1908：75-76.

为"物权意思表示",因为此意思表示的内容为"物权之设定及移转";而后一个"当事者之意思"应为在当事者间生成债权债务的"债权意思表示"。从论述内容看,作者并未对此处的"意思表示"作出明确区分。

再看由日本著名的民法学家梅谦次郎先生撰写,陈承泽、陈时夏译述的《日本民法要义(物权编)》对物权移转变动时的"意思表示"论述。

第百七十六条 物权之设定及移转,只因当事者之意思表示而生其效力。本条以明关于物权之设定及移转,采用新主义之事也。盖自法律进步,一面使"当事者"意思,于法律上生充分效力。而一面更设适宜方法,以矫正其因此自由意思所生之种种弊害,此其趋势,于法律史上,为不可诬。是以如罗马法之幼稚法律,甚拘形式,动使"当事者"意思不生法律上之效力,而于其所认效力之范围内,又无术以矫其自是所生之弊害。因之既妨取引之伸张,复以利奸黠之徒,损害良民。其法律之保护,甚未可以谓完善也。近世法律渐进,寖脱罗马法羁绊,而生上述之新主义。新民法笃守此新主义,重当事者意思,并力矫自是而生之弊害。即如于本条之物权设定移转,不须履定式,不须为引渡。惟以"当事者"意思表示而候生效力。①(着重号为引者加)

从梅谦次郎先生对物权变动时的意思表示论述情况来看,梅谦先生也并未对"当事者之意思"进行使用上的区分,而是统称为"当事者之意思"。

从日本直接翻译过来的民法学著作看不出"物权(的)意思表示"的承认与区分,那么,从近代中国法律人对日本民法学著作的编译著作的情况看,又如何呢?

湖北法政编辑社社员编辑的《民法(财产总论、物权)》是清末时期较早的一部优秀民法学编辑作品。此著作初版于1905年,后又不断增订再版,本处引用的是1906年9月增订再版的文字内容:"按第百七十六条,'物权之设定及移转,仅因当事者之意思表示,遂生效力'。而古代诸国之法律,不仅由当事者之意思,尚须有引渡之事实,如罗马法、德国法及日本旧民法是。近世法律发达,凡事取其迅速,如必有事实,则必迟延,迟则弊生。故仅以当事者之意思表示,而物权之设定及移转,遂以成立。"② "动产之设定移转,不仅以当事者

---

① 梅谦次郎. 日本民法要义(物权编)[M]. 陈承泽,陈时夏,译. 上海:上海商务印书馆,1913:3.
② 湖北法政编辑社社员. 民法(财产总论、物权)[M]. 东京:湖北法政编辑社,1906:48.

之意思表示，必有引渡之事实，乃生效力。"①（着重号为引者加）从此处的编译文字来看，编译者在对日本民法学著作编译时，在表述上也未对物权设定、移转时的意思表示，作出强调和区分。

又如1913年版，由姚华编辑的《民法财产（物权）》著作中，在编译物权的设定移转时，也未作出区分。

日本民法第百七十六条云："物权之设定及移转，仅由当事者之意思表示生其效力。"盖罗马法拘定形式，仅有当事者之意思表示，不生效力，其法律上之保护颇不完全。近世法律进步，凡物权之设定移转，不必要履别段之形式，亦不必要为引渡，仅有当事者之意思表示，已可成立。例如卖买行为，甲以动产卖渡与乙，乙承诺之。当事者双方意思合致，契约成立，其所有权即时移转。又如甲于自己所有地之地上，为乙设定地上权，且约定从结约之日起，经过一年后，始发生此权利之效力。迨既经过一年，当事者不必再为意思之表示，其地上权即为已设定者。②（着重号为引者加）

从此段的编辑文字看，编者在论述物权设定移转时的意思表示，也未对"当事者的意思表示"作出强调和区分。如编者所举之例："甲于自己所有地之地上，为乙设定地上权，且约定从结约之日起，经过一年后，始发生此权利之效力。迨既经过一年，当事者不必再为意思之表示，其地上权即为已设定者。"从物权行为理论的观点出发，此例可作为区分"物权意思表示"与"债权意思表示"的典型。因为前一个"设定地上权"的意思表示，显然是"债权意思表示"，因为此意思表示只是使地上权设定者，负担了在"经过一年后"设定地上权的义务，而并不是"直接"设定了地上权。而迨"经过一年"，当事者还必须再为"物权（的）意思表示"，方为设定地上权。但从所举此例的"意思表示"表述看，编者明显未在此处对当事者的意思进行区分。

随着近代中国民法学的迅速发展，宣统年间，在由李鸿文讲述的"直隶法律学堂讲习科讲义"中，已经出现了"以物权之设定移转为目的之意思表示"的表述。

在该讲义中，讲述者李鸿文先生将"以物权之设定移转为目的之意思表示之效力"作为一节的标题。

---

① 湖北法政编辑社社员.民法（财产总论、物权）[M].东京：湖北法政编辑社，1906：52.
② 姚华.民法财产（物权）[M].天津：丙午社，1913：13-14.

近代中国民法学中的物权行为理论 >>>

第一节 以物权之设定移转为目的之意思表示之效力

物权之设定移转，仅因当事者之意思，即可以生效力。故依日本民法第一七六条所规定，当事者之一方，表示为相手方设定物权或移转之意思时，不须用何等之方式。但依其意思表示，相手方即可取得其物权。设定者，如于自己之土地上，为他人设立地上权，是；移转者，如以所有之物，卖之于人，是。①

虽然在节标题下的论述中，仍没有出现"物权（的）意思表示"，但从字里行间，可以看见"物权（的）意思表示"的影子。如在重述日本民法第一七六条规定时，讲述者明显对"意思表示"作出了限定，将法条中的"意思表示"限定为"表示为相手方设定物权或移转之意思时，不须用何等之方式。但依其意思表示，相手方即可取得其物权"。此处的限定词语，并非讲述者的空穴来风或是不经意间的"误打误撞"，而是折射出讲述者李鸿文先生对"物权（的）意思表示"的自觉表述意识。这种对"物权（的）意思表示"的表述，表明在清末宣统年间，李鸿文先生在"直隶法律学堂讲习科讲义"中，已经有意识地将"物权（的）意思表示"从笼统表述的"意思表示"中强调、区分，而使之"独立"出来，并在使用"表示为相手方设定物权或移转之意思"时，与前后语境中的物权目的和物权效果相协调一致。

进入民国之后，由于当时的民法学家同时担任大理院推事。大理院的判例，成为民国前期的民法学家将民法学理论和司法实践结合的法学作品。在物权法学的实践领域，物权行为理论也已与物权变动的实际相结合。"物权（的）意思表示"逐步在大理院判例中出现。

大理院成立之后的第二个民事判例，即大理院二年（1913年）上字第三号判例，② 已经使用了"债权契约"用语。而"契约"为法律行为的一种，法律行为乃是由"意思表示"作为核心成分。作为大理院的推事不可能不具备此基本的民法学常识。该判例虽然未对与"债权契约"相对而言的"物权契约"有所涉及，但至少表明，在大理院推事的法学理论知识当中，已经有了"债权契约"和"物权契约"区别与分类的潜在意识。③

大理院二年（1913年）上字第三号判例作出后不久，大理院二年（1913年）上字第八号判例，即对"物权契约"进行了定义，并对"物权契约之意思

---

① 李鸿文. 直隶法律学堂讲习科讲义 [M]. 保定：直隶法律学堂，清宣统年间：2.
② 朱勇. 中国民法近代化研究 [M]. 北京：中国政法大学出版社，2006：169.
③ 韩秀桃，张德美，李靓. 中国法制史（教学参考书）[M]. 北京：法律出版社，2001：810-814.

110

表示"进行了明确强调和区分。

物权契约以直接发生物权上之变动为目的,与债权契约异。契约成立同时履行,更无存留义务之可言。物权契约普通成立要件约有三端:(一)当事人须有完全能力且缔约者除法律有特别规定外,须就该物或权利有完全处分之权。故无处分权者所为之物权契约,当然不发生效力。如卖自己所有之特定物,则物权契约即包含于债权契约,二者同时发生效力。若卖他人所有之物或不确定之物,则其债权契约虽属有效,然不能即发生移转物权之效力。有时仍不能不为物权契约之意思表示。(二)标的物须确定。(三)当事人之意思表示不得反于一般法律行为及契约之原则。① (着重号为引者加)

这一"物权契约之意思表示"的用语表述,使"物权(的)意思表示"彻底从笼统的"意思表示"中独立出来,并进而在"意思表示的效果"方面产生了区分。即"债权契约虽属有效,然不能即发生移转物权之效力。有时仍不能不为物权契约之意思表示"。这足以说明,"债权(的)意思表示"能产生债权效力,而并不能"发生移转物权之效力"。而"物权契约之意思表示"方能"发生移转物权之效力"。

此后的大理院三年(1914年)上字第四五号判例称:"无权限人与人约定绝卖他人之产者,在债权法上,该契约当事人间,虽可有效发生权利义务关系,而于他人物权之取得,则非由诺约人先取得其物权后,再为有效之物权移转契约不可。"在这一判例中,大理院推事非常明确地表明了"债权契约"与"物权移转契约"的区分。即"无权限人与人约定绝卖他人之产"为"债权的意思表示",其在债权法上,可有效发生权利义务关系。但是如使他人取得物权,还必须"再为有效之物权契约不可",而"物权(的)意思表示"是物权契约的核心成分。换言之,他人欲取得物权,还必须有"诺约人"再为"物权意思表示"。这一判例清楚而又明显地区分了"物权(的)意思表示"与"债权(的)意思表示"的法律效果。

相对于大理院初期的民事判例而言,民国前期的民法学讲义,则略显保守。例如在黄右昌先生编写的"朝阳大学法律讲义"中,虽然对于"物权契约"有着长篇的论述,但"物权(的)意思表示"并未成为该长篇论述的内容,甚至根本未被明确提及。在论述物权契约之前,黄右昌先生对作为法律行为要素的"当事者之意思"稍予提及。"物权之法律效果,即发生于私法上之事实者

---

① 郭卫. 大理院判决例全书 [M]. 上海:会文堂新记书局,1931:153-154;杨鸿烈. 中国法律发达史 [M]. 上海:上海书店,1990:1202.

111

也。……私法之事实，可大别为行为及与行为无关之事实。行为基于当事者之意思，无关行为之事实则否。"① 从上下文分析，此处的"当事者之意思"似乎应当是指"物权的意思表示"，但黄右昌先生却并未予以明确表述。

清末时期是日本民法学的集中输入期。实际上，在民国前期，日本的民法学仍然对近代中国的民法学有着巨大的影响。一方面，编译或翻译自日本民法学的著作或讲义仍不断再版。另一方面，日本的民法学家也继续被邀请至中国的法律院校，虽非长期任教，但也通过演讲的方式，传播着日本最新的民法学研究成果。日本最新的民法学研究论文也被翻译成汉语，在法学期刊发表。如此延续着的日本民法学的输入与传播，在物权行为理论研究领域，则集中表现为1927年在《东北大学周刊》上《论物权契约》一文的翻译与发表。

据该文译者——东北大学法律系张其威先生——介绍，1927年9月17日，日本著名的民法学家横田秀雄先性来到东北大学演讲"物权契约"，因为时间所限，对物权契约语焉不详。译者张其威先生在阅读了横田秀雄先生法学论集中的两篇物权契约文章后，感觉横田秀雄先生的物权契约论文"精义微言"，故对横田秀雄先生的物权契约论文进行了翻译，并发表在《东北大学周刊》上。

在这篇《论物权契约》的译文中，作者横田秀雄先生对物权契约进行了细致周密地论述。其中，就有对"物权的意思表示"存在情形的论述。

物权契约，及其他物权的法律行为，乃以当事人之意思表示为其成分，而其意思表示，须以物之设定移转变更消灭为其内容。日民法第百七十六条，仅就当事人之意思表示，以物权之设定移转为目的者而为规定，以其变更消灭为之意思表示，虽未明定，而亦须适用同一之原则也。盖当事人之意思表示，其以物权之设定移转为目的者，与以其变更消灭为目的者强为区别，无法理上、或立法政策上之理由也。……盖民法百七十六条，虽仅就可为物权意思表示标准之设定移转，明设规定，然因其规定失之于狭隘。故代之以设定移转变更消灭，或包括的得丧变更之语较为适当也。以物权之得丧变更为目的之意思表示，成立于交易上种种情况之下，今举其主要者如左：

甲　债权的意思表示，同时为物权的意思表示而生其效力者……

乙　当债务之履行而为物权的意思表示者……

丙　物权的意思表示，与债权契约成立上之必要事实相随者。……

---

① 黄右昌.民法物权（本论、自物权）[M].北京：朝阳大学法律讲义，印刷时间不详：10.

丁　物权的意思表示，不由于当事人间之债务关系而为单独行之者。①（着重号为引者加）

至此，"物权（的）意思表示"的"面纱"已经为日本民法学者横田秀雄先生所完全"掀起"。该篇论文中的"物权（的）意思表示"的论述，使近代中国的"物权（的）意思表示"研究视野和领域大为拓展，为民国后期"物权（的）意思表示"的研究搭起了广阔的讨论平台。事实上，也正是在此篇译文发表之后，近代中国的民法学界方才真正开始注意到"物权（的）意思表示"的存在价值和意义，并对之展开相应的研究和论述。

民国后期，较为全面地对"物权（的）意思表示"进行论述的有余荣昌先生。余荣昌先生在其1931年出版的《民法要论（物权）》中，将"物权的意思表示"作为一节的标题，对物权意思表示的定义、物权意思表示的性质、物权意思表示的效力、物权意思表示与债权意思表示的关系等内容进行了较为全面、深入地论述。稍后，刘鸿渐先生在其1933年出版的《中华民国物权法论》中，以形象的比喻对物权意思表示的实质进行了深度剖析，指出了物权意思表示与债权意思表示区分的关键所在。而在此后的物权法学著作中，物权意思表示已经成为必不可少的论述内容之一。王去非先生在1934年出版的《民法物权要义》中，以及周新民先生在其1936年出版的《物权法要论》中，都对物权意思表示进行了全面的论述。

总之，在民国后期，"物权（的）意思表示"已经被认为是物权行为（契约）的核心所在，逐步成为物权法学著作的必要内容。这既是近代物权行为理论发展的明显表现，也是近代物权行为理论发展的必然结果。

二、物权意思表示的定义

1927年，日本学者横田秀雄先生在《论物权契约》中，对"物权的意思表示"内容有所论述："盖民法百七十六条，虽仅就可为物权意思表示标准之设定移转，明设规定，然因其规定失之于狭隘。故代之以设定移转变更消灭，或包括的得丧变更之语较为适当也。以物权之得丧变更为目的之意思表示，成立于交易上种种情况之下，今举其主要者如左：甲　债权的意思表示，同时为物权

---

① 横田秀雄. 论物权契约 [M]. 张其威，译. 东北大学周刊，1927（35）：8-15；（36）：13-18；（37）：7-14.

的意思表示而生其效力者……"①（着重号为引者加）从着重号所示内容可以看出，横田秀雄先生对物权意思表示的表述，虽非直接定义，但从表述内容看，可以推定，横田秀雄先生将物权意思表示定义为"以物权之得丧变更为目的之意思表示"。

民国后期，对物权意思表示定义较为一致，然深究之，亦可认为有以下三说。

（一）物权变动目的说

主此说者为刘鸿渐先生。刘鸿渐先生在1933年出版的《中华民国物权法论》中认为："兹所谓意思表示云者，系以直接对于某特定之物引起物权变动为目的之意思表示，即物权的意思表示之义也。"②

从定义内容看，此说乃日本学者横田秀雄先生理解之物权意思表示的改进版。与之不同之处在于，增加了"直接对于某特定物"，作为"物权意思表示"的对象"物"。

（二）物权变动原因之法律行为之意思表示说

该说认为："物权的意思表示者，为物权变动原因之法律行为之意思表示也。"持此说者为余荣昌先生、王去非先生、周新民先生和王传纪先生。③粗看起来，该说似以"简称"复原的方式，对物权的意思表示进行定义。令人感觉一头雾水，难明其意。

余荣昌先生和王去非先生以此作为物权的意思表示的定义，并未接下来作出详细解释。而周新民先生虽也用此语对物权的意思表示进行定义，但周先生随之作出详细解释："所谓物权的意思表示，即为物权变动原因之法律行为的意思表示；详言之，物权的意思表示与实行行为相并合，斯为物权的法律行为（物权契约），由物权的法律行为控除其实行行为，则为物权的意思表示。"④由此不难看出，周新民先生认为物权行为（物权契约）由两部分内容（物权的意思表示和实行行为）合并组成，在物权行为中控除实行行为，剩下的即为物权

---

① 横田秀雄. 论物权契约 [M]. 张其威, 译. 东北大学周刊, 1927 (35): 8-15; (36): 13-18; (37): 7-14.
② 刘鸿渐. 中华民国物权法论 [M]. 北平: 北平朝阳学院, 1933: 56.
③ 余荣昌. 民法要论（物权）[M]. 北平: 北平朝阳学院, 1931: 7; 王去非. 民法物权要义 [M]. 上海: 上海法学书局, 1934: 25; 周新民. 物权法要论 [M]. 上海: 商务印书馆, 1936: 33.
④ 周新民. 物权法要论 [M]. 上海: 商务印书馆, 1936: 33.

的意思表示。王传纪先生的论述与周新民先生的论述完全相同。① 而王去非先生的认识也为"物权意思表示与实行行为相并合,斯为物权的法律行为(物权契约)。由物权的法律行为控除实行行为,斯为物权的意思表示"②。

(三) 物权行为成分说

"物权的意思表示云者,为物权变动(即得丧变更)原因之法律行为之成分之意思表示之谓也。"③ 该说亦为刘鸿渐先生所论。在同一著作《中华民国物权法论》中,刘鸿渐先生对物权的意思表示作出了不同的解释。

"物权行为成分说"与"物权变动原因之法律行为之意思表示说"具有实质的相似性,但这又在"物权的意思表示"与"物权行为"关系中稍有区别。"物权行为成分说"明确表明"物权的意思表示"乃"物权行为"的成分,而"物权变动原因之法律行为之意思表示说"对此"物权的意思表示"是否为"物权行为的成分"之点却并不明确。

从诸学说的定义来看,物权意思表示与物权行为的关系在定义中显得极为重要。审究物权的意思表示三学说,如周新民先生之解释为上述第二说所实采的话,则对于物权的意思表示与物权的行为之关系,第二说可称最为清楚。第三说居中,因为物权行为成分到底包括哪些,未予申明,则物权的意思表示为物权行为全部成分,亦未不可能。第一说,最为含糊,非阐明"直接"则难解其意。且"目的"本身即具有极强的主观性,外人对其目的难以判定。

三、物权意思表示的实质

虽然,物权的意思表示有着明确的定义,但对于物权意思表示的实质则很难把握。尤其是"物权变动目的说"的定义,需完全理解"直接"的含义,方能理解物权意思表示的实质。

对于物权意思表示的实质,民法学者刘鸿渐先生提出了一个形象的"物棒论"。该"物棒论"能够帮助理解物权意思表示的实质。刘鸿渐先生在其1933年出版的《中华民国物权法论》中,对于"物权的意思表示"的实质作出了如下形象论述。

所谓物权的意思表示,其实质如何?……兹将物权的意思表示之实质说明于次。

---

① 王传纪. 论物权的意思表示 [J]. 法学月刊,1934,1(1):13-18.
② 王去非. 民法物权要义 [M]. 上海:上海法学书局,1934:26-27.
③ 刘鸿渐. 中华民国物权法论 [M]. 北平:北平朝阳学院,1933:40.

物权的意思表示云者，为物权变动（即得丧变更）原因之法律行为之成分之意思表示之谓也。此种意思表示，系以表示欲直接引起物权变动之意旨为其实行，与欲引起发生物权变动之债权关系之意思表示，不可混同。前者之目的，在直接引起物权上之变动，后者之目的，不在引起物权变动，而在引起以发生物权变动为目的之债权。譬如当吾人欲取得某物时，直接以手攫取其物与先取得一能拨动该物使之接近于吾人之棒，其间大有区别，当无异论。前者（即物权的意思表示）系以手攫取其物者也。后者（即欲引起发生物权变动之债权关系之意思表示），非以手攫取其物，乃作为取得其物之手段而先取得一棒者也。棒与所欲取得之物，自有区别，此理论足以说明两者实质上之差异。盖直接攫取物，即相当于直接引起物权上之变动，仅引起一发生物权变动之债权，即相当于取得一棒故也。物权的意思表示所以能发生物权上之变动者，即因其意思表示系以欲直接引起物权上之变动为实质之故。若仅有欲引起一发生物权变动之债权之意思表示，则止于发生所希望之债权，无发生物权上之变动之理。其情形恰与因决心攫取某物，故能取得某物，若仅欲先取得一棒作为取得某物之手段，则亦只能取得其所欲得之棒，不能取得其所欲得之物相类似也。①

通过"物棒论"的形象论述，可以明确物权意思表示的实质，即物权意思表示本身即在发生物权变动，即取得"物"，而债权的意思表示即在于发生债权，仅在于"取得一能拨动该物使之接近于吾人之棒"。

物权的意思表示的实质使物权的意思表示从笼统的意思表示中独立出来，并与债权意思表示完全区分，成为民法学意义的一个具有独特价值的意思表示，进而使以物权意思表示为成分的物权行为具有了独立存在的认知价值。

四、物权意思表示的性质

何谓物权意思表示的性质，从物权意思表示的定义、实质等内容实难推之。民国后期的民法学对于物权意思表示的性质，有着明确论述。

在1931年版的《民法要论（物权）》中，著者余棨昌先生对于"物权的意思表示"的性质论述道：

物权的意思表示者，为物权变动原因之法律行为之意思表示也。关于此种意思表示之性质如何，从来学者之研究可分为两大主义。

（甲）第一主义，即不认于债权契约之外，尚有所谓物权契约。谓以物权变动为标的之债权契约，依法律之力，当然发生物权得丧或变更之效果者也。法

---

① 刘鸿渐. 中华民国物权法论[M]. 北平：北平朝阳学院，1933：40-41.

国民法即采此主义。

（乙）第二主义，则截然区分债权契约与物权契约。谓物权之变动，乃由直接以发生物权上之变动者也。何哉？盖在前者，其意思本欲直接发生物权之变动，而在后者，其意思本非欲直接生物权之变动，不过欲生得请求其变动之债权而已。德国民法则采此主义。①

由此论述，可以看出，在余棨昌先生看来，"物权的意思表示"的性质存在两种主义，即"不认物权契约"主义和"承认物权契约"主义。

对于"物权的意思表示"性质的主义认识，王去非先生则有着不同的理解。王去非先生在其1934年版的《民法物权要义》中指出："物权的意思表示"的性质分为"三主义"：

物权的意思表示者，为物权变动原因之法律行为之意思表示也。关于此种意思表示之性质如何？征诸自来学者之解释，可别为左列三主义。

（一）债权契约主义

此主义除认债权契约外，别不认有所谓物权契约，谓凡因当事人意思合致而成立之契约，其以物权之变动为标的者，即属债权契约，依法律之力，当然发生物权得丧或变更之效果。故于债务的意思表示外，不复有物权的意思表示之观念也。学者解释法国民法，多采此主义。

（二）混成契约主义

此主义不认债权契约与物权契约之区别。谓因当事人，单纯合意而成立之契约，凡以变动物权为标的者，不仅发生请求物权变动之债权，同时且发生变动之效力。故此种意思表示，实含两个内容，要不得专种之为债权契约或物权契约，实则为一种混成契约焉。学者解释日本民法，尝采此主义。

（三）物权契约主义

此主义截然划分债权契约与物权契约，谓债权契约当事人之意思表示，不过欲生使权变动之债权而已，毕竟不能实现物权变动之效果，而物权契约，则指示物权之变动，乃由于直接以发生物权之得丧变更之合意（物的意思表示）及其实行而生。合意思与实行相并合，是之谓物权契约，学者解释德国民法多采此主义。

综右所述，学者解释物权的意思表示之性质，其观念之不同也如此。②

---

① 余棨昌．民法要论（物权）[M]．北平：北平朝阳学院，1931：7．
② 王去非．民法物权要义[M]．上海：上海法学书局，1934：25-26．

在上述论述中，王去非先生将法国的"债权契约主义"与日本的"混成契约主义"分开论述，并认为在这两个国家中，"物权的意思表示"分属两种不同的主义。然而，在1933年版的《民法物权论》中，王去非先生对于法、日两国的"意思主义"论述则稍有不同。王去非先生在1933年版的《民法物权论》中论述道：

意思主义者，物权之设定移转，不要何等形式，单依意思表示，即生效力之谓也。采此主义之立法例如左：

一、法国法制

法国法制，关于物权之设定移转，在民律未定以前，采用罗马法，亦以交付为必要。但所采者为略式耳。其后渐发生一种理论，谓交付为占有之移转。但可行于有体物之上，若权利为无体物，无所谓交付，则交付之说不得通。故实际上于是渐渐不以交付为必要，而唯依当事人意思表示为之。其后意大利民法及其他属于法法系诸国民律，亦采用之。

二、日本法制

日本法制，关于物权之设定移转，亦仿法制，专因当事人之意思表示，而生效力。故物权之取得，乃意思表示直接之结果，不以交付（动产物权）或登记（不动产物权）为必要。故日本学者间，有谓物权设定移转时，其先尚须有物权移转之债务关系，因履行此债务，遂移转物权，依其主张，物权设定移转。有三阶段：（甲）最初须有物权设定移转之意思表示；（乙）次之始发物权设定移转之债务关系；（丙）其终始现物权设定移转之结果。为此说者甚多，其实非是。盖意思主义之物权设定移转，乃意思表示之直接之结果，但有意思，即为移转。若如学者之说，是间接之结果，与意思主义不合。故此种学说，凡采意思主义之国，皆不采用。

总之，意思主义之精神，以物权之设定移转为标的之法律行为，乃由发生物权设定移转之债务契约，与发生物权设定移转效力之物权契约，相混合而成之行为。此种行为，一面使债权发生；一面则使物权取得。学者称之为混合行为。故此所发生物权设定移转之效果，乃意思表示之直接效果，而非债务契约之效果。若谓为债务契约之效果，则成为意思表示之间接效果矣，岂非从根本上破坏意思主义之观念乎？①

---

① 王去非. 民法物权论 [M]. 上海：上海法学编译社，1933：17-18.

第三章 民国后期（1929—1949）的物权行为理论研究（上）

可见，在1933年版的《民法物权论》中，王去非先生还是认为"意思主义"的法国法制和日本法制均系属"意思主义"。"意思主义之精神，以物权之设定移转为标的之法律行为"，"一面使债权发生；一面则使物权取得。学者称之为混合行为"。由此可知，法国也是承认"物权的意思表示"，也是属于"混合行为"主义。王去非先生在其1934年版的《民法物权要义》，其对"法国法制"的认识，已经发生了变化。这或许与《民法物权论》初版于1933年有关，王去非先生对于"物权的意思表示"的性质认识，已随着时间的推移而发生了一定变化。

与王去非先生对于物权意思表示的性质论述相同的，还有王传纪先生的文字论述。① 此处不再赘引。但除文字论述之外，王传纪先生对于物权意思表示性质，还以"米之买卖"为例，对三种主义还分别配以图表，使物权变动过程表现得更为清楚。现特引用如下：

（一）债权契约主义

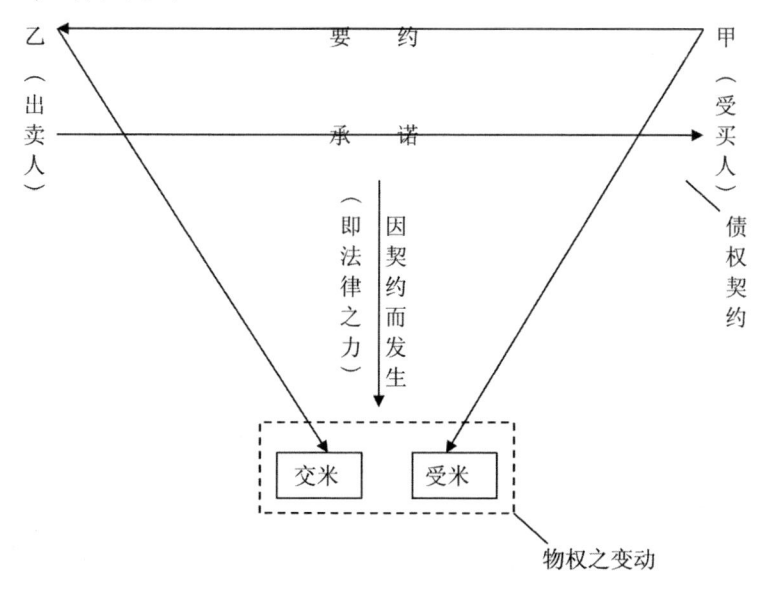

---

① 王传纪. 论物权的意思表示 [J]. 法学月刊, 1934, 1 (1): 13-18.

119

（二）混成契约主义

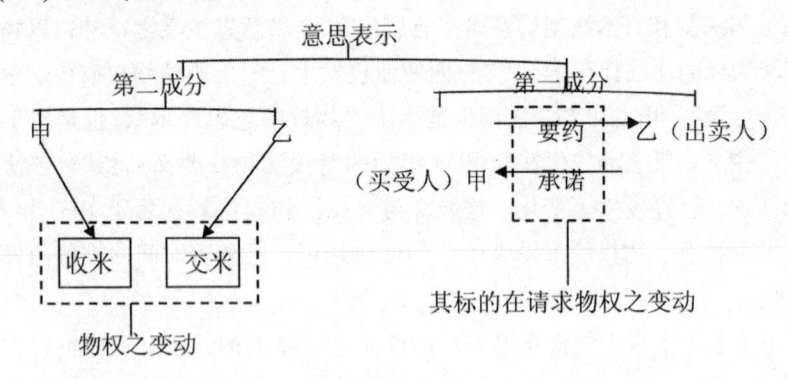

```
                     意思表示
         ┌──────────────┴──────────────┐
       第二成分                      第一成分
      ┌───┴───┐                  ┌──────────┐
      甲     乙                  │   要约  ──→ 乙（出卖人）
      │      │                   │（买受人）甲
      ↓      ↓                   │   承诺  ←──
   ┌─────┐┌─────┐                └──────────┘
   │收米 ││交米 │                      │
   └─────┘└─────┘              其标的在请求物权之变动
      物权之变动
```

（三）物权契约主义

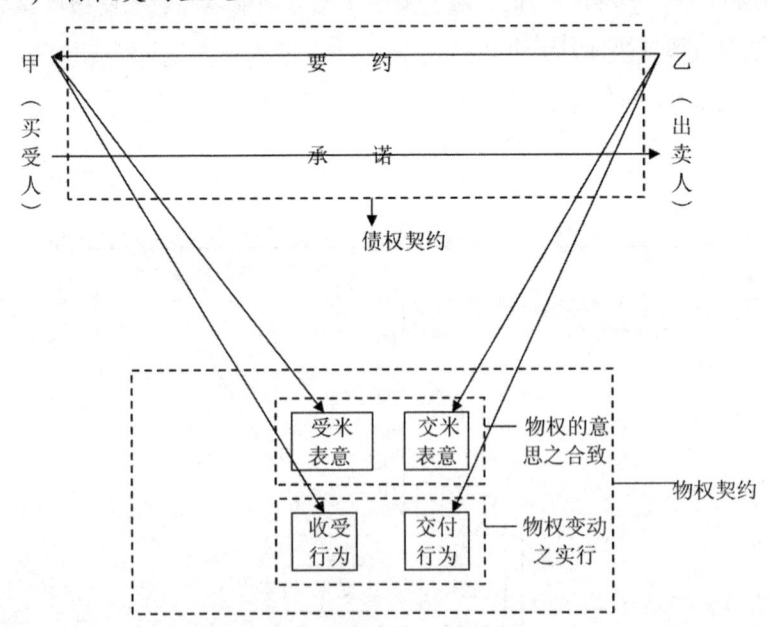

```
      甲 ←────── 要  约 ──────→ 乙
    （买                      （出
      受    ──────── 承  诺 ──→  卖
      人）                       人）
                 ↓
              债权契约

         ┌─────┐ ┌─────┐
         │受米 │ │交米 │ ── 物权的意思之合致
         │表意 │ │表意 │              ┐
         └──┬──┘ └──┬──┘              │
            ↓       ↓                 │ 物权契约
         ┌─────┐ ┌─────┐              │
         │收受 │ │交付 │ ── 物权变动   │
         │行为 │ │行为 │    之实行     │
         └─────┘ └─────┘              ┘
```

由余荣昌先生、王去非先生和王传纪先生对物权意思表示性质的"主义"论述来看，在民国后期，物权意思表示的性质，简单地说，就是物权意思表示是否得到承认，物权意思表示是否被视为"独立的存在"。换言之，物权意思表示的性质就是物权意思表示是否具有独立性。

对于物权意思表示的独立性，1922年，王凤瀛先生就曾呼吁效仿德国民法学，承认物权契约与债权契约分别独立存在，进而采用物权移转形式主义。王凤瀛先生指出："形式主义，虽不免缺点，然均不患无法以免除，而就理论实际两方而言，固以德制为优也。"但至民国后期，承认物权意思表示的独立存在却

120

仍难为多数学者所接受。这也可从学者的论述中，有所感悟。如余棨昌先生在1931年出版的论著《民法要论（物权）》，就语重心长地指出："夫物权契约应与债权契约，截然区分，在今日学理上已不容再有争执。……认物权契约实质之存在，是固毫无庸疑。"① 时隔三年，王去非先生仍再次提倡："自晚近学说及立法例之倾向观之，物权契约主义已占优势。物权契约与债权契约，截然划分，在今日法理上，已不容再有争论。"② 王传纪先生也直呼："自晚近学说及立法例之倾向以观，则物权契约主义已占优势，故在今日法理上，已不容再有争论。"③ 著名民法学者对物权意思主义的性质达成一致认识，且发自肺腑之倡言，反映了物权行为的独立品性在民国后期已为越来越多的学者所接受。

物权意思表示的性质认识对物权行为的理论认识和发展，具有重要的意义。因为物权意思表示是物权行为的要素或成分。物权意思表示的性质认识决定了物权行为的性质认识。

物权意思表示的性质却非仅有独立品性，与独立品性紧密相连的性质则为物权意思表示的无因性。对此，曹杰先生有着清楚地认识："物权意思表示与债权意思表示区别之实益，即在物权行为常为无因行为，所谓无因行为，即原因行为之无效，与物权行为之效力不生影响者也。故为物权契约之前提行为（基于债权的意思表示）纵有无效或撤销之原因，而物权行为非当然无效，不过让与人得依不当利得规定，有请求返还其物权之债权而已。"④ 王传纪先生也认为："盖物权契约主义之立法理由，专就保护第三人而设，既认物权契约与债权契约截然划分，则债权契约纵或发生无效之原因，但经合意实行，仍可认为有效，故第三人固可安心而与之交易也。"⑤ 这些论述，实际上显示了物权意思表示的独立品性对于物权行为的无因性质的根本影响，从而对物权行为的整体认识都有着巨大的价值和意义。关于物权意思表示的无因品性，将在其他章节专述，此处不赘。

民国后期的民法学者对于"物权的意思表示"的定义虽各持学说，但对于"物权的意思表示"的"独立性"已成共识。然而，在如何判断一个"意思表示"上，究竟是"物权的意思表示"还是"债权的意思表示"，也就是在"物权意思表示"与"债权意思表示"的区分上，民国后期的民法学却未能进行深

---

① 余棨昌.民法要论（物权）[M].北平：北平朝阳学院，1931：8.
② 王去非.民法物权要义[M].上海：上海法学书局，1934：26.
③ 王传纪.论物权的意思表示[J].法学月刊，1934，1（1）：13-18.
④ 曹杰.中国民法物权论[M].周旋，勘校.北京：中国方正出版社，2004：20.
⑤ 王传纪.论物权的意思表示[J].法学月刊，1934，1（1）：13-18.

入研究。这不能不是说物权行为理论在民国后期研究中令人遗憾的地方。

由于缺乏"物权意思表示"与"债权意思表示"的区分研究，因此，学者对于"物权意思表示"的内容也就难免发生困惑。如余棨昌先生在其1931年版的《民法要论（物权）》中，就认为："物权的意思表示，虽以欲直接发生物权变动为内容。然不必以之为唯一内容者也。换言之，即与此内容同时尚发生其他债务之关系，亦无害其为物权的意思表示者也。例如设定永佃权之意思表示，为对于支付佃租而为之设定佃权之意思表示。故由此意思表示所成立之契约，发生永佃权设定之效果。同时即发生支付佃租之债权者也（八四二条一项）。"① 可见，余棨昌先生就认为："物权的意思表示"可以发生"其他债务之关系"。

债权为债权人请求债务人为一定行为或不为一定行为的权利。因此，债权必然具有时间上的"将来性"，而不可能为"意思表示"内容的本身的行为。如"约定物权移转"，即是"约定"，则含将来之义。对于"已发生之过去事实"，从语词学上，则为"确认"；对于"意思表示"内容本身来说，如"移转物权"，则"移转物权"在"意思表示"之同时，即已发生。而"物权的意思表示"则是"意思表示"本身的行为。因而，"物权的意思表示"在时间上即具有"即时性"。这也就是后面论述的"物权契约"与"债权契约"的区别点之一，即物权契约不具有履行性，而债权契约具有履行性。举例言之，如果甲乙双方当事人形成将来某个时间甲移转其手表于乙的意思合意，则为债权的意思表示。而如果甲乙双方当事人形成甲移转其手表于乙的意思合意，即使甲尚未将手表"交付"给乙，则甲乙双方的合意仍为物权的意思表示合致。而在债权的意思合意的效力，则是甲在约定的"将来"某个时间，履行其义务，与乙形成移转手表的合意，并"交付"手表。

"物权意思表示"与"债权意思表示"的区分，在当代物权法学研究中仍具有重要的现实意义。

五、对其他大陆法系国家物权意思表示的认识新发展

清末时期，虽然已出现"以物权设定移转的意思表示效力"之说，但从论述内容而言，并未涉及其他大陆法系国家认识的观念问题。

民国前期，较早对其他大陆法系国家物权意思表示有所阐述的是黄右昌先生。"物权的法律行为，简言之，即物权契约也。凡以物权之得丧变更为目的之

---

① 余棨昌．民法要论（物权）[M]．北平：北平朝阳学院，1931：9-10．

第三章 民国后期（1929—1949）的物权行为理论研究（上）

契约，其效力如何发生？依立法上之主义而异。在原始社会，一般人尽注重方式。故罗马时代，所有权之移转，以目的物之现实交付或假想交付为必要。其未交付以前，让与人仍保有其所有权，而可以再让与于第三人。欧洲各国继受罗马法时，皆准此以立法。其后，因各国之习惯不同。于是，立法上关于物权契约之效力，其主义互有出入。"物权契约效力意思主义"以为物权之效力，专依当事者之意思表示以发生"，而对于其中之一的"折衷主义"，"今法兰西法系之国皆采之，日本民法亦然"。① 从此论述可知黄右昌先生认为在原始社会，作为物权行为核心成分的意思表示自然也已存在。但在后来的法律进化过程中，由于习惯等各方面的原因，物权契约出现了意思主义与形式主义的分化，法国实行物权契约意思主义，德国实行物权契约形式主义。从此认识可以看出：民国前期的民法学理认为法国也是承认物权意思的存在的。

至民国后期，民法学理对于法国的物权变动的认识已经明显发生了变化。虽仍有学者谓："盖法国民法上，债权契约（即以债权之发生为目的之合意）与物权契约（即发生物权之变动之合意）其效果内容，虽有差异，而外形上则并无何等特异之点。故两种意思表示，当然可以混同存在。是以关于特定物买卖及其他债权契约，同时即可发生物权变动之效力。物权之变动之原因（Causa）——即买卖及其他债权契约——若有瑕疵，则物权之变动，亦受其影响，是谓之物权的意思表示之有因性。"② 但更多的学者认为，法国不承认物权意思，也没有物权意思表示的观念，因而也就不认物权契约。如余棨昌先生认为，对于是否承认物权的意思表示，存在两种主义，即不承认有物权的意思表示，如法国民法采此主义；在债权意思表示外，还承认物权的意思表示，如德国民法采此主义。③ "于债务的意思表示外，不复有物权的意思表示之观念也。学者解释法国民法，多采此主义。"④ 对法国物权变动所采主义的认识变化，反映了民国前后期对物权意思主义的认识已经有很大的发展。

对其他大陆法系国家物权意思表示的认识过程，可概括为：从事实论进化为认识论。民国前期，论者主要针对物权变动的事实而言，即认为有物权变动的事实，即有物权意思表示观念的存在。因此，可以说，在原始社会，即有物权行为的存在。此本事实，因为只要发生物的变动的事实存在，就有物权行为

---

① 黄右昌. 民法物权（本论、自物权）[M]. 北京：朝阳大学法律讲义，印刷时间不详：10-12.
② 李宜琛. 现代物权法论 [M]. 上海：好望书店，1933：32.
③ 余棨昌. 民法要论（物权）[M]. 北平：北平朝阳学院，1931：7.
④ 王去非. 民法物权要义 [M]. 上海：上海法学书局，1934：25.

的存在。但作为研究此种"物权变动"中的法律行为的学问，则是不存在的。至民国后期，学者论法国不承认物权契约，或者不认有物权意思表示的存在，已经转换了角度，不是说法国不存在物权变动的事实，而是从学问观念的角度出发，认为法国民法学界没有在理论观念上，承认导致物权变动的行为或者物权意思表示的存在。在法国民法观念上，此种变动或交付、登记的行为只不过是在履行债权意思表示，其本身并不含有意思表示。无意思表示，也就无法律行为（物权行为）的存在。

第二节 物权行为的定义研究

在民法学法律行为的理论中，若对于某种特定的作为，提炼概括为法律行为的一种，则必须使此种法律行为具有确定的特征，从而使此类型的行为清晰地与其他法律行为区别开来，具有法律行为分类的存在价值。而确定行为特征的则是能够准确概括行为特征的定义。

物权行为作为法律行为的一种，自然也应具备相应的定义和特征。本节即是对近代民法学中的物权行为定义进行探讨。

一、民国后期的物权行为定义学说

为了能够对近代中国民法学中的物权行为定义形成更加清晰的认识，在论述民国后期的物权行为定义学说之前，有必要对近代中国民法学中的物权行为定义作一纵向的梳理。

清末时期，陈国祥编辑的《民法总则》对于物权行为有所提及，但因仅是简单介绍志田氏的法律行为分类，对于物权行为的定义并未明确表述。但从其介绍来看，可粗略推知"物权行为"的大体特征。《民法总则》的相关论述为："志田氏又有所谓物权的行为、债权的行为、亲族法上之行为及相续法上之行为者。……至物权的行为等之区别，以从民法之编别为主，以大体上之权利为标准，然于物权法中有被规定之债权，于亲族法中亦有被规定之债权。因而此区别，非贯彻从民法编别之趣旨者，不可不注意也。但亦有学者并物权的行为与债权的行为而付以财产的行为之名称者。"[①] 从评论内容可以推断，物权行为起初被认为是以民法编别和权利状态而确定的一种法律行为，但评论者也注意到

---

① 陈国祥. 民法总则 [M]. 天津：丙午社，1913：53-54.

物权行为实际上并非以贯彻"民法编别之趣旨"。换言之，物权行为的分类可能有着更为深刻的分类趣旨。但是，该著述的编译者并未能领会阐明。

民国前期，大理院已经出现物权契约的适用判例。大理院二年（1913年）上字第八号判决文称："物权契约以直接发生物权上之变动为目的，与债权契约异。"① 从此内容看，物权契约是以直接发生物权上之变动为目的，但除此之外，物权契约是否还有其他特征内涵，则不得而知。1924年，林彬先生编著的《民法要论》出版。该著作开始将"物权行为与债权行为"的分类作为法律行为的基本分类之一。在该著作中，林彬先生对于物权行为的定义为："物权的行为者以欲直接发生物权上之变动之意思表示为其构成分子之法律行为也。例如地上权、地役权、抵押权等之设定行为是。"② 初版于1928年，由欧宗祐编著的《民法总则》也对物权行为作出定义："物权行为（Dingliche Rechtsgeshäft）者，以欲直接惹起物权之发生，变更，消灭的效果之意思表示为其要素之法律行为也。其中有为契约者，学说上称为物权契约（Dingliche Vertrag），如所有权之让与是；亦有为单独行为者，然其例极少。"③

纵观清末和民国前期对"物权行为"的描述和定义，物权行为的特征发生了变化。如民国初年的大理院以行为的"目的"——直接发生物权上之变动——来描述物权契约的特征，从而对物权契约作出定义。而林彬先生和欧宗祐先生对物权行为的定义，虽然也从"欲直接发生（惹起）物权变动（物权发生，变更，消灭）"出发，但此"目的"只是用来修饰"意思表示"的。在"意思表示"与"物权行为"之间，还存在着一层关系。即"意思表示"仅为"物权行为"的"成分"或"要素"。

民国后期，对物权行为的定义，学说纷呈。

经过近三十年的学术积淀，近代中国的民法学在民国后期有了很大的发展。"中华民国民法"的公布和实施，也极大地促进了民法学的研究与繁荣。在此大背景之下，"物权行为"内容已经成为物权法学著作中不可或缺的重要内容。而在"物权行为"的研究中，物权行为的定义是物权行为研究的基础。

关于物权行为的定义，民国后期的民法学著述中主要有以下六种学说。

---

① 郭卫. 大理院判决例全书 [M]. 上海：会文堂新记书局，1931：153-154；杨鸿烈. 中国法律发达史 [M]. 上海：上海书店，1990：1202.
② 林彬. 民法要论 [M]. 铅印本，1924：32.
③ 欧宗祐. 民法总则 [M]. 上海：商务印书馆，1933：194.

(一) 物权变动意思成立说

1931年，余荣昌先生认为："由物权的意思表示所成立之法律行为，称为物权的法律行为。"①

1931年，欧阳谿先生认为："物权行为者，以欲发生物权变动之意思表示为要素之法律行为也。"②

1933年，欧宗祐先生认为："物权行为（Dingliche Rechtsgesehäft）者，以欲直接惹起物权之发生、变更、消灭的效果之意思表示为其要素之法律行为也。"③

1948年，李宝森先生认为："物权行为者，以使物权之得丧、变更为目的之意思表示而成立之法律行为也。"④

(二) 物权变动效果说

1931年，周新民先生认为："物权行为，即使直接发生物权得丧变更之效果的法律行为。"⑤

1933年，徐谦先生认为："凡使物权发生得丧变更之效果之法律行为，即为'物权行为'。"⑥

1933年，胡长清先生认为："物权行为者，发生物权法上之效果之法律行为也。物权行为，一称物的法律行为（Dingliche Rechtsgeschäft）。"⑦ 在1935年版和1937年版编著的《民法总则》中，胡长清先生均认为"物权行为，系发生物权法上效果的法律行为"⑧。

1939年，蔡肇璜先生认为："物权行为者，发生物权法上效果之行为也。例如地上权、抵押权之设定是。"⑨

(三) 物权变动目的说

1933年，刘鸿渐先生在其著作《中华民国物权法论》中，虽然未对物权行为进行明确定义，但将物权契约阐释为："物权契约云者，直接以物权之得丧变

---

① 余荣昌.民法要论（物权）[M].北平：北平朝阳学院，1931：10.
② 欧阳谿.民法总论[M].上海：上海会文堂新记书局，1937：320.
③ 欧宗祐.民法总则[M].上海：商务印书馆，1933：194.
④ 李宝森.民法概论[M].上海：会文堂新记书局，1948：121.
⑤ 周新民.民法总论[M].上海：上海华通书局，1931：250.
⑥ 徐谦.民法总论[M].上海：上海法学编译社，1933：213.
⑦ 胡长清.中国民法总论[M].北京：中国政法大学出版社，1997：189.
⑧ 胡长清.民法总则[M].上海：上海商务印书馆，1937：129.
⑨ 蔡肇璜.民法总则[M].上海：大东书局，1947：131.

更为目的之契约也。"① 物权契约为物权行为之一种,由物权契约的定义即可推知物权行为的定义取向。

1935年,著名物权法学者柯凌汉先生认为:"物权行为,是能够发生物权的变动的法律行为。例如,甲让与土地所有权于乙的时候,甲的所有权立刻移转于乙,这让与行为就是物权行为。"② 从柯凌汉先生对物权行为的定义中,似乎采用了物权变动效果说。但是在同年的另一物权法学著作中,柯凌汉先生对物权行为的定义又改为:"物权行为乃对于债权行为而言,即以直接发生物权之变动为目的之法律行为也。如物权之设定或让与是。"③ 柯凌汉先生对物权行为进行定义之后,也对"直接"的含义进行了说明。柯凌汉认为:"所谓直接发生物权之变动者,即其行为发生效力时,立生物权之变动,当事人不必再为其他之行为。此与物上之债权行为,仅能于当事人间发生债权关系,而不能使物权即生变动者不同。例如甲与乙约以其所有之马卖乙,价金百圆,此为买卖契约,乃债权行为之一种。依此契约,甲仅对乙负转其马之所有权之义务(债务),其马之所有权尚未发生变动。至其后甲对乙表示让与所有权,并现实交付其马时,其马之所有权始移转于乙。此让与马之所有权之表示,即物权行为;其马所有权之移转,即物权之变动。"④

1936年,周新民先生认为:"所谓物权契约,即直接以物权之变动为目的的契约。"⑤

(四)物权变动内容说

1944年,李宜琛先生在其所著的《民法总则》中,将物权行为定义为:"物权行为系以物权之设定移转为其直接内容之法律行为。"⑥

(五)物权变动标的说

1930年,王去非先生在其著述的《民法物权论》中,虽未对物权行为进行直接定义,但其将物权契约定义为:"物权契约者,以物权设定移转为标的之要式的无因契约也。"⑦

---

① 刘鸿渐. 中华民国物权法论[M]. 北平:北平朝阳学院,1933:39.
② 柯凌汉. 民法物权[M]. 上海:商务印书馆,1935:24.
③ 柯凌汉. 中华物权法论纲[M]. 上海:商务印书馆,1935:18.
④ 柯凌汉. 中华物权法论纲[M]. 上海:商务印书馆,1935:18.
⑤ 周新民. 物权法要论[M]. 上海:商务印书馆,1936:32.
⑥ 李宜琛. 民法总则[M]. 胡骏,勘校. 北京:中国方正出版社,2004:154;李宜琛. 民法总则[M]. 上海:上海国立编译馆,1947:213.
⑦ 王去非. 民法物权论[M]. 上海:上海会文堂新记书局,1933:20.

1937年，曹杰先生认为："债权契约乃使债务人负给付之义务为标的，物权契约乃以直接发生物权变动为标的"。①

(六) 物权授受合致意思及授受行为

1936年，刘志敫先生对物权行为的定义理解似有前后不一致之处。刘志敫先生先是认为："何谓物权的行为，即以立生物权之变动为目的所为之法律行为也。"② 此定义似乎采用了物权变动目的说。但在其后的论述中，刘志敫先生对于物权行为又有了新的解释。"惟所谓物权行为，系属学说上用语，实则指当事人关于授受一物之合致意思及该授受行为而言（德民法第873条第929条参阅），特在不动产物权变动之际，除上述合致意思，其授受行为更与登记程序相结合，而成为一种变动之征象耳。"③ 或许，在刘志敫先生看来，"以立生物权之变动为目的所为之法律行为"也就是"关于授受一物之合致意思及该授受行为"。

如前所述，周新民先生在1936年版的《物权法要论》中，对于物权行为的定义采用了"物权变动目的说"，但也是在同一著作中，周新民先生对于物权行为的定义似乎另有新的解释。周新民先生阐述道："所谓物权的意思表示，即为物权变动原因之法律行为的意思表示；详言之，物权的意思表示与实行行为相并合，斯为物权的法律行为（物权契约）。由物权的法律行为控除其实行行为，则为物权的意思表示。"④ 在这个理解中，周新民先生认为物权的法律行为（物权契约）是指物权的意思表示与实行行为相并合。或许，周新民先生的理解与刘志敫先生相同，"直接以物权之变动为目的的契约"即是指"物权的意思表示"和"实行行为"（"交付"或"登记"）相并合。

二、民国后期的物权行为含义发展

"中华民国民法"采用了德国的物权移转形式主义。在物权移转形式主义之下，通过双方当事人之间的契约而发生的不动产物权的设定、变更和动产物权的让与等法律行为发生效力，需要两个行为才能完成。其中一个行为为物权设定、变更、让与的意思表示行为，另一个行为则为"登记"或"交付"行为。

---

① 曹杰. 中国民法物权论 [M]. 周旋，勘校. 北京：中国方正出版社，2004：20.
② 刘志敫. 民法物权编 [M]. 方恒，张谷，校勘. 北京：中国政法大学出版社，2006：39.
③ 刘志敫. 民法物权编 [M]. 方恒，张谷，校勘. 北京：中国政法大学出版社，2006：40.
④ 周新民. 物权法要论 [M]. 上海：商务印书馆，1936：33.

<<< 第三章 民国后期（1929—1949）的物权行为理论研究（上）

面对物权发生变动效力的两个行为，物权行为到底应指哪个行为？还是二者均含？这个问题的答案实际上又与法律行为的定义学说有着密切的关联。因此，需要对法律行为的定义作一必要梳理。

清末时期，从日本传入的民法学，对法律行为的定义，多采用法律行为是指"意思表示或意思表示合致"的学说。如日本著名民法学家富井政章先生在其《民法原论》（1907年出版，陈海瀛、陈海超译述）中认为："法律行为者，欲生私法上之效果，而为能生效果之意思表示也。"① 又如日本著名民法学家梅谦次郎先生在其1910年出版的《民法要义（总则编）》（孟森译述）中认为："法律行为云者，……即以使生法律上效力为目的之一个私法的意思表示，或数个私法的意思表示之合致是也。例如契约、遗言、催告等。"②

从日本直接翻译过来的民法学著述，采用法律行为是指"意思表示或意思表示合致"的学说。由中国留学生编辑的民法学作品也采用此说。如初版于1907年，由留日学生陈国祥编辑的《民法总则》，编者采用："法律行为者，谓使生法律上之效力为目的一个之私法的意思表示或数个之私法的意思表示之合致也。"③ 在清末宣统年间，直隶法律学堂编辑的"直隶法律学堂讲习科讲义"也讲述道："法律行为者，谓使生法律上之效力为目的一个之私法的意思表示或数个之私法的意思表示之合致也。"④

由上述资料，可以清晰看出：清末时期，从日本传入的民法学著述，采用了"法律行为是指意思表示或意思表示合致"的学说。这一学说也恰好契合了日本民法的物权移转意思主义的规定，从而使物权契约与仅依意思表示即可发生物权移转效力的私法效果协调一致。

民国之初，学者虽承袭了日本民法学对于法律行为的定义，但在法律行为与意思表示的关系理解上，则显为深刻。如1913年出版的，由陈承泽编纂的《法制大要》（共和国教科书）认为："法律行为者，使发生私法上效果之意思表示，而其效果则专因有使发生之之意思而发生之行为也。例如卖买、赠予、遗嘱等。"⑤ 此定义学说与清末传入的日本民法学的定义学说相比，虽稍显复杂，但实质并无太大差别。但初版于1914年，由东方法学会译编的《民法要览》，则对法律行为与意思表示的关系做出了如下分析：

---

① 富井政章. 民法原论 [M]. 陈海瀛, 陈海超, 译. 北京: 商务印书馆, 1907: 241.
② 梅谦次郎. 民法要义（总则编）[M]. 孟森, 译. 北京: 商务印书馆, 1910: 113.
③ 陈国祥. 民法总则 [M]. 天津: 丙午社, 1912: 13.
④ 李鸿文. 直隶法律学堂讲习科讲义 [M]. 保定: 直隶法律学堂, 清宣统年间: 16.
⑤ 陈承泽. 法制大要（共和国教科书）[M]. 北京: 商务印书馆, 1913: 65.

法律行为（Rechtsgechaft）谓以发生一定之法律上效果为目的而为私法的意思表示，因表意者之希望，法律使发生其效果者也。分说之如左：

（一）法律行为意思表示也

凡行为因意思之发动而生，法律行为亦行为之一种。故亦须有意思之表示。然不可谓凡意思表示皆为法律行为。盖法律行为之成立，必须意思表示之存在固也。然意思表示亦有法律行为以外之行为。例如不法行为是也。又法律行为中除意思表示外，有尚须他种条件之附加始生法律上之效果者。例如要物契约，于意思表示之外，该物苟无移转之事实，该契约即不能成立是也。某学者（独逸一派之学者及鸠山学士等）谓如要物契约意思之外，须某条件之附加。故法律行为谓为意思表示殊有未当。以此非难之，实为误解。余谓法律行为无论何时必以意思表示为要素。故说明法律行为之观念，但云法律行为者，意思表示也。非意思表示皆与法律行为为一致也。①

在上述译编自日本民法学的论述中，不难看出，日本民法学已经出现"鸠山学士"等学者对于"法律行为即意思表示"的质疑。因此，支持"法律行为即意思表示"的学者，一方面仍然坚持"法律行为意思表示也"。另一方面，又不得不作出新的解释："余谓法律行为无论何时必以意思表示为要素。故说明法律行为之观念，但云法律行为者，意思表示也。非意思表示皆与法律行为为一致也。"如此辩解，诚难让人信服。法律行为非仅指意思表示，意思表示仅为法律行为要素之一。言"法律行为者，意思表示也"，殊有未当。

事实上，在20世纪20年代的中国民法学界，日本民法学对法律行为的定义学说已逐渐隐退。如1923年出版的，由赵欣伯先生著述的《民刑法要论》中，赵欣伯先生已将意思表示解说为法律行为的要件。"法律行为的意义是：行为人，因著希望发生私法上效力的意思，所为的发生私法上效力行为。法律行为必须以希望发生私法上效力的意思表示为要件。这是法律行为的特质。若没这个希望发生私法上效力的意思表示为要件的行为，就不算是法律行为。"②

至民国后期，意思表示与法律行为的关系获得了新的解说。

朱采真先生即在其1930年版的《民法总则新论》中，对于意思表示与法律行为的关系作出了小结。

至于法律行为的意义怎样？那就学者所下定义各有其主张；不过呢，如果解作法律行为是以欲发生私法上效力的意思表示为要素的法律事实，比较颇适

---

① 东方法学会. 民法要览［M］. 上海：泰东图书局，1919：73.
② 赵欣伯. 民刑法要论［M］. 上海：商务印书馆，1923：181.

合于我国民法法典上的见解。所谓法律行为是一种法律事实，那就上面本已说过。至于意思表示系属法律行为的要素这一点；历来学者的意见本分两派：从前萨维尼原是主张法律行为不外意思表示。德日民法的立法理由也同此主张。不过近时德国学者却多以为意思表示系属法律行为的要素。换一句话说，意思表示并非就是法律行为。不过属于成立法律行为的重要成分。因为法律行为中有所谓要式行为的，不仅要表示意思，还要依照法定方式；所以意思表示只能算作法律行为成立时必须具备的要件。①

民国后期，仍有学者坚持"法律行为者，意思表示也"的学说。胡庆育先生的主张即为其中一例。"法律行为者，即当事者欲使其发生私法上的效果之意思表示也，例如卖买，婚姻是。"②

但更多的学者认为，意思表示不过是法律行为之一要素。如初版于1931年，由欧阳谿先生著述的《民法总论》即认为："法律行为者，以欲发生私法上效力之意思表示为要素之法律事实也。"③徐谦先生在其1933年版的《民法总论》中也认为："法律行为者，系指以意思表示为要素之法律要件而言，申言之，即凡具此法律要件，法律依据表意人之所欲，使生私法上之效果者，斯曰法律行为。"④胡元义先生在其1934年版的《民法总则》中认为："法律行为者，以意思表示为要素，而由此意思表示，法律赋予法律效果之法律要件也。"⑤著名学者胡长清先生的观点也属此列："什么是法律行为？民法上没有解说的明文，我以为，法律行为是以私人欲想发生私法上效果的意思表示为要素，因有此表示，所以发生法律上效果的法律事实。"⑥

至民国末年，意思表示为法律行为的"要素"一直为通说。如李宜琛先生认为："法律行为云者，以意思表示为要素，因意思表示而发生私法效果之法律要件也。"⑦"法律行为虽以意思表示为要素，但非意思表示之本身，盖因法律行为为包括发生法律效果之必要事实全体之观念，故为法律要件。意思表示不

---

① 朱采真.民法总则新论［M］.上海：世界书局，1930：168-169.
② 胡庆育.法学通论［M］.上海：太平洋书店，1933：307.
③ 欧阳谿.民法总论［M］.上海：会文堂新记书局，1937：314-315.
④ 徐谦.民法总论［M］.上海：上海法学编译社，1933：207.
⑤ 胡元义.民法总则［M］.上海：好望书店，1934：238.
⑥ 胡长清.民法总则［M］.上海：商务印书馆，1935：126；胡长清.民法总则［M］.上海：商务印书馆，1937：126.
⑦ 李宜琛.民法总则［M］.南京：国立编译馆，1947：208.

过为组成法律要件之一个法律事实而已。"①

物权行为系法律行为之一种。因此，物权行为的定义学说必然与法律行为的定义学说紧密相连。近代时期，学者亦有依法律行为之学说，专论物权意思表示与物权行为关系的文章。1934年，王传纪先生发表于《法学月刊》第1期的文章《论物权的意思表示》，即为其中佳作之一。在该文章之初，王传纪先生首先列举了德、日两国对于法律行为的立法例。即德国学者主张："意思表示仅为法律行为之要素，彼此应有区别者。"而日本学者主张："意思表示即法律行为，彼此性质相同。"接下来，王传纪先生比较了日、中两国对于物权变动的不同规定。日本民法第一百七十六条规定："凡物权之设定移转，唯因当事者之意思表示生其效力。"因此，"凡物权之设定移转，不必要履行别种形式，仅有当事人之意思表示，已可成立"。而中国民法第七百五十八条规定："不动产物权依法律行为而取得设定丧失及变更者，非经登记，不生效力。"及第七百六十一条规定："动产物权之让与，非将动产交付不生效力。"因此，"凡物权之变动，仅有当事人之意思表示不生效力，尚须履行一定方式"。据此，王传纪先生得出结论："日本民法称物权的意思表示，即指物权的法律行为而言。我民法称物权的意思表示，乃指物权的法律行为之要素而言。立法例不同，不能相提并论也。"

从民国后期对物权行为的定义学说来看，学者虽无明确表示"物权的意思表示即物权行为"，但在表述物权行为的定义时，对物权的意思表示与"登记""交付"行为的关系，则各有不同。

"物权授受合致意思及授受行为"对于物权行为的定义最为清楚明确。即物权行为是物权意思表示与授受行为（登记、交付）的合并。"物权变动效果说"侧重登记、交付行为。因为民法明确规定，物权变动自登记、交付起生效。"物权变动意思成立说"则侧重物权变动意思表示行为，而对登记、交付行为提及不足。"物权变动目的说""物权变动内容说"和"物权变动标的说"则含义模糊笼统，不明其所指。

然而，考察学者对物权行为的定义，看其举例所指之物权行为，可明学者所实指。如柯凌汉先生对物权行为的定义为：

物权行为乃对于债权行为而言，即以直接发生物权之变动为目的之法律行为也。如物权之设定或让与是。所谓直接发生物权之变动者，即其行为发生效

---

① 李宜琛. 民法总则 [M]. 南京：国立编译馆，1947：209；李宜琛. 民法总则 [M]. 北京：中国方正出版社，2004：152.

力时，立生物权之变动，当事人不必再为其他之行为。此与物上之债权行为，仅能于当事人间发生债权关系，而不能使物权即生变动者不同。例如甲与乙约以其所有之马卖乙，价金百圆，此为买卖契约，乃债权行为之一种。依此契约，甲仅对乙负移转其马之所有权之义务（债务），其马之所有权尚未发生变动。至其后甲对乙表示让与所有权，并现实交付其马时，其马之所有权始移转于乙。此让与马之所有权之表示，即物权行为；其马所有权之移转，即物权之变动。①

在柯凌汉先生的此番论述中，我们可知柯凌汉先生对物权行为与物权意思表示之间的观点。"至其后甲对乙表示让与所有权，并现实交付其马时，其马之所有权始移转于乙。此让与马之所有权之表示，即物权行为。"此处的"让与马之所有权之表示"应是指"让与马之所有权"之"意思表示"。由此可知，在柯凌汉先生看来，"让与马之所有权"之"意思表示"就是"物权行为"。简而言之，"意思表示"就是"物权行为"。"现实交付"的行为是"物权行为"之外的一个行为。

也许正是由于难以准确界定物权行为的表述定义与物权移转变动过程的统一，民国后期的学者对物权行为的定义出现了理解或说明的不统一。一方面对物权行为进行了定义，而另一方面在对物权行为进行举例说明或稍后的论述中，又使用了物权行为的另外定义。这种表述与定义不一致的学者，并非少见，如周新民先生和刘志敫先生。或许在这两位学者看来，虽对物权行为的定义不一致，但两者实指内容相同。单从物权行为的定义学说角度看，则难免产生不一致之感。

三、民国后期的物权行为定义学说新趋向

民国后期，随着民法学的发展，学者们对物权行为的定义学说处于进一步发展之中。综合来看，物权定义学说的发展趋势和特点表现为以下三点：

（一）学者从专注于物权契约研究发展到专注物权行为的研究

日本民法学中物权契约学说的根源在于：在关于物权移转契约中，有些契约因契约标的物为不特定物、有些契约因契约当事人对契约标的物无处分权，因此，这些契约作为债权契约虽然有效成立，但在物权移转主义之下无法使契约标的物在契约双方当事人意思合致时，实现契约标的物的物权移转。因此，民国前期的物权行为学说中，学者乃至判例，主要关注契约形态的物权行为，而对作为物权契约的上位概念的物权行为，则一直未能作为学者论述的基点。

---

① 柯凌汉. 中华物权法论纲 [M]. 上海：商务印书馆，1935：18.

物权契约几乎成为物权行为的代名词。如"物权的法律行为,简言之,即物权契约也"①。

而民国后期的物权行为学说研究,学者论述的基点从"物权契约"发展为"物权行为"。这从侧面表明,民国后期的物权行为学说发展方面,正逐步摆脱单纯受到日本民法学的学说影响。虽然,这种转变经过一段时间,物权契约的表述仍为学者所沿用,但在实质上,学者已经意识到了这种称谓与实质不能统一的事实。②

发生此种变化的原因在于,"中华民国民法"规定,物权设定移转或让与,非经登记、交付不生效力。这使得通过契约形式发生物权变动时,单纯地关注契约本身,已很难对物权的移转进行明确判断。原来符合特定物、有处分权以及符合其他法律行为要件的前提下,依"中华民国民法"的规定,契约的标的物仍不可能发生移转。因为不动产的登记、动产的交付行为,才事实上使物权得以移转。因此,原来单单关注契约,即可判断物权移转的事实已经被打破。这在学说上,不得不随着法律的发展而适时地变更研究对象。因此,民国后期学者对物权行为的研究关注对象已经发生了转变。

(二)从物权契约的目的说定义"一支独秀"发展到物权行为定义学说的"百家争鸣"

与民国前期的物权契约定义相比,民国后期的物权行为的定义明显呈现出多样化的趋势。学者根据各自的理解,从不同的角度对物权行为进行定义。

在民国前期,物权契约的定义,较为单一。从留存下来的资料来看,学者和判例基本上以"物权变动目的"作为物权契约的定义,几乎很难见到其他有关物权契约的定义学说。然而,在"中华民国民法"公布后,物权契约学说出现了跳跃式的繁荣发展。

民国后期,在物权行为的定义上出现了"百家争鸣"的局面。虽然"物权变动目的"说仍有很大影响,但其他学说,已经在法学著作中较为常见。物权行为目的说已经失去了往日"一支独秀"的"唯一说"状态。

物权行为定义的学说多样化,说明民法学者对物权行为的研究正逐步摆脱日本民法学的影响,而向多样化方向发展。这种状况也表明:在民国后期已经成熟起来的民法学者,开始独立思考,积极探索在物权移转形式主义之下,准

---

① 黄右昌.民法物权(本论、自物权)[M].北京:朝阳大学法律讲义,印刷年代不详:11.
② 曹杰.中国民法物权论[M].周旋,勘校.北京:中国方正出版社,2004:17.

确表述学问上的物权行为与物权变动过程相统一的"定义"。

为了准确表述物权行为与物权移转变动过程的统一,民国后期的学者对物权行为的定义亦从不同侧面描述:①从物权发生客观效果的角度进行定义,如物权行为效果说,即为此例。②从物权发生的主观目的的角度进行定义,如物权行为目的说,即为此例。③从物权发生的客观过程的角度进行定义,如物权意思表示与实行行为相并合说,即为此例。④从物权发生的内容或标的或由意思表示构成(成立)要素的角度进行定义,如物权变动内容说、物权变动标的说。⑤直接将物权意思表示行为定义为物权行为,并强调物权行为是要式的、无因的。

(三)来自德国的物权行为定义学说较为突出。

在这些物权行为的定义中,德国的物权行为定义,较为引人注目。之所以引人注目,在于学者们对源自德国的物权行为定义学说的普遍认同。

德国的定义学说在以下学者的论述中表现突出。

王去非先生在介绍"德国法制"中的"物权设定移转"时,详细介绍了德国的"交付之性质"争议:

德国法制,系继受罗马法。故罗马法所采用之主义,德意志多所采用。关于物权之设定移转亦然。特交付之性质,德国学者,议论不一。有谓交付为物权移转之实行行为者,物权虽已移转,但欲使物权人行使物权,则非交付不可。有谓交付为物权移转之要件者。谓为要件,则非交付,不得移转。又有谓交付为物权契约者,即认为物权契约,故应与债权契约相区别。议论纷歧,莫衷一是。其争议之结果,物权契约说,独占优胜。故德意志民律采用之。例如甲约以马赠乙,则甲有应交付马之义务。是甲为债务人,乙为债权人,此即所谓债权契约。至甲表示以马交付于乙之意思,乙表示接受马之意思,是为授受之合意。因此合意,而即实行交付,是为授受之实行。合意与实行相合并,此即物权契约也。①

刘志敫先生对物权行为的定义解释则直接引述了德国民法的规定。"惟所谓物权的行为,系属学说上用语,实则指当事人关于授受一物之合致意思及该授受行为而言(德民法第873条第929条参阅),特在不动产物权变动之际,除上述合致意思,其授受行为更与登记程序相结合,而成为一种变动之征象耳。"②

---

① 王去非. 民法物权论[M]. 上海:上海法学编译社,1933:19-20.
② 刘志敫. 民法物权编[M]. 方恒,张谷,校勘. 北京:中国政法大学出版社,2006:40.

周新民先生对物权契约作出定义阐述道:"所谓物权的意思表示,即为物权变动原因之法律行为的意思表示;详言之,物权的意思表示与实行行为相并合,斯为物权的法律行为(物权契约),由物权的法律行为控制其实行行为,则为物权的意思表示。"① 在这个定义理解中,周新民先生认为物权的法律行为(物权契约)是指物权的意思表示与实行行为相并合。此与王去非先生所理解论述的在德国"独占优胜"的"物权契约说"并无任何差异。

第三节 物权行为要件的发展

仅有物权行为的定义,还难以判断物权行为的真正效力。要想判断物权行为的真正效力,还需对物权行为的构成要件做出准确的界定。而物权行为要件又与物权行为定义等其他内容紧密联系在一起。近代物权行为要件的发展过程也反映出近代物权行为理论的发展过程。

一、物权行为要件学说

清末时期,由于尚未见到有明确的物权契约理论的出现,因此,清末时期是否已经出现对物权契约要件的论述,现在尚难做出肯定回答。但从民国二年(1913年)的大理院判例对物权契约要件的确认上,可以推断,关于物权契约要件的论述极有可能已经存在。

民国初期,由于"大清民律草案"尚未公布,同时政局动荡,立法机关一时难有适合的环境推进新的民事立法,而大理院在司法审判中,面对纷繁的民事案件,却又不能无所依循。于是,传入的近代民法学理论成为大理院民事判决的依据。大理院二年(1913年)上字第八号判例中就已出现"物权契约要件"的内容。这也反映出物权契约要件学说在当时已经传入,或者说,当时的民法学对于物权契约的要件学说有所研究。

大理院二年(1913年)上字第八号判例认为:物权契约的有效成立应当具备三项要件。此三项要件为:①当事人须有完全能力且缔约者除法律有特别规定外,须就该物或权利有完全处分之权。②标的物须确定。③当事人之意思表

---

① 周新民. 物权法要论[M]. 上海:商务印书馆,1936:33.

示不得反于一般法律行为及契约之原则。①

1927年，在由张其威先生翻译并发表在《东北大学周刊》上的《论物权契约》一文中，作者横田秀雄先生指出物权契约成立应当具备三项要件：①须有以物权之设定移转变更消灭为目的之当事人意思表示；②意思表示须以特定之有体物为目的；③当事人之一方须有关于目的物之处分权。②

至民国后期，在民法学著作中，物权行为要件的内容论述已为常见。但学者间对物权契约的要件，观点不同，学说各异。

学者刘鸿渐先生接受了横田秀雄先生的学说。在其撰写的《中华民国物权法论》中，刘鸿渐先生认为物权契约之成立要件有三：一为当事人具备行为能力和处分能力；二为物权契约之标的物必须为特定物；三为必须有物权意思表示的存在。③ 周新民先生的观点与刘鸿渐先生相同。④

学者刘志敭先生认为"物权的行为之要件，有三种可述"，但刘志敭先生所述三要件与刘鸿渐先生和周新民先生的观点明显不同。刘志敭先生所述的三要件包括：①当事人的行为能力和处分能力。特殊情况下，也可不具行为能力；②标的物之特定；③其他法定事项（如担保物具有让与性格、须经登记等），即"凡法律就各种法律行为所定之条款，皆应具备"。⑤

民国后期，对于物权行为要件的论述最为详细者为柯凌汉先生。柯凌汉先生将物权行为要件区分为一般法律的共通要件和物权行为的特别要件。物权行为的特别要件又细分为一般物权行为之共通要件和各种物权行为之特别要件。

柯凌汉先生认为，一般法律行为的共通要件包括：①当事人须有行为能力；②有意思表示；③意思表示无瑕疵。一般物权行为之共通要件包括四项：①标的物必须特定；②当事人须有处分权；③物权行为之意思表示，须依法定之形式，以为公示，即不动产须依法登记、动产须交付；④不动产物权之移转设定，应以书面为之。各种物权行为之特别要件是指设定永佃权，应约定佃租；设定

---

① 郭卫. 大理院判决例全书 [M]. 上海：会文堂新记书局, 1931：153-154; 杨鸿烈. 中国法律发达史 [M]. 上海：上海书店, 1990：1202.
② 横田秀雄. 论物权契约 [M]. 张其威, 译. 东北大学周刊, 1927（35）：8-15, （36）：13-18, （37）：7-14.
③ 刘鸿渐. 中华民国物权法论 [M]. 北平：北平朝阳学院, 1933：55-56.
④ 周新民. 物权法要论 [M]. 上海：商务印书馆, 1936：32-33.
⑤ 刘志敭. 民法物权编 [M]. 方恒, 张谷, 校勘. 北京：中国政法大学出版社, 2006：40-41.

动产质权，应交付质物等各种物权的特别规定。①

二、物权行为要件的发展

（一）物权行为要件区分日益细化

在民国前期，物权行为要件为"三要件说"，但到民国后期，学者对于物权行为的区分明显细化，将物权行为要件分为法律行为的一般要件和物权行为的特别要件。物权行为的特别要件再细分为一般物权行为的共通要件和各种物权行为的特别要件。虽然，民国后期，学者对物权行为要件以持"三要件说"居多，持"分类要件说"者为少数。但这表明了物权行为要件在民国后期有很大的突破和发展。

（二）物权的意思表示受到强调

在民国初期的大理院判例中，物权的意思表示并未被作为物权契约的特别要件而受到强调。但大理院判例指出"当事人之意思表示不得反于一般法律行为及契约之原则"。大理院对此"意思表示"的强调，是在说明"物权的意思"？还是将其作为物权契约所应具备法律行为的共通要件？以论述语境推之，当以后者为是。

在日本学者横田秀雄先生提出将"物权的意思表示"作为物权契约的要件之后，民国后期的多名学者沿袭了横田秀雄先生的说法，将"物权的意思表示"作为物权契约的要件特别予以强调。这在一定程度上表明了学者对物权意思表示独立性认识的普遍认同。

（三）物权行为成立要件与物权行为的要件

当代中国的物权法学者将物权行为的要件区分为成立要件、生效要件、有效要件。近代的民法学者在论述物权行为的要件时，也有所区分。

从近代物权行为理论的要件发展来看，学者在接受物权契约要件之始，就对物权契约的要件在论述时有所注意。例如，大理院二年（1913年）上字第八号判例称"物权契约普通成立要件约有三端"②。（着重号为引者加）又如，日本学者横田秀雄先生在论述物权契约的要件时，也称"物权契约成立之要件，规定于民法第百七十六条。依此条规定，列举物权契约成立之要件如左：第一，

---

① 柯凌汉. 中华物权法论纲 [M]. 上海：商务印书馆，1935：20-31；柯凌汉. 民法物权 [M]. 上海：商务印书馆，1935：26-34.
② 郭卫. 大理院判决例全书 [M]. 上海：会文堂新记书局，1931：153-154；杨鸿烈. 中国法律发达史 [M]. 上海：上海书店，1990：1202.

须有以物权之设定移转变更消灭为目的之当事人意思表示。……第二，意思表示须以特定之有体物为目的。……第三，当事人一方须有关于目的物之处分权。……"①（着重号为引者加）再如，民国后期的刘鸿渐先生在论述物权契约要件时也有所注意："物权契约既为契约之一种，则关于其成立，自不得不具有一定之要件。"②

对于物权行为要件的表述，也有学者并不强调和区分"成立要件"，还是"有效要件"或是"生效要件"，而以"物权行为之要件"或"物权契约的要件"统称之。前者由刘志敫先生所提，后者由周新民先生所论。如刘志敫先生在《民法物权编》中，论称："物权的行为之要件，有三种可述。"③ 周新民先生在其著述的《物权法要论》中，认为："物权契约的要件……"④

对于物权行为要件的这种发展是否也是物权行为理论先由日本传入，而转受德国民法学影响的表现之一，或有可论之处。

三、物权行为要件的发展评价

（一）物权行为要件的确定与物权行为的定义学说有密切关系

物权行为应当具备哪些要件，应当说与对物权行为的定义理解有着密切的关系。例如，对物权行为持"物权意思表示与实行行为（登记、交付）并合"的学说观点，应当说，根据此种定义则必然推导出"实行行为（登记、交付）"将成为物权行为的要件。否则，物权行为难以成立。因此，在学者柯凌汉先生对物权契约要件的论述中，"物权行为的公示"就成为物权行为的要件之一。又如，对物权行为持"效果说"的学者，物权行为的公示，从理论上来说，也必然成为物权行为的要件之一。因为，"中华民国民法"明确规定，不动产物权设定移转，非经登记，不生效力；动产物权让与，非经交付，不生效力。因此，物权的公示行为（不动产登记、动产交付）自然成为物权行为的生效要件。然而，这只是从理论上的推论，民国后期却存在既坚持"物权的意思表示与实行行为并合"的学说，又未将实行行为作为物权行为的要件的学者。周新民先生即是其中一位。周新民先生认为："物权契约的要件：①须当事人有行为能力

---

① 横田秀雄.论物权契约[M].张其威,译.东北大学周刊,1927(35):8-15,(36):13-18,(37):7-14.

② 刘鸿渐.中华民国物权法论[M].北平:北平朝阳学院,1933:55.

③ 刘志敫.民法物权编[M].方恒,张谷,校勘.北京:中国政法大学出版社,2006:40.

④ 周新民.物权法要论[M].上海:商务印书馆,1936:32.

及处分能力。……②须标的物为特定。……③须有物权的意思表示。所谓物权的意思表示，即为物权变动原因之法律行为的意思表示；详言之，物权的意思表示与实行行为相并合，斯为物权的法律行为（物权契约），由物权的法律行为控除其实行行为，则为物权的意思表示。"① 这不得不说是周新民先生对物权行为（物权契约）定义与要件理解中的自我矛盾之处。

由于近代物权行为要件学说，在论述物权行为的要件时，虽然有"成立要件"的表述，但从总体来说，对物权行为的要件并未有严格的区分和界定，也并未将物权行为要件严格细分为"成立要件""生效要件""有效要件"等。这种状况的出现与对"登记""交付"的认识不无关联。如果仅仅将"登记""交付"作为物权行为的生效要件，则这种认识的前提是先有"成立要件"。如此这般，则必然将物权意思表示即作为物权行为的成立，然后，物权行为因公示（不动产登记、动产交付）而"生效"。此情况下，物权行为的公示，则将成为"生效要件"。"成立要件"与"有效要件"也有着明显的区别。通常来说，"成立要件"是对法律行为是否存在的"事实判断"；"有效要件"则是对已经成立的法律行为是否具备法定条件、是否能够发生法律效力的"价值判断"；具备"有效要件"并不必然代表着该法律行为立即发生法律效力，只有在具备"生效要件"的前提下，具备"有效要件"的法律行为才能发生法律效力；能够发生法律效力的行为必然具备"成立要件""有效要件"和"生效要件"。

对于物权行为的要件问题，近代的民法学者似乎并未予以高度注意。如近代学者柯凌汉先生，即在其论述中将"成立要件"和"有效要件"混在一起。在1935年的著作《民法物权》中，柯凌汉先生论述"物权行为要件"时，并不界定是"成立要件"，还是"有效要件"，或是"生效要件"。但在论述"物权行为的标的必须是特定物"要件时，则又称："物权是支配特定物的权利，物权行为当然也就该以特定物做标的。假如是不特定物，只能够*成立*债权行为，不能够*成立*物权行为。"（着重号为引者加）在论述"物权行为意思表示必须公表"的要件时，则又称："（甲）不动产物权行为……不外以登记为不动产物权行为的*有效要件*。……（乙）动产物权行为……不外以交付动产，为动产物权让与的一个*有效要件*。"②（着重号为引者加）

在1935年出版的《民法物权》中，柯凌汉先生认为："物权行为之意思表示，须依法定之形式，以为公示。详言之：即不动产上之物权行为，须依法登

---

① 周新民. 物权法要论[M]. 上海：商务印书馆，1936：32-33.
② 柯凌汉. 民法物权[M]. 上海：商务印书馆，1935：26-31.

<<< 第三章 民国后期（1929—1949）的物权行为理论研究（上）

记，动产上之物权行为，须交付动产，方能发生效力是也（第七五八条第七六一条）。……（甲）不动产上物权行为之公示方式方法　不动产上之物权行为，以登记为有效要件。非经登记，虽有意思表示，亦不能发生物权得丧变更之效力……（乙）动产上物权行为之公示方法　动产物权之让与，非将动产交付，不生效力。此为第七六一条一项前段所明定。即以交付动产为其物权让与之公示方法，并为其有效要件。……"①

由柯凌汉先生的论述即可知道，民国后期物权行为的要件论述并未对"成立要件""有效要件"和"生效要件"做出准确界定和严格区分。

（二）物权行为公示要件的发展与物权行为理论的发展密切关联

民国前期，物权契约要件，除法律行为的一般要件外，只有处分权要件和特定物要件。这种状况的产生，与物权契约理论是从日本民法学传入这一事实有着密切的关联。

"物权行为理论"最初由德国创制。德国实行物权移转形式主义，即不动产物权需登记才能生效，动产物权需交付才能生效。德国的物权行为理论传至日本后，日本民法学者将德国的物权行为理论与采用了法国的物权移转意思主义日本新民法规定相结合，演绎并发展出日本民法学中物权行为理论。在日本的物权行为理论中，物权意思表示的公表（公示）并未被作为物权契约要件。

日本民法学中的物权契约传入到中国后，在司法判例中的直接影响就是大理院二年（1913年）的判例。

早在1922年，王凤瀛先生发表的论文，已经揭示了"物权行为理论"与"物权变动公示"（即不动产登记、动产交付）之间的内在根本联系。在1927年的《论物权契约》中，横田秀雄先生也阐明了德国的"物权行为理论"与"物权移转形式主义"的内在关联，但物权移转形式主义所展现出来的物权行为的公示性，并未能引起民法理论界对物权契约要件的反思和重视。

直至"中华民国民法"明确采用物权移转形式主义之后，"物权行为必须公示"才成为物权行为的要件之一。然而，对物权行为必须公示，是否应明确列为物权行为要件之一，学者间还存在不同看法。除柯凌汉先生将其明确列为物权行为要件外，未见其他学者作出相同论述。

（三）不动产物权移转的书面形式要件的评论

"中华民国民法"第七百六十条规定了不动产物权设定移转应以书面为之。

---

① 柯凌汉. 民法物权[M]. 上海：商务印务书馆，1935：20-26.

对此规定，学者间关注点各不相同。

柯凌汉先生将之作为物权行为要件之一加以论述，韦维清先生的看法则明显不同。在韦维清先生看来，"不动产物权之移转设定中国应以书面为要式行为"。其论道："按以书面为缔结不动产设定移转契约之要式行为，纵我国沿革上论之，其立法之根据有三：（甲）旧律上之根据，前清现行律例，典买田宅，以契据为强制之规定，足见必须立契，方为合法，而契据为书面之一种，自无疑义。……（乙）习惯上之根据，凡买卖田地房屋，皆以订立契据为必要行为，几于无人不知，查此种书立契据之惯例，完全合于习惯法之所谓'历久惯行''人所共知'而又'不背于公序良俗'条件。故我民法以之为根据，而认定书面为不动产权利设定移转之要式行为；（丙）判例上之根据，关于此类之判例甚多，……综合各例，足征吾国沿革上关于不动产之设定移转，均以书面为要式"①。对此观点，学者李宜琛先生也深表赞同："我民法上不动产物权变动之意思表示，其本身亦系要式行为，应以书面为之（七百六十条）。此则是根据旧有习惯而为之规定，与各国立法例稍有差异。"②

与上述两位学者不同，刘志敿先生认为，"中华民国民法"如此规定的原因在于，如果"无书面，则登记失其根据，于官厅前，不能以言词代之。如用言词，则（一）有无错误，易起纠纷。（二）口头所述，往往与事实不符。（三）且因须征收登记费，将印花贴于证书表面。如用言词，则此层莫办"③。这是民法规定"不动产物权之移转或设定"，"应以书面为之"的真正原因。

刘志敿先生更为关心的问题是，不动产物权设定移转应采用书面形式，是对物权契约的规定，还是对债权契约的规定。对此，刘志敿先生从物权契约的无因性质出发，论证了该规定应属对债权契约的规定。

刘志敿先生认为：

物权契约为不要因行为，且无一定形式。如需以书面订立，势必载及移转之原因，则成为要因行为矣。——此点之最归宿处，即物权契约，不必以书面订立，照高法最近之判例，认物权契约须以书面订立，吾人窃持异说，盖物权契约之语，系指当事人合意于授受之行为而言。如需以书面订立，则在移转动产所有权时，亦应为同一之论断，果尔将生莫大困难。且物权契约既须依书面

---

① 韦维清. 不动产物权之移转设定中国向以书面为要式行为之沿革 [J]. 法轨, 1933（创刊号）: 25-26.
② 李宜琛. 现代物权法论 [M]. 北平: 好望书店, 1933: 36.
③ 刘志敿, 刘友厚. 债权契约及物权契约与民法第七百六十条之研究 [J]. 法治周报, 1933, 1 (20): 1-4, 1 (21): 3-7.

订立，结果必成为要因行为，前已述及。若认物权契约为要因行为，则于土地法实行之后，抵触更多。①

因此，"买卖契约，本不重形式。唯因民法物权编上于不动产有特别规定。故非诺成契约，而非订立书面不可。如未订立，余意只可认为预约"②。即对口头形式的不动产物权契约，则只能认定为买卖预约，因不具备法定的书面形式要求，不能作为买卖债权契约。

而颇为生疑的是，此条是对债权契约的规定，但是从立法体系上看，此条却规定在物权编的内容中，不得不使人认为是对物权编的规定。对此，刘志敫先生认为："故余见民法第七六〇条之规定，系指债权契约而言。至其所以订于物权编内者，则为立法上之便宜问题。改词言之，即连贯上数条而为一气呵成者。故不能以此遂误会物权契约，须以书面订立也。"③

但更多的学者，则认为不动产物权设定、移转的书面形式规定，是对物权契约的规定。之所以认为主要针对不动产物权移转契约，而非针对动产物权移转契约作出的专项规定，是"因为不动产物权的价额，每较动产物权昂贵得多。不动产物权行为，应该使当事人慎重些去做；所以特地着其作成字据，使他们在立契以前，可以慢慢考虑，不至轻率行事，以免后来追悔"④。

第四节　物权契约与债权契约的区别研究

物权行为分为一方的单独行为和双方的契约行为。在现实的社会生活中，物权契约行为最为常见，物权单独行为较为少见，然非无其例，"抛弃"即为学者所常举之物权单独行为之例。物权行为除在物权行为定义和物权行为要件方面，与债权行为明显相区分外，作为物权行为最常见表现形式的物权契约，还在其他方面与债权契约有着明显区别。

---

① 刘志敫，刘友厚. 债权契约及物权契约与民法第七百六十条之研究 [J]. 法治周报，1933，1 (20)：1-4，1 (21)：3-7.
② 刘志敫，刘友厚. 债权契约及物权契约与民法第七百六十条之研究 [J]. 法治周报，1933，1 (20)：1-4，1 (21)：3-7.
③ 刘志敫，刘友厚. 债权契约及物权契约与民法第七百六十条之研究 [J]. 法治周报，1933，1 (20)：1-4，1 (21)：3-7.
④ 柯凌汉. 民法物权 [M]. 上海：商务印书馆，1935：34.

一、物权契约与债权契约的区别学说发展

清末时期，未见有学者论述物权行为与债权行为区别的学说出现。

民国前期，通过大理院判例展现的物权行为与债权行为的区别之处，可以说明当时的物权契约与债权契约区别的学说研究情况。如在大理院二年（1913年）上字第八号判决文中有："物权契约以直接发生物权上之变动为目的，与债权契约异，契约成立同时履行，更无存留义务之可言。"① 之后，大理院还以实际的判例，证实了债权契约有所谓履行（即缔结物权契约）。如大理院三年（1914年）上字第九一六号判例就认为："以买卖不动产为标的之债权契约，如已合法成立，则除该契约具有无效或撤销之原因或由两造合法解除外，卖主即有作成契据交付买主（即缔结物权契约）之义务。故为第三人就标的物上主张权利，致妨碍契据之作成交付，则卖主除已与约定连同物上担负并移转于买主者外，自应有除去其权利为完全履行之义务。"②

展示物权契约与债权契约在履行问题上的区分更为明显的是大理院十四年（1925年）上字第五九八号判例。在该判例中，大理院认为："查契约有物权契约，有债权契约。在物权契约无所谓履行义务之观念。依其契约之成立即以设定或移转物权。而在债权契约，则以使债务人负担给付之义务为目的。依其契约仅发生移转物权之义务，因其履行义务尚须缔结物权契约。"③

当然，物权行为与债权行为的区分并不局限于在履行问题上的区别。民国前期，在学说上较早对物权契约与债权契约区别有所论述的是陶惟能先生。陶惟能先生从契约的常素、偶素制限的角度出发，论证了物权契约因物权内容的法定性，而在"立法例上恒以制限为原则"，"今昔观念，殊无异致"。

物权以对世效力为其本质，法律上被保护之力甚巨，其于人类之社会生活，尤感切要，故物权法制之良窳，影响于社会经济者甚大。各国立法例，虽各因其习惯经济等理由，而异其法则，但就其内容与种类，皆设有严格规定，不许私人任意规避其适用。学者论物权契约之全部，有强行法之性质，即在于此。因之物权契约内容之元素，立法例上亦恒以制限为原则，似此则物权契约内容之常素偶素，不许当事人任意除去或加入，其理甚明。……故物权契约之制限偶素常素，今昔观念，殊无异致。④

---

① 杨鸿烈. 中国法律发达史 [M]. 上海：上海书店，1990：1202.
② 郭卫. 大理院判决例全书 [M]. 上海：上海会文堂新记书局，1932：100.
③ 郭卫. 大理院判决例全书 [M]. 上海：上海会文堂新记书局，1932：48.
④ 陶惟能. 契约元素中之常素偶素制限问题 [J]. 法律评论，1927，5（10）：1-5.

债权契约与物权契约有所不同。在"契约自由"原则确立之初，债权契约在偶素、常素方面并无制限。但随着"阶级旋生"，契约"双方果系时时立于平等地位与否，不无疑问"。为了"谋实际之均衡"，近世法制，"于偶素常素中以一定之标准而为制限之解释"。

民国后期，虽然民法学者对物权契约与债权契约的区分已经有了统一性的认识。正如余棨昌先生在1931年所倡言："夫物权契约应与债权契约截然区分，在今日学理上已不容再有争执。"① 同样有此认识者为王去非先生和王传纪先生。或许是响应余棨昌先生之倡言，王去非先生以及王传纪先生所言与余棨昌先生原话无异。②

然而，余棨昌先生所说的这种区分，只是从学理上、观念上进行的区分，对物权契约与债权契约的具体区别进行深入论述的近代民法学者却并不常见。民国后期，对物权契约与债权契约的区别论述最有力者乃刘鸿渐先生和刘志敿先生。周新民先生和曹杰先生的论述则仅属提及。

在物权契约与债权契约的具体区别方面，刘鸿渐先生在1933年版的《中华民国物权法论》中，认为：

物权契约……与债权契约显有差异。

（一）债权契约，以使债务人负给付之义务为目的，故必有所谓履行

反之，物权契约，以直接发生物权变动为目的，契约一经成立，物权随即变动，当事人之一方不因契约而负何等之义务，故无所谓履行。故关于期限之民法第一二条之规定，不适用于物权契约。

（二）债权契约为双务契约时，则由一个之契约发生二个之效果

反之，物权契约之效果，恒属一方的，绝无由一个之物权契约发生二个之物权变动者。故虽于一方有因给付而生之物权的变动，同时于他方有因对待给付而生之物权的变动，而此二物权的变动，系二物权契约之结果，非一物权契约之结果也。

（三）物权契约性质上无为第三人缔结者（注一）

民法第二六九条、不过规定第三人取得债权之场合而已，如有为第三人缔结以物之给付为标的之债权契约，而第三人欲本于此项契约取得物权时，则必

---

① 余棨昌. 民法要论（物权）[M]. 北平：北平朝阳学院，1931，8.
② 王去非. 民法物权要义[M]. 上海：上海法学书局，1934，26；王传纪. 论物权的意思表示[J]. 法学月刊，1934，1（1）：13-18.

须第三人与允约人之间直接成立物权契约。

（注一）债权系请求债务人为一定之行为之权利、而请求债务人向自己为给付或请求债务人向第三人为给付，均不外请求债务人为一定之行为。故债权契约得为自己缔结，亦得为第三人缔结。换言之，债权契约之利益，得使之归属于自己，亦得使之归属于第三人。而在物权契约则不然，物权契约系于当事人之间直接发生物权变动之契约，当事人之一方必为取得物权之人，其他方必为物权或其物权受限制之人。即物权契约之利益，恒归属于一方之当事人，决不能使之归属于当事人以外之第三人。故物权契约无为第三人缔结者。①

作为法官讲习所的教师，刘志敫先生对物权契约有着非常深刻的认识。其与学生刘友厚共同在《法治周报》上发表了对物权契约与债权契约的区分论述：

（A）物权契约，直接以交割财产权为目的。无履行问题之可言也。——此点之所以应注意者，即因物权契约与债权契约虽系先后啣接，但一为不要因行为，他为要因行为。在前者之情形，财产一经交割，履行等问题，均无由发生。至此契约是否可附加条件，通说主张不可。总之其目的无非在交割财产权也。

（B）物权契约无对价关系，故亦无双务与否之别。——债权契约，通常有双务与片务之分。至物权契约，系与债权契约分离，只需交付标的物足矣。至如买卖契约一方付价，他方交物之情形，虽似成为对价关系，实则系两个物权契约。（再交割仅须对方全意收受即为成立），其间固无牵连关系，不能妄引债权契约之理论以为说明也。

（C）物权契约为不要因行为，且无一定形式。如需以书面订立，势必载及移转之原因，则成为要因行为矣。——此点之最归宿处，即物权契约，不必以书面订立，照高法院最近之判例，认物权契约须以书面订立，吾人窃持异说，盖物权契约之语，系指当事人合意于授受之行为而言。如需以书面订立，则在移转动产所有权时，亦应为同一之论断，果尔将生莫大困难。且物权契约既须依书面订立，结果必成为要因行为，前已述及。若认物权契约为要因行为，则于土地法实行之后，抵触更多。②

周新民先生在其1936年版的《物权法要论》中，对物权契约和债权契约的差别理由，除重复刘鸿渐先生的结论外，并无更深层次论述。③曹杰先生在其《中国民法物权论》中，则将此差别的理由归结为标的之不同。"债权契约乃使

---

① 刘鸿渐. 中华民国物权法论 [M]. 北平：北平朝阳学院，1933：53-54.
② 刘志敫，刘友厚. 债权契约及物权契约与民法第七百六十条之研究 [J]. 法治周报，1933，1（20）：1-4，1（21）：3-7.
③ 周新民. 物权法要论 [M]. 上海：商务印书馆，1936：34.

债务人负给付之义务为标的，物权契约乃以直接发生物权变动为标的，故关于履行义务所生之效力，不适用于物权契约。"① 在实质上，曹杰先生的理由与刘鸿渐先生和周新民先生的观点并无区别。

二、物权契约与债权契约的区别理由分析

虽然刘志敩先生、刘鸿渐先生、周新民先生、曹杰先生均对物权契约与债权契约的区分有所论述，但从论述的深度而言，刘志敩先生、刘鸿渐先生不仅论述最早，而且论述最为详尽和深刻。周新民先生只是陈述了物权契约与债权契约的区分情形，并未对其深层原因进行论述。曹杰先生则只是在有否履行义务方面有所提及，对其他两个方面，则未见具体论述。②

(一) 在"有无履行"的理由方面

刘鸿渐先生认为债权契约有所谓履行的原因，在于债权契约的目的系"以使债务人负给付之义务为目的。"因此，"必有所谓履行"。而物权契约的目的系"以直接发生物权变动为目的"，根据物权契约的性质，"契约一经成立，物权随即变动，当事人之一方不因契约而负何等之义务，故无所谓履行"。由于两种契约的目的不同，再加上两种契约的性质差异，造成了两种契约在履行方面的区分。

物权契约与债权契约有无履行的区别，转化为时间上的区别，并将表现形式反推的话，则可言，凡需将来履行的契约，即为债权契约；凡不需将来履行的契约即为物权契约。此种时间上区别也可作为区分物权意思表示和债权意思表示的标准。

刘鸿渐先生进一步指出，民法中"关于期限之民法第一○二条之规定，不适用于物权契约"③。从表面而言，刘鸿渐先生是在指出，民法中关于附条件和附期限的法律规定不适用于物权契约；但从实质上而言，刘鸿渐先生意在表明，附条件或附期限的法律行为或契约行为不可能是物权行为或物权契约。因为，既然将物权变动寄托于将来某个时间或某个条件的出现，则就成为在将来期限届至或条件出现时的履行问题。对于此点，刘志敩先生也赞同道："物权契约是否可附条件，通说认为不可。"④

---

① 曹杰. 中国民法物权论 [M]. 周旋, 勘校. 北京：中国方正出版社，2004：20.
② 曹杰. 中国民法物权论 [M]. 周旋, 勘校. 北京：中国方正出版社，2004：20.
③ 刘鸿渐, 刘友厚. 中华民国物权法论 [M]. 北平：北平朝阳学院，1933：53.
④ 刘志敩, 刘友厚. 债权契约及物权契约与民法第七百六十条之研究 [J]. 法治周报，1933，1 (20)：1-4，1 (21)：3-7.

（二）在产生不同的实际效果的理由论述方面

刘鸿渐先生认为产生此种区别的理由在于：债权契约中的双务契约，使契约当事人均承担了履行给付行为的义务。因此，一个双务契约实际上产生了两个债权效果。而物权契约，因为契约标的物的物权只能为一方所有，也就是说，物权是"恒属一方"的，因此，不可能由一个物权契约"发生两个之物权变动"。

对于因双务债权契约为"有因给付"而产生的物权变动，例如物物互换契约。虽然债权契约系双务的，即债权契约双方均负有履行给付行为的义务，且可能事实上使两个物权发生了变动。但是，这两个物权的变动，"系二物权契约之结果，非一物权契约之结果也"。

即使在"买卖契约一方付价，他方交物之情形"，"交物"固为物权契约，而"付价"也是一个物权契约。因而，"实则系两个物权契约"。

两学者对此理由的论述不同之处在于：刘鸿渐先生将此理由归结为"债权契约为双务契约"，而"物权契约之效果，恒属一方"。刘志敭先生的论述则更深一层，将契约有无"双务与片务"之分的原因归结于契约有无"对价"。故其从"物权契约无对价关系"，然后推导出物权契约"无双务与否之别"。但在对债权契约的性质认识和解释方面，两学者分析基本相同。

（三）是否可为第三人缔结的理由论述方面

刘鸿渐先生认为此区分的理由在于，"债权系请求债务人为一定之行为之权利、而请求债务人向自己给付或请求债务人向第三人给付，均不外请求债务为一定之行为"。也就是说，债权效力只是产生请求债务人应当履行"给付"的行为权利，债务人应当按照债权人的请求履行自己的行为义务。至于债务人应为之行为的对象，即向债权人履行或向第三人履行，债权对此并无限制。因此，债务人既可向债权人履行"给付"行为，也可向第三人履行"给付"行为。而此两个向不同对象履行"给付"的行为，"均不外请求债务人为一定之行为"。"故债权契约得为自己缔结，亦得为第三人缔结。换言之，债权契约之利益，得使之归属于自己，亦得使之归属于第三人"。

相对于债权契约，物权契约则不然。"物权契约系于当事人间直接发生物权变动之契约，当事人之一方必为取得物权之人，其他方必为物权或其物权受限制之人。即物权契约之利益，恒归属于一方之当事人，决不能使之归属于当事人以外之第三人。故物权契约无为第三人缔结者。"①

（四）物权契约的无因性与物权契约的表现形式方面

刘志敫先生认为：物权契约宜采用口头形式，而不宜采用书面形式。因为如果采用书面形式，契约内容极有可能因书面契约的内容，使物权的设定、移转与其他意思表示相混合，从而使物权契约的无因性受到影响。因此，物权契约宜采用口头形式，作为一种观念契约而存在。这样，就可使物权行为真正保持物权行为的品性。

民国时期的民法学者对此问题的关注者并不多见，即使在当代的物权行为理论研究中，此问题也颇值得研究。

（五）物权契约内容的法定性与债权契约自由性区别方面

对物权契约内容的法定性与债权契约自由性区别方面的相关论述参见本书第二章第二节，此处不赘述。

三、物权契约与债权契约的区别评价

近代中国民法学界对于物权契约与债权契约的区分内容，已经有了一定的认识，但从总体来看，此种认识，并不深刻。因为这些区分只是表面的现象，对于实质的区别或出现这些表面区别的根源，未能进行深度论述。

物权契约与债权契约的区分实质乃是物权的意思表示与债权意思表示的区分。物权意思表示与债权意思表示区分的关键在于对法律条款中的"让与"与"约定让与"以及"移转"与"约定移转"的透彻理解。因此，物权移转意思表示与债权意思表示的区别，在于物权意思表示为"移转"，债权意思表示为"约定移转"。换言之，物权意思表示为"即时移转"，而债权意思表示为在约定将来的时间进行"将来移转"，这也就是，债权意思表示在于约定在将来某个时间履行。

刘志敫先生的无因性论述与契约形式问题，较有思想深度，但刘志敫先生似乎忽略了物权契约（行为）为物权意思表示和实行行为（交付、登记）的并合性。物权意思表示的表现形式（口头或书面），而并非物权契约（行为）本身。因此，其即使是书面的，与其他意思表示混在一起的"物权意思表示"，仍将从"书面形式"的契约中"跳跃而出"。即使物权意思表示"无一定形式"，

---

① 刘鸿渐.中华民国物权法论[M].北平：北平朝阳学院，1933：54.

单纯的"物权意思表示"合意也并非就是物权契约,从物权契约(行为)的构成而言,还需要一个"登记"或"交付"的实行行为。因此,即使是书面的不动产契约,"物权意思表示"仍将从书面的意思表示形式中脱离出来,与实行行为(登记、交付)结合在一起,构成一个虚拟的或拟制的物权契约(行为)。

第四章

民国后期（1929—1949）的物权行为理论研究（下）

第一节 物权行为无因性的研究

物权行为无因性是物权行为理论中为学者所争论的焦点问题。在当代的物权行为理论研究中亦是如此。本节主要梳理近代民法学对物权行为无因性的认识、发展过程。论述物权行为是无因行为，不妨先从"有因行为""无因行为"的分类说起。

一、有因行为、无因行为的分类源起

"有因行为"又称"要因行为"，"无因行为"又称为"不要因行为"或"非要因行为"。

清末时期，在日本传入的民法学著作中，"有因行为""无因行为"的法律行为分类并非常见。① 既然在民法学著作中未出现相应分类，说明对"有因行为""无因行为"的分类，还未被学者所识，或者至少没有被作为"重要"的法律行为分类。民国初期，在1914年发行，由东方法学会编译的《民法要览》中，开始出现"有因行为""无因行为"的法律行为分类。至民国后期，民法学著作的总则部分的内容中，"有因行为""无因行为"的分类已为常见。这说明，民国后期的民法学界已经完全接受法律行为的此种分类。

然而，对于"有因行为"与"无因行为"的分类标准，近代的民法学者却

---

① 陈国祥. 民法总则 [M]. 天津：丙午社，1913：21；李鸿文. 民法总则、物权 [M]. 保定：直隶法律学堂，清宣统年间：16-17.

各持不同的学说。综合来看，民国前期主要有"目的示明原因说""目的与原因分离说"；民国后期主要有"原因为给付要件说""得因原因成立说""目的为法律行为要件说""原因为法律行为要素说"。

下面分别述之。

（一）"目的示明原因说"

此说最早出现在1914年由东方法学会编辑的《民法要览》（第一卷总则编）中。该著作在法律行为的分类一节中，对"有因行为"和"无因行为"进行分别定义。"有因行为谓其直接目的示明主观的原因之行为也。例如卖买、赠予及贷借等。""无因行为谓其直接目的不示明主观的原因之行为也。例如票据及无记名证券之振出是。"①

（二）"目的与原因分离说"

较早持此说的学者为欧宗祐先生。欧宗祐先生认为："以财产之出捐为目的之法律行为中，其财产之出捐，若包含为其直接原因之事实，此种法律行为，谓之有因行为或要因行为（Kausales Geschäft）；与其原因分离独立，而仅以财产之出捐为目的之法律行为，谓之无因行为或不要因行为（abstiaktes Geschäft）。"②

周新民先生也支持此说："此种分类，乃以给付行为是否得与其原因分离为标准。就以给付财产为内容的法律行为而论，事实上须有给付财产的原因始能成立者，是为要因行为，亦称'有因行为'，……事实上不须有给付财产的原因亦得成立者，是为不要因行为，亦称'无因行为'。"③

李宜琛先生在其《民法总则》中亦谓："凡财产上之出捐行为，于当事人之主观上必有其一定之原因。如出捐行为与其原因于法律上互相结合不可分离者，谓之有因行为，亦曰要因行为；反之，则曰无因行为，亦曰不要因行为。"④

（三）"得因原因成立说"

该说认为："大凡财产上给付的原因便是行为成立的要件，就叫作有因行为；否则，财产上的给付不以某种原因为要件，那就叫作无因行为。"朱采真先生赞成此说。⑤

---

① 东方法学会. 民法要览（第一卷总则编）[M]. 上海：泰东图书局，1919：77.
② 欧宗祐. 民法总则 [M]. 上海：商务印书馆，1933：193.
③ 周新民. 民法总论 [M]. 上海：上海华通书局，1931：246-247.
④ 李宜琛. 民法总则 [M]. 胡骏，勘校. 北京：中国方正出版社，2004：156.
⑤ 朱采真. 民法总则新论 [M]. 上海：世界书局，1930：171-172.

（四）"目的为法律行为要件说"

欧阳谿先生认为："有因行为者，其目的基于法律行为之要件者也，如买卖属之。无因行为者，其目的非基于法律行为之要件者也，如继承属之。"①

（五）"原因为法律行为要素说"

胡长清先生认为："要因行为（Kausales Rechtsgeschäft）者，以财产给付为标的之法律行为中，而以给付之原因为要素之法律行为也。非要因行为（Abstraktes Rechtsgeschäft）者，单以财产给付为标的，不以给付之原因为要素之法律行为也。"②

总起来看，"目的与原因分离说"为多数学者所主张。

二、物权行为无因性的认识确立

有因行为与无因行为的分类源起，并非与物权行为无因性直接相联。从有因行为与无因行为的分类看，最初在总则中强调有因行为和无因行为的分类时，被无因行为常举之例是票据行为，而非指物权行为。只是随着对物权行为的认识，物权行为才逐渐被作为无因行为来看待。

清末时期，从日本传入的民法学中，未见有物权行为无因性的相关论述。

民国前期，物权行为无因性虽然较少见著于理论学术著作。但在大理院的大理院判例中，则不乏其例。

物权单独行为较为少见，物权抛弃行为是物权单独行为的典型例子。在判例中，大理院对物权单独行为的无因性，表达了明确的态度。在大理院四年（1915年）上字第六六五号判例中，大理院就认为："舍弃权利时，舍弃人是否有施与恩惠意思，系所谓法律行为之缘由（即决意为某法律行为之理由或动机），于舍弃行为之成立并无何等影响。"③即大理院认为舍弃行为即为不要因行为。而抛弃即为最明显的"舍弃"所有权行为。

在债权契约在先的情况下，当事人负有履行给付的义务，即缔结物权契约的义务，因为此处存在两个契约，一个为债权契约，一个为物权契约。此时，物权契约行为效力是否受到债权契约行为的影响呢？如果债权契约无效或不存在或消灭时，物权契约是否也因之而成为无效行为，从而使已经移转且已登记或交付的标的物的物权不能发生移转呢？还是物权契约不受债权契约效力的影

---

① 欧阳谿. 法学通论 [M]. 陈颐, 勘校. 北京：中国方正出版社, 2004：269.
② 胡长清. 中国民法总论 [M]. 北京：中国政法大学出版社, 1997：192.
③ 郭卫. 大理院判决例全书 [M]. 上海：上海会文堂新记书局, 1932：44.

响，物权仍然移转，然后依不当得利规定，将所得利益返还受损害者呢？虽然未见大理院对物权契约无因性的明确表述，但从大理院的判例来看，大理院采取了物权契约不受债权契约效力影响的姿态，从而使物权仍然发生移转，后再以不当得利来保护受损害者的利益。如大理院三年（1914年）上字第二〇七号判例即认为："凡无法律上之原因而因他人之给付受利益，致他人受损害者，负归还其利益之义务。"① 大理院四年（1915年）上字第一二号判例也判称："凡因他人之给付而受利益者，如为其给付之法律上原因一旦消灭，致他人受意外损失时，自宜将其所受之利益返还。"②

民国前期，对物权契约无因性的理论阐述较为深刻者为王凤瀛先生。其1922年发表在《法学会杂志》上的文章，就对德国物权契约无因性有所论述。"德国分债权物权为两事，债权契约，虽系无效，苟物权契约，并无欠缺，则物权之移转，仍不受何等影响，依此主义，……请求为不当利得之偿还，除此之外，别无救济方法。"③

1927年，日本民法学者横田秀雄先生在《论物权契约》中，对物权契约无因性也有着详细的论述，具体参见第二章第四节，此处不赘述。初版于1928年，由欧宗祐编著的《民法总则》也指出"所谓物权契约，即以物权之设定、移转、变更为目的之法律行为，在原则上为无因行为"④。在该处，虽然欧宗祐先生对物权行为的无因性并无深入论述，但较早地提出了物权行为为无因行为的学说主张。

民国后期的学者对物权行为的无因性，起初态度明显不够坚决。如朱采真先生在1930年出版的《民法总则新论》中，认为："债权行为多系有因行为，如同买卖或消费贷借。当事人一面给付财产同时就也取得债权。至于物权行为，那就通常多系无因行为。"⑤（着重号引者加）又如余荣昌先生在1931年出版的《民法要论（物权）》中，认为："物权的法律行为，亦有单独行为与契约之分。其由物权的意思表示所成立之契约，即所谓物权契约是也。物权契约与债权契约异，原则上为不要因行为。"⑥（着重号为引者加）再如周新民先生在

---

① 郭卫. 大理院判决例全书 [M]. 上海：上海会文堂新记书局，1932：146.
② 郭卫. 大理院判决例全书 [M]. 上海：上海会文堂新记书局，1932：146.
③ 王凤瀛. 因法律行为而有物权之得丧变更者，应否以登记、交付为发生效力之要件？各国立法例不一，我国宜采何制？现在登记制度未能即行，宜代以如何方法？[J]. 法学会杂志，1922（9）：69-80.
④ 欧宗祐. 民法总则 [M]. 上海：商务印书馆，1933：193.
⑤ 朱采真. 民法总则新论 [M]. 上海：世界书局，1930：172.
⑥ 余荣昌. 民法要论（物权）[M]. 北平：北平朝阳学院，1931：10.

1931年出版的著作《民法总论》中认为:"要因行为,亦称'有因行为',通常的债权行为属之。……不要因行为,亦称'无因行为',通常物权行为,准物权行为及票据行为属之。"①(着重号为引者加)这些"通常""原则上"等语表明了学者对物权行为是否是无因的认知程度。

从1933年开始,学者对物权契约无因性的态度则发生明显变化。这种变化从民法学者对物权行为与无因行为的关系表述用语上即可发现。如王去非先生在1933年出版的著作《民法物权论》中,就认为:"物权契约,为无因契约也。"② 同年,刘鸿渐先生在其著作《中华民国物权法论》中认为:"依一般之通说,物权契约,无论何时,均以采无因主义为正当。"③

通过以上论述,可见,物权行为(物权契约)系无因行为逐步为民国时期的民法学界所认识和接受。

三、物权行为无因性的理由

物权行为为何具有无因性,其理由何在?对此,民国后期的学者阐述了以下理由。

(一)物权的意思表示与债务的意思表示各自独立

刘鸿渐先生在其1933年版的《中华民国物权法论》中,论述物权契约的无因性时指出:"物权契约,于法理上既认为全然与债权契约分离独立,苟具备所定之要件,法律上认为有效成立,则为维持此种法理上之见解起见,亦不得不主张原因行为之无效不影响于物权契约之效力故也。"④

王去非先生在其1933年版的《民法物权论》中认为:"自事理上观察。"物权的意思表示与债权的意思表示"彼此有其关系耳。然自法律上观察,两者固无因果之联络。进而言之,即由物权的意思表示所成立之物权契约,与由债务的意思表示所成立之债权契约,各自独立。而物权契约之发生,绝非以债权契约为其原因。故物权契约于学理上为不要因行为"。⑤

(二)物权行为仅依物权契约成立

王去非先生在其1933年版的《民法物权论》中认为:"物权之设定移转乃

---

① 周新民. 民法总论 [M]. 上海:上海华通书局,1931:246-247.
② 王去非. 民法物权论 [M]. 上海:上海法学编译社,1933:21.
③ 刘鸿渐. 中华民国物权法论 [M]. 北平:北平朝阳学院,1933:60.
④ 刘鸿渐. 中华民国物权法论 [M]. 北平:北平朝阳学院,1933:60.
⑤ 王去非. 民法物权论 [M]. 上海:上海法学编译社,1933:29.

财产之捐出。所以为此捐出者，必有一定之理由。此理由即为物权契约之原因。凡物权之设定移转，仅依物权契约而成立，不问其原因如何。故物权契约为无因契约也。"①

（三）原因并非物权契约之内容

刘鸿渐先生在1933年版的《中华民国物权法论》中认为："依一般之通说，物权契约，无论何时，均以采无因主义为正当。盖原因行为虽与物权契约有密切之关系，然究其实不过为发生物权契约之原因，并非构成物权契约之内容，自无受其影响之理。"②

柯凌汉先生也在其1935年版的《中华物权法论纲》中，论述道："物权行为之原因关系，非物权行为内容之一部；故其关系之存否，均与物权行为之效力无涉。唯其关系不存时，其当事人之一方，得依不当得利之规定，请求相对人返还利益，不得主张其物权行为之无效。"③

（四）忠实公信主义的需要

李宜琛先生在其1933年版的《现代物权法论》中，论述物权移转的"意思主义"与"形式主义"的优劣时，评述道："两种主义之优劣，原非遽能加以论断。但形式主义之目的，自属对于所谓公信主义之忠实。故对于不具有表象之行为，绝不予以物权变动之效果。其不具有表象之债权契约虽有瑕疵，亦不能影响及于有表象之物权契约。"④ 显然，李宜琛先生认为，既然物权契约已经具有物权变动的表象，那么，从"公信主义"出发，则已经具有物权变动表象的物权契约，自不应受到债权契约瑕疵的影响。

（五）原因非为法律行为要件

梅仲协先生在其1944年版的《民法要义》中认为："要因行为（德Kausale Rechfsgese haefte）云者，以原因为法律行为之要件之谓也。在要因行为，如其原因欠缺，或不实在，不可能，违反法律，有背公序良俗，又或其原因不一致者，则法律行为，不生效力。""在非要因行为，原因超然屹立予法律行为之外，不以原因之欠缺，致法律行为之效力，受其影响。"⑤

---

① 王去非. 民法物权论 [M]. 上海：上海法学编译社，1933：21.
② 刘鸿渐. 中华民国物权法论 [M]. 北平：北平朝阳学院，1933：60.
③ 柯凌汉. 中华物权法论纲 [M]. 上海：商务印书馆，1935：20.
④ 李宜琛. 现代物权法论 [M]. 北平：好望书店，1933：34.
⑤ 梅仲协. 民法要义 [M]. 重庆：公诚法律会计师事务所，1944：118.

(六) 保证交易安全

刘志敩先生在其1936年版的《民法物权编》中认为：

夫法律行为之成立，同时即具客观原因，本无所谓不要因之行为，而一物之授受，又为履行前项法律行为而起，若其客观原因（即上述法律行为）失效，则第二重要问题之交割行为，（即上述物之授受）亦当同归于失效，此为理之无可疑者。然使贯彻此理论，则于当事人交割一物后，第三人更由受让人取得其物时，势必连带受其影响，是使正当取得权利之第三人，而依上述客观原因之是否失效，左右其运命也，其为有害于交易之安全，殊甚明显。形式主义之民法，为防止此等弊害，故将与客观原因连续发生之物权行为，另成一个独立观念，不使受客观原因之影响，成为不要因行为，而要因与否之因，即指客观原因而言也。①

梅仲协先生在其1944年版的《民法要义》中，虽在要因行为和非要因行为的定义中，主"原因非为法律行为要件说"，但梅仲协先生在论及要因行为和非要因行为的法律行为分类根据时，则认为："盖法律之所以是认非要因行为，诚欲使一般社会上之交易，臻于安全云尔。"② 如此这般，则梅仲协先生对物权行为系无因行为的理由发生根本转变。虽然，梅仲协先生对非要因行为的认识，乃对于非要因行为而言，并非针对物权行为作无因行为的原因分析，但很明显，以梅仲协先生的观点，可推知物权行为之所以为非要因行为，是"欲使一般社会上之交易，臻于安全"。则物权行为系无因性的理由已经由"原因非为法律行为要件"理由转变以保护"交易安全"为理由。

四、物权行为无因性理由的发展

物权行为无因性是随着近代民法学的发展而逐步被发现的。在发现之初，学者多从无因行为的定义出发，论证物权行为属无因行为。如物权意思表示与债权意思表示各自独立，互不干扰，因此，物权行为系无因行为。再如原因并非物权行为的内容或要件，也是本着无因行为的定义和构成要件的角度，论证物权行为系无因行为。

随着学者对物权行为无因性的认识逐步深入，物权行为无因性所具有的保障交易安全的功能，日益受到学者的重视。在论述物权行为无因性时，一般都

---

① 刘志敩.民法物权编[M].方恒，张谷，校勘.北京：中国政法大学出版社，2006：44.
② 梅仲协.民法要义[M].重庆：公诚法律会计师事务所，1944：119.

会提及物权行为无因性有利于保障交易安全。

随着对物权行为无因性认识的进一步深化，保障交易安全渐渐成为物权行为具备无因性的理由。刘志敿先生在1936年版的《民法物权编》的论述，即为典型一例。梅仲协先生在1944年版的《民法要义》中，对有因行为和无因行为的分类根据认识，则将无因行为的存在依据完全明确化。也就是说，在梅仲协先生看来，整个无因行为的存在价值即在于保障交易安全。在界定某一行为是否是无因行为时，完全从交易安全的角度作为区分的出发点。无因行为之所以为无因行为，也就在于无因行为能够保障交易安全，此外无他。

值得注意的是，物权的公示公信原则，也逐步成为物权行为无因性的理由。这可谓是近代民法学发展的可喜亮点。纵观近代物权法学的研究状况和发展脉络，物权的公示公信长期未能受到民法学界的应有重视。因此，在对物权行为的研究中，物权的公示公信原则很少能够成为学者论证的依据。可喜的是，李宜琛先生将物权的公示公信原则，作为物权行为无因性的理由，使物权行为更符合物权的本质。事实上，在李宜琛先生对物权行为无因性的"公示公信"解释之后，物权的公示公信已经成为学者论述物权变动相关问题的必要论证工具。刘志敿先生即在1936年版的《民法物权编》中，对物权行为与物权的公示公信关系作出了一个阶段性的小结，推动了民法学界对物权行为的进一步深入研究。

五、物权行为无因性的弊端

近代民法学对物权行为无因性的认识之初，即已经注意到物权行为无因性的弊端。王凤瀛先生在1922年发表的论文《因法律行为而有物权之得丧变更者，应否以登记、交付为发生效力之要件？各国立法例不一，我国宜采何制？现在登记制度未能即行，宜代以如何方法？》之中，已经对物权行为无因性的弊端有所论述。王凤瀛先生在比较法国的意思主义与德国的形式主义时，论述道：

德国分债权物权为两事，债权契约，虽系无效，苟物权契约，并无欠缺，则物权之移转，仍不受何等影响，依此主义，让与人往往大受不利益之结果，明知有错误无效等原因，不能请求返还原物，设遇让受人价金未付之前宣告破产，或转辗让渡，于此情形，让与人只能与一般债权人同受分配，或请求为不当利得之偿还，除此之外，别无救济方法，事实上受亏非浅。法国则债权契约无效，

物权契约当然因之无效，让与人可以请求原物返还，不致遽遭损失，……①

由此对比论述可知，王凤瀛先生已经认识到，德国在物权变动中，承认物权契约的存在，从而使物权契约免受债权契约的影响，而受让人在"价金未付之前宣告破产，或转辗让渡，于此情形，让与人只能与一般债权人同受分配，或请求为不当利得之偿还，除此之外，别无救济方法，事实上受亏非浅"。相反，法国不承认物权契约，从而使债权契约无效时，让与人可以请求原物返还，在让受人破产时，让与人的利益"不致遽遭损失"。因此，从让与人的利益保护角度而言，物权契约无因性的存在将产生此一弊端。

刘志敫先生在其1936年版的《民法物权编》中，也对物权行为无因性的弊端有所揭露。刘志敫先生将法国的物权移转意思主义与德国民法的物权行为形式主义进行对比，进而指出采用法国意思主义的优点。法国意思主义的优点之一即是：法国意思主义不认物权行为无因性，从而使受让人的权益能够得到更充分的保障，能够避免意外损害。在论述法国物权意思主义的优点时，刘志敫先生论述道："债权行为苟有失效原因，移转财产权之效果亦无由发生，受让人如于此际突被宣告破产，让与人尚可向破产财团取回其给付，藉免意外损害。"②刘志敫先生此处所论法国物权意思主义的优点，正是此前王凤瀛先生所论的德国物权移转形式主义的缺点，两相比较，物权行为无因性的弊端昭然若揭。

对于债权契约无效，而恰逢物权受让人破产之时，因物权契约无因性弊端，而致物权让与人的利益难以保障之责难。学者王凤瀛先生早在1922年即提出此弊端产生之看法："其谓保护让与人太薄，然让与人苟谨慎从事，于代价未付以前，不遽订立物权契约，何致贻后日亏累。"③王凤瀛先生对物权行为无因性之辩解不无道理。

物权行为无因性弊端的存在，并未能阻止物权行为具有无因性成为民国后期民法学中的通说。似乎近代民法学也没有对物权行为无因性弊端予以足够的重视，并进而创立克服物权行为无因性弊端的学说。物权行为无因性弊端的对

---

① 王凤瀛. 因法律行为而有物权之得丧变更者，应否以登记、交付为发生效力之要件？各国立法例不一，我国宜采何制？现在登记制度未能即行，宜代以何方法？[J]. 法学会杂志，1922（9）：69-80.
② 刘志敫. 民法物权编[M]. 方恒，张谷，校勘. 北京：中国政法大学出版社，2006：36.
③ 王凤瀛. 因法律行为而有物权之得丧变更者，应否以登记、交付为发生效力之要件？各国立法例不一，我国宜采何制？现在登记制度未能即行，宜代以何方法？[J]. 法学会杂志，1922（9）：69-80.

应学说直至20世纪60、70年代，在我国台湾地区方才出现。

六、物权行为无因性评价

（一）不当得利债权请求权问题

在债权契约无效，而物权契约有效的情况下，如果物权受让人已经将移转于己之物权再行移转于第三人时，依物权行为无因性理论，物权让与人可依不当得利的债权请求权，请求物权受让人返还不当得利。而如果坚持物权行为有因性，物权让与人可依损害赔偿请求权，请求物权受让人赔偿损失。虽然二者都是债权，但是债权请求的数额则不尽相同。不当得利请求权人请求物权让受人返还的是其得到的利益。而损害赔偿请求权人请求的是物权受让人赔偿的数额，则是标的物本身的价值。因此，二者在此数额上，可能不完全相同，但依据不当得利理论来看，二者应当差距不大。

如果物权受让人未将移转于己的物权再行移转，依据物权行为无因性，物权让与人仅有权依不当得利债权请求权，请求物权受让人返还不当得利，而此时的不当得利即是已经移转的物权，此时的物权受让人应当返还该标的物。如依据物权行为有因性，债权契约无效或被撤销或被解除，物权契约亦随之无效或被撤销或被解除，已移转标的物的物权自然仍属物权让与人所享有，物权让与人有权依据物上请求权，请求排除妨害，从而物权让与人有权请求物权受让人返还标的物的占有权。此种情况下，两者之间所依据学理虽有不同，但结果仍然相同，即物权让与人仍然获得标的物的完整所有权。

如果物权受让人未将移转于己的物权再行移转，但物权受让人出于对契约标的物的某种特爱，从而不愿使契约标的物的物权为物权让与人重新取得。为了达到这一目的，物权受让人采用非道德、非诚信的办法，将该契约标的物以假卖的方式，将此契约标的物"卖"给另外第三人，准备待返还物权让与人不当得利或进行损害赔偿之后，再将此契约标的物"买"回。虽然，物权受让人向物权让与人返还了"利益"或进行了"损害赔偿"，但物权受让人却得到了自己所特爱的"契约标的物"。

在上述情况下，从学理上而言，无论坚持物权行为的无因性，还是有因性，物权让与人都有权对"恶意"物权受让人与"恶意"第三人的"恶意串通"或"通同虚伪"的行为，申请撤销"恶意"物权受让人与"恶意"第三人的"恶意串通"或"通同虚伪"行为，从而保护自己的"物权"利益。

但在"恶意"物权受让人与"恶意"第三人的"恶意串通"或"通同虚

伪"行为无法证实,或"恶意"物权受让人与"恶意"第三人的行为被认为是"善意"行为,"恶意串通"或"通同虚伪"行为难以获得撤销机关撤销、反而因善意受到保护的情况下,物权行为无因性还是物权行为有因性,相比之下,何者更能公平地保护各方的利益呢?

如果坚持物权行为无因性,物权受让人应当向物权让与人返还"不当得利",其"不当得利"的数额应当相当于"契约标的物"的市场价值。如果坚持物权行为有因性,物权受让人应当赔偿物权让与人的损失,而此契约标的物的损失也应以"契约标的物"的市场价值进行估算。因此,在此情况下,物权行为有因性与物权行为的无因性似乎对物权让与人的权利保护的效果基本相同。

在债权契约无效,物权契约有效的情况下,是不是因为坚持物权行为无因性,物权让与人对自己的保护,只能依不当得利的债权请求权保护自己的利益;而如果坚持物权行为有因性,物权让与人即可依物权的保护方法,直接向第三人进行追夺呢?笔者认为不可以,因为依民法学理,如果不能证实第三人系"恶意"的情况下,第三人在支付相当对价的情况下,完全可以依"善意取得"获得契约标的物的物权,这是为了市场交易安全的需要。即使将物权行为作为有因行为,契约标的物的物权为物权让与人所有,物权受让人的行为系无权处分,但依"善意取得制度",契约标的物的物权仍然为第三人所即时取得,物权让与人根本无权对其进行无限制"追夺"。

综上可知,在债权契约无效而物权契约有效的情况下,如果坚持物权契约有因性,并不比坚持物权契约无因性更具有优越性,物权契约有因性与物权契约无因性效果基本相当。

(二) 物权受让人破产的情况

在债权契约无效或被撤销或被解除,而物权契约有效的情况下,如果物权受让人在契约标的物"登记"或"交付"后出现破产,物权行为无因性与物权行为有因性,对物权让与人的利益保护情况如何呢?

如坚持物权契约有因性,在债权契约无效或被撤销或被解除的情况下,物权契约也受其影响,出现无效或被撤销或解除的情况,物权契约标的物的物权自然不会发生移转,其物权仍属物权让与人所享有。因此,在物权受让人破产的情况下,物权让与人享有破产的别除权,可以全部取回物权契约标的物,从而保护自己的利益。

如坚持物权契约无因性,在债权契约无效或被撤销或被解除的情况下,物权契约因物权行为无因性不会受到债权契约的丝毫影响,物权契约仍然有效。

物权仍然发生移转，从而为物权受让人所有，但是因物权受让人的破产，物权契约标的物成为物权受让人（破产人）的破产财产，物权让与人只能依据破产法的规则，依不当得利债权，从破产财产中按比例受偿。

显然，在保护物权让与人利益方面，坚持物权契约无因性不如坚持物权有因性更能保护物权让与人的利益。

第二节　物权行为相对无因性的学说

1929年5月，南京国民政府"立法院"公布了总则编；同年11月公布了债编和物权编；1930年12月公布了亲属编和继承编。"中华民国"民法典共五编二十九章共1225条最终全部公布。

随着民法典的颁布施行，中国民法学研究出现了前所未有的研究高潮。从20世纪30年代开始，民法学典涌现出一大批著名的民法学者与优秀的民法学著作。这些学者的思想与他们的著作直到今天仍有重要的价值。

"中华民国民法"物权编对物权变动的规定，极大地推动了民法学者对物权行为理论的研究。物权行为无因性品格是物权行为理论中的关键内容，也是物权行为理论的核心所在。因此，物权行为系无因行为的观点，多见于民法学者的学术论著。但同时，物权行为系相对无因行为的观点，也已出现。

在当代中国的民法学研究中，物权行为理论也受到众多民法学者和立法者的重视。中国民法学界自20世纪80年代后期开始，对于中国民事立法是否应当采纳物权行为理论进行讨论。但对物权行为无因性的问题，仍是众多学者争论的焦点。本节对民国后期的物权行为相对无因性观点进行了初步考察和评述，以期对当代的物权行为无因性研究有所裨益。

一、物权行为相对无因性观点的提出

在近代民法学的发展过程中，物权行为相对无因性为学者所论及已是20世纪20年代后几年的事情了。

初版于1928年，由欧宗祐编写的《民法总则》，较早论及物权行为相对无因性的问题："无因行为之中，有可由当事者之意思表示而变为有因者，是谓'相对的无因行为'。有虽由当事者之意思表示而亦绝不能变为有因者，是谓'绝对的无因行为'。何种行为为无因行为？何种行为为有因行为？须对于各种法律行为一一加以研究，始能决定。然概括的言之所谓物权契约，即以物权之

第四章 民国后期（1929—1949）的物权行为理论研究（下）

设定、移转、变更为目的之法律行为，在原则上为无因行为。但亦可依当事者之意思表示，变为有因行为。"① 从欧宗祐先生的论述不难看出，无因行为分为"相对的无因行为"和"绝对的无因行为"；区分二者的标准是无因行为可否因当事者的意思表示而改变。在欧宗祐先生看来，物权契约无因性即可因当事人的意思而改变为有因，所以，物权行为为相对的无因行为。

在一定情况下，物权契约仍为要因行为的观点，较早为曾负责起草"民国民律草案"总则编的余棨昌先生提出。余棨昌先生在其著作《民法要论（物权）》（1931年出版）中，指出："物权的法律行为，亦有单独行为与契约之分。其由物权的意思表示所成立之契约，即所谓物权契约是也。物权契约与债权契约异，原则上为不要因行为。……但虽为物权契约，而依法律之规定应以其原因为契约之内容者，其物权契约仍为要因行为。例如永佃权设定契约，须支付佃租及典权设定契约，须支付典价之类是也。"② 这一论述，对物权行为系无因行为的观点，进行了辩证分析，提出了物权契约在法律规定的条件下，应为要因行为的观点。

周新民先生在其1931年版的《民法总论》中，认为："无因行为复可分为相对的无因行为，与绝对的无因行为两种：前者即得由当事人的意思表示变为有因行为，例如物权契约；后者即不得由当事人的意思表示变为有因行为，例如票据行为。"③ 可见，周新民先生的观点与余棨昌先生的观点略有不同，而与欧宗祐先生的观点相近，都承认物权行为可因当事人的意思表示变为"有因行为"。

民国时期的著名民法学者胡长清先生，在其《中国民法总论》（1933年初版）中，也表述了物权行为相对无因性的观点。胡长清先生在对法律行为的分类相关内容中，认为："非要因行为（Abstraktes Rechtsgeschäft）者，单以财产给付为标的，不以给付之原因为要素之法律行为也。……又分为二，有得依当事人之意思表示以其为要因者，是谓相对的非要因行为，例如物权行为是。有不得依当事人之意思表示以其为要因者，是谓绝对的非要因行为，例如票据行为是。"④ 在这段内容的论述中，可以非常清楚地看出，胡长清先生将无因行为（非要因行为）分为绝对的无因行为和相对的无因行为，而物权行为则为相对的非要因行为（无因行为）。

---

① 欧宗祐．民法总则 [M]．上海：商务印书馆，1933：193.
② 余棨昌．民法要论（物权）[M]．北平：北平朝阳学院，1931：10.
③ 周新民．民法总论 [M]．上海：上海华通书局，1931：246-247.
④ 胡长清．中国民法总论 [M]．北京：中国政法大学出版社，1997：192.

在1934年版的《民法物权要义》中，王去非先生认为："由物权意思表示所成立之物权契约，与由债务意思表示所成立之债权契约，各自独立。而物权契约之发生，绝非以债权契约为其原因，故物权契约于学理上为不要因行为，是为一般之原则。但对此原则，不无例外耳。虽然此亦仅就一般之主张言之。若精密推敲之是否为不要因行为，虽在今日，尚为学者间所争论，且最剧烈之一问题也。"① 从王先生的论述可间接得知，民国时期，学者间对物权契约无因性问题争论之剧烈程度。

胡元义先生则在1934年版的《民法总则》中，论及法律行为的有因性、无因性时指出："在无因行为中，以当事人之意思表示，得使其为有因行为者，称为相对的无因行为。而以当事人之意思表示，不得使其为有因行为者，称为绝对的无因行为。如物权契约，在我民法上须解为相对的无因行为。而票据行为，则为绝对的无因行为也。"②

通过民国时期的民法学家们的论述，可以看出，民国时期，主张物权行为为相对无因性观点的学者并不在少数，且其中不乏如胡长清先生等著名民法学家。因此，物权行为相对无因性的学说在民国时期还是具有相当的影响力。

二、物权行为相对无因性的理由

物权行为系相对无因行为的观点，虽然认为物权行为系相对无因行为，但需要明确的是，物权行为相对无因性的观点并非对物权行为无因性品格的否定。相反，物权行为相对无因性观点是在尊重物权行为无因性品格的基础之上而提出的，是对物权行为无因性品格的进一步认识。物权行为系相对无因行为观点的提出者，也均承认：物权行为原则上为无因行为，只是在一定条件下，物权行为应当视为有因行为。

物权行为系相对无因行为观点的提出，总结学者的论述，可知是基于以下理由。

（一）物权行为因法律规定而仍为要因行为

物权行为原则上为无因行为，但在法律明确规定物权行为为要因行为时，物权行为则为要因行为。例如"中华民国民法"物权篇中的"永佃权设定契约，须支付佃租及典权设定契约，须支付典价之类"③，说明了在法律明确规定的情

---

① 王去非. 民法物权要义 [M]. 上海：上海法学书局，1934：29.
② 胡元义. 民法总则 [M]. 北平：好望书店，1934：247.
③ 余棨昌. 民法要论（物权）[M]. 北平：北平朝阳学院，1931：10.

况下，物权行为仍为要因行为。

（二）物权行为得依当事人的意思表示而为要因行为

民国时期的著名民法学家胡长清、胡元义认为，物权行为原则虽为无因行为，但是物权行为可依据当事人的意思表示即约定而成为要因行为。

胡长清先生在其著作《中国民法总论》中指出："要因行为（Kausales Rechtsgeschäft）者，以财产给付为标的之法律行为中，而以给付之原因为要素之法律行为也。非要因行为（Abstraktes Rechtsgeschäft）者，单以财产给付为标的，不以给付之原因为要素之法律行为也。……后者又分为二，有得依当事人之意思表示以其为要因者，是谓相对的非要因行为，例如物权行为是。有不得依当事人之意思表示以其为要因者，是谓绝对的非要因行为，例如票据行为是。"①

胡元义先生则在论及法律行为的有因性、无因性时指出："如何行为为无因，如何行为为有因，须研究各种法律行为，方能决定。大体言之。所谓物权契约，即以物权之设定移转变更为目的之法律行为，原则上为无因行为。但得以当事人之意思表示使为有因行为。"②

三、物权行为相对无因性学说出现的原因探析

民国时期，出现物权行为相对无因性的观点，自有其特定的历史原因和背景，追寻此种观点的形成根源，以下数点或与物权行为相对无因性观点的出现不无关联。

（一）对物权行为内容的误解或认识不足。

如余棨昌先生所持的物权契约内容因法定而为相对无因的理由："永佃权设定契约，须支付佃租及典权设定契约，须支付典价之类"。③并以此作为说明在法律明确规定的情况下，物权行为仍为要因行为的观点。其中不无对物权行为内容的误解或是认识不足。此种论点的形成，与物权行为的定义不无关系，已如前论。很明显，持此论者将物权契约理解为"以物权变动为内容"的契约。相反，如将物权契约理解为物权意思表示与实行行为（即不动产登记、动产交付）相合并，则不难推出，在"永佃权设定契约，须支付佃租及典权设定契约，须支付典价之类"的契约中，其中固然含有物权意思表示的内容，即设定永佃

---

① 胡长清. 中国民法总论 [M]. 北京：中国政法大学出版社，1997：192.
② 胡元义. 民法总则 [M]. 北平：好望书店，1934：247.
③ 余棨昌. 民法要论（物权）[M]. 北平：北平朝阳学院，1931：10.

权或典权意思表示，如果约定日后支付佃租或典价，则仅为债权的意思表示。如果在佃租或典价已经特定且有处分权，并符合法律行为的一般要件，又即时移转，则该意思表示也为物权意思表示。但仅这两个意思表示，还不算物权契约，在实行行为（登记、交付）后，才是物权契约。倘若如此，则不会发生物权契约因法律规定而变为有因行为的问题。

（二）日本的物权契约相对无因性学说的影响

根据学者的研究，当时日本既已存在物权行为无因性的学说，[①] 在近代中国民法学与日本民法学的历史渊源关系上，追随日本民法学中的观点现象，并不足为奇。因此，近代中国出现物权行为的相对无因性不能全然否定是受到日本民法学说的影响。

（三）民律草案的影响

此种观点的形成与民事立法的规定和审判机关的判例不无关系。此点，刘志敫先生有所论述："我新法与旧例（包括民律草案与大理院判例）之立法精神大异。在旧例以为创设债之关系，原则上为要因行为，例外认为不要因行为。此如债务之约束是（我对汝本不负债，现约定对汝负债）。我民律草案，于此例之外，尚有债务之承诺，亦为不要因行为，除此则均为要因行为。"而"至于移转权利之行为，为物权契约，旧例以不要因为原则，要因为例外。即当事人于物权契约，如约明须为要因行为时，则从其约定。"[②] 可见，主张物权行为无因性因当事人之意思表示可变为有因的观点，并非主观猜想，而是旧例规定使然。

四、物权行为相对无因性与物权行为无因性的相对化

物权行为无因性的相对化是指"鉴于物权行为无因性理论和方法有诸多缺陷，德国的判例与学说于是通过解释方法对物权行为无因性理论之适用予以限制，使物权行为之效力受债权行为之影响，此即所谓物权行为无因性的相对化理论"。"物权行为无因性之理论，既然具有缺点，学说判例乃利用解释之方法，尽量使物权行为与债权行为同其命运。限制无因性理论之适用范围，其所采之方法计有三种：（1）条件关联……；（2）共同瑕疵……；（3）法律行为一体

---

① 王茵. 不动产物权变动和交易安全：日德法三国物权变动模式的比较研究［M］. 北京：商务印书馆，2004：232.

② 刘志敫，刘友厚. 债权契约及物权契约与民法第七百六十条之研究［J］. 法治周报，1933，1（20）：1-4，1（21）：3-7.

性……。"① 可见，物权行为无因性的相对化是本于克服物权行为无因性缺点，而对物权行为无因性作出"软化"的一种解释方法。

物权行为相对无因性与物权行为无因性的相对化明显不同，其区别表现在以下三点。

（一）对物权行为无因性的态度不同

相对无因性并不否定物权行为无因性，而是在承认物权行为无因性的前提下，对物权行为根据意思自治或法律规定作出的类型化分析。

无因性相对化则是在根本否定物权行为无因性的前提下，将物权行为无因性作出"软化"处理，是对物权行为无因性的总体否定。

（二）主张的理由不同

物权行为相对无因性的提出，是因为尊重当事人的意思自治或因法律的强制性规定。因而，在当事人没有约定或法定的条件下，物权行为仍然为无因行为。

物权行为无因性的相对化则是因为物权行为无因性导致对出卖人保护不周，出卖人可能会因买受人的破产或恶意转让，而使出卖人的利益得不到保护，从而出现不公平而造成的缺陷或弊端，使物权行为受到债权行为效力的影响，而不再具有无因性的一种理论。

（三）对于物权行为无因性影响的范围不同

物权行为相对无因性仅是对物权行为中的一部分约定或法定情况而进行否定。对其他既无法定又无约定的物权行为，物权行为无因性丝毫不受影响。

物权行为无因性的相对化，则是表现出一种对物权行为无因性全部否定之后的一种折中态度，其所否定的，不是部分无因行为，而是全部的无因行为。

物权行为相对无因性与物权行为无因性的相对化之间也存在着一定联系。二者都是使物权行为具有无因性的方法或手段；都可在一定条件下，使物权行为具备有因性。

五、物权行为相对无因性观点的评价

物权行为无因性的提出是为了保护第三人的交易安全，但是如果承认物权行为可根据当事人的意思成为有因行为。那么，在物权行为变为有因行为，无疑将有利于保护卖方（让与人）的利益。例如在买卖债权行为和所有权让与物

---

① 梁慧星，陈华彬. 物权法 [M]. 北京：法律出版社，1997：89.

权行为先后发生时，如果在债权行为无效、解除或被撤销的情况下，依物权行为无因性，卖方（让与人）只能依不当得利制度获得保护，要求买方（受让人）返还利益。此种情况下，如果买方（受让人）破产，卖方（让与人）只能依破产法的规定，从破产财产中分得利益。而如果物权行为为有因行为，在债权行为无效、解除或被撤销的情况下，物权行为因系有因行为，物权行为也随之无效、解除或被撤销，卖方（让与人）将可依物权的保护方法，保护自己的利益。因此，在买方（受让人）破产的情况下，卖方（让与人）可依破产法上的别除权，取回已被移转至买方（受让人）的"物"。显然，为了保障交易安全而使物权行为具有无因性，将不利于保障卖方（让与人）的利益。

在债权行为无效、解除或被撤销的前提下，虽然买方（受让人）没有破产，但买方（受让人）已经对物权进行了再次处分，如又让与第三人时，由于买方（受让人）不具有对"物"的处分权，使其处分成为无权处分行为。无权处分行为，则在未经处分权人追认的情况下，不能发生物权移转效力，卖方（让与人）可依物权向第三人行使物上的请求权，使自己的权益得到充分的保护。但此种情况也有例外，善意占有人可依善意取得（即时取得）获得该物的所有权。

然而，物权行为有因性却损害了交易安全，使交易人处于极不安全的状态。

显然，物权行为有因性有利于卖方（让与人），对买方（受让人）也并无明显不利，只是损害公共的交易安全。如果卖方（让与人）可通过意思自治，使物权行为的有因、无因发生改变，毫无怀疑，卖方（让与人）将毫不犹豫地决定物权行为为有因行为。毕竟物权行为无因性，只是更有利于公共的交易安全，对于买方（受让人）也并无太大的损害。

如此一来，则以卖方（让与人）的意思主义决定物权行为有因、无因的情况，物权行为无因性多数将成为空谈和妄想。

作为物权行为相对无因性原因之一的法定有因说，随着人们对物权行为的认识的深化，物权行为相对无因化的此一理由逐步化解。即使是以"物权设定或移转"为内容，其约定债权内容也可发生债权债务的效力。同时，物权行为与债权契约区分的理念日益深入人心，因物权意思表示与债权意思表示混合在一起而使物权行为变为有因行为的理由也很难获得多数学者的赞同。

综合民国时期的物权行为无因性学说发展状况来看，物权行为相对无因性在民国时期，并未被多数学者所接受，其影响范围相对较小。

<<< 第四章 民国后期（1929—1949）的物权行为理论研究（下）

第三节 物权行为的处分行为特性

清末时期，在翻译或编辑的民法学著作中，"处分"一词已较为常见。民国初期的大理院判例已经多次使用"处分行为"用语。但囿于判例形式的局限，大理院推事未能对"处分行为"作出进一步的学理阐释。民国前期的学术著作，对于"处分行为"也鲜有论及。

随着近代中国民法学的发展，"处分行为"逐步进入民法学著作的"总则篇"。相应地，物权行为为处分行为的说法也已在物权行为理论的论述中出现。

一、处分行为概念的出现与发展

清末时期，在日本民法学开始传入时，已经有"处分"用语的使用。如由湖北法政编辑社社员编辑的《民法（财产总论、物权）》中，在对所有权的权能进行描述时，即使用了"处分"一词。"物权者，谓对于物之上可以直接行使之权利也。物权中最重者为所有权。既系所有即可自由处分，或抛弃或破坏，不必听命于他人，他人亦不能干涉之。故曰有直接行使之权利。"①（着重号为引者加）又如："所有权者，在法律所许之范围内最自由处分其物之权利也。例如有一时晨表，已有所有权，或抛弃或损坏，皆可自由处分。"②（着重号为引者加）

然而，"处分"用语的使用，并不能代表民法学已经接受和认可了"处分行为"。如由陈国祥编辑的法政讲义《民法总则》中，编者即对法律行为作了如下分类：（甲）单独行为、契约（乙）有偿行为、无偿行为（丙）要式行为、不要式行为（丁）为主之行为、为从之行为。在介绍完这些得到普遍认同的法律行为分类之后，编者还以类似注释的形式，稍稍提及下述内容："又冈松博士尚有管理行为、处分行为之分类。谓'管理行为者，不生权利之丧失、移转，而以财产之保管、改良、利用为目的之行为也。处分行为者，可生权利之丧失、移转之行为也。于处分行为，有让渡及抛弃之二种。'"③

---

① 湖北法政编辑社社员.民法（财产总论、物权）[M].东京：湖北法政编辑社，1906：45-46.

② 湖北法政编辑社社员.民法（财产总论、物权）[M].东京：湖北法政编辑社，1906：60.

③ 陈国祥.民法总则[M].天津：丙午社，1913：54.

能够证明"处分行为"并未得到著名学者认同的还有下例。陈海瀛、陈海超翻译的日本著名民法学家富井政章的《民法原论》,于1907年出版。在这部当时影响颇大的民法学著作中,富井政章先生将法律行为分为以下几类:"(一)一方行为、双方行为(二)生前行为、死后行为(三)有偿行为、无偿行为(四)定式行为、无定式行为(五)主行为、从行为。"① 在此民法学名著中,并未能见到有关"处分行为"的分类。

虽然在1907年陈国祥编辑的法政讲义《民法总则》中,已有"处分行为"的介绍,但此种分类,似乎也并未被当时的民法学研习者所接受。如在清宣统年间,由李鸿文先生讲述的"直隶法律学堂讲习科讲义"中,李鸿文先生将法律行为分为"(甲)单独行为、契约(乙)有偿行为、无偿行为(丙)要式行为、不要式行为(丁)为主之行为、为从之行为"②。对于"处分行为",该著述则只字未提。

其实,对于"直隶法律学堂讲习科讲义"未能提及"处分行为"的分类不足为奇。因为即使是至民国成立之后的1913年翻译至中国,由日本人户水宽人等著作的《法制经济通论》中,著者将"法律行为分为八类,曰生前行为,曰死后行为;曰单独行为,曰双面行为;曰有偿行为,曰无偿行为;曰要式行为,曰不要式行为"③。此法律行为的分类,与之前的其他译著或编译作品中的分类,虽有所变化,但仍未能见到"处分行为"的分类。1914年出版,由东方法学会译编的《民法要览(总则编)》中,可谓对"法律行为的分类"有所突破,明显增加了法律行为的种类。"法律行为之种类,一、单独行为、契约及共同行为;二、生前行为、死后行为;三、有偿行为、无偿行为;四、要式行为、无式行为;五、主行为、从行为;六、有因行为、无因行为。"④ 但该著述仍未接受"处分行为"的分类。

以上这些事例说明,在清末时期的民法学研究中,虽然已经有日本学者论及"处分行为"的定义和分类。但是,此种对"处分行为"的定义和分类,并未被多数日本民法学者所接受和赞同。而正值中国民法学输入期的中国民法学人,尚不具备对"法律行为"分类的批判性识别能力;在编译民法学著作时,对日本民法学的"法律行为"分类情况,只能跟从多数学者的观点。

---

① 富井政章. 民法原论 [M]. 陈海瀛,陈海超,译. 上海:商务印书馆,1907:246-249.
② 李鸿文. 直隶法律学堂讲习科讲义 [M]. 保定:直隶法律学堂,清宣统年间:16-17.
③ 户水宽人. 法制经济通论 [M]. 何燏时,汪兆铭,译. 上海:上海商务印书馆,1913:12.
④ 东方法学会. 民法要览(总则编)[M]. 上海:泰东图书局,1914:75-77.

<<< 第四章 民国后期（1929—1949）的物权行为理论研究（下）

"处分行为"定义分类情况虽未能多见于民法学编译作品，但民初的审判实践却表明"处分行为"已经为大理院推事们所接受，并熟练地运用于大理院判决中。

大理院三年（1914年）上字第六三号判例中，就已使用"处分行为"。该判例称："不动产所有人于法令限制内得自由处分其权利，而不动产之买卖既属处分行为之一，则其应卖何人系属所有人之自由。第三人欲向买受不动产之买主无故申述异议，实为法所不许。"①（着重号为引者加）对于判例中的"不动产买卖既属处分行为"的学理表述是否准确妥当，暂且不论。但该判例显然已经对"处分行为"属于法律行为的一种而深信无疑。同年的大理院三年（1914年）上字第七九九号判例，也有关于"处分行为"的表述。该判例称："法律上应得他人同意始能为处分行为之人，若不得该同意权者同意，而为处分物权之意思表示，该物权并不因而移转。"②（着重号为引者加）与大理院三年（1914年）上字第六三号判例相比，此大理院推事对"处分行为"的理解，显然要比前例成熟。在此判例中，大理院推事明显将"物权"作为"处分行为"的对象之一；并对"处分行为"的效力作出判定："若不得该同意权者同意，而为处分物权之意思表示，该物权并不因而移转。"

此后的大理院判例表明，对"处分行为"的接受和适用的大理院推事，并不在少数。如大理院四年（1915年）上字第二二五九号判例和四年（1915年）上字第二三一八号判例都在告诉世人："处分行为"已为大理院所深深接受，并被作为司法审判实践分析推理的重要概念之一。大理院四年（1915年）上字第二二五九号判例称："凡无权利人之处分行为，若嗣后该无权处分人已取得其权利，即应追溯当时，认为有效。故在前纵以非其所有，不能处分，迨其继承权利之时，即已成为有效之行为。"③ 大理院四年（1915年）上字第二三一八号判例又称："承继人于被承继人生存中，处分被继承人之财产者，其处分行为不能发生效力。"④（着重号为引者加）在这两个判例中，"处分行为"用语的使用，已经是准确无误。

在大理院判例接受和适用"处分行为"之后，在当时著名的法学家黄右昌先生编写的"朝阳大学法律讲义"《民法物权》中，也已能见到黄右昌先生对"处分者"一词的使用。"取得者，权利归属于某特定人之谓。依法律行为而为

---

① 郭卫. 大理院判决例全书［M］. 上海：上海会文堂新记书局，1932：157.
② 郭卫. 大理院判决例全书［M］. 上海：上海会文堂新记书局，1932：52.
③ 郭卫. 大理院判决例全书［M］. 上海：上海会文堂新记书局，1932：53.
④ 郭卫. 大理院判决例全书［M］. 上海：上海会文堂新记书局，1932：54.

物权之取得者。其内容必包含物权之移转及设定。故从处分者方面观察之，又得区别为移转取得与设定取得二种。移转取得者，谓既存之权利，移于新权利主体。设定取得者，谓从处分者所有之完全权利中创设之限制权利也。"①（着重号为引者加）

此处内容使用了"处分者"一词，虽未使用"处分行为"全称，但从上下文内容来看，黄右昌先生的论述中，"处分者"与"处分行为"应有一定关联。此处使用的"处分者"可作"处分行为者"来理解，而不宜理解为物权（所有权）的一项"处分"权能。

"中华民国民法"总则编于1929年颁布，其中的第一百一十八条规定："无权利人，就权利标的物所为之处分，经有权利人之承认，始生效力。无权利人，就权利标的物为处分后取得其权利者，其处分自始有效。前项情形，若数处分相抵触时，以其最初之处分为有效。"在这一条中，"处分"一词已经成为法条中的明确用语。虽然没有使用"处分行为"，但在事实上承认了"处分行为"的存在。

此后的民法学著作直至1931年欧阳谿先生在《法学通论》和《民法总论》中对"处分行为"论述之前，"处分行为"的法律分类和论述并不多见。

欧阳谿先生是民国时期的著名民法学家，其1931年的两本著作中均在关于法律行为分类的部分，阐述了"处分行为"的法律行为分类。但其在两本著作中的论述却明显不同。在1931年出版的《法学通论》的"法律行为的分类"中，欧阳谿先生将"处分行为"与"管理行为"对应。其对"管理行为"和"处分行为"的定义分别为："管理行为者，对于事物为保管之行为也，如保管货物之类属之。处分行为者，对于事物有处分权之行为也，如出卖物品等属之。"②而在同年初版的《民法总论》中，欧阳谿先生对"处分行为"的理解却明显不同。其在《民法总论》中将法律行为分为"身份上之行为及财产上之行为"，在"财产上之行为"之下，又进行了第二层分类。将"财产上之行为"分为"（甲）有因行为及无因行为；（乙）有偿行为及无偿行为；（丙）处分行为及非处分行为"。对"处分行为及非处分行为"的表述为："处分行为及非处分行为此即以行为之标准是否就财产为一定处分而为之区别。处分行为者，得以让与、变更、或消灭现存之财产权为标的之法律行为也。反之，则为非处分

---

① 黄右昌. 民法物权（本论、自物权）[M]. 北京：朝阳大学法律讲义，印刷年代不详：13.

② 欧阳谿. 法学通论[M]. 陈颐，勘校. 北京：中国方正出版社，2004：269.

行为。"① 两相比较,自以后说对"处分行为"的解说更为详尽。

在近代中国民法学发展史上,对"处分行为"论述最多的当数梅仲协先生。梅仲协先生在其民法学名著《民法要义》中,将德国民法学意义的"处分行为"与"负担行为"作为对应概念加以介绍,并提及了德国民法学上的"给与"概念。

梅仲协先生认为:"就法律赋予法律行为之效力言,得分为处分行为与负担行为之二种。①直接让与标的物(物或权利)之行为,曰处分行为(德 Verfuegungen)。例如交付物之行为,或免除债务之行为均是。为处分行为之人,对于物或权利,无处分之权者,其处分行为,不生效力。……②非直接处分标的物,唯就该标的物,作成负有让与义务之法律行为者,此项行为,谓之负担行为(德 Verpflichtungs-geschaefte),亦称债务行为(德 obligatorische Geschaefte)。例如买卖,出卖人仅负担移转其买卖物之义务,而非直接处分其物也。负担行为,通常悉为契约,……"②

在其他学者的著作中,未能见到有"处分行为"的法律行为分类。

然而,值得注意的是,李宜琛先生虽未在"法律行为分类"部分对法律行为有"处分行为"的分类。但是,在其他部分内容的论述中,还是对"处分行为"作出了定义,并实际运用了"处分行为"的法律行为分类。这是因为"中华民国民法"法律行为中的第一百一十八条使用了"处分"用语。李宜琛先生认为:"处分行为云者,直接以权利移转、变更或设定负担为标的之行为也。盖一一八条规定(引者注:第一百一十八条规定:'无权利人,就权利标的物所为之处分,经有权利人之承认,始生效力。无权利人,就权利标的物为处分后取得权利者,其处分自始有效。前项情形,若数处分相抵触时,以其最初之处分为有效。')原为对于无权利人之处分行为所设之救济方法。故仅就处分行为,有其适用。对于以他人之权利为处分之标的之债权行为则不适用。"③

二、物权行为系处分行为的观点述评

近代民法学上,虽然"物权行为"和"处分行为"较早出现,但在民法学上敢断言物权行为系处分行为者,却是民国后期的事情。刘鸿渐先生在其1933

---

① 欧阳谿. 法学通论 [M]. 陈颐,勘校. 北京:中国方正出版社,2004:323.
② 梅仲协. 民法要义 [M]. 重庆:公诚法律会计师事务所,1944:114-116;梅仲协. 民法要义 [M]. 北京:中国政法大学出版社,1998:91-98.
③ 李宜琛. 民法总则 [M]. 北京:中国方正出版社,2004:246.

173

年版的《中华民国物权法论》中指出："物权契约系关于物权之处分行为。"①之后的1935年，柯凌汉先生也指出："物权行为能直接发生物权之变动，故其性质属于处分行为。"②

可惜的是，刘鸿渐先生和柯凌汉先生对物权行为或物权契约在性质上属于处分行为的论断，未能进行深入展开论述。

李宜琛先生对无权处分的论述内容，并未明确指出物权行为系处分行为。

梅仲协先生在《民法要义》中也未能对物权行为系处分行为作出明确说明，但从其论述内容看，似乎梅仲协先生支持物权行为属于处分行为的观点。梅仲协先生论述道："直接让与标的物（物或权利）之行为，曰处分行为（德 Verfuegungen）。例如交付物之行为，或免除债务之行为均是。"梅仲协先生在这里使用了"交付物之行为"，而没有直接使用"物权行为"用语。这或许能够反映出梅仲协先生对物权行为与处分行为之关系的看法。

梅仲协先生对于"处分行为"所下论断为："直接让与标的物（物或权利）之行为，曰处分行为。"但"直接让与标的物（物或权利）之行为"又到底是指哪个行为？如在"物权行为定义"节中所论，由于"中华民国民法"采用了物权移转形式主义，因此，在物权移转的过程中，也就是在"直接让与标的物"的过程中，则存在两个行为。一个为"直接让与标的物"的"物权意思表示"行为，另外一个则为"交付"行为。梅仲协先生所指的"直接让与标的物（物或权利）之行为"究竟中指哪一行为？单从梅仲协先生给"处分行为"所下的定义中，似乎难以找到明确答案。但接下来，梅仲协先生针对"处分行为"的定义而举出的例子，则告诉了我们明确的答案。"直接让与标的物（物或权利）之行为，曰处分行为（德 Verfuegungen）。例如交付物之行为，……是。"不难看出，在梅仲协先生看来，"交付物之行为"即为"处分行为"，而"处分行为"本身即是法律行为，由此，可以推导出，"交付物之行为"即为"法律行为"。而在物权移转变动过程中，"交付物之行为"之外的"物权意思表示"行为又该是什么呢？如果当事人之间在债权意思合意之外，双方未再就"直接让与标的物"形成合意时，通过"交付物之行为"而推定物权移转双方当事人的"物权移转合意"固然不失为一种解释。但如果物权移转双方当事人又再次就物权移转形成"直接让与标的物"的意思表示合致的行为，该物权的意思表示合致行为是否属于"处分行为"？是与"交付物之行为"合并在一起，为"处分

---

① 刘鸿渐. 中华民国物权法论 [M]. 北平：北平朝阳学院，1933：55.
② 柯凌汉. 中华物权法论纲 [M]. 上海：商务印书馆，1935：19.

行为"？还是与"交付物之行为"相分离，而单独成为一个法律行为？这些疑问，实际上都与对物权行为的定义理解有着直接的关系。但无论如何，从对"处分行为"的定义论述，还是能够察觉到梅仲协先生对物权行为属于处分行为论断的肯定。

从近代民法学对物权行为与处分行为的关系来看，鲜明支持"物权行为系处分行为"者却极少，这不能不说是近代民法学发展的一大怪现象。物权行为为德国民法学发展的产物，而物权行为的产生与"处分行为"的出现联系密切。然而，近代民法学完全接受了物权行为，但在对物权行为和处分行为的属性关系认识上，未能有所论述和发展，不能不说是近代物权行为理论发展史上的一大缺憾。这说明，近代民法学在物权行为的理论研究上，还未能深入。直至20世纪中后期，物权行为与处分行为的关系研究方才在中国台湾地区深入展开。

三、物权行为系处分行为的理论意义

在近代中国的民法学发展史上，处分行为与负担行为的分类被学界接受的时间相对较晚。这突出表现在民法学总则的法律行为分类中，处分行为与负担行为的分类迟迟未能被学者所接受。但在实际上，无论是在物权行为认识、法学推理论证，还是司法审判实践中，"处分行为"作为一个重要的概念被实际使用。随着近代民法学的发展，处分行为与负担行为的法律行为分类还是被知名民法学者所接受，这对于近代民法学中的物权行为理论发展具有重大意义。

处分行为与负担行为的认识和区分，对于研习民法学具有着重要的理论意义。这种理论意义正如当代台湾著名的民法学家王泽鉴先生所认为的："法律行为最重要的分类是负担行为和处分行为，二者贯穿整部民法，可称为民法上的任督二脉，必须打通，始能登入民法殿堂。"[1]

既然近代中国的民法学开始接受并最终先为少数学者接受，那么处分行为与负担行为的区别则必然认识和接受此种法律行为分类的人们所熟知。

综合来看，处分行为与负担行为的区别主要有六点：第一，负担行为与处分行为的差异。负担行为中当事人意思表示所指向的标的为行为；而处分行为所指向的标的是物或权利。第二，法律效果的差异。负担行为生效后所产生的法律效果，仅仅是义务或债务的产生，并不涉及权利的移转；处分行为生效后所产生的法律效果，则是财产权利的移转、变更、消灭及权利上设定负担。第

---

[1] 王泽鉴. 法律思维与民法实例——请求权基础理论体系 [M]. 北京：中国政法大学出版社，2001：3.

三，标的是否特定的要求不同。处分行为首要特征在于：须有标的的存在并且标的应当特定；负担行为并不必然要求标的存在且特定，一个没有标的的负担行为性质的契约并非无效。第四，处分权是否为要件不同。处分行为以处分人有处分权为要件；负担行为是即使行为人没有处分权，也不影响负担行为的效力。第五，是否需要公示不同。物权法上的处分行为应适用公示原则；负担行为由于仅适用于债法的领域，故无须公示。第六，是否具有绝对性与抽象性不同。处分行为具有绝对性和抽象性；负担行为仅产生给付义务而不涉及权利的变动和归属，故毫无绝对性可言。处分行为的抽象性是指处分行为的效力不依赖于其原因或原因行为的效力，原因欠缺或原因行为即使无效，处分行为如符合其自身生效要件也将仍然有效。负担行为则不具有抽象性，受行为目的的影响，目的不存在或有瑕疵，将导致负担行为的无效。①

中国近代民法学虽然一开始就接受了物权契约理论，并且物权契约理论也完全为司法实务界所接受，处分行为与负担行为的区分也为司法实务界自觉或不自觉地使用，但在民法学理论上，处分行为与负担行为作为法律行为最重要的法律行为分类，却并没有像物权契约和债权契约那样为学者所接受，这不能不说是近代中国的民法学试图通过移植日本民法学从而学习德国法学的一大缺憾。

从处分行为与负担行为的区别上来看，实际上处分行为与负担行为和物权行为与债权行为的关系非常微妙。处分行为与负担行为的区分恰好与物权行为与债权行为的区分相协调，使物权行为与债权行为纳入更高一个层次的概念区分体系之中，从而在更深远的层面上认识和理解德国民法典的五编制以及德国民法学上的"潘德克顿"法学体系。

第四节 物权行为与其他法律行为的关系研究

物权行为与其他法律行为的关系，是物权行为理论的重要内容。因此，研究物权行为与其他法律行为的关系，对于明确物权行为理论的法学存在价值，确定物权行为与其他法律行为的关系状态，具有重要的理论意义。

---

① 赵冀韬. 负担行为与处分行为的区分 [M]. 北京：法律出版社，2006：89-92.

一、物权行为与债权行为的关系分类

清末时期，未发现有关物权行为与债权行为的相关论述。这与日本当时未能展开物权行为与债权行为的研究有密切关系。

民国前期，对于物权行为与其他法律关系的相关论述，较早见于1927年发表在《东北大学周刊》上，由日本民法学者横田秀雄先生撰写的《论物权契约》中。这篇论文由东北大学的张其威先生翻译。

在《论物权契约》一文中，横田秀雄先生列举并说明了物权意思表示存在的四种情形。

甲、债权的意思表示，同时为物权的意思表示而生其效力者。如关于特定物物权设定移转变更消灭债权契约的目的时，债权的意思表示同时也形成物权的意思表示。

乙、当债务之履行而为物权的意思表示者。例如为履行不特定物债权契约，而为特定物授受的行为。又如委托代理人将以自己名义取得的物权，移转给本人的行为；再如不当得利的物权返还行为。

丙、物权的意思表示，与债权契约成立上之必要事实相随者。如消费贷借契约之成立时，需要交付必要的金钱或代替物。

丁、物权的意思表示，不由于当事人间之债务关系而为单独行为之者。例如以设定有支付地租义务之地上权、永佃权、质权、抵挡权为目的之意思表示，又如抛弃物权的行为。

虽然横田秀雄先生所列举之事例只是物权意思表示与债权意思表示的关系，但由于日本民法规定物权意思主义，物权的法律行为无须"登记""交付"等实行行为。因此，在日本民法观念上，物权意思表示行为也就可直接被认为是物权的法律行为（即物权行为）。

在横田秀雄先生对物权意思表示存在情形的介绍之后，近代中国的民法学者也开始在物权行为的相关论述中，论及物权行为存在的情形，也就是物权行为与其他法律行为的关系问题。欧阳谿先生为较早论述债权行为与物权行为的学者之一。

在名为《民法总论》（初版于1931年）的著述中，欧阳谿先生论述道：

惟债权行为与物权行为之关系，约有左之各情形。

（1）物权行为与债权行为同时成立。此种情形，于即时买卖见之。即于成立契约时即刻履行之买卖契约也。该项买卖契约，亦有物权债权之别。固有之买卖契约，只能发生请求移转所有权之债权。其性质属于债权契约，至所有权之移转，须另有所有权让与之契约，乃为物权契约。故物权行为与债权行为系同时成立。

（2）债权行为先于物权行为。此种情形，于不特定物之买卖见之。即先因买卖契约以发生请求让与不特定所有权之债权，及履行此项债务时，始由让与特定物所有权之契约以移转其所有权。故债权行为，实先物权行为而成立。

（3）仅有债权行为而无物权行为。此种情形，惟雇佣契约为然。

（4）仅有物权行为而无债权行为。此种情形中，有债务原因已由法律规定者。如因不当得利而返还原物属之。亦有全无债务者，如消费贷借时让与代替物之所有权属之。①

与横田秀雄先生的论述相比，欧阳谿先生的论述与之有所不同。如横田秀雄先生根据日本的立法，确认为"债权的意思表示，同时为物权的意思表示"为一个意思表示，而欧阳谿先生则认为是"物权行为与债权行为同时成立"，但为两个契约。也正如柯凌汉先生所述："应认其债权行为与物权行为，个个独立存在；不得谓由一个行为，同时发生债权与物权两效力。"②

民国后期，民法学者对物权行为与债权行为的关系的论述已经比较常见。较早关注物权意思表示与债权意思表示关系内容的，还有曾负责"民国民律草案"总则篇起草的民法学家余棨昌先生。余棨昌先生在其1931年的物权法学著作《民法要论（物权）》一书中，对物权意思表示与债权意思表示的关系进行了论述。之后，学者刘鸿渐先生和曹杰先生对物权意思表示与债权意思表示的关系，均有系统的论述。因学者所论主要是物权意思表示与债权意思表示的关系，因此，对于仅有债权意思表示而无物权意思表示的情况，学者并未论及。

综合各位学者的研究内容，可以看出，学者将物权意思表示与债权意思表示的关系，分为三种情况。对于各自的情况，下面进行分类梳理。

1. 物权意思表示与债权意思表示无任何关系

1931年，余棨昌认为："物权意思表示，全与债务意思表示无关而独立存在者有之。例如所有权让与之债务因法律之规定而生者。如返还不当得利之债务。又所有权之让与，直无何种债务而亦存在者，如买主抛弃其定银之类是也。"③

1933年，刘鸿渐先生认为：

物权契约无为其原因之债权契约之场合

---

① 欧阳谿. 民法总论（上册）[M]. 上海：上海法学编译社，1931：320-321.
② 柯凌汉. 中华物权法论纲 [M]. 上海：上海商务印书馆，1935：19-20.
③ 余棨昌. 民法要论（物权）[M]. 北平：北平朝阳学院，1931：11.

于此场合,关于物权之变动,仅有所谓物权的意思表示,无所谓债权的意思表示,而所成立之物权契约,则为纯然独立之物权契约。例如为消费借贷契约成立要件之授受金钱物品之场合,与为定金买卖契约成立要件之授受定金之场合等是也。(注三)

(注三) 物权契约无为其原因之债权契约之场合,即所谓物权契约独立之场合有左之四种。

一 履行法律上之义务之场合 例如缴纳租税罚金等之场合。

二 无何等之义务而移转物之所有权之场合 例如消费借贷之贷主交付金钱、物品,定金买卖之买主定金等之场合。

三 现实赠予例如施衣食于乞丐、赠玩具于儿童之场合。

四 无预约而为他人设定限制物权之场合 例如怜亲友之贫困而自动的为其设定地上权、永佃权等之场合。①

1937年,曹杰先生对于此种情形,论述较为简单。"物权意思表示显与债权意思表示分离者,如代物清偿契约与以消费贷借为成立要件之授受金钱物品是(参照第三一九条、第四七五条)。"②

2. 物权意思表示与债权意思表示同时、并存之场合

1931年,余荣昌先生认为:"物权意思表示,与债务意思表示并存者有之。例如特定物之买卖是也。特定物之买卖者,发生其特定物所有权让与之债务之意思表示,与欲为其所有权之让与之意思表示并行存在者也。换言之,特定物之买卖者,发生移转其物所有权之债务关系,同时即为其所有权之让与契约者也。因债权契约而生所有权移转之债务,因物权契约而生所有权之移转,二者本各异其职分,事实上或难划分,而法理上则不能无区别者也。"③

1933年,刘鸿渐先生认为:

物权意思表示与债权意思表示同时存在之场合

物权意思表示虽不必有债权意思表示为其原因,然亦不妨与债权意思表示同时存在。所谓物权契约与债权契约分离独立云者,乃就法理上之现象而言,于事实上之现象,得认两者同时存在之场合,亦复不少。例如特定物之现实买卖之场合是也。于此场合,系依缔结买卖契约同时授受物件而终了一切之关系,故斯时所谓物权意思表示,不得不认为与债权意思表示同时存在。换言之,即

---

① 刘鸿渐. 中华民国物权法论 [M]. 北平:北平朝阳学院,1933:57.
② 曹杰. 中国民法物权论 [M]. 周旋,勘校. 北京:中国方正出版社,2004:20.
③ 余荣昌. 民法要论(物权)[M]. 北平:北平朝阳学院,1931:10-11.

物权契约与债权契约同时缔结者也。然而即在此等场合，物权契约与债权契约分离独立之观念，仍须严于维持。盖债权契约仅发生所有权移转之债权关系，而所有权之直接移转须有物权契约，二者各异其职分之故也。故于特定物买卖之场合，以通俗的眼光观察之，买主似因特定物之买卖（即债权契约）而取得物之所有权。然以法律的眼光观察之，买主之取得所有权，非因特定物之买卖，乃因有与特定物之买卖同时存在之所有权让与之契约（即物权契约），此当明辨者也。①

在物权意思表示与债权意思表示同时、并存之场合，曹杰先生与余棨昌先生和刘鸿渐先生的观点，略有不同。曹杰先生认为："物权契约与债权契约之意思表示，虽于观念上可以全然分别，惟在事实上往往有无从区别者，尤其为债权意思表示与物权意思表示二者同时存在之场合，例如特定物之现实买卖与赠予是。此时只可认为于物权契约同时包含债权契约。"② 区别点在于，在债权意思表示与物权意思表示并存的场合，是"物权契约同时包含债权契约"，而非各自独立存在。

3. 物权意思表示以债权意思表示为先驱、异时存在之场合

余棨昌先生认为："物权意思表示，以债务意思表示为行驱者有之。例如不特定物之买卖是也。不特定物之买卖者，只发生不特定物所有权让与之债务关系，嗣后为履行其债务而交付一定之物之时，始有所有权让与之物权的意思表示者也。于此情形，其买主非因买卖即取得其物之所有权，乃因其后之所有权让与契约，始取得其所有权，是固甚明者也。"③

刘鸿渐先生认为：

物权意思表示与债权意思表示异时存在之场合

物权意思表示有于性质上不能与债权意思表示同时存在者，例如不特定物之买卖将来成就之物之买卖之场合是也。于此场合，必须俟买卖标的物之特定，始能有物权契约之缔结。故斯时所谓物权意思表示之发生与债权意思表示之发生，于时间上实有相当之距离。换言之，即物权意思表示发生于债权意思表示之后者也。又当缔结债权契约时，当事人以特约将物权的变动保留于后日者有之。例如由书店购买百科全书，约定以分期付款方法支付价金，同时并约定在价金全部付清以前，书店保留该书籍所有权之场合是也。于此场合，物权契约

---

① 刘鸿渐. 中华民国物权法论 [M]. 北平：北平朝阳学院，1933：57-58.
② 曹杰. 中国民法物权论 [M]. 周旋，勘校. 北京：中国方正出版社，2004：20.
③ 余棨昌. 民法要论（物权）[M]. 北平：北平朝阳学院，1931：11.

之缔结,当然在价金全部付清以后。物权意思表示之发生与债权意思表示之发生,于时间上有相当之距离,尤为显著也。①

曹杰先生论述较为简单,即"物权意思表示以债权意思表示为前提者,如不特定物之买卖,将来成就之物之买卖是"②。

三位学者的论述,情形虽基本相同,但详尽各异,从中也不难看出各位学者的不同取向。正是从这些细致的论述中,我们可以发现民国时期物权行为理论的深层特质。

二、从物权意思表示与债权意思表示同时存在看物权行为的拟制性

民国初期的大理院判例,将物权契约的要件定于特定物、有处分权,且意思表示不反于一般法律行为和契约的原则。由于在大理院判例中,事实上采用了意思主义,物权在当事人意思表示一致时,即可发生设定移转效力。③ 但是对于当事人之间的合意究竟是物权意思表示合致,还是债权意思表示合致?或者是物权意思表示已经被纳入"法律行为和契约有效成立"的要件内?总之,作为物权契约核心成分的"物权意思表示"并未被大理院推事所强调。至于物权意思表示与债权意思表示的关系,自然也就难以成为学者研究的内容。

也正因为缺乏对"物权意思表示"的独立认识,使得在意思主义的物权移转模式之下,物权变动的效果仅依当事人的意思合致即可发生,而无须另外的动产"交付"或不动产"登记",这就使得含有"物权意思表示"的契约,既是"物权意思表示",也是"债权意思表示"。因此,对于既含有"物权意思表示",又在同一书面的"意思表示合致(合意)"中含有债权内容的"意思"表现形式,究竟属于"物权契约",还是"债权契约",很难作出判断,进而出现"混成契约"或"混合行为"的说法。④

随着"中华民国民法"的出台,物权移转形式主义被确立下来。与物权移转意思主义相比,物权行为变得较为复杂。因为,在物权移转意思主义之下,符合特定物、有处分权、不动产物权移转要式及其他法律行为和契约合法的前提下,物权意思表示,就可被直接确认为物权行为。但在物权移转形式主义之下,物权意思表示,并不能发生物权变动效力。因此,动产"交付"或不动产

---

① 刘鸿渐. 中华民国物权法论 [M]. 北平:北平朝阳学院,1933:58-59.
② 曹杰. 中国民法物权论 [M]. 周旋,勘校. 北平:中国方正出版社,2004:20.
③ 郭卫. 大理院判决例全书 [M]. 上海:会文堂新记书局,1931:156.
④ 王去非. 民法物权论 [M]. 上海:上海法学编译社,1933:18;王去非. 民法物权要义 [M]. 上海:上海法学书局,1934:25-26.

"登记"行为也成为物权行为（物权契约）不可或缺的一部分。

在先有债权契约，后有物权契约的物权设定移转过程中，如果债权契约与物权契约相隔时间较长，且当事人之间又书面形成物权设定移转的合意时，当事人能够较为清楚地意识到债权契约与物权契约的存在。这也就是学者所论的"物权意思表示以债权意思表示为先驱、异时存在之场合"。

然而，现实的情景是，大部分债权契约双方在订立债权契约之后，并未现实地就物权移转进行再次的意思表示（即物权意思表示），从而形成物权移转意思表示的合致，而是直接出现了"交付"或"登记"行为，这就造成了并无物权契约的假象。

当债权契约与物权契约之间的相隔时间极为短暂，近乎同时的时候，则这时的物权契约表现更为模糊，理由在于物权意思表示更不易被发现，因而被认为是只有债权意思表示，没有物权意思表示。

实际上，在标的物"交付"或"登记"之前，"物权意思表示"与"债权意思表示"不为"同一个意思表示"的情况下，"物权意思表示"与"债权意思表示"也就不可能同时发生。因此，所谓"物权意思表示与债权意思表示同时、并存之场合"是不可能存在的。

重要的问题在于，在现实的物权移转过程中，"交付"或"登记"行为明显。而物权设定移转的意思表示或合意，并未书面或者口头形成，而是直接进行了标的物的"交付"或"登记"阶段。在此情况下，物权行为或物权契约是否存在呢？对此，民国后期的民法学者余棨昌先生和刘鸿渐先生持肯定回答。

依标的物"交付"或"登记"而认为物权行为或物权契约的存在，是否是将"交付"或"登记"行为直接认定为物权行为？从法律行为的角度而言，"法律行为之异于其他行为，盖即在其意思表示之有无"[1]。从物权行为的定义角度而言，物权意思表示被作为物权行为的主要成分或要素而受到强调。因此，并不能认为"交付"行为或"登记"行为即是物权行为本身。从意思表示的角度而言，意思表示并非仅依"明示"而存在，"默示"的"意思表示"也足以作为法律行为的成分或要素。因此，在物权变动的过程中，虽然没有"明示"的物权意思表示，"默示"的物权意思表示依旧作为物权行为的成分或要素，与"实行行为（交付、登记）"而合并为物权行为或物权契约。这样，就在物权变动过程中，出现了物权行为或物权契约。因此，物权契约即因物权意思表示的推定而更多地在学理上表现出物权契约拟制性的特征。

---

[1] 李宜琛．民法总则［M］．南京：国立编译馆，1947：208．

三、"所有权保留"时的物权意思表示状态

民国后期,对于物权意思表示的探讨,进一步深化了物权行为理论研究。即使对于当今的物权行为理论研究,也有着重要的参考价值。

当今学说,对于物权行为理论的一个重大误解,在于物权行为理论对于卖出人的保护不够公平合理。

然而,在所有权保留的情况下,物权让与人的情形则大有改观。如果债权行为有效,在债务人不履行支付对价义务时,导致债权契约被解除时,债权人仍然可以根据约定,行使物权的保护方法,将标的物取回。但是债务人在债权人动产交付之后破产的情况下,因为当事人之间已经交付了标的物,该标的物的物权已经发生移转。然而,依物权行为理论,由于当事人之意已经约定了在支付标的物全部价款之后,物权方为移转,因此,当事人之间并未形成物权移转的意思合致,也就没有物权行为或物权契约的存在,标的物的物权自然不能发生移转。因此,从法律上而言,标的物的物权仍然属于债权人所有。故在标的物交付之后,债务人破产的情况下,标的物不应列入破产财产,债权人完全可以依据破产法上的取回权,将该标的物取回,从而保护自己的利益。

如果债权行为无效时,债权人向债务人交付动产之后,在债务人破产的情况下,债权人的利益仍然能够得到全面的保护。原因在于,债权行为无效时,债权人的单纯交付行为并不是物权行为。因为动产物权行为须具备物权意思表示和交付行为两方面的内容。单纯的物权意思表示与单纯的交付行为都不是物权行为。因此,没有物权设定移转的意思表示合致,而仅凭"交付"行为本身,就不能发生物权的移转。因此,如果债务人破产的情况下,债权人仍然可以行使取回权,将该标的物取回,从而保护自己的利益。

一般而言,所有权保留,仅对于动产物权而言,对于不动产物权,由于不动产物权登记的存在,还使"物权权利"与"权利登记"之间产生一定的冲突,但在不动产物权出让的保护方面,也并非没有可探讨之处。

总之,可以说,物权意思表示的异时存在(所有权保留)为物权行为理论的弊端克服提供了可选路径。

四、物权行为与其他法律行为关系初探

民国后期,对于物权行为与其他法律行为的关系方面的论述,并不多见。较早对此方面进行论述的是柯凌汉先生1935年的著作《中华物权法论纲》。之后的1944年,李宜琛先生在其著作《民法总则》也有简单论述。

柯凌汉先生将物权行为与其他法律行为的关系主要分为三类。(1) 使其他法律行为成立；(2) 使其他法律行为生效，(3) 为履行债务的实行行为。

李宜琛先生在《民法总则》法律行为的分类内容中，在论及物权行为与债权行为的分类时，对于物权行为与其他法律行为的关系，稍有论及。李宜琛先生认为："物权行为，通常殆皆为债权行为履行之结果，例如出卖人因履行其债务而移转财产权，买受人因履行其债权而交付价金是，但并非必须先有债务行为而后始有物权行为。物权行为亦有为债权行为之成立要件者（例如因成立消费借贷、消费寄托而为物之交付）；亦有因履行法律规定之义务而为之者。"①

综合上述两位学者的论述，可将物权行为与其他法律行为的关系分为以下四类。

（一）物权行为为债务的实行行为

柯凌汉先生认为："有因履行对于相对人所负之债务者。如甲因负乙百圆，而交付百圆于乙，以清偿之是。此债务若由债权行为而生，则在同一当事人间，有债权行为与物权行为先后成立。学者称此债权行为，曰原因行为；称此物权行为，曰履行行为或给付行为。如因履行买卖契约，而移转标的物之所有权时，其买卖契约即原因行为；其移转所有权之契约，即履行行为。原因行为与履行行为，通常多异时为之。但事实上非无同时为之者。如现物买卖，现物赠予是。此际仍应认其债权行为与物权行为，个个独立存在；不得谓由一个行为，同时发生债权与物权两效力。故其两行为之效力，应各别断定之。"②

李宜琛先生也认为，"物权行为，通常殆皆为债权行为履行之结果，例如出卖人因履行其债务而移转财产权，买受人因履行其债权而交付价金是。"③

（二）物权行为使其他法律行为成立

柯凌汉先生认为："有因为要使其他法律行为成立，所以去做物权行为的。例如因为要使买卖契约成立，而授受定金是（第二四八条参照）。"④"此即其物权行为，为他之法律行为为之成立要件。如因订立定金契约，而交付金钱；因订立代物清偿契约，而移转所有权是也。"⑤ 李宜琛先生也认为存在此类物权行为："物权行为亦有为债权行为之成立要件者（例如因成立消费借贷、消费寄托

---

① 李宜琛. 民法总则 [M]. 胡骏, 勘校. 北京：中国方正出版社, 2004: 154.
② 柯凌汉. 中华物权法论纲 [M]. 上海：上海商务印书馆, 1935: 19-20; 柯凌汉. 民法物权 [M]. 上海：商务印书馆, 1935: 25-26.
③ 李宜琛. 民法总则 [M]. 胡骏, 勘校. 北京：中国方正出版社, 2004: 154.
④ 柯凌汉. 民法物权 [M]. 上海：商务印书馆, 1935: 25.
⑤ 柯凌汉. 中华物权法论纲 [M]. 上海：上海商务印书馆, 1935: 19.

而为物之交付）。"①

（三）物权行为使其他法律行为生效

柯凌汉先生认为："有因为要使其他法律行为发生效力，所以去做物权行为的。例如因为要使消费借贷契约发生效力，而交付金钱或其他代替物是（第四七五条参照）。"②

（四）因法律规定而为物权行为

李宜琛先生认为，"物权行为……亦有因履行法律规定之义务而为之者。"③

探讨物权行为与其他法律行为关系，具有重要的民法学意义。这种主要意义表现在以下几个方面：

1. 有利于进一步揭示物权行为理论中的物权行为无因性问题

物权行为无因性是民国后期争论最为激烈的民法问题之一。民国后期对于民国时期的物权行为与其他法律行为的关系研究，与研究物权行为的原因关系（物权行为无因性问题）有着密切的关联。正如柯凌汉先生在论述物权行为与其他法律行为的关系前所作的说明："当事人做物权行为的时候，常常为着要达一定的目的，这就是物权行为的原因。"④ 1935年，柯凌汉先生认为："物权行为之原因关系，有种种：（一）有因使他之法律行为成立者。……"由此可以看出，柯凌汉先生论述物权行为与其他法律行为的关系最初即缘于探究物权行为的原因，为论述物权行为的无因性质事先作出的铺垫。因此，研究物权行为与其他法律行为的关系，有利于下一步深入研究物权行为无因性，确定物权行为与债权行为或其他行为的原因关系。

2. 有利于拓宽物权行为的研究视野，摆脱仅限于履行债权义务的物权行为研究范畴

民国后期的物权行为研究，虽然已经涉及物权行为的各个方面，较为深入，但从研究的对象和研究的深度而言，物权行为的理论研究仍主要集中在为履行债务而从事的物权行为研究上。对于物权行为的其他方面，则论述较少。

物权行为与其他法律行为关系的研究，极大地拓宽了物权行为的研究对象和研究视野，使学者的研究向更高层次方面发展；同时，也为更深入地研究物

---

① 李宜琛. 民法总则 [M]. 胡骏，勘校. 北京：中国方正出版社，2004：154.
② 柯凌汉. 民法物权 [M]. 上海：商务印书馆，1935：25；柯凌汉. 中华物权法论纲 [M]. 上海：上海商务印书馆，1935：19.
③ 李宜琛. 民法总则 [M]. 胡骏，勘校. 北京：中国方正出版社，2004：154.
④ 柯凌汉. 民法物权 [M]. 上海：商务印书馆，1935：25.

权行为的性质,尤其是物权行为无因性,搭建了研究平台。

3. 有利于明确物权行为的全面客观状态,为下一步宏观研究物权行为打好基础

物权行为理论研究,最初仅限于为履行债务而实行的物权行为,因此,对物权行为的研究也基本上是以此行为为主,而对于存在的其他物权行为的研究明显不足。

物权行为与其他法律行为的关系研究,扩大了物权行为的全面客观状态,使其他的物权行为存在状态,得以进入学者的研究视野,从而为下一步综合、全面地研究物权行为打下了基础。

虽然民国后期已经开始对物权行为与其他法律行为的关系进行研究,但是该研究存在着以下不足:(1)研究的学者比较少。从民国的研究人员来看,对物权行为与其他法律行为关系进行论述的主要为柯凌汉先生和李宜琛先生,其他学者在此方面的论述较少。(2)研究层次浅。对于物权行为与其他法律行为的研究,仅限于几种关系的分类而已,除对作为债权行为的履行(实行)行为有较多的论述外,对于另外几种物权行为的存在形态,则主要以举例说明为主,除此别无更深层次的论述。显然,民国后期对于物权行为与其他法律行为关系的论述,缺乏深入的探讨和有价值的论述。(3)无实际研究成果。虽然,柯凌汉先生在探讨物权行为与其他法律行为关系之前的目的,是为了探讨物权行为的原因,试图对物权行为的原因作更深入全面的论述。然而,从对物权行为与其他法律行为关系的论述情况看,作者仅限于对物权行为的几种存在情形的罗列举例而已。对于物权行为的原因,则未进行深入探讨。在物权行为与其他法律行为的关系方面,也未出现有价值的研究成果。

第五章

近代物权行为理论发展纵论

第一节 从物权契约到物权行为

纵观近代中国民法学中的物权行为理论发展过程，我们不难看出，物权行为理论在不同的历史时期的表述名称显有不同。在近代中国民法学发展史上，物权行为理论所关注的对象名称发生变化的分界线大致以1930年为界。在1930年以前，学者以"物权契约"论之；在1930年以后，"物权行为"成为学术著作论述的惯用语。因此，从物权契约到物权行为，大致可以概括近代的物权行为理论发展过程。

一、从物权契约到物权行为

清末时期，日本民法学被引入中国。在由近代中国的留日学生翻译过来的民法学著作中，已经有"物权之契约"用语出现。如初版于1905年，由湖北法政编辑社社员编辑的《民法（财产总论、物权）》中，就有"物权之契约"用语的出现："使物权之契约虽已成立，而未登记，债权者无从调查，仍不得对抗之。"①（着重号为引者加）

除"物权之契约"用语出现外，"物权的行为"的用语也在清末时期，由近代中国留日学生编辑的著作所使用。如由陈国祥编辑，初版于1907年的《民法总则》（法政讲义第一集第二十一册）就有"物权的行为"的语词出现："附案……于志田氏又有所谓物权的行为、债权的行为、亲族法上之行为及相续法

---

① 湖北法政编辑社社员. 民法（财产总论、物权）[M]. 东京：湖北法政编辑社，1905：51.

上之行为者。……至物权的行为等之区别，以从民法之编别为主，以大体上之权利为标准，然于物权法中有被规定之债权，于亲族法中亦有被规定为债权。因而此区别，非贯彻从民法编别之趣旨者，不可不注意也。但亦有学者并物权的行为与债的行为而付以财产的行为之名称者。"①

"物权之契约""物权的行为"两用语虽已在清末时期的民法学著作中出现，但对"物权的行为"或"物权之契约"的内容如其定义、要件、性质等的相关论述，在清末的翻译或编辑的民法学著作中却并未所见。

民国初期，作为全国最高审判机关的大理院已经在判例对"物权契约"的定义、要件及与债权契约的区别等内容有所论述。这说明，民国初期的大理院推事对"物权契约"已经有相对系统全面的认识。但从大理院的判例内容来看，大理院推事主要使用"物权契约"用语，而很少使用"物权行为"用语。

综合清末时期翻译或编辑的民法学著作和民国初期判例即已出现的运用物权行为理论进行审理民事案件的事实，可以推断，在清末时期，虽然没有翻译或编辑的民法学著作对物权行为理论的全面系统论述，但极有可能的是，在部分民法学者间，已有物权行为理论的接受者、支持者和传播者。在这些物权行为理论的接受者、支持者和传播者中，则不乏大理院推事。因而，即会出现大理院民事判决中运用物权行为理论进行民事判决的案例。

在民国前期的民法学讲义中，对物权行为理论相关内容的论述用语，表现更为明显。如黄右昌先生在其编写的"朝阳大学法律讲义"，对于"物权契约"与"物权行为"的关系表述如下：

法律行为又可别之为契约及单独行为，契约有以发生债权关系为目的者，有以物权之移转为目的者。前者谓之债权契约 Obigatorischer Vertrag，后者谓之物权契约 Dinglichr Vertrag。例如甲对于乙为家屋买卖要约承诺之行为（即债权契约），必先因两造之合意而发生权利义务，而后因债权之实行，将家屋所有权成直接移转之关系，其移转家屋所有权之实行行为，即物权的法律行为也（物权契约）。学者有以契约之本质在于约束履行义务，只能为债权之原因，而不能为物权之原因者。讵知近世法学家咸推广契约之意义。故关于物权移转之法律行为，亦即不外指契约而言。……物权的法律的行为，简言之即物权契约也。②（着重号为引者加）

---

① 陈国祥. 民法总则 [M]. 天津：丙午社, 1913：53-54.
② 黄右昌. 民法物权（本论、自物权）[M]. 北京：朝阳大学法律讲义，印刷时间不详：10-11.

从该论述内容来看，黄右昌先生虽然在论述开始即将法律行为分为"契约"及"单独行为"，但在论及"物权移转之法律行为"与"物权契约"时，黄右昌先生认为"关于物权移转之法律行为，亦即不外指契约而言"。这说明，在民国前期，对于"物权行为"的认识，基本限于"契约"。更为明确地说，正如黄右昌先生所述，"物权的法律的行为，简言之即物权契约也。"黄右昌先生并没有意识到物权单独行为的存在。

1924年发行，由林彬编写的《民法要论》一书中，已有"物权行为与债权行为"的分类出现。林彬先生对物权行为的定义为："物权的行为者，以欲直接发生物权上之变动之意思表示为其构成分子之法律行为也。例如地上权、地役权、抵押权等之设定行为皆是。"① 这说明，近代中国的民法学已经接受了"物权行为"与"债权行为"的法律行为分类。

由于物权契约为物权行为中最为常见者，而物权单独行为则极为少见，物权契约自然成为民法学者论述的重点。如1922年，王凤瀛发表在《法学会杂志》上的《因法律行为而有物权之得丧变更者，应否以登记、交付为发生效力之要件？各国立法例不一，我国宜采何制？现在登记制度未能即行，宜代以如何方法？》一文，虽从题目上看，作者以"因法律行为而有物权之得丧变更者"，但在文中具体论述时，则主要使用"物权契约"而未用"物权行为"。又如1927年，由东北大学张其威先生翻译并发表于《东北大学周刊》的《论物权契约》一文，系由日本民法学者横田秀雄先生撰写。此文中，虽也有对于物权行为的总体论述，但其主要还是使用"物权契约"一语。

1930年，随着"中华民国民法"的逐步公布和实施。在民法学上，对物权行为理论的研究用语也随之发生了变化。在1930年之后的民法学著作中，在对物权行为内容进行总体论述时，"物权行为"用语逐步取代了"物权契约"用语。在具体的论述中，"物权行为"的使用频率也明显高于1930年之前。虽然，在具体论述时，仍有"物权契约"的使用，但学者对物权契约的表述意识已经发生了明显改变。如曹杰先生即在其著作《中国民法物权论》（1937年初版）中，对"物权行为"与"物权契约"的关系表述为："法律行为，可分为单独行为与契约行为两种：前者如捐助行为，遗嘱是；后者则统称之为物权契约。（注：其实非关契约问题，乃关于物权行为意思表示之效力问题，不过学者多就物权契约言之，兹为便于说明起见，亦就契约论之。）"② （着重号为引者加）

---

① 林彬．民法要论［M］．地址不详：铅印本，1924：32．
② 曹杰．中国民法物权论［M］．周旋，勘校．北京：中国方正出版社，2004：17．

此处的论述与大约20年之前的黄右昌先生的看法，已有明显的不同。曹杰先生已经明确意识到了物权单独行为的存在。因此，并没有简单地将"物权行为"与"物权契约"画等号。这不能不反映出近代中国的民法学对物权行为的认识已经有了很大提高。

"从物权契约到物权行为"可以基本概括近代中国民法学中的物权行为理论的发展历程。然而，这种语词或用语的变化，却不仅仅是表象，而是从更深层次上反映出近代的物权行为理论从由日本民法学引入转向由德国民法学引入的过程。

二、近代中国民法学中的物权行为理论发展轨迹

（一）近代中国民法学中的物权行为理论发展轨迹

物权行为理论之所以成为一种理论，是因为其相关内容已经形成一个有机整体。物权行为理论在近代中国的发展过程，大致可以从以下四个方面，分别进行描述。

1. 定义发展

对于物权行为的定义，清末时期，虽有关于"物权的行为"的分类介绍，但并未有"物权的行为"具体定义。从介绍情况看，物权行为的定义大致"以从民法之编别为主，以大体上之权利为标准"。[①] 至民国前期，"物权行为"或"物权契约"的定义，先有大理院判例中的"目的说"，后有"物权意思表示构成说"。[②] 但从民国初期的民法学发展情况来看，"目的说"为日本民法学所力主。如日本民法学家横田秀雄先生即持此说。至民国后期，"物权行为"的定义则学说众多。有"目的说""物权意思表示构成说""标的说""内容说""效果说""物权意思表示与实行行为合并说"等。物权行为学说定义的繁多，说明民法学者对物权行为定义有了更多的思考。在这些物权行为定义学说中，较为多数学者所接受的则为"物权意思表示与实行行为合并说"，该说源自德国民法学的痕迹明显。

2. 要件发展

物权行为的要件是判断物权行为是否成立有效的标准。清末时期，未见有物权行为要件的论述。民国初期，大理院二年（1913年）上字第八号判例中提出物权契约的要件为特定物要件、处分权要件、不反于一般法律行为和契约的

---

① 陈国祥. 民法总则 [M]. 天津：丙午社，1913：53.
② 林彬. 民法要论 [M]. 地址不详：铅印本，1924：32.

原则要件。大理院在之后的判例中，又逐步确立了不动产物权契约的书面要件，而物权意思表示要件在有些判例中也已被提及。1927年，日本学者横田秀雄先生在《论物权契约》中，认为物权契约要件为特定物要件、处分权要件和物权意思表示要件。民国后期的学者对物权行为要件构成看法，也各有不同。总括之有"三要件说"（特定物、处分权和物权意思表示或当事人、特定物和其他法定情形），又有"四要件说"（特定物、处分权、物权行为公示和不动产物权行为的书面形式），但从物权行为理论的发展趋势看，物权行为的公示（即不动产登记、动产交付）成为物权行为的必备要件。

物权行为要件的发展是与"中华民国民法"采用德国的物权移转形式主义密切相关。同时，民国后期的物权行为理论明显吸收了德国物权行为学说，将不动产"登记"和动产"交付"看作物权行为的必备成分。这些都使物权行为的要件在民国后期发生一定的变化。

3. 性质发展

物权行为的性质是物权行为理论研究发展到一定阶段的产物，也是人们对物权行为认识逐步得以深化的结果。清末时期和民国初期，未见有对物权契约的性质论述。1927年，日本学者横田秀雄先生的《论物权契约》一文，较早地向近代中国的民法学者介绍了物权契约的"独立性"和"无因性"。同时，横田秀雄先生还认为德国的物权契约具有"要物性"或"践物性"的特征。虽然该文有对物权契约的独立性和无因性的实际应用分析，但并未对物权行为的"独立性"和"无因性"本身展开论述。

物权行为的"独立性"和"无因性"成为民国后期的民法学著作研究的重点。尤其是物权行为的"无因性"，成为学者间争论"最激烈之一问题"。[①] 虽然民国后期，有学者提及物权行为是相对无因行为。但民国后期的民法学著述则证明：物权行为是相对无因行为的观点并未被多数学者所接受。中华人民共和国成立前，物权行为无因性几已成为不可怀疑之定论。

至于物权行为无因性的弊端，即可能导致对让与人的权益保护不周的问题。具体而言，在债权契约无效或被撤销，物权契约依然有效的情况下，让与人只能依不当得利规定，请求返还利益。如受让人破产时，则让与人的利益难以保障。物权行为无因性因而可能导致难以公平保护当事人各方的利益的弊端。民国后期的多数学者并未因此弊端而彻底否定物权行为无因性，而是认为物权行为无因性可以充分保障社会交易安全。

---

① 王去非. 民法物权要义 [M]. 上海：上海法学书局，1934：29.

4. 物权行为与其他法律关系发展

对于物权行为与其他法律行为（主要是债权行为）的关系，虽然在民国初期的大理院判例内容中，存在先有债权契约，为履行债权契约而订立物权契约的分析推理。但是在1927年之前，尚未见到有学者对物权意思表示与债权意思表示关系以及物权行为与债权行为关系的系统论述。1927年翻译并发表的横田秀雄先生的《论物权契约》一文，将物权意思表示与债权意思表示分为四种情形。即（1）债权意思表示，同时为物权意思表示而生其效力者。（2）当债务之履行而为物权意思表示者。（3）物权意思表示，与债权契约成立上之必要事实相随者；（4）物权意思表示，不由于当事人之间之债务关系而为单独行为之者。《论物权契约》一文对物权意思表示与债权意思表示关系的论述，为民国后期的相关民法学研究奠定了基础。

民国后期的民法学对物权行为与其他法律行为（债权行为）的关系表述，分为两方面来加以分析论述。即一为物权意思表示与债权意思表示关系；二为物权行为的目的。在物权意思表示与债权意思表示关系中，分为三种情形：（1）物权意思表示单独存在，与债权意思表示无关；（2）物权意思表示与债权意思表示同时存在；（3）物权意思表示与债权意思表示异时存在。物权行为的目的，分为四种情形：（1）为法律行为的成立而为物权行为；（2）为法律行为的生效而为物权行为；（3）为履行债务而为物权行为；（4）因法律的规定而为物权行为。

民国后期的物权行为与其他法律行为（主要是债权行为）的关系研究，与民国初期日本传入的物权意思表示与债权意思表示关系相比，已经有了比较大的变化。最为明显者，即日本学者认为，"债权意思表示，同时为物权意思表示"，此债权意思表示与物权意思表示实指同一个意思表示。而民国后期的民法学则明显认为，在物权意思表示与债权意思表示同时存在时，有两个意思表示，而非一个意思表示。这些都表明，民国后期的民法学者逐渐摆脱日本民法学的影响，且已经具备了独立分析研究物权意思表示与债权意思表示关系的能力。

（二）民国后期物权行为理论研究的德国化倾向

从物权行为理论内容的发展可以看出，物权行为理论在民国前后期的内容差异巨大。产生这种差别的背后原因，自然与近代中国民法学者自身的研究实力增强有着不可分割的联系。但其中一个不可忽视的因素，在于近代中国民法学研究直接从德国民法学中吸取营养。此点在民国后期的民法学著作论述中已经有所体现。

以物权行为的定义研究为例，如王去非先生在 1933 年出版的《民法物权论》中，在论及德国民法学对"交付"行为学说时，论道：

特交付之性质，德国学者议论不一。有谓交付为物权移转之实行行为者，物权虽已移转，但欲使物权人行使物权，则非交付不可。有谓交付为物权移转之要件者。谓为要件，则非交付不得移转。又有谓交付为物权契约者。既认为物权契约，故应与债权契约相区别。议论纷歧，莫衷一是，其争议之结果，物权契约说独占优胜。故德意志民律采用之。例如甲约以马赠乙，则甲有应交付马之义务。是甲为债务人，乙为债权人，此即所谓债权契约。至甲表示以马交付于乙之意思。乙表示接受马之意思，是为授受之合意。因此合意，而即实行交付，是为授受之实行。合意与实行相合并，此即物权契约也。①

显然，在这段德国民法学关于"交付"的学说介绍中，明显体现出王去非先生对德国物权契约学说的赞同。而对德国的物权行为理论学说介绍，则不能不影响民国后期的其他学者对于物权契约的看法。

在 1936 年出版，由刘志敫先生著述的《民法物权编》中，刘志敫先生在对物权行为进行解释时，则更为直接地引入了德国民法的规定。"惟所谓物权的行为，系属学说上用语，实则指当事人关于授受一物之合致意思及该授受行为而言（德民法第 873 条第 929 条参阅），特在不动产物权变动之际，除上述合致意思，其授受行为更与登记程序相结合，而成为一种变动之征象耳。物权的行为通常依契约即合致意思之形式而成立，学说上又谓为物权契约。"②

正是因为德国民法学说的影响，德国的物权行为定义逐渐被越来越多的近代民法学者所接受。如在 1936 年出版，由周新民先生著述的《物权法要论》中，作者周新民先生对物权契约作出的定义为："所谓物权意思表示，即为物权变动原因之法律行为的意思表示；详言之，物权意思表示与实行行为相并合，斯为物权的法律行为（物权契约），由物权的法律行为控除其实行行为，则为物权意思表示。"③ 周新民先生对物权的法律行为（物权契约）是指物权意思表示与实行行为相并合的定义，明显也是接受了德国的物权行为定义学说。

需要说明的是，民国后期的物权行为理论研究出现的德国化倾向，并非说清末时期或民国前期的中国民法学未受到德国民法学的影响。实际上，清末时期从日本传入的民法学，也是主要受到德国民法学的影响，只不过当时的中国

---

① 王去非. 民法物权论 [M]. 上海：上海法学编译社，1933：19-20.
② 刘志敫. 民法物权编 [M]. 方恒，张谷，校勘. 北京：中国政法大学出版社，2006：40.
③ 周新民. 物权法要论 [M]. 上海：商务印书馆，1936：33.

是通过日本民法学而学习德国民法学的知识,传入中国的德国民法学是经过日本民法学者"咀嚼"(理解、改进)后的德国民法学。到了"20世纪20年代中后期,留学欧洲特别是德国的民法学者,在国内的影响日益增强"①,近代中国的民法学已经具备了直接从德国引进民法学的能力。

(三)近代物权行为理论发展的历史根源

物权行为理论在民国前后两期的发展,是与近代中国的民法学说发展的大趋势密切相关。

清末时期,日本的民法学被整体输入中国。近代的法律学人在懵懵懂懂中,全盘接受了日本民法学。这一日本民法学的输入过程,是中国法律人将日本民法学"整体移植"到中国的过程。在这一过程中,日本民法学中的物权行为观念也随之进入中国。

民国初期直至1927年,日本民法学的物权行为理论仍在继续地被引入中国。正如《论物权契约》的翻译者,东北大学法律系学生张其威所述,1927年"九月十七日,博士(日本法学博士横田秀雄先生,引者注)来校讲演物权契约,因为时所限,语焉不详,威(张其威自称,引者注)读其法学论集《论物权契约》两篇,精义微言,悉萃于斯,爰译之,以供参考之一助"②。这足以说明,在民国初期,中国的民法学仍然直接受到日本的物权行为学说影响。

"到20世纪20年代中后期,留学欧洲特别是德国的民法学者,在国内的影响日益增强。"③ 这也正是民国后期的物权行为理论研究出现的德国化倾向的历史解释。毕竟,德国才是物权行为理论的发源地,日本也是在学习了德国的物权行为理论之后,结合日本民法关于物权移转意思主义规定,而逐步发展形成了日本的物权契约理论。

三、物权行为理论发展的深层探源

近代中国民法学中的物权行为理论发展变化,更深层次地显示了德国的物权行为理论与日本的物权行为理论的本质区别。因此,廓清德国物权行为理论与日本物权行为理论的区别,也就不难理解近代中国的物权行为理论发展变化的内因。

---

① 俞江. 近代中国民法学中的私权理论 [M]. 北京:北京大学出版社,2003:内容简介.
② 横田秀雄. 论物权契约 [M]. 张其威,译. 东北大学周刊,1927 (35):8-15,(36):13-18,(37):7-14.
③ 俞江. 近代中国民法学中的私权理论 [M]. 北京:北京大学出版社,2003:内容简介.

具体而言,德国的物权行为理论与日本的物权行为理论在以下方面存有差异:

(一)产生根源不同

在日本民法学中,物权契约的产生根源在于,一方面契约是统括了所有私法上效果(债务关系、物的移转以及其他私法效力)的意思合致;另一方面日本民法学采用了物权移转意思主义的模式。在意思主义模式下,有些契约(即当事者的意思合致)能够产生物的移转效力,而有些契约仅能产生债务关系。因此,根据契约所产生的效力不同,而对契约作出必要的分类就显得非常自然。这一能够产生物权移转效力的物权之契约,与契约标的物的"登记""引渡"并没有直接关联。

德国民法学中的物权契约观念则根源于"交付"行为。在德国民法学者看来,"交付(Tradition)具有一切契约之特征,是一个真正的契约,一方面包括占有之现实交付,他方面亦包括移转所有权之意思表示"[①]。又因为"交付"是"以移转所有权为目的",所以,"交付"行为本身就是一个"物权契约"。由此可知,德国民法学中的物权契约直接源于"交付"行为,并且就是"交付"行为本身。而这种物权契约产生根源的不同,也正是德国民法学中的物权行为理论与日本民法学中的物权行为理论的实质区别所在。

(二)要件不同

物权契约的产生根源不同,物权契约的要件要求也就有所差异。

日本民法学中的物权契约是能够产生物权移转效力的契约,而契约(意思合致)能够产生物权移转效力,则需要契约标的物具备一定的要件。契约标的物需具备的要件包括契约目的物应为特定物、卖者所有物、现行存在之物,等等。在物权移转意思主义模式之下,契约标的物无须"登记""交付",其物权因当事者之间的意思合致即可发生移转。因此,日本民法学中的物权契约无须以"登记""交付"作为物权契约的要件。

德国民法学理论中的物权契约,因其根源于"交付",所以"交付"是物权契约的必备要件之一。在契约目的物"交付"之前,物权契约难有存在和发生效力的余地。因此,不具备"交付"要件的行为(契约)则难被认为是物权契约。

---

① 王泽鉴.民法学说与判例研究:第一册[M].北京:中国政法大学出版社,1998:263.

（三）与物权移转模式的关系不同

日本民法学中的物权契约与物权移转意思主义有着密切的关联。因此，只有在物权移转意思主义的模式下，才会有"物权之契约"的观念产生，"登记""引渡""过付"等也只不过为物权移转的"公示方法"① 而已。若采用物权移转形式主义模式，物权只有在"登记""引渡"时，才能产生物的移转效力。契约（当事者的意思合致）并不能产生物权的移转效力，而只能产生债权债务关系。因而，根据契约效力来定义契约的方法，则契约将全部为债权契约，而无物权契约观念产生和存在的可能。因此，日本民法学中的物权契约观念是在物权移转意思主义的特定背景下产生的。可以说，物权移转意思主义决定了物权契约的产生和存在。

德国民法学中的物权行为（物权契约），根源于契约标的物的"交付"，所以，契约标的物的物权移转正是"交付"这一物权行为（物权契约）的必然结果。在契约标的物"交付"之前，其他行为根本不可能移转物权（特殊情况除外）。所以，德国民法学中的物权行为（物权契约）必然地要求物权移转形式主义的模式，且"登记""交付"并非契约标的物的物权移转的"公示方法"，而是物权的移转行为本身。因此，在德国民法学中，物权行为（物权契约）即"交付"，决定了必然采用物权移转形式主义模式。可以说，物权行为（物权契约）决定了物权移转主义的模式。

（四）物权契约的存在形式不同

日本民法学中的"物权之契约"是一个实实在在存在的契约。这个契约形式客观存在，并非对某个行为的抽象或人为拟制。而德国民法学中的"物权契约"是对"交付"行为进行极端"抽象"的产物，是人为拟制的一个客观不存在的"契约"。

在德国民法学中，"创立物权行为理论的，是十九世纪德国法学界最著名的法学家萨维尼"②。萨维尼在1840发表的《现代罗马法体系》一书中写道："私法上契约，以各种不同制度或形态出现，甚为繁杂。首先是基于债之关系而成立之债权契约，其次是物权契约，并有广泛之适用。交付（Tradition）具有一切契约之特征，是一个真正的契约，一方面包括占有之现实交付，他方面亦包括移转所有权之意思表示。此项物权契约常被忽视，例如在买卖契约，一般人只

---

① 姚华. 民法财产（物权）[M]. 天津：丙午社，1913：27.
② 孙宪忠. 中国物权法原理[M]. 北京：法律出版社，2004：258-259.

想到债权契约，但忘记 Tradition 之中亦含有一项与买卖契约完全分离，以移转所有权为目的之物权契约。"① 由此可知，萨维尼认为"交付"是以移转所有权为目的，与买卖契约是完全分离的、独立的、"真正"的"物权契约"。

第二节　物权行为理论与形式主义之关系

在近代中国的民法学史上，物权移转主义是学者关注的重点。源自德国的物权行为理论，也逐步为近代的民法学者所关注。但物权行为理论与形式主义的关系却并未能引起学者的足够重视。

梳理物权行为理论与形式主义之关系的学者论述，可以使我们更清晰地认识近代中国民法学中物权行为理论的认识和研究深度。

一、"登记"行为的认识发展

在物权变动过程中，"登记"行为在各国民法学说中扮演着不同的角色。准确地说，在物权变动中，"登记"其义应指不动产物权的"变更登记"，即表明不动产物权的交接过程，与动产物权变动中的"交付"具有完全相同的含义。近代民法学多用"登记"来表述"变更登记"的含义，故为尊重传统的称谓习惯，仍使用"登记"一词表述"变更登记"之义。

（一）清末时期对"登记"的认识

由湖北法政编辑社社员编辑的《民法（财产总论、物权）》一书，编者对于"登记"的论述为："日本登记法之用意，与法国同，而完备过之，所采用主义，谓之公示方法。欧洲他国，有采用条件主义者，如德国是。不及公示方法远矣。盖公示方法，主于使人周知，以决当事者之意思表示，而条件主义不专重意思表示，尚必多设条件以为信。不知凡民之事，贵简捷易行，固不取繁文缛节也。"② 从这段论述，我们可以看出，日本"登记法"采用了与法国相同的立法主义，也就是，将"登记"作为不动产物权变动的"公示方法"。同时也可以看出，日本民法学已经注意到德国将"登记"作为不动产物权变动发生效力的条件，即所谓"条件主义"立法。但在该论者看来："条件主义"因"不

---

① 王泽鉴. 民法学说与判例研究：第一册［M］. 北京：中国政法大学出版社，1998：263.
② 湖北法政编辑社社员. 民法（财产总论、物权）［M］. 东京：湖北法政编辑社，1906：52.

专重意思表示，尚必多设条件以为信"，不能"简捷易行"，所以，不及"公示方法远矣"。

初版于1907年，由姚华编辑的《民法财产（物权）》，也已出现对于"登记"的论述。"登记者，于一定之场所，载明其不动产及船舶于一定之公用账簿也。……登记制度，专为当事者对抗第三者而设。详言之，即当事者因第三者之请求权利时，乃适用之也。故当事者间请求权利，或第三者对于当事者请求权利，皆不以登记为必要之条件。"① 由此论述可知，与初版于1905年，由湖北法政编辑社社员编辑的《民法（财产总论、物权）》的论述内容相比，姚华编辑的《民法财产（物权）》对登记制度有更为具体的认识，即"登记"被视为"专为当事者对抗第三者而设"。这在一定程度上补充了《民法（财产总论、物权）》论述中的不足。

初版于1910年，由陈承泽、陈时夏翻译的日本著名民法学家梅谦次郎的《民法要义（物权编）》，对"登记"的论述则较为全面和深刻。

于登记之性质，各国之立法例及学说，未能一定。或以之为权利得丧变更之绝对条件。纵"当事者"间而无登记，则亦无权利之得丧变更。或以之为不过一公示方法。有登记则推定"第三者"为已知；无登记，则推定"第三者"为未知，而仍许反证焉。或则亦认为公示方法，而于"第三者"之善意恶意，则无所问。有登记则不问何人，不得称不知。无登记则不问何人，皆视之为不知。于是对"第三者"用全以登记有无，而确定权利矣。后之两主义，皆以登记为只对于"第三者"有其必要。"当事者"则无与于是，只依前条之规定而有权利之得丧变更者也。②

由上述论述可见，梅谦次郎先生的看法可谓综合了《民法（财产总论、物权）》和《民法财产（物权）》的论述内容，一方面指出了"绝对条件"立法例和学说。另一方面，也指出了"登记"为"公示方法"的另外两种立法例和学说，即一为将"登记"作为"推定'第三者'""已知"或"未知"的"公示方法"；二为"于'第三者'之善意恶意，则无所问"的公示方法。

在梅谦次郎先生看来，上述"立法例及学说"即是对"登记"性质的认识。

（二）民国前期对"登记"的认识

民国前期，黄右昌先生在其"朝阳大学法律讲义"中，对"登记之主义"

---

① 姚华. 民法财产（物权）[M]. 天津：丙午社，1913：18-19.
② 梅谦次郎. 民法要义（物权编）[M]. 陈承泽，陈时夏，译. 上海：商务印书馆，1913：4.

的理解要比清末时期民法学说的认识深刻得多。黄右昌先生用专"项"内容，对"登记之主义"进行论述。

黄右昌先生认为"登记主义，可大别为三种"："地券交付主义""登记公示主义""登记要件主义"。接下来，黄右昌先生对各项主义分别进行了论述。"地券交付主义者，各土地设地券，交付于权利人，于券上记载不动产物权之得丧变更，以确定不动产物权之权利状态，使有利害关系之第三人，得就该地券推知该不动产物权之权利状态也。此主义为创立南澳洲殖民地之一人 Torrens 氏之子 Sir Robert Torret 氏所创。"黄右昌先生对此主义评价道："此主义办法失于繁杂，行之新开之境，尚属适宜；行之于土地所有权分裂最甚，担保方法备极复杂之国，其不甚适宜，人所共认。"

对于"登记公示主义"，黄右昌先生认为："登记公示主义者，于各不动产所在之官署备置公簿，于簿上记载不动产物权之得丧变更，使有利害关系之第三人，得就该公簿，推知该不动产物权之权利状态，而不动产物权之得丧变更，若不登记于该公簿上，则不得以之对抗第三人也。至当事人之间，仅依意思表示，即生效力。此主义为法国所创。"黄右昌先生还进一步指出了"登记公示主义"的实质："以登记为一种公示之方法，而不以为物权转移之要件。唯因欲对抗第三者，始不得不为条件耳。"

对于"登记要件主义"，黄右昌先生认为："登记要件主义者，于各不动产所在地之官署备置公簿，记载不动产物权之得丧变更，使有利害关系之第三人得就公簿，推知该不动产物权之权利状态，而不动产物权之得丧变更，若不登记于公簿上，即不生不动产物权得丧变更之效力。非但不能对抗第三人，即当事人之间亦不能发生效力。此主义为德国所创。"对于"登记要件主义"的实质，黄右昌先生认为："其特质有四：不动产物权之得丧必须登记；一也。登记有公信力；二也。权利之得丧是否适法，经审查后，乃为登记；三也。由土地之异同，编制登记簿，每一土地备一用纸；四也。"

对于"登记"的三种主义，黄右昌先生最后综合评价道："地券交付主义，办法失于繁杂；登记公示主义，有既成物权不得对抗第三人之弊，与物权之本质不合；唯登记要件主义，办法既简捷易行，亦不致有不得对抗第三人之物权，就实际理论言之，均臻妥协。本案所以采用此种主义也。"[1]

黄右昌先生在其所编的"朝阳大学法律讲义"中对于"登记"的认识，显

---

[1] 黄右昌. 民法物权（本论、自物权）[M]. 北京：朝阳大学法律讲义，印刷时间不详：17-19.

然要比清末时期从日本传入的民法学中的论述要全面深刻得多。这反映出，民国初期的民法学对"登记"的各项主义已经能够深刻理解其含义及其适用背景。对于"登记"主义的选择，也能够运用民法学理论进行准确辨析，并进而得出"唯登记要件主义……均臻妥协"的结论。

1922年，王凤瀛先生在《法学会杂志》上发表的《因法律行为而有物权之得丧变更者，应否以登记、交付为发生效力之要件？各国立法例不一，我国宜采何制？现在登记制度未能即行，宜代以如何方法？》一文中，在考求法德二国的立法理由时，论道："法国以当事人之意思为标准矣，行之未久，弊窦丛生。关于不动产之变更，急宜设法补救。乃于一八五五年，规定非经登记，不能对抗第三人。然不过一种公示性质，于当事人间固无影响也"。"德国则不然，债权契约与物权契约，分别极清。债权自债权，物权自物权，仅有债权契约，不足以发生物权移转之效力，必也不动产则以合意及登记为要件，动产则以合意及交付为要件，此种登记及交付，称为物权契约。"①

王凤瀛先生对"登记"性质的此番论述，与"登记主义"之论述又有不同，其学说可谓新颖。这也说明民国初期的民法学对德国的"登记"性质已经有了新的认识，即"登记"被称为一种"物权契约"。

在1927年的"重复典卖与大理院解释的论争"中，为了解开"重复典卖"之谜，学者裴锡豫先生介绍了登记的几种立法主义：

登记主义约有三种：曰地券交付，曰登记公示，曰登记要件。地券交付主义行之者尠，毋庸赘述。登记公示主义为法国所创，又曰法国主义；依此主义，凡不动产物权之得丧变更，均须登记，俾有利害关系之第三人，借以推知该不动产物权之权利状态焉；若不登记，则不得对抗第三人，至当事人间仅依意思表示，即生效力。登记要件主义，创自德国，又曰德国主义；据此主义，不动产物权之得丧变更，均须登记；若不登记，非但不能对抗第三人，即当事人间亦不发生效力。

但上述登记主义，并不全面。在裴锡豫先生看来，"法国主义"又可再分：

法国主义，又有二立法例焉：（一）曰绝对公信主义，又曰登记有公信力主义；（二）曰相对公信主义，又曰登记无公信力主义。绝对公信主义者，即对于登记权利之内容实体及目的，不问是否属于真实，凡善意第三人为交易且履行

---

① 王凤瀛. 因法律行为而有物权之得丧变更者，应否以登记、交付为发生效力之要件？各国立法例不一，我国宜采何制？现在登记制度未能即行，宜代以如何方法？[J]. 法学会杂志，1922（9）：69-80.

登记手续者，均可取得权利。相对公信主义者，即登记之效力，以有合法原因为要件；若登记原因不合法时，第三人虽信其登记而为交易，亦难取得何等之权利。

在介绍了登记的几种主义后，裴锡豫先生评论道：

按此二主义，似德优于法。盖法国主义之缺点，既成物权，又不得对抗第三人，与物权之本质不符，学者病之。次素君大意谓第一买主虽未为登记，亦得对抗他人，乃本于所有权固有之权能者，殆昧于法国主义本身之弊端乎？德国主义，简捷易行，亦不致有不能对抗第三人之物权，实际理论，均臻妥协。吾国新旧民法草案，皆采用之。①

由上述评论可知，在裴锡豫先生看来，法国的登记主义存在弊端，德国的登记主义"简捷易行"。

（三）民国后期对"登记"的认识

民国后期，由于"中华民国民法"采用了德国的物权移转形式主义，规定"不动产物权依法律行为而取得、设定、丧失及变更者，非经登记，不生效力"。因此，在民法学解释上，除对法德两国的"登记"学说介绍外，多数学者将"中华民国民法"规定的"登记"，作为物权设定、移转的法定方式或生效要件来看待。如余榮昌先生在其1931年版的《民法要论（物权）》中，认为"中华民国民法""盖采德法主义……认物权的意思表示，须履行法定之方式，始生效力。而法定之方式，即登记及交付是也"②。

钟洪声先生在其编著的《物权新论》（1932年出版）中，将"登记"作为生效要件来看待。"就不动产之取得言之，其由于法律行为而取得者，一方有让受人，一方有让与人。如何移转，而欲征于确实，故必须登记，否则不生效力。斯固然矣。"③

刘鸿渐先生在其1933年出版的《中华民国物权法论》中，也认为："依民法第七五八条之规定，依法律行为而有不动产物权之得丧变更者，非经登记不生效力。……惟兹所应注意者，即民法以登记为不动产物权得丧变更发生效力之要件，系以不动产物权之得丧变更基于法律行为者为限。"④

柯凌汉先生则直接将不动产"登记"作为物权行为必须公示的一种，与其

---

① 裴锡豫. 对渔溪次素二君所著"重复典卖与登记"之商榷[J]. 法律评论，1927，5(10)：16-17.
② 余榮昌. 民法要论（物权）[M]. 北平：北平朝阳学院，1931：8.
③ 钟洪声. 物权新论[M]. 上海：大东书局，1932：27.
④ 刘鸿渐. 中华民国物权法论[M]. 北平：北平朝阳学院出版部，1933：49-50.

他要件一起共同组成物权行为的要件。

也有学者（如王去非先生）视"登记"为不动产公示的方法，称"登记之目的，在明示不动产之物权状态，俾一般世人，得以周知，而为确实之交易"①。

又有学者在论及德国的"登记"制度历史时，与民国前期王凤瀛先生的看法一致，称德国将"登记"作为"物权契约"。如曹杰先生在其1937年出版的《中国民法物权论》中，论及法、德两国的物权变动时，认为："法国在民法未制定以前，采用罗马法，亦以交付为必要，惟所采者为略式之交付。其后学者遂发生一种理论，谓交付乃占有之移转，乃专就有体物而言。权利为无体物，无所谓交付，故渐渐不以交付为必要，唯依当事人之意思表示为之。德国固有法亦系采交付主义，至中世纪于法院备置公簿，以记载当事人缔结之物权契约，始为登记制度之嚆矢。"②（着重号为引者加）

纵观近代学者对"登记"的认识过程来看，清末从日本民法学传入的认识，即"登记"公示方法或物权移转要件。而在民国前期，学者已经注意到德国民法学将"登记""称为物权契约"的学说。民国后期，学者对"登记"的认识多有分歧，物权移转"要件说"成为民国后期对"登记"认识的通说。虽然，在立法上，学者对民法采用德国形式主义，均无异议，但并未能接受德国的"登记"为物权契约学说。

二、"交付"行为的认识发展

（一）清末时期对"引渡"认识

清末时期，从日本传入的民法学著作，将"引渡"作为一种"公示方法"。如初版于1905年，由湖北法政编辑社社员编辑的《民法（财产总论、物权）》，即认为："引渡截然为动产之公示方法。大凡人庭屋中所放置之物品，必以其所有推定。即令非其所固有，亦必由正当权利之取得，他人见之，不得又有让渡之举。此引渡之所以为公示方法也。"③可见，清末时期，日本民法学更多地从"公示"功能上去认识"引渡"。

至于"引渡"的性质，清末传入的民法学有所论述。如姚华编辑的《民法

---

① 王去非. 民法物权要义［M］. 上海：上海法学书局，1934：32.
② 曹杰. 中国民法物权论［M］. 周旋，勘校. 北京：中国方正出版社，2004：19.
③ 湖北法政编辑社社员. 民法（财产总论、物权）［M］. 东京：湖北法政编辑社，1906：53.

财产（物权）》中，论述道："关于登记及引渡之性质，各国之立法例及学说，尚未一定。然大别之可分为三主义。"① 第一主义以引渡为物权设定移转绝对必要之条件；第二主义则分第三者为善意恶意，对于善意第三者，非有引渡，不得对抗之；对于恶意之第三者，即未引渡，亦可对抗；第三主义则不问第三者为善意恶意，必以引渡为公示之方法。②

清末宣统年间的"直隶法律学堂讲义"，则直接以"引渡"为对抗第三者之对抗要件来讲授"引渡"的性质。该讲义谓："动产之得丧变更，非经引渡，不可以对抗第三者。"③ 对于其他性质学说，则根本未予介绍。

综合来看，清末时期的民法学，由于受到日本民法学的影响，将"引渡"（交付）作为动产物权移转过程中，对抗第三人的"公示之方法"。

（二）民国前期对"交付"认识

民国前期，学者对于"交付"的认识，与清末时期相比，已经有所发展。"交付"不再仅以"公示方法"的功能而存在，其实质也开始为学者所注意。"民国民律草案"物权编的修订主持者黄右昌先生，即将"交付"从本质上认识为"占有移转"。如黄右昌先生在其"朝阳大学法律讲义"中，认为："故草案于动产物权之让与，亦以占有之移转，为动产物权之成立要件也。……交付者，谓动产之占有移转也。"④

1922年，王凤瀛先生为了论证"民国民律草案"应当采用物权移转形式主义，而在考求德国的立法例及学说时，称德国将"交付""称为物权契约"。德国"债权契约与物权契约，分别极清。债权自债权，物权自物权，仅有债权契约，不足以发生物权移转之效力，必也不动产则以合意及登记为要件，动产则以合意及交付为要件，此种登记及交付，称为物权契约"⑤。

虽有王凤瀛先生将"交付""称为物权契约"德国观念介绍，并进而主张中国的民法应当采用德国的物权移转形式主义模式，但民国前期的民法学更多地从"占有移转"的角度来认识"交付"。

---

① 姚华. 民法财产（物权）[M]. 天津：丙午社，1913：25.
② 姚华. 民法财产（物权）[M]. 天津：丙午社，1913：25-28.
③ 李鸿文. 直隶法律学堂讲习科讲义[M]. 保定：直隶法律学堂，清宣统年间：2.
④ 黄右昌. 民法物权（本论、自物权）[M]. 北京：朝阳大学法律讲义，印刷时间不详：22-23.
⑤ 王凤瀛. 因法律行为而有物权之得丧变更者，应否以登记、交付为发生效力之要件？各国立法例不一，我国宜采何制？现在登记制度未能即行，宜代以如何方法？[J]. 法学会杂志，1922（9）：69-80.

(三) 民国后期对"交付"认识

民国后期,学者对"交付"的认识明显比之前深化。法、德两国对于"交付"的学说理论有了更全面的掌握。

对法、德两国"交付"理论学说的全面介绍,以王去非先生的论述为代表。王去非先生在其1933年版的《民法物权论》中,论述道:

> 法国法制,关于物权之设定移转,在民律未定以前,采用罗马法,亦以交付为必要。但所采者为略式耳。其后渐发生一种理论。谓交付为占有之移转,但可行于有体物之上,若权利为无体物,无所谓交付。则交付之说不得通。故实际上于是渐渐不以交付为必要。而唯依当事人意思表示为之。……特交付之性质,德国学者议论不一。有谓交付为物权移转之实行行为者,物权虽已移转,但欲使物权人行使物权,则非交付不可。有谓交付为物权移转之要件者。谓为要件,则非交付不得移转。又有谓交付为物权契约者。既认为物权契约,故应与债权契约相区别。议论纷歧,莫衷一是,其争议之结果,物权契约说独占优胜。故德意志民律采用之。例如甲约以马赠乙,则甲有应交付马之义务。是甲为债务人,乙为债权人,此即所谓债权契约。至甲表示以马交付于乙之意思。乙表示接受马之意思,是为授受之合意。因此合意,而即实行交付,是为授受之实行。合意与实行相合并,此即物权契约也。①(着重号为引者加)

从王去非先生对于法、德两国"交付"的学说介绍来看,"交付"本身即为"物权契约"。而从其所举之例来看,则将"合意"也纳入物权契约的含义之中,且吸收了"交付为物权移转实行行为"学说。王去非先生谓:"因此合意,而即实行交付,是为授受之实行。合意与实行相合并,此即物权契约也。"显然,物权契约已经含有两个行为内容,一为"合意",二为"授受之实行"即"交付"。这不能不说是对于"交付"的重新解说。

至此,近代法、德两国对于"交付"的学说介绍可谓全面,令人耳目一新。即使其后乃至民国结束,对于法、德两国"交付"的学说介绍,未见有超越此论述者。如曹杰先生在1937年出版的《中国民法物权论》中,也有对于"交付"学说的相关论述,但在内容上,与王去非先生的相比,稍显浅薄。

> 在昔罗马法,关于物权之设定及移转,于当事者之意思表示而外,非有交付手续不生效力。其交付之方式,颇为复杂,因当时证据思想薄弱,文字又甚简单,非用严重之方式,不足以资将来之证据。其后交际频繁,交付之形式,渐趋简易,于现实交付之外,有所谓假想之交付,即所谓长手交付与短手交付

---

① 王去非. 民法物权论[M]. 上海:上海法学编译社,1933:18-20.

是也。

　　法国在民法未制定以前，采用罗马法，亦以交付为必要，惟所采者为略式之交付。其后学者遂发生一种理论，谓交付乃占有之移转，乃专就有体物而言。权利为无体物，无所谓交付，故渐渐不以交付为必要，唯依当事人之意思表示为之。德国固有法亦系采交付主义，至中世纪于法院备置公簿，以记载当事人缔结之物权契约，始为登记制度之嚆矢。其后受罗马法及法国民法之侵入，情形极为混杂，至十九世纪，始渐次统一，仍行固有之登记制度，于动产，则采罗马法之交付主义。①（着重号为引者加）

　　在曹杰先生的论述中，虽然没有直接说"交付"即为物权契约。但从曹杰先生对德国登记制度的叙述来看，登记乃是将不动产的交付行为记载下来而已。"德国固有法亦系采交付主义，至中世纪于法院备置公簿，以记载当事人缔结之物权契约，始为登记制度之嚆矢。"由此论述，不难看出，在潜意识当中，曹杰先生将"交付"作为"物权契约"，"登记"只是"记载当事人缔结之物权契约"，换言之，登记是记载当事人对于不动产的"交付"行为而已。

　　虽然，对于德国的"交付"认识已经非常明确，中国立法也模仿德国采用物权移转形式主义，但民国后期的民法学著述对"交付"的认识却表明：民国后期的民法学并没有接受德国的"交付即物权契约"理论。

　　如王去非先生本人即在其1934年出版的《民法物权要义》中认为：

　　又况动产所有者，通常大抵占有动产，因其占有，即可认识其权利之所在。当让与时，以移转其占有，为发生效力之标准。斯至为简便确实者也。故自罗马法以来，无论何国法律，关于动产物权之让与，皆以交付之方式，为完全生其效力。惟交付主义，又分为二。即如左：（甲）交付公示主义　……（内容省略，引者注）

　　（乙）交付要件主义　……采此主义者，……为德意志（民法九二九条）……（内容省略，引者注）

　　综上所述两种主义。亦以交付要件主义为优。盖交付公示主义，有已成物权不得对抗第三人之弊，且于交易上令人增其迷惑之感。反之交付要件主义，则事实上断定动产物权让与之效力，已否发生，一视其是否交付为标准，故与物权之本质不相违背也。……动产物权之让与，以交付为要件，兹所谓交付。谓动产之占有移转也。②（着重号为引者加）

---

① 曹杰．中国民法物权论［M］．周旋，勘校．北京：中国方正出版社，2004：18-19．
② 王去非．民法物权要义［M］．上海：上海法学书局，1934：39-40．

在这里，王去非先生非但没有接受"交付即物权契约"的理论，而且对德国的"交付要件主义"的理解，也似乎出现了与其在 1933 年出版的《民法物权论》论述相左之处。如在 1933 年版的《民法物权论》中对于"交付"学说的"争议"中，王去非先生认为"争议之结果，物权契约说独占优胜。故德意志民律采用之"。而在论述"交付要件主义"时，则又变化为"交付"为"物权移转之要件"，"所谓交付，谓动产之占有移转"。这些论述显然与其所述的"物权契约说独占优胜。故德意志民律采用之"的观点相互矛盾。

民国后期的其他的民法学者绝大多数接受了"交付"为"移转占有"的学说观点。如钟洪声先生在其 1932 年初版的《物权新论》中，就认为："动产物权之让与，各国皆以交付为要件。盖就常理推之，动产所有人大概以占有其物为其管业之标准。是动产物权之让与，自须以移转占有为其物权成立之要件。"①（着重号为引者加）

又如刘鸿渐先生在其 1933 年版的《中华民国物权法论》中，论述道："民法第七六一条之所谓交付系指现实交付（tradito）而言。即让与人将所让与之物权之标的物，授予于受让人，现实的移转标的物之占有之义。"②

综合近代民法学对"交付"的学说研究来看，虽然早在 1922 年，王凤瀛先生就已指出德国学说将"交付"作为"物权契约"的学说观点，并力谏当时的中国民事立法也采用物权移转形式主义，即规定动产物权非经交付，不生物权移转效力。但是，近代民法学的发展现实却表明，民法虽然规定了动产物权，非经交付，不生物权移转效力，但民法学却没有接受德国的"交付即物权契约"的学说。

三、"形式主义"与"意思主义"

（一）清末时期的"形式主义"与"意思主义"

清末时期，对于物权移转的主义，主要有"形式主义"和"意思主义"之分。但是"意思主义"之下又分为"绝对公示主义"和"相对公示主义"。"形式主义"是指不动产非经登记、动产非经交付，不仅不产生对抗第三人的效力，即使当事人之间也不发生效力。"意思主义"是指物权依当事人的意思表示而发生效力，但是不得对抗第三人。"绝对公示主义"是指物权依当事人的意思表示发生效力，无论第三人是否善意，均不得对抗第三人。"相对公示主义"是指物

---

① 钟洪声. 物权新论 [M]. 上海：上海大东书局，1932：33.
② 刘鸿渐. 中华民国物权法论 [M]. 北平：北平朝阳学院，1933：52.

权依当事人的意思表示发生效力,但不得对抗善意第三人。

清末翻译或编辑的日本民法学著作,对于绝对公示的意思主义,多数著述持赞成态度,认为其"凡事取其迅速,如必有事实,则必迟延,迟则弊生。故仅以当事者之意思表示,而物权之设定及移转,遂以成立"①。"此主义于法理上原则,充分认当事者意思之效力,无论对于何人,其权利自然可为设定移转。惟为保护第三者,对之不得援用。于实际上,……最为便利。"②

对于相对公示的意思主义,则基本持否定态度。"日本民法不采之者,有二理由。其一,区别之困难。盖实际上善意、恶意颇难区别。其奸黠者,虽明知之,而可诈为不知,使人弗觉其为恶意。若不能行诈者,使人一望而觉其为恶意,是同为恶意之第三者,而于前者可以不认当事者之设定、移转物权(以其诈为善意之第三者,当事者不能对抗之故);于后者则不得不认之(以其既属恶意,当事者可以对抗之故)。颇有不公平之结果。其二,手续之繁难。欲一一区别其是否善意、恶意,颇感手续之不便。"③ "不论第三者之善意与恶意,苟未登记即不能对抗之。盖于实际之事实,欲判明第三者意思之善恶,殊为困难。且该不动产既辗转数人之间,尤难确知其权利之所在。"④

对于形式主义,日本学者松冈义正先生明确支持此观点。松冈义正先生认为:"债权系对人权,物权系对世权。今对于当事人间,则不须登记或交付,即生效力,对于第三人则否,是与物权所以为绝对权之本质,不能一贯。"⑤ 梅谦次郎先生则持反对观点。

在梅谦次郎先生看来:

此主义自表面观之,于实际颇为便利。盖必有明确之事实,而后确定其权利,似可保取引之安全,实则为必不可采之主义。盖以动产言之,假令甲已以其所有物卖渡于乙,尚未引渡,甲忽反复,至起诉讼时,甲即以未引渡之故。而主张并无卖买之关系,则乙必大受损失,反之于乙亦同。以不动产言之,登记为登记义务者(卖主)所应为之事,苟因卖主未尽义务,而反与之以可得对

---

① 湖北法政编辑社社员. 民法(财产总论、物权)[M]. 东京:湖北法政编辑社,1906:48.
② 姚华. 民法财产(物权)[M]. 天津:丙午社,1913:28.
③ 姚华. 民法财产(物权)[M]. 天津:丙午社,1913:27-28.
④ 湖北法政编辑社社员. 民法(财产总论、物权)[M]. 东京:湖北法政编辑社,1906:52.
⑤ 王凤瀛. 因法律行为而有物权之得丧变更者,应否以登记、交付为发生效力之要件?各国立法例不一,我国宜采何制?现在登记制度未能即行,宜代以何方法?[J]. 法学会杂志,1922(9):69-80.

抗他人之利益,是法律专为保护不尽义务之人。依此主义,必生出不良之结果也。①

由上面论述可知,在梅谦次郎先生的观念中,并无物权契约与债权契约的分离观念。其"甲以未引渡之故,而主张并无卖买之关系"的论断,显然与德国的物权行为与债权行为的分别成立之说不融。因为依德国物权行为理论,"引渡"乃物权契约,与"卖买之关系"的债权契约毫不相干。并不能以"未引渡"而主张"无卖买之关系"。

对于形式主义的主张理由,梅谦次郎先生也进行了反驳。

为前说之辩护者曰:物权者,无论对于何人皆可得行使之权利也。使对于此(如当事者之一方)能行之而对于彼(如第三者)不能行之,颇有反于物权性质之嫌。又,同一权利,有得对抗者,有不得对抗者,其间之法律关系,颇极错杂。于法律之适用上,大感不便。由此主张言之,似此主义于物权之性质上颇为稳当。然仍为不可采之主义。何则?凡法律关系,绝对的极少,而以相对的为多。故同一行为,对于甲则为有效,对于乙则为无效。此法律上常不能免之显象也。例如甲乙二人为虚伪之意思表示。甲以不动产卖渡与乙。从表面观之,似以乙为所有者,设有与乙有关系之第三者主张权利时,则必辨其为善意、为恶意,而后能定其所有权之属于何人。自保护第三者方面言之,法律上即以乙为真所有者。若为恶意之第三者(即明知其虚伪者),法律上仍以甲为真所有者。此法律多相对之证也。又如裁判上亦非纯然绝对者。如关于同一之不动产,至提起诉讼,于确定判决时,以甲为所有者,而乙非所有者,设又有丙出而主张甲之土地当属于己之所有,则裁判之后,或必以丙为所有者,而甲非所有者矣。然则关于物权之设定移转,于未登记引渡时,在于当事者间为有效行为,对于第三者为无效行为。稍示区别。亦何不可。至其法律关系,虽稍觉错杂,然按之实际,殊无此虑。盖此仅限于对抗第三者。至当事者间,则不必以登记引渡为必要。故毋庸为绝对的主张也。②

从清末时期的学说著述来看,梅谦次郎先生的观点在清末民初广为接受。松冈义正先生因帮助清政府制定民律,其观点得以进入"大清民律草案",而"大清民律草案"为当时法学界所关注,其观点影响深度和范围亦不可小觑。

(二) 民国前期的"形式主义"与"意思主义"

民国前期,大理院判例对物权移转主义的态度并不明朗。有些判例强调

---

① 姚华.民法财产(物权)[M].天津:丙午社,1913:25.
② 姚华.民法财产(物权)[M].天津:丙午社,1913:25-26.

"交付",而更多的判例则并未予以强确。直至1922年,民国政府公布的"不动产登记条例"规定,不动产物权移转非经登记,不得对抗第三人。大理院对不动产物权移转的"主义"因"不动产登记条例"(1922年公布)的规定,方逐步明确。

民国前期的民法学理论认为物权移转主义有三种主义者(绝对意思主义、折中主义和形式主义),如黄右昌先生。认为有四种主义者(罗马主义、英国主义、法兰西主义和德意志主义),如王凤瀛先生。

持三种主义的黄右昌先生认为,"采用"绝对主义者"甚少"。持四种主义的王凤瀛先生认为"罗马主义"中的"不动产之假想交付,只能认为过去历史,无足深论";"英国土地制度最为复杂,根据特殊之习惯,发生歧异之法制,与远东民情,风马牛不相及,亦无采取之必要。"因此,民国前期,对于物权移转主义,"兹所讨论者,惟法兰西与德意志两种主义之孰得孰失而已"①。

对于意思主义,黄右昌先生认为

学理上、实际上均有非难。今分述于下:(一)学理上之非难 所谓物权乃行于物上之支配权,其成立时,即具有对抗一切之效力。苟必俟有某种行为,即可以对抗第三人,则所谓绝对的效力者,既有名而无实,岂非毁损物权之本质哉?(二)实际上之非难 谓依此主义,则物权有重复之弊。何则?当让与物权时,让与人让受人之间,既以让受人为权利人,而至对于第三人之关系,则登记交付之程序未了以前,让与人依然保有其物权,第三人仍可以有效让受之,是非发生重复之物权,使实际上陷于混杂困难乎?法兰西主义之可攻击者如此,而德意志主义,则何如?德意志主义所根据者为物权本质之思想,非专依其国之习惯,亦非出于原始社会注意方式之精神。盖其中有正当之理由存焉。何则?物权虽为绝对的权利,可以对抗一般之人,而其设定移转,常与第三人之利害,有重大影响。若不使之履行方式,即对于第三人发生效力,则第三人必受不测之损害,充其弊,必至关于物权之交易悉不安全。②

王凤瀛先生在将法国的意思主义与德国的形式主义对比后,对于意思主义的论述则更为客观,更有理论深度。

主张意思主义者,其理由约有数端:一曰手续上之简便。依德制,物权移

---

① 王凤瀛.因法律行为而有物权之得丧变更者,应否以登记、交付为发生效力之要件?各国立法例不一,我国宜采何制?现在登记制度未能即行,宜代以如何方法?[J].法学会杂志,1922(9):69-80.

② 黄右昌.民法物权(本论、自物权)[M].北京:朝阳大学法律讲义,印刷时间不详:12.

转必要缔结两种契约，一为债权契约，一为物权契约。以同一事实，须经两重手续，交易上殊欠敏捷，且动产必以交付为要件，如当事人欲行改定占有时，亦为法理所拘束，转辗授与，费却无谓之周折，法制则交易圆活，经济易于流通。二曰情理之平允。德国物权必于登记或交付后，始生移转效力，设于未登记或交付前，让与人忽而反复，更与他人缔结契约，履行法定程序，此时先前之让受人，因无物权契约，不得不牺牲自己业经取得之利益，而第三人则不论善意恶意，一律受法律保障，情理上未得其平，且登记交付为让与人应尽之义务，苟因让与人未尽义务，法律上反予以对抗让受人之利益，是法律反为保护不尽义务之人，恐非立法本旨（梅谦次郎民法物权讲义二五页）取法兰西主义，则契约成立，债权人即时取得物权，除其物为善意第三人占有外，均有优先及追及性质，斟情酌理，可得其平。三曰物权之让与人，不致大受损失。德国分债权物权为两事，债权契约，虽系无效，苟物权契约，并无欠缺，则物权之移转，仍不受何等影响，依此主义，让与人往往大受不利益之结果，明知有错误无效等原因，不能请求返还原物，设遇让受人价金未付之前宣告破产，或转辗让渡，于此情形，让与人只能与一般债权人同受分配，或请求为不当利得之偿还，除此之外，别无救济方法，事实上受亏非浅。法国则债权契约无效，物权契约当然因之无效，让与人可以请求原物返还，不致遽遭损失，以上主张法国意思主义之根据也。①

对于形式主义，黄右昌先生认为："德意志主义，于未为登记与交付以前，匪惟不得对抗第三人，即在当事人之间，亦不发生效力，似此办法既不失诸繁杂，而又无如日本民法之既成物权，不得对抗第三人之弊。其于物权之本质不能不谓为适合也。"②

王凤瀛先生对于形式主义，也结合法国的意思主义进行了分析：

主张德国形式主义者，亦持之有故，言之成理。考其理由，有如下列数点：一、就法理上言之，债权契约仅能发生移转物权之请求权。物权契约乃能发生移转物权之效力，二者性质，各不相谋。债权契约之效力，不能直接及于物上，不得不有物权契约为设定移转之原因。苟如法制之混为一谈，则性质混杂，不能明了。且债权系对人权，物权系对世权。今对于当事人间，则不须登记或交

---

① 王凤瀛. 因法律行为而有物权之得丧变更者，应否以登记、交付为发生效力之要件？各国立法例不一，我国宜采何制？现在登记制度未能即行，宜代以如何方法？[J]. 法学会杂志，1922（9）：69-80.

② 黄右昌. 民法物权（本论、自物权）[M]. 北京：朝阳大学法律讲义，印刷时间不详：13.

付，即生效力，对于第三人则否，是与物权所以为绝对权之本质，不能一贯（松冈氏民法讲义物权总论二三页），不如德国主义之适合物权性质。二、就实际上言之，债权与物权合而为一，债权无效，则物权之得丧变更，亦不发生效力，果如是也，第三人苟欲有所交易，必先调查甲乙间债权契约之是否合法，方能安心着手，然债权为当事人间对人契约，外人往往不得其中底蕴，于是踌躇彷徨，不敢贸然尝试，殊非保护交易安全之道；不但此也，法国物权移转，一以债权契约为根据，时湮代远，转相授受，一遇诉讼发生，权利人必追溯而上，一一证明先前各种债权契约之有效，困难孰甚，不如德国之证明权利，较为简易，此主张德国形式主义之论点也。①

虽然黄右昌先生和王凤瀛先生各自从不同的角度和深度进行论证，但二人结论却为一致，即黄右昌先生认为：

……草案……盖纯采德意志主义之规定也。其所以采此主义者，殆以吾国社会性质复杂，信义之观念不坚，物权交易之时，往往隐蔽真正之权利人，以私相授受，甚至一物权而移转于数人，因此以诈欺取财者有之。设专恃当事人意思表示，以发生契约之效力，则第三人受害之事，将日出无已。故与其采法兰西主义，不如采德意志主义，于未为登记与交付以前，匪惟不得对抗第三人，即于当事人之间，亦不发生效力，似此办法既不失诸繁杂，而又无如日本民法之既成物权，不得对抗第三人之弊。其于物权之本质不能不谓为适合也。②

王凤瀛先生的结论为：

通观两说，自以后说为当。主张意思主义之人，所持以为德制诟病者，均非完全正确之谈，其谓一事而结两约，不免烦琐，诚哉是言。然如法制，虽仅以合意为要件，而为确保权利计，仍须为交付或登记之行为，是所谓烦琐者，法德固无轩轾可分，此其一。其谓情理欠公平，然让受以人苟不懈怠，于债权契约成立之时，速结物权契约，自无不公平结果，此其二。其谓保护让与人太薄，然让与人苟谨慎从事，于代价未付以前，不遽订立物权契约，何致贻后日亏累，此其三。由此言之，形式主义，虽不免缺点，然均不患无法以免除，而

---

① 王凤瀛. 因法律行为而有物权之得丧变更者，应否以登记、交付为发生效力之要件？各国立法例不一，我国宜采何制？现在登记制度未能即行，宜代以如何方法？[J]. 法学会杂志，1922（9）：69-80.

② 黄右昌. 民法物权（本论、自物权）[M]. 北京：朝阳大学法律讲义，印刷时间不详：11.

就理论实际两方而言，固以德制为优也。①

民国初期的民法学对于物权移转的两主义优劣争之，于民法学之物权行为理论发展弥足珍贵。但更为物权立法时所提倡的，则是民国前期的学者已经开始注意到物权移转主义与"符合国情"的关系，并在物权移转主义优劣论辩时，将"国情"放在物权移转主义的重要考量因素。

黄右昌先生认为：

……草案……盖纯德意志主义之规定也。其所以采此主义者，殆以吾国社会性质复杂，信义之观念不坚，物权交易之时，往往隐蔽真正之权利人，以私相授受，甚至一物权而移转于数人，因此以诈欺取财者有之。设专恃当事人意思表示，以发生契约之效力，则第三人受害之事，将日出无已。故与其采法兰西主义，不如采德意志主义，……②

王凤瀛先生之所以选择形式主义，更有其背后的"现实国情"：

采取德制，已属不成争执之问题，而不动产以登记为绝对条件，尤为今日吾国切要之图。其故有二：一曰清讼源。吾国田宅典卖，向有税契之例，然此为国家征税方法，并非私权成立要件，历经大理院判决有案（五年上字一四九号、七年上字五七六号）。民间交易，仅凭私人授受，官厅方面，毫无确实记载，于是权利之状态如何、有无设定他种物权，外人均不得而知，狡黠者因利乘便，诈伪百出，盗卖隐占重叠交易之事，层出不穷，让受人虽尽调查之力，不易发现真相，一时受其蒙蔽，日后损害匪浅，而讼端纠缠，棼如乱丝，法院既无证据可凭，难下公平判决，究其终极，官民交困，非有登记制度，讼源永无澄清之期。二曰保主权。各国立法例，不动产所有权，外人不得享有，是为一般通则，吾国订立条约，除医院学堂外，亦有内地不许置产之文。然自通商以来，外人私自买产或强行侵占者，所在多有，民人狃于重利，或慑于强权，不顾土地主权之丧失，流弊所至，后患非小。有登记以制裁之，则何人让与，何人取得，不难按图索骥，无可影射，外人苟假托中人名义，请求登记，法律上即不予保护，而主权亦可于无形中保全不少矣。奉天于前清宣统年间，试办登记，即举此为言（奉天司法纪实第一册试办登记规则），以此例彼，各省亦非绝无其事。因此两端，不动产之得丧变更，应以登记为发生效力要件，在立法

---

① 王凤瀛.因法律行为而有物权之得丧变更者，应否以登记、交付为发生效力之要件？各国立法例不一，我国宜采何制？现在登记制度未能即行，宜代以如何方法？[J].法学会杂志，1922（9）：69-80.

② 黄右昌.民法物权（本论、自物权）[M].北京：朝阳大学法律讲义，印刷时间不详：11.

政策上，尤有急不容缓之势，……①

上述对"形式主义"与"意思主义"的优劣论述，表明了民国前期的学者已经具备独立的能力对民法学中的物权移转主义作出辨别，并将之与中国的现实国情相结合。

（三）民国后期的"形式主义"与"意思主义"

民国后期，对物权移转主义的称谓虽有差别，如民法学者王去非先生，将物权移转形式主义分为要件主义、意思主义、对抗主义或公示主义，但"形式主义""意思主义"之优劣仍是学者讨论物权移转主义的重点。

对于意思主义的看法，民国后期的学者基本在重复民国前期学者的观点。如初版于1932年，由钟洪声编著的《物权新论》，仍认为：

意思主义之弊病有二。（一）物权为直接行于物上之权利，物权既经成立，即应有对抗一般人之效力。乃意思主义，只以有相互之意思表示即认为物权已经成立，而对抗第三者必须有登记或交付之方式，否则仅能于当事人间主张权利，是未免有不具排他性之物权。如其法律承认此等物权之存在，无异毁损物权之本质。此在理论上言之。其弊病一也。（二）在当事人间，既因意思表示而生效力，而对于第三人，因未履行方式之故。不能与之对抗，是在当事人间，让与人已移转其权利，由让受人为权利人，而在第三人间，让与人仍保有其权利，则又由让与人为权利人，法律关系，别为二种，繁杂特甚，又让与人既不失为权利人，第三人即可以有效让受之，将发生重复之物权。是就实际上言之，其弊病二也。意思主义，流弊滋多。②

又如刘鸿渐先生在1933年版的《中华民国物权法论》，指明意思主义之学理上之非难、实际上之非难。③ 此种论据，基本是在复述余棨昌先生在"朝阳大学法律讲义"中内容。

与民国前期稍显不同的是，民国后期的学者对意思主义的批评更为"针针见血"。如王去非先生在1933年版的《民法物权论》中痛陈：意思主义"规定物权之移转，虽得以意思表示为之，然非交付或登记，则不能对抗第三者。既重在意思表示，而又须交付登记，可知意思主义为徒托空言，而仍归于形式主

---

① 王凤瀛. 因法律行为而有物权之得丧变更者，应否以登记、交付为发生效力之要件？各国立法例不一，我国宜采何制？现在登记制度未能即行，宜代以何方法？[J]. 法学会杂志，1922（9）：69-80.
② 钟洪声. 物权新论[M]. 上海：上海大东书局，1932：25-26.
③ 刘鸿渐. 中华民国物权法论[M]. 北平：北平朝阳学院，1933：47.

义。同一所有权，而有时能对抗第三者，有时不能对抗第三者，亦至为不便。况物权之效力，比债权为优，其特点即在能对抗第三人。若采意思主义，则物权亦有不能对抗第三人之时，岂非违反物权之法理"①。

对于形式主义，民国后期的学者几乎全持赞成态度。如钟洪声先生就认为，"意思主义流弊滋多。故不如采严格的形式主义。无论当事人间又第三人间，均以从登记或交付后始发生物权之效力。是既收整齐划一之效，并免除法律上之纠纷也"②。

或许是看多了对形式主义的赞美之词，民国后期的民法学者认为形式主义已经具有了意思主义的优点。王去非先生就认为"意思主义，以为但有意思表示，即为物权之移转，固属简便"③。在这里，"简便"显然是被看作意思主义的优点，但刘鸿渐先生即指出形式主义不至如意思主义有毁损物权本质之虞，且能如意思主义充分保护第三人之利益，加之，此主义有统一物权之利，于实际之适用亦颇"简便"。④ 倘若如此，则"简便"难以成为意思主义的"亮点"。又，王去非先生干脆将相对意思主义看作是"半形式主义"。王去非先生称："以一定之方式，为物权设定移转之要件（要件主义），即在素采意思主义之国度，亦都增设方式，补偏救弊，以谋对抗于第三人。（对抗主义或公示主义）是之谓半形式主义。"⑤

与民国前期相同，民国后期的学者也注意到物权移转主义与国情及社会的"和谐"。如王去非先生即认为："无论采用何种制度，要不得不牺牲其一。但务求适合于国情及社会之状态为必要。"⑥ 然而，可惜的是，王去非先生并未能就"国家及社会之状态"进一步展开论述。

"意思主义之势力，日渐微弱，"⑦"自此两主义比较观察，则学理上、实际上，均以形式主义为优。"⑧ 自是民国后期对物权移转主义的结论。

四、"形式主义"与物权行为理论

清末时期，虽然传入的日本民法学著作中，已经有"物权的行为"或"物

---

① 王去非. 民法物权论 [M]. 上海：上海法学编译社，1933：21-22.
② 钟洪声. 物权新论 [M]. 上海：上海大东书局，1932：26.
③ 王去非. 民法物权论 [M]. 上海：上海法学编译社，1933：21-22.
④ 刘鸿渐. 中华民国物权法论 [M]. 北平：北平朝阳学院，1933：46-48.
⑤ 王去非. 民法物权论 [M]. 上海：上海法学编译社，1933：31.
⑥ 王去非. 民法物权论 [M]. 上海：上海法学编译社，1933：31.
⑦ 王去非. 民法物权论 [M]. 上海：上海法学编译社，1933：22.
⑧ 王去非. 民法物权要义 [M]. 上海：上海法学书局，1934：31.

权之契约"的用语出现,近代中国的法律学人或许已经具有相应的观念。但在清末时期的民法学著述中,却并未见到"物权的行为"或"物权之契约"与物权移转主义关系的有关论述。

民国初年,大理院虽然已经适用"物权契约"的要件等进行民事审判,但民国初期(即1922年之前)的大理院判例,并未将"不动产的登记"或"交付"作为"物权契约"的要件。当然,这与民国初期尚未建立不动产登记制度有关。但大理院完全可以根据现实情况,将"交付"作为不动产"登记"的替代方法,从而实现物权契约的"公示"。即使在民国初年出现过个别判例,① 在不动产重复典卖中,将交付作为判断物权是否已经发生移转的判断标准之一。但从总体而言,民国初期的大理院判例,虽然适用"物权契约",但没有建立起"物权契约"与不动产登记、动产交付的必然联系。

1922年,民国政府公布了"不动产登记条例",该条例规定不动产物权移转,非经登记,不得对抗第三人。然而,也正是在这一年,为了论证物权移转形式立法规定的必要性,王凤瀛先生论述了物权契约与不动产登记、动产交付关系。王凤瀛先生论述道:"德国则不然,债权契约与物权契约,分别极清。债权自债权,物权自物权,仅有债权契约,不足以发生物权移转之效力,必也不动产则以合意及登记为要件,动产则以合意及交付为要件,此种登记及交付,称为物权契约。"②(着重号为引者加)在这里,"登记及交付"直接与"物权契约"画上了等号。而区分"物权契约"与"债权契约",则"必也不动产则以合意及登记为要件,动产则以合意及交付为要件",换言之,"物权契约"必然要求采用物权移转形式主义。

1927年,日本民法学家横田秀雄先生在其《论物权契约》中,也表达了物权契约的独立性、无因性与物权移转形式主义的关系。

崇拜德法系而讴歌其法理之论者,其所见之重要点,无他。即在于以物权契约为践成的之法律思想,及以该契约为无因独立的之法律思想。其连锁关系如何之点也。夫前者与后者,本来之观念,非必有不可分离之关系,而以物权契约为诺成契约,同时以之为无因独立之契约者。于法上无若何之障碍。然由规律共同生活关系为目的之立法政策上观察之。则以物权契约为无因独立之契约与以物权契约因登记或交付而生其效之践成的,始可得实现之者,二者常有

---

① 郭卫. 大理院判决例全书[M]. 上海:会文堂新记书局,1932:156.
② 王凤瀛. 因法律行为而有物权之得丧变更者,应否以登记、交付为发生效力之要件?各国立法例不一,我国宜采何制?现在登记制度未能即行,宜代以如何方法?[J]. 法学会杂志,1922(9):69-80.

不可分离之关系也。①

横田秀雄先生指出了物权契约的独立性、无因性，与物权移转形式主义"常有不可分离之关系"。在横田秀雄先生看来，既然采用物权行为理论，则必然要求物权移转形式主义；另一方面既然采用物权移转形式主义，则必然采用物权行为理论。

然而，民国后期的民法学发展表明，物权移转形式主义并未如民国前期学者所述而必然与采用物权行为理论发生联系。

"中华民国民法"采用了物权移转形式主义。在民国后期的民法学理论上，多数学者也认为"中华民国民法"采用了物权行为理论。但在物权移转形式主义与物权行为理论之间的必然联系，学者并非完全赞同。民国后期的著名民法学者曹杰先生即是其中的一位。

对于形式主义与物权契约之间的关系，曹杰先生有着精辟的论述。曹杰先生认为，法德两国的物权移转意思主义与形式主义之争，从"两种主义之沿革以观，所谓意思主义即不分别债权契约与物权契约，形式主义即区分债权契约与物权契约者，不过当时法德二国学者理论之斗争"②。

在曹杰先生看来，法德两国的意思主义与形式主义之争，"在今日已渐次转换其方向。如日本民法此点系采法国主义。日本民法学者之理论以及判决例，均区别债权契约与物权契约，甚有以采意思主义，实系为区别债权契约与物权契约而采用意思主义者，亦一极感兴趣之事也。瑞士民法系采德国法例，以登记或交付为物权变动之必要条件，然在理论上对于交付或登记，即时付以物权得丧变更之效果，不认有与债权契约分离之物权契约"③。

通过对法德两国的主义沿革的梳理及当时的学说发展趋势的观察，曹杰先生得出如下结论："由是以观，于债权契约以外，是否认有物权契约之存在，与某种法律行为应具某种方式始生效力，纯为判然各别之问题，并无牵连之关系。愚对于此种理论之倾向，毫不怀疑，试依下列两点证之：（一）债权契约必以履行一定方式始生效力者，在债法非无其例，如吾民法第四二二条、第四六五条、第四七五条以及证券行为之规定是。（二）具有物权的法律行为同一性质之移转行为（准物权法律行为），亦有仅以履行一定方式为对抗要件者，如吾《商人通

---

① 横田秀雄. 论物权契约 [M]. 张其威，译. 东北大学周刊, 1927 (35): 8-15, (36): 13-18, (37): 7-14.
② 曹杰. 中国民法物权论 [M]. 周旋，勘校. 北京: 中国方正出版社, 2004: 19.
③ 曹杰. 中国民法物权论 [M]. 周旋，勘校. 北京: 中国方正出版社, 2004: 19.

例》第二十一条之规定是。综上两点立论,可见债权契约与物权契约区别之问题,究不出学问观念上之理由,要式行为与不要式行为区别之问题,则为实际需要上之理由(参照旧民律草案第九七九条理由)。学者有谓凡采意思主义之国,即不应有物权契约存在之余地者,究不免有混同法律行为之本质与法律行为之方式为一之嫌。"①

曹杰先生的结论可谓明确,但曹杰先生的论证却并非无懈可击。其一,日本、瑞士的立法和学说吸收德国的立法和学说的优点,择为己用,恰好显示了物权契约学说的优越性。只不过,日本和瑞士立法和学说并未能全部借鉴德国的物权契约立法和学说,只是借鉴了部分而已。日本的民法学为德国的物权契约学说所折服,虽然在立法上未能采用德国的物权移转形式主义,但在学说上,物权契约学说渐得人心,为学者所赞。瑞士则在立法上借鉴了物权契约的形式主义,但未在学说上接受德国的物权契约学说。因而,瑞士民法虽采形式主义,但在理论上却并无物权契约之说。综合物权契约学说与形式主义立法来看,能否仅以日本和瑞士的立法和学说状况而全然否定物权契约与形式主义之关系,值得商榷。因此,对此问题,应进行历史地分析。否则,有本末倒置之嫌。其二,以当时立法否定学说之价值,也难免令人质疑。近代中国的民事立法,并非完美至无可挑剔。立法本以理论学说研究为基础。因此,立法所采之主义本为一种学说观点而已,以一种学说否定另一学说,而合理正当性论证不足,难以令人信服。

第三节 物权行为无因性与交易安全

无因性是物权行为的最主要品性,也是物权行为理论中备受争议的问题之一。然而,物权行为无因性的提出自始即与交易安全的观念密切相关。因而,物权行为无因性与交易安全自然应为物权行为理论的重点。

在近代中国的民法学发展史上,物权行为无因性是近代中国的物权行为理论发展到一定阶段,才被学者所认识和提出的。但物权行为无因性却是近代中国民法学中为学者间所"争论"的"最剧烈之一问题"。②

---

① 曹杰. 中国民法物权论 [M]. 周旋, 勘校. 北京: 中国方正出版社, 2004: 19.
② 王去非. 民法物权要义 [M]. 上海: 上海法学书局, 1934: 29.

一、物权行为无因性与交易安全

清末时期，未见有物权行为或物权契约无因性的相关论述。

民国初期，大理院判例依据物权行为无因性曾作出过相关判例。但在民法学讲义和著作中，较早对物权行为无因性内容进行论述的当为王凤瀛先生在1922年发表于《法学会杂志》的关于物权移转主义的论文。①

王凤瀛先生在其论文中论述道："德国分债权物权为两事，债权契约，虽系无效，苟物权契约并无欠缺，则物权之移转，仍不受何等影响。依此主义，让与人往往大受不利益之结果，明知有错误无效等原因，不能请求返还原物，设遇受让人价金未付之前，宣告破产或转辗让渡，于此情形，让与人只能与一般债权人，同受分配，或请求为不当得利之偿还，除此之外，别无救济方法，事实上受亏匪浅。"②

王先生虽有物权行为无因性内容的论述，但并未在学理上将其直接归纳为"无因性"。

直至1927年，日本学者横田秀雄先生的《论物权契约》被翻译成中文，并在《东北大学周刊》发表。在这篇论文中，物权契约无因性被作为分析和论证的重点内容。此相关内容已在本书第二章第四节有论述，此处不赘。

之后，尤其是1930年以后，物权行为无因性已常见于民法学著作中关于物权行为的论述内容。

物权行为无因性，简单言之，是指因履行债务而为物权行为时，在物权行为有效的前提下，如债权行为无效、被撤销时，物权行为不受债权行为的影响，而仍为有效。

"交易安全"是与物权行为无因性密切相关的一个话题，也是民法学关注的重要问题之一。在近代中国民法学诞生之初，学者即将"交易安全"作为物权变动中的重要考量因素。

清末时期，从日本传入的日本民法学即对物权变动过程中的"交易安全"非常重视。如初版于1907年，由姚华编辑的《民法财产（物权）》，就有关于

---

① 王凤瀛．因法律行为而有物权之得丧变更者，应否以登记、交付为发生效力之要件？各国立法例不一，我国宜采何制？现在登记制度未能即行，宜代以如何方法？[J]．法学会杂志，1922（9）：69-80．

② 王凤瀛．因法律行为而有物权之得丧变更者，应否以登记、交付为发生效力之要件？各国立法例不一，我国宜采何制？现在登记制度未能即行，宜代以如何方法？[J]．法学会杂志，1922（9）：69-80．

"取引安全"的论述:"故无论何人,当其就动产为取引时,可即时请求物之引渡。若相手方不即为物之引渡,或有第三者之权利附着之时,不可轻易信相手方之言。若得物之引渡,即令第三者于其物上有如何之权利,其权利非可对抗于已受物之引渡者。故受物引渡者,毫无被损失之虞。如此,则人人皆得安全。"①(着重号为引者加)在其他民法著述中,"取引安全"也备受关注。

至民国前期,学者对物权变动中的交易安全,仍然非常重视。如黄右昌先生论述道:"物权虽为绝对的权利,可以对抗一般之人,而其设定移转常与第三人之利害,有重大影响。若不使之履行方式,即对于第三人发生效力,则第三人必受不测之损害,充其弊,必至关于物权之交易悉不安全。故此主义为第三人之利益及交易之安全计,而以登记交付为其设定移转之要素。在学理上实际上,实无可攻击之点也。"②(着重号为引者加)在这里,黄右昌先生将是否利于"交易之安全"作为衡量物权移转主义的重要标准。

1922年,王凤瀛先生在其论文中论及法国的意思主义时,评论道:"就实际上言之,债权与物权合而为一,债权无效,则物权之得丧变更,亦不发生效力,果如是也,第三人苟欲有所交易,必先调查甲乙间债权契约之是否合法,方能安心着手。然债权为当事人间对人契约,外人往往不得其中底蕴,于是踌躇彷徨,不敢贸然尝试,殊非保护交易安全之道。"③(着重号为引者加)在这里,王凤瀛先生也从"交易安全"的角度出发,对法国的物权移转意思主义作出批评。

民国后期,"交易安全"已成民法学者"考量"物权移转主义的主要因素。如余棨昌先生在其《民法要论(物权)》中,就指出:"关于物权的意思表示效力之原则,宜采形式主义,不独沿革上古代之立法为然。即在保护交易安全之点观之,理论上亦属至当之立法。"④(着重号为引者加)又如由钟洪声编著的《物权新论》也认为:"盖凭债权契约之缔结,即发生物权之效力也。惟若绝对的贯彻意思主义,而当事人以外之第三人,每无从知其权利之变动,或蒙不测之损害,非所以谋交易之安全也。故为保护善意之第三人起见,在不动产则

---

① 姚华. 民法财产(物权)[M]. 天津:丙午社,1913:24.
② 黄右昌. 民法物权(本论、自物权)[M]. 北京:朝阳大学法律讲义,印刷时间不详:16.
③ 王凤瀛. 因法律行为而有物权之得丧变更者,应否以登记、交付为发生效力之要件?各国立法例不一,我国宜采何制?现在登记制度未能即行,宜代以如何方法?[J]. 法学会杂志,1922(9):69-80.
④ 余棨昌. 民法要论(物权)[M]. 北平:北平朝阳学院,1931:9-10.

以登记，动产则以交付，为对抗第三人之条件。……盖物权为对世权，其成立之始，即不可不具有对世性。为保护第三人之利益及维持交易之安全计，尤须自始即以登记或交付为其成立之要素。"①（着重号为引者加）

再如王去非先生在《民法物权论》中论辩道："自近日一般立法之趋势观之，大抵皆采形式主义。形式主义，有关于不动产者，有关于动产者，然要不外保护第三人之利益，图交易之安全。"②（着重号为引者加）

还有发行于1933年，刘鸿渐先生在其著作《中华民国物权法论》中，对于物权移转主义论述道："若绝对的贯彻意思主义，则当事人以外之第三人，无由知悉有物权之变动，其结果或不免受不测之损害，亦非所以谋交易安全之道。"③ "盖物权为对物之直接管领权，故于其成立之始，即应有对抗一般人之力。而一方面因物权之设定移转，于第三人之利害有重大之关系，故又有保护第三人之利益，使物权交易安全确实之必要，而欲完成此两项条件，则必须自始即以登记或交付为物权设定移转之要素。"④（着重号为引者加）

商务印书馆1934年版，由刘子崧和李景禧两位先生编著的《法学通论》也认为："物权得丧变更之事实，在不动产非经登记不生效力（民第七五八条），在动产非将其物交付不生效力（民第七六一条），是即学者所谓物权动的安全之保护（Schutz bes güten Glaubens），对于静的安全保护之例外也。"⑤

由学者对物权变动过程中的移转主义论述来看，"交易安全"在近代民法学产生之始，就是学者进行物权移转主义论证选择时的重要考量因素。然而，对于何谓"交易安全"，学者并未给出准确定义。但是，从学者的论述语境来看，"交易安全"可以被视为是，在交易人不知交易物的确切状态，但根据"物"所表现出来（即公示）的状态，交易人据此可以推知交易物的权利为交易相对人所享有时，与交易相对人进行交易，而不受其他第三人（包括交易物的真正权利人）的追索，从而使自己对物享有的权利处于安全稳定的状态。

"交易安全"为民法学说所主论，然而，民国初期的大理院判例却显示，身为民国前期法学领军人物的大理院推事们，却并未沿民法学的论证思路，在物权变动的司法审判实践中，对"交易安全"做出足够的保护，或将之作为大理院形成判决的重要考量因素。

---

① 钟洪声. 物权新论 [M]. 上海：上海大东书局印行，1932：24-25.
② 王去非. 民法物权论 [M]. 上海：上海法学编译社，1933：22.
③ 刘鸿渐. 中华民国物权法论 [M]. 北平：北平朝阳学院，1933：46.
④ 刘鸿渐. 中华民国物权法论 [M]. 北平：北平朝阳学院，1933：48.
⑤ 刘子崧，李景禧. 法学通论 [M]. 上海：商务印书馆，1934：170-171.

大理院四年（1915年）上字第九五号判例就称："无所有权之第三人私擅将他人不动产出卖者，此项行为无论买主是否知情，当然不发生物权移转之效力。买主有因此已缴买价或受其他损害者，只可迳向冒称业主之卖产人请求赔偿，而不得以此为由对抗所有权人。"① 在这个判例中，"无所有权之第三人私擅将他人不动产出卖者，此项行为无论买主是否知情，当然不发生物权移转之效力"。则难以保障交易安全，原因在于：在不动产物权并未有"登记"作为公示途径的情况下，对于卖主没有所有权的事实并不知情的买主，处于交易极不安全的状态，即使"交付"，并实际占有，也"不发生物权移转之效力"。

又见大理院四年（1915年）上字第二〇二九号判例称："卑幼典卖尊长提留之产，无论其相对人（即典买主），是否善意，均不能生物权法上之效力。即令典买事实不知情，亦仅能向擅卖得价之人要求返还契价，自不得遽谓该田产已适法转移所有。"② 在这个判例中，"善意"的"典买主"还是处于交易极不安全的状态。

在大理院答复地方审判厅的相关解释函中，也表现出对"交易安全"的漠视。如大理院在"民国四年四月一日大理院覆山东高等审判厅函"的统字第二二八号解释例中，称："卑幼私擅处分其父兄之财产者，与处分他人之财产同。无论契约之相对人是否善意（即是否知情），其物权移转契约为无效。（但有代理关系时，不在此限。又债权契约，非无效契约，当事人仍可依债权法则办理。）"③ 在这个解释例中，善意（不知情）的"契约之相对人"自然难有安全交易的保障。

又如大理院于"民国六年八月十六日大理院覆总检察厅函"的统字第六六三号解释例，称："私擅售卖他人所有物者，不问买主是否知情，其卖约为无效。即应将原物交还物主。如因买卖无效，受有损失（在此案如迁坟等费），得因买主之请求，为之查明，责令擅卖之人赔偿。"④ 在这个解释例中，不知情的买主与"私擅售卖他人所有物者"所订之"卖约"干脆被作为"无效"，交易安全又如何能够得到保障？

再如大理院在"民国七年九月六日大理院覆四川高等审判分厅函"的统字第八五六号解释中，称："查善堂公置义地，被人盗卖，如未经合法代表善堂之人依法追认，则无论该地已否葬坟墓，买受人是否知情，并是否涉及外人，其

---

① 郭卫．大理院判决例全书［M］．上海：上海会文堂新记书局，1932：158.
② 郭卫．大理院判决例全书［M］．上海：上海会文堂新记书局，1932：53.
③ 郭卫．大理院解释例全文［M］．上海：上海会文堂新记书局，1932：149.
④ 郭卫．大理院解释例全文［M］．上海：上海会文堂新记书局，1932：361.

买卖无由认为有效。"① 在这个解释例中，不仅不知情的买受人所买之土地无效，无论"是否涉及外人"，"买卖无由认为有效"。由此推知，在该解释例材料中，或许有观点提出：如涉及外人，关乎交易安全，"盗卖"之地应当认为有效。

至1920年，"交易安全"的问题仍未能引起大理院的重视。此点，可从大理院九年（1920年）上字第一〇〇三号判例内容看出。该判例称："不动产之买卖，在卖主一方如因特种关系已停止其自由处分之权利，则与为买卖之买主，无论是否善意，要不生物权移转之效力。"②

及至1929年，最高法院的判例在物权移转时的交易安全问题上，仍然延续大理院的一贯态度。最高法院十八年（1929年）上字第一九一二号判例称："（一）损害本于侵权行为者，须有侵权之行为，如共有人中一人，私将共有物缔结典押契约，固属侵害行为，要与承受典押人无直接之关系，故非证明承受典押人确系共同侵害，则承受典押人自不负何等赔偿之责。（二）共有人之一人指共有物为已有，私擅典押，无论其相对人是否善意，不生物权法上之效力。"③在这个判例中，最高法院并未对该"共有物"是否为动产而作出区别对待。针对动产而设立的善意取得（即时取得）制度，亦未被提及。

综合民国时期的判例和解释例来看，交易安全并未能作为审判机关在判定物权变动案件中的考量因素。

在物权变动过程中，交易安全是取得权利之人的最为担心之问题。而在物权行为理论中，交易安全问题正是在因履行债权行为而为物权行为时，物权行为有效，而债权行为无效、被撤销或解除时的情况下被提出的。如果采用物权行为无因性，在物权行为有效，而债权行为无效、被撤销或解除时，物权行为不受债权行为效力的影响，依物权行为所设定、移转的物权仍然为受让人所享有。如其他第三人与受让人交易时，受让人对第三人的处分行为即为有权处分，第三人因交易而取得物权的行为也即为有效，而不会受到其他人（包括让与人）依物权追及效力而受到其他人的追索。正是从这一点上而言，物权行为无因性在特别情况下，能够保障交易安全。

如果不采用物权行为无因性，情况则大不一样。在债权行为效力受到影响时，物权行为因不具有无因性，而同时受到债权行为效力的影响。若物权受让

---

① 郭卫. 大理院解释例全文 [M]. 上海：上海会文堂新记书局，1932：471.
② 郭卫. 大理院判决例全书 [M]. 上海：上海会文堂新记书局，1932：158.
③ 最高法院判例 [EB/OL]. S-link：电子六法全书.

人再与第三人交易，而第三人对物权受让人与物权让与人的债权行为效力并不知情时，又与物权受让人进行交易时，由于受让人对交易物的权利处于不确定或者无权的状态，则受让人与第三人间关于物权的处分行为，则可能成为无权处分行为，因而受让人与第三人的交易行为的效力也可能会受到影响。即使第三人已经实际"登记"或"占有"交易物，也有可能会受到交易物真正权利人的追索，从而使第三人对交易物所享有的物权处于不安全的状态。

然而，采用物权行为无因性却并不能够说绝对保障了"交易安全"。原因即在于：物权行为无因性的保障范围仅限于，债权行为无效，而物权行为有效的情形。对于物权行为本身即为无效的情形，如物权让与人对契约标的物根本就没有处分权时，则此物权行为本身即不能发生物权移转效力，依物权行为理论，物权并不能发生移转。因此，因无效的物权移转行为而占有不动产标的物或"登记"为不动产权利人的行为人，并不能实际上取得标的物的物权，即使行为人出于善意（即不知情）。如因无效的物权移转行为而取得标的物的占有人，再与其他不知情的其他第三人进行交易，则又进而成为无权处分，如无其他相应制度保障时，则亦进一步造成交易的不安全。

其实，从日本传入的近代民法学，对物权变动中的"交易安全"早有预想。这从清末时期传入的日本民法学中，可以清楚看出。

由湖北法政编辑社社员编辑的《民法（财产总论、物权）》，即已较早地论及第三人交易安全问题。"日耳曼法大抵以保护取引为目的，盖动产为极不确定之物。自甲授之于乙，乙授之于丙，终无定主。若辗转相授之后，忽有意外之人，主张权利于其上，则商业及其他一切取引皆不安全，甚有妨于社会经济之发达。"① 由此可知，对于动产在若干"取引"之后，如果忽有意外之人对于占有人主张动产的权利，则这种状态是一种"不安全"的状态。

又如由姚华编辑的《民法财产（物权）》，也对第三人的交易安全作出相关论述："夫动产何以要取得即时时效，因动产之所在，极不确定；且其取引亦最频繁。设由甲转乙，由乙转丙，辗转不已，别有意外之人，突出而主张动产上之权利，竟不得不返还之。则商业及其他一切取引甚不安全。因之有妨商业发达，害社会进步之虞。"② 可见，清末时期从日本传入的民法学已经对"取引甚不安全"的危害提至"妨商业发达，害社会进步之虞"的高度。

---

① 湖北法政编辑社社员. 民法（财产总论、物权）[M]. 东京：湖北法政编辑社，1906：17-18.
② 姚华. 民法财产（物权）[M]. 天津：丙午社，1913：43.

即有"交易安全"问题产生,则民法学必发展出解决"交易不安全"问题的学问。善意取得,亦称即时取得,即是为动产交易不安全而创设。

二、物权行为无因性与善意取得

清末时期,从日本传入的民法学,即对善意取得有所论述。善意取得又称即时取得。随着近代民法学的发展,善意取得的功能已日益为学者所重视。余棨昌先生在《民法要论(物权)》中,对善意取得(即时取得)的论述可谓一语中的:"余谓即时取得,乃纯为保护交易之安全。"[1] 在黄右昌先生看来,即时取得,也就是善意取得,乃纯为保护交易安全而设。

然而,善意取得却不能保证全部"交易安全"。这一问题在日本民法学传入之初,即已露端倪。

首先,善意取得仅适用于动产,不动产则无适用的余地。日本民法第百九十二条"平稳且公然始为动产之占有者,若善意而无过失,即时取得行使于其动产之上之权利。"该条规定仅限于动产,而对于不动产则难以适用。对此,日本民法学编辑著作论述得非常清楚。如由湖北法政编辑社社员编辑的《民法(财产总论、物权)》,编者论述道:"权利之取得,以时效为准。……如第百九十二条:'平稳且公然始为动产之占有者,若善意而无过失,即时取得行使于其动产之上之权利。'自普通法论,动产之取得时效,以十个年为原则。此独言即时时效者,即言即时取得其所有权,即时行使其所有权也。故亦谓之瞬息时效。关于此条之理由,学说不一,而日耳曼法大抵以保护取引为目的。盖动产为极不确定之物。自甲授之于乙,乙授之于丙,终无定主。若辗转相授之后,忽有意外之人,主张权利于其上,则商业及其他一切取引,皆不安全,甚有妨于社会经济之发达。故无论何国之立法,皆设多少之特例,使占有者速取得其权利。"[2]

由姚华编辑的《民法财产(物权)》一书中,也对善意取得仅适用于动产有所论述:"关于占有权利之取得,于日本民法第百九十二条云:'平稳且公然始为动产之占有者,善意且无过失时,即时取得行使于动产上之权利。'此即瞬间时效(或曰即时时效)(Preseription instautanée)之规定,其条件与第百六十二条取得时效同。所不同者,彼为十年,此为即时;彼为不动产,此为动产耳。

---

[1] 余棨昌. 民法要论(物权)[M]. 北平:北平朝阳学院,1931:164.
[2] 湖北法政编辑社社员. 民法(财产总论、物权)[M]. 东京:湖北法政编辑社,1906:17-18.

夫动产何以要取得即时时效，因动产之所在，极不确定；且其取引，亦最频繁。设由甲转乙，由乙转丙，辗转不已，别有意外之人，突出而主张动产上之权利，竟不得不返还之，则商业及其他一切取引甚不安全。因之有妨商业发达，害社会进步之虞。故无论何国，于动产必设特例，使速以占有者得视为权利者也。"①（着重号为引者加）此处对"瞬间时效（或曰即时时效）"的适用范围论述非常清楚：时效取得根据动产和不动产有不同规定，"所不同者，彼为十年，此为即时；彼为不动产，此为动产耳"。也就是说，不动产的占有取得时效为十年，动产的占有取得时效为"即时"。并且"占有权利取得"的适用条件是"平稳且公然"和"善意且无过失"。

其次，善意取得在动产领域的适用范围也受到限制。值得注意的是，即使是在动产领域，善意取得也并非全部适用，善意取得的适用还存有例外情形。由湖北法政编辑社社员编辑的《民法（财产总论、物权）》中，编者称："日本民法第百九十二条之规定，大抵脱胎于日耳曼法也。虽然，亦有二例外，试略言之。（一）盗品及遗失物……（二）家畜以外之动物……"② 实际上，之后的民法学著述基本沿袭了这一学说，对善意取得均设有例外情形。

对于学说上的善意取得例外情形，民国初期的大理院解释例则根据实际，适当予以修正。如在因"盗品"而善意取得方面，大理院解释例却未直接认为予以追缴，而是本着保护"不知情"买主的公平原理，使善意受让之人"于犯人不明或无力缴价之时，由失主自行备价收回"。大理院在"民国七年九月十日大理院覆京师高等审判厅函"的统字第八五八号解释例中称："但使买主确不知情（即不知为劫盗所得之物），并公然价买者，自应于犯人不明或无力缴价之时，由失主自行备价收回（参照现行律给没赃物门条例第十二段），已昭平允。"③

再次，善意取得还存在着主观"善意"难以证明的难题。对此，从日本传入的民法学早有论及。如初版于1905年，由湖北法政编辑社社员编辑的《民法（财产总论、物权）》中，就如下论述：

按旧民法第三百五十条："限于善意之第三者，以登记之有无而为对抗。恶意者虽未登记，而对于善意者，不得主张自己之权利。"而新民法不论第三者之善意与恶意，苟未登记，即不能对抗之。盖于实际之事实，欲判明第三者意思

---

① 姚华. 民法财产（物权）[M]. 天津：丙午社，1913：43.
② 湖北法政编辑社社员. 民法（财产总论、物权）[M]. 东京：湖北法政编辑社，1906：18.
③ 郭卫. 大理院解释例全文[M]. 上海：上海会文堂新记书局，1932：474.

之善恶，殊为困难。且该不动产既辗转数人之间，尤难确知其权利之所在。①

又如初版于1907年，由姚华编辑的《民法财产（物权）》中，就有下列论述：

> 分第三者为善意与恶意，对于善意之第三者，非有登记、引渡，不得对抗之。对于恶意之第三者，即未登记、引渡，亦可对抗。……盖以登记、引渡不过公示方法之一。其权利因当事者之意思而设定、移转。无论对于何人，皆得对抗。惟为保护善意之第三者，不得对抗之而已。此亦似为适当之主义。然日本民法不采之者，有二理由。其一，区别之困难，盖实际上善意、恶意颇难区别。其奸黠者，虽明知之，而可诈为不知，使人弗觉其为恶意。若不能行诈者，使人一望而觉其为恶意，是同为恶意之第三者，而于前者可以不认当事者之设定、移转物权（以其诈为善意之第三者，当事者不能对抗之故。）；于后者则不得不认之（以其既属恶意，当事者可以对抗之故。），颇有不公平之结果。其二，手续之繁难，欲一一区别其是否善意、恶意，颇感手续之不便。②

行为人是否知道某些事实的主观心理状态难以通过证据材料予以证明。而这种难度，不管是哪一方举证，都将存在。举证责任倒置的诉讼法设置，并不能真正消除当事人的举证难度。

对于"不动产"的交易安全问题，近代民法学鲜有论述。因为，近代民法学已经将不动产登记作为不动产物权公示的方法。因此，从学理上而言，不动产物权不存在"登记人"与"权利人"不一致的情形。况且，近代民法学中的动产即时取得正是与不动产的时效取得相对应，不动产物权根本不存在即时取得（瞬间取得）的可能。

然而，事实上，在不动产领域，也存在着登记人与真正权利人不一致的情形。在因履行债务行为而为不动产登记变更的情形，如债权行为无效或被撤销，而物权行为（不动产登记行为）有效时，如果以物权行为有因行为，从而受到债权行为（原因行为）的影响而无效时，则已经登记变更的不动产物权登记权利人，则与真正的权利人不相一致。如果恰好在此情形下，第三人在不知不动产物权登记人与权利人的真实状况，在无相应制度保障的前提下，则第三人的交易安全将成为一大问题。

在上述情形下，物权行为无因性恰好能够起到保障交易安全的功效。因为

---

① 湖北法政编辑社社员. 民法（财产总论、物权）[M]. 东京：湖北法政编辑社，1905：51-52.

② 姚华. 民法财产（物权）[M]. 天津：丙午社，1913：27-28.

物权行为的无因性设置目的即在于切断债权行为效力对物权行为效力的影响链条，从而保障交易安全。

然而，物权行为无因性的交易安全功能却极为有限。在不动产领域，如债权行为无效，物权行为也无效，但不动产已经登记变更的情况下，如不知情的第三人与不动产登记权利人善意交易，则物权行为无因性根本没有适用的余地。而此种情况下，善意取得也因不适用于不动产而无法发挥保障交易安全的功能。又如，不动产登记机关误将非真正权利人登记为不动产权利人，善意第三人与登记权利人进行交易，此时交易的安全，也难有保障。因为此种与物权行为无关，固无适用物权行为无因性的可能。

在动产领域，物权行为无因性的保障交易安全功能则可能会由善意取得的交易安全保障功能所取代。因为假使物权行为因债权行为无效也无效时，善意的交易第三人则可依善意取得而受到交易安全的保障。而物权行为无因性则可能因使恶意第三人亦能取得动产物权而备受责难。同样，在动产领域，在许多情形下，物权行为无因性难以发挥保障交易安全的功能。如租用他人动产之人，将租赁他人动产物权让与第三人。在此情况下，由于租赁行为合法有效，借用人的行为系无权处分，此种情况下，依物权行为理论，由于处分人没有处分权，不符合物权行为的构成要件。因此，物权移转不发生效力。但第三人可依善意取得原理而取得该动产的物权。

综合物权行为无因性与善意取得在保障交易安全的功能来看，物权行为无因性并不限制"物"的类型。也就是说，物权行为无因性既能适用于动产，也能适用于不动产。在善意取得不能适用的不动产领域，物权行为无因性就可发挥一定的交易安全保障作用。然而，物权行为无因性发挥保障作用的范围却是非常狭小的。如因登记人员错误或其他原因，致使不动产的登记错误，而交易第三人与明知该登记错误而又出于其他目的，与第三人进行交易。在登记法采用相对公信主义下，既无适用物权行为无因性的余地（让与人无真正处分权，物权移转行为本身无效），也无适用善意取得的余地（因系不动产）。从而，使此情况下的交易安全处于民法上的失范状态，民法学对此也是缺乏相应的学理研究。

然而，在动产领域，物权行为无因性适用范围也非常狭小。若以保障交易安全作为物权行为具备无因性唯一根据，则善意取得完全可以取代物权行为无因性。因为依据善意取得原理，在物权行为有效，而债权行为无效、被撤销或解除时，即使不采用物权行为无因性，纵使物权行为受到债权行为效力的影响，但只要物权受让人占有动产，且符合善意取得的其他条件，交易安全仍然可依善意取得原理而得到保障。并且,动产领域的善意取得更符合民法学的诚实信用原则,使"恶意"第三人的动产物权取得私念难以得逞。

物权行为无因性适用狭小的另外一种情况即是,当债权行为无效,物权行为也因不符合法律行为的要件无效时,此时的交易安全如何保障呢?物权行为无因性显然对此情况无能为力。但在动产领域,善意取得又可发挥作用。而在不动产领域,由于善意取得的适用局限,在不动产的物权变动行为无效时,交易安全极易处于失范状态。

三、物权行为与公示公信

物权为绝对权,对世权,因此,物权的义务仍为社会上不确定的,除权利人之外的任何人。为了使社会上不特定的除权利人之外的任何人能够得以履行义务,则必须使物权的权利状态公示出来,以使社会上的不特定的义务人所明知。

自社会观察,物权多数时间属于固定。但随着经济发展、物权在社会上的流转将日益频繁,因而物权权利状态,需要及时公示,以使人周知。

物权的公示可分为静态的公示与动态的公示。法律也根据物(动产或不动产)的不同,确定了不同公示方法。而同一物在不同的状态(静态或动态)下,公示方法也有不同。动产的动态公示方法为交付,不动产的动态公示方法为登记变更(简称"登记");动产的静态公示方法为占有,不动产的静态公示方法为登记。

近代民法学对于物权的公示公信论述,自清末时期,即已常见于民法学著述。民国时期,物权的公示公信研究已经有了很大的发展。在每一部有关物权法学的论述中,物权的公示公信已实质上成为物权法学研究和论述的基础。在此,无须对每一部中的相关论述进行逐一列举,只择其典型著述。

(一) 物权的静态公示

对于不动产的公示问题,虽然并没有明确将物权的公示作为物权法学著述或讲义的论述内容。但在物权变动的内容论述中,仍可发现,物权的公示被作为物权变动的基本理念。如由湖北法政编辑社社员编辑的《民法(财产总论、物权)》,在论及日本登记法的用意时认为:"日本登记法之用意,与法国同,而完备过之,所采用主义,谓之公示方法。"① 又如由姚华编辑的《民法财产》

---

① 湖北法政编辑社社员. 民法(财产总论、物权)[M]. 东京:湖北法政编辑社,1906:52.

中也认为：不动产或船舶"登记之后，其权利关系极为分明，使人得一览而知（于登记所检视登记簿），取引上可以安全"①。

民国前期，黄右昌先生编辑的"朝阳大学法律讲义"也认为："不动产之登记者，谓因当事者之呈请或官署之委托，将不动产之权利状态登记于公簿也。盖登记制度即在于明确不动产之权利状态，俾众周知。故人皆可以领取登记簿之抄本及阅览登记簿与其附属书类。"②

民国后期的法学著述中，也有关于不动产公示的内容。王去非先生就认为："不动产登记者，将关于不动产上权利之事项，记载于特定官署所备置之公簿之谓也。……其登记之目的，在明示不动产之物利状态，俾一般世人，得以周知，而为确实之交易。"③

动产的公示方法与不动产的公示不同，动产以占有为其公示方法。如由姚华编辑的《民法财产（物权）》认为："从社会之情形论之，凡为人所持之物，大抵认为其所有。"④民国前期，黄右昌先生编辑的"朝阳大学法律讲义"中认为："以动产所有者，普通系占有动产，其得认识权利之所在，实以占有为标准。"⑤

中国早期民法学关于物权公示的论述，虽然并不"专深"，但在论者眼中，似乎已成为法学"常识"。

（二）物权的动态公示

物权的动态公示方法，也与物权的静态公示方法有所差异。

由湖北法政编辑社社员编辑的《民法（财产总论、物权）》中，就可发现物权的动态公示内容论述："日本登记法之用意，与法国同，而完备过之。所采用主义，谓之公示方法。""动产之引渡，犹不动产之登记。此二者不能相互为用。故引渡截然为动产之公示方法。大凡人庭屋中所放置之物品，必以其所有推定。即令非其所固有，亦必由正当权利之取得，他人见之，不得又有让渡之举。此引渡之所以为公示方法也。"⑥（着重号为引者加）在此论述中，明显看

---

① 姚华．民法财产［M］．天津：丙午社，1913：23．
② 黄右昌．民法物权（本论、自物权）［M］．北京：朝阳大学法律讲义，印刷时间不详：16．
③ 王去非．民法物权要义［M］．上海：上海法学书局，1934：32．
④ 姚华．民法财产（物权）［M］．天津：丙午社，1913：23．
⑤ 黄右昌．民法物权（本论、自物权）［M］．北京：朝阳大学法律讲义，印刷时间不详：22．
⑥ 湖北法政编辑社社员．民法（财产总论、物权）［M］．东京：湖北法政编辑社，1906：52-53．

出，编者对物权变动中的不动产和动产的动态公示方法上的差别已经有清楚的认识，从而使得物权在变动过程中也能够展示物权的变动状态，使之符合物权的本质特性。

民国时期的民法学对物权的动态公示方法正是在清末传入的民法学基础上相沿而成。但在民国后期的民法学中，对物权的动态公示方法论述则更为系统全面，认识也更加深刻。在这些论述中，刘志敫先生的论述堪称代表。在其《民法物权编》中，刘志敫先生对物权的公示有如下论述：

> 何谓公示原则，即当物权变动之际，必有一足使外界得据以辨认其真相之征象也。……然则不动产物权将以何种事项，为其变动之征象耶，曰，登记是已。……
>
> 至于动产物权一项，变动极易，其繁伙情形，迥非不动产所可比拟，即亦难依登记制度，以达安全目的，是以近世各民法，咸以移转动产之占有，用作公示方法，以为表示其权益所在之征象，……①

对于物权的公示，早期的民法学在实际分析论证过程中，已经自然使用。但并未将"物权的公示"作为物权法的基本原则之一加以论述。

（三）物权公示的公信力

对于不动产登记的公信力，清末时期的民法学即有所表述。虽未使用"公信"语词，但其义却较明显。如由姚华编辑的《民法财产（物权）》中，论称："有登记，则凡欲新取得物权及有权利关系者，无论何时，一览登记簿，即知其不动产（船舶）一切之权利"。② 从此处论述可见，"一览登记簿，即知其不动产（船舶）一切之权利"。论者已在不知不觉间，赋予了"登记簿"上的登记权利以"公信力"。

对于动产占有的公信力，清末传入的民法学著述中，也可见到与"公信"内容基本相同的表述。如"适法占有推定之"。如由湖北法政编辑社社员编辑的《民法（财产总论、物权）》有下列论述："第百八十八条：'占有者行使占有物之上之权利，则以适法占有推定之。'凡人行使权利于其占有物之上，依普通状态，大半为正当之权利，无权利而行使者，甚为罕见。故法律上认此普通状态，以适法占有推定之。即自占有之事实推定其权利也。"③（着重号为引者加）

---

① 刘志敫. 民法物权编 [M]. 方恒，张谷，校勘. 北京：中国政法大学出版社，2006：32-33.
② 姚华. 民法财产（物权）[M]. 天津：丙午社，1913：19.
③ 湖北法政编辑社社员. 民法（财产总论、物权）[M]. 东京：湖北法政编辑社，1906：15.

"适法占有推定之"实质上也是赋予"占有"的公示方法以"公信力"。简言之，因占有人"占有"标的动产，故占有人即可被认为是标的动产的"权利人"。

对于动产占有的公信力，由姚华编辑的《民法财产（物权）》中有较为详细的论述：

于大多数之场合，占有者即有权利者，于法律上可推定其占有系伴于所占有之权利者也。盖自社会实际上观之，其以强盗夺取或以暴行横领而占有他人之物者，诚不无其事。然于社会一般之比较上观察，果以为自己之权利而占有之为多乎？抑以夺取或横领而占有之为多乎？后者究居少数也。且因占有而欲证明权利之确属其人与否，最为困难。例如甲有或物，乙询此物自何人移转，甲必告以某年月日，买受于丙，设又询卖渡人果否为所有者乎？甲不能答。于此场合，即系不能证明，而法律上以为凡权利之行使，大抵系其人之真实权利。故当不能证明占有者之果否确为权利者时，唯有推定其人系为自己之权利而占有之者。倘果非其权利，至发生事实上之问题，则可诉之法庭，既无事实上之问题发生，自宜推定其占有系伴于所占有之权利者矣。①

因此，"从社会之情形论之，凡为人所持之物，大抵认为其所有"②。

民国前期，对于物权公示的公信力研究已经有了很大的发展。这些研究成果，在"重复典卖与登记解释例论争"中，已经有了充分展现。在该论争中，裴锡豫先生对登记的公信力有如下论述：

登记主义约有三种：曰地券交付，曰登记公示，曰登记要件。地券交付主义行之者尠，毋庸赘述。登记公示主义为法国所创，又曰法国主义；依此主义，凡不动产物权之得丧变更，均须登记，俾有利害关系之第三人，借以推知该不动产物权之权利状态焉；若不登记，则不得对抗第三人，至当事人间仅依意思表示，即生效力。登记要件主义，创自德国，又曰德国主义；据此主义，不动产物权之得丧变更，均须登记；若不登记，非但不能对抗第三人，即当事人间亦不发生效力。……

法国主义，又有二立法例焉：（一）曰绝对公信主义，又曰登记有公信力主义；（二）曰相对公信主义，又曰登记无公信力主义。绝对公信主义者，即对于登记权利之内容实体及目的，不问是否属于真实，凡善意第三人为交易且履行登记手续者，均可取得权利。相对公信主义者，即登记之效力，以有合法原因

---

① 姚华. 民法财产（物权）[M]. 天津：丙午社，1913：218-19.
② 姚华. 民法财产（物权）[M]. 天津：丙午社，1913：23.

为要件；若登记原因不合法时，第三人虽信其登记而为交易，亦难取得何等之权利。①

在这段论述中，裴锡豫先生认为，法国的登记公示主义又可分为"绝对公信主义"和"相对公信主义"，绝对公信主义可不问"登记权利之内容实体及目的"是否真实，善意地履行登记手续"均可取得权利"。而相对公信主义的"登记之效力，以有合法原因为要件"。

从裴锡豫先生对登记公信力的论述可知，民国前期的民法学对于公示公信的研究，较清末时期，已经有了很大的发展。

民国后期，民法学者对物权公示的公信力的研究有了更大的进步。余荣昌先生编著的《民法要论（物权）》认为："动产上之权利，非依占有无从表现，此外别无公示之方法，他人往往信占有人为正当之权利人而与之交易。"② 余荣昌先生实际上点出了动产公示方法"占有"在社会上所产生的"公信力"。

又如，由钟洪声著述的《物权新论》认为："占有为所有权取得原因之一，仅适用之于动产。盖动产上权利，非如不动产上权利之正确，有登记簿可以根查也。所以动产所有权让与之际，往往让与人并无让与之权利，有非让受人所能知悉者，倘以让与人无移转所有权之权利，因之让受人即不能取得其所有权，则交易之安全，必不能保。"③ 可见，钟洪生先生不仅赋予不动产登记以极强的公信力；同时，对于动产"占有"的公信力，从保护交易安全的角度，提出了赋予"占有"以公信力，并进而使"占有为所有权取得原因之一"。

再如，著名民法学者王去非先生在其1934年版的《民法物权要义》中，有如下论述："不动产登记者，将关于不动产上权利之事项，记载于特定官署所备置之公簿之谓也。……其登记之目的，在明示不动产之物利状态，俾一般世人，得以周知，而为确实之交易。"④ 可知，王去非先生也对"不动产登记"公示出的"不动产之物权状态"的公信力深信不疑，从而使"一般世人，得以周知，而为确实之交易"。

民国后期的民法学对物权公示的公信力论述，刘志敔先生的论证可谓集中而系统。刘先生论述道：

> 以登记或移转占有为变动征象之立法例，有两种主义可述。一为绝对的公

---

① 裴锡豫. 对渔溪次素二君所著"重复典卖与登记"之商榷 [J]. 法律评论, 1927, 5 (10): 16-17.
② 余荣昌. 民法要论（物权）[M]. 北平：北平朝阳学院, 1931: 64.
③ 钟洪声. 物权新论 [M]. 上海：大东书局, 1932: 93.
④ 王去非. 民法物权要义 [M]. 上海：上海法学书局, 1934: 32.

信主义。如以登记事项为喻，即对于登记权利之内容，不问是否属于真实，凡第三人以善意与登记人交易者，均可取得其权利。例如甲伪造乙之书据，冒称购得乙之房屋，经登记后又将该房卖给丙管业，丙不知乙之侵权行为而买受其房，并依法登记完讫，此时甲乙间纵无买卖房屋之事，甲亦无卖房与丙之权限，然以丙为善意无过失之故，要为合法取得房屋之所有权人，乙对于甲只能以侵权行为为理由，请求赔偿损失。此主义乃比较业主乙及第三人丙之利害，而认保护善意第三人于公益为有利者也，如德国民法是。

一是相对的公信主义（又名无公信力主义）。亦以登记为喻，即登记之效力，以有合法原因为要件，若登记原因非属合法，则第三人虽信其登记事项而为交易，亦难取得何等权利。如前例甲既无出卖房屋之权限，即为缺乏合法原因，乙得主张其无效，此时第三人丙亦遂不能取得房屋之所有权。此主义乃比较善意第三人及业主之利害，而认保护业主为有益者也，如法国民法是。①

比较刘志敫先生的论述和裴锡豫先生对于公信力的论述，明显可以看出，二人对公信力的理解已经明显不同。此种变化，比较自明，无须赘言。

在比较了德、法两国的公信主义之后，刘志敫先生得出如下结论：

上述两种立法例，其差异实在应否牺牲物主之静的安全，而求交易之动的安全。此问题骤视之，虽似德国民法之主义，稍嫌过激，然若无公信原则为之保障，则苟非素识之人，即不敢轻与交易，是岂近代经济社会所能承受。故土地法第43条及民法第948条均效法德民法主义，而予明认公信之原则也。②

"中华民国土地法"第43条即为土地登记具有绝对公信力的条文规定，而"中华民国民法"第948条，乃善意取得规定，即依占有的公信力即可善意依法享有权利的规定。

但是，学者们发现动产物权公示的公信力，随"交易之敏捷"或者为使"交易趋于敏活"难免降低。

民国后期的民法学者李宜琛言："对于动产物权，则占有移转，已无表象之价值，既如前述，则用为物权变动之要件，徒增当事人间之不便，仍不足达到公示主义之理想，反不如意思主义能令交易趋于敏活也。"③

---

① 刘志敫. 民法物权编 [M]. 方恒，张谷，校勘. 北京：中国政法大学出版社，2006：33.
② 刘志敫. 民法物权编 [M]. 方恒，张谷，校勘. 北京：中国政法大学出版社，2006：33.
③ 李宜琛. 现代物权法论 [M]. 上海：好望书店，1933：35.

刘志敫先生谓：

惟近世经济社会，崇尚交易之敏捷，若必限令占有一物后，始生变动效力，则不但与上述经济上之趋势相背，且亦甚感其不便，故我民法又于同条认简易交付（同条第1项后段）、改定占有（同条第2项）、指示交付（同条第3项）等非正式之移转占有，以资救济。然利之所在，弊亦随之，动产以移转占有为变动征象之效用，亦因前项非正式之占有而大为减少，如何可使动产物权有更善之公示方法，迄今尚未能发现也。①

学者对于动产物权公示公信力的担忧不无道理，但从民法学的角度来看，物权的公示公信仍为物权法学的基本原则。

（四）公示公信与交易安全

交易安全与物权的公示、公信有着密切的关系。因为物权是绝对权、对世权，需要向不特定的社会人进行公示，从而使不特定人遵守不作为的义务。因此，物权的表现状态应为公示的状态。物权依公示方法，其他行为人就有义务对公示的物权状态予以信任，从而保障社会交易的安全。也就是说，通过赋予物权的公示方法以公信力，来确保交易安全。只有这样，物权经过公示之后，人们才有理由根据此公示的物权，而相信该物为公示所显现的权利人所享有，即对公示出的物权为真正的权利人享有，产生公信力。只有这样，在进行交易时，才会有安全感。如果对公示出来的权利人，与真正的权利人非同一人，而真正的权利人又别无他法使交易人得知，则交易人则不敢与公示出来的权利人进行交易，否则，只会增加交易第三人的调查成本，而不利于社会经济流通与发展。

近代的民法学对公示公信与交易安全的关系，已经有所研究。

民国前期，黄右昌先生编辑的"朝阳大学法律讲义"即已认为："不动产之登记者，谓因当事者之呈请或官署之委托，将不动产之权利状态登记于公簿也。盖登记制度即在于明确不动产之权利状态，俾众周知。故人皆可以领取登记簿之抄本及阅览登记簿与其附属书类。夫如是而后人知不动产权利状态，始克安心交易。"②（着重号为引者加）在此论述中，黄右昌先生对不动产登记的公示公信予以明确说明，并进而指出了不动产登记公示公信与交易安全的内在关联。

在1927年的"重复典卖与大理院解释例"论争中，裴锡豫先生针对1922

---

① 刘志敫. 民法物权编［M］. 方恒，张谷，校勘. 北京：中国政法大学出版社，2006：32-33.

② 黄右昌. 民法物权（本论、自物权）［M］. 北京：朝阳大学，印刷时间不详：16.

年公布的"不动产登记条例"采用"登记相对公信主义",作出"不动产物权应行登记之事项,非经登记,不得对抗第三人"的规定,发出感慨道:"吾人以客观之眼光,作公平之论调,审度社会之情势及风俗,均宜使登记法具强国之效力,人民对之,具极大之信仰心,夫然后纠纷少而交易得以安全。"① 很明显,在裴锡豫先生看来,登记法应当采用"绝对公信主义",使"人民对之具有极大之信仰心","然后纠纷少而交易得以安全"。公信主义与交易安全之因果关系,在裴锡豫先生的心目中亦至为清楚。

民国后期,由钟洪声编著的《物权新论》认为:"占有为所有权取得原因之一,仅适用之于动产。盖动产上权利,非如不动产上权利之正确,有登记簿可以根查也。所以动产所有权让与之际,往往让与人并无让与之权利。有非让受人所能知悉者,倘以让与人无移转所有权之权利,因之让受人即不能取得其所有权,则交易之安全,必不能保。"② 在这里,钟洪声先生对动产占有公示所产生的公信力进行了解释。因为动产并不实行登记制度,故不能像不动产一样,可通过查询不动产登记簿,确知不动产的所有权人。动产受让人若根据动产让与人实际占有动产的状态,而相信动产的让与人就是动产的所有权人,进而与动产让与人交易并相信自己能够取得让受动产的所有权。在这种情况下,若法律规定因动产让与人并不实际享有动产所有权或处分权而使动产受让人不能取得所有权,这将极不利于保障社会交易安全。因此,动产的占有状态即产生公信力,足以使人相信动产占有人就是动产的所有权人或处分权人。唯有如此,动产交易安全才能得以保障。

刘志敩先生在其《民法物权编》中,对物权的公示公信与交易安全的论述可谓精辟:"物权……变动时,极易引起纠纷,为求交易上之安全起见,有所谓公示及公信之原则存焉。我民法于此两种观念,纵未明予揭载,然各章节中随处含有此意,……何谓公示原则,即当物权变动之际,必有一足使外界得据以辨认其真相之征象也。此项物权之变动,何以必待此原则而后行,则因物权于积极消极两面,具有排他及物上请求权之作用,若不使世人得据某种征象,查悉其权益所在而预为之地,则必有因上述两种作用遭遇不测之损害者矣。"③

刘志敩先生对物权公示公信与交易安全关系的论述,可谓近代民法学者对

---

① 裴锡豫. 对渔溪次素二君所著"重复典卖与登记"之商榷[J]. 法律评论,1927,5(10):16-17.
② 钟洪声. 物权新论[M]. 上海:大东书局,1932:93.
③ 刘志敩. 民法物权编[M]. 方恒,张谷,校勘. 北京:中国政法大学出版社,2006:32.

两者关系论述的绝佳总结。

然而，值得注意的是，当事人在依据物权的公示公信而进行交易时，是否应对物权受让人作出"善意"（即不知情）的要求？

物权公示公信的本意在于保障社会上的交易安全。这种交易安全应当是对所公示出来的物权状态实不知情。否则，交易安全的保障又有何意义呢？换言之，法律是否有必要保障从明知公示权利人并非真正权利人处取得物权呢？

举例而言，甲乙间订立不动产买卖契约，并已实际办理登记变更，乙为登记所有权人。现因甲乙间的买卖债权契约无效，且物权契约也无效，但该不动产物权已经登记乙为所有权人。依物权行为理论，乙应当返还该不动产给甲。现乙为取得该不动产物权，在向甲返还不动产物权之前，乙将该实情告知朋友丙，要求朋友丙和自己配合，将不动产假意买下，并办理不动产变更登记。乙只能赔偿甲的相关损失，而后再将不动产物权从朋友丙处变更到自己名下。此种情形，丙从乙处假意买得的不动产物权是否可依物权的公示公信，发生物权转移效力，受到法律的保护呢？

如依物权的公示公信，丙相信登记权利人乙为不动产之真正权利人，于其处有偿取得不动产物权的效力，应予承认。然而，问题的关键在于，丙明知不动产登记的信息不真实，但却为其他目的利用物权的公示公信原则而取得不动产物权。

物权的公示公信是否具备不知情（即善意）状态，学者刘志敫先生提出了自己的学说。

以登记或移转占有为变动征象之立法例，有两种主义可述。一为绝对的公信主义。如以登记事项为喻，即对于登记权利之内容，不问是否属于真实，凡第三人以善意与登记人交易者，均可取得其权利。例如甲伪造乙之书据，冒称购得乙之房屋，经登记后又将该房卖给丙管业，丙不知乙之侵权行为而买受其房，并依法登记完讫，此时甲乙间纵无买卖房屋之事，甲亦无卖房与丙之权限，然以丙为善意无过失之故，要为合法取得房屋之所有权人，乙对于甲只能以侵权行为为理由，请求赔偿损失。此主义乃比较业主乙及第三人丙之利害，而认保护善意第三人于公益为有利者也，如德国民法是。① （着重号为引者加）

显然，刘志敫先生所理解的物权公示公信，自然要求物权受让人"善意无过失"。

---

① 刘志敫. 民法物权编[M]. 方恒，张谷，校勘. 北京：中国政法大学出版社，2006：33.

因此，前例所述之"恶意人"意图利用物权公示公信原则的交易安全保障功能，在刘志敩先生看来，自然不应受到法律保护。

其实，关于此点，早在1927年的"重复典卖与大理院解释的论争"中，学者裴锡豫先生就已论述明确：

法国主义，又有二立法例焉：（一）曰绝对公信主义，又曰登记有公信力主义；（二）曰相对公信主义，又曰登记无公信力主义。绝对公信主义者，即对于登记权利之内容实体及目的，不问是否属于真实，凡善意第三人为交易且履行登记手续者，均可取得权利。相对公信主义者，即登记之效力，以有合法原因为要件；若登记原因不合法时，第三人虽信其登记而为交易，亦难取得何等之权利。①（着重号为引者加）

显然，早在民国前期，学者即已认为，即使是采用"绝对公信主义"之法，在保护交易安全方面，也应要求第三人为"善意"。此点，在当代的物权行为理论争论中，为"争论最激烈"之问题。②刘志敩先生对物权公示公信原则的理解对当代的物权法学者不无启示。

（五）物权行为、善意取得与公示公信的关系

物权行为理论与善意取得均有保护第三人交易安全的功能。但物权行为与善意取得之间却存在着明显差异。这些差异表现为：首先，物权行为要求处分行为人为有权处分，而善意取得则要求处分行为人为无权处分；其次，物权行为对受让人的主观状态并无要求，其善意恶意在所不论，而善意取得则要求受让人主观上处于善意状态，即不知处分人为无权处分；再次，物权行为既适用于动产，也适用于不动产；但通俗认为，善意取得仅适用于动产，而不适用于不动产。物权行为与善意取得也存在着相同之处。这些相同之处表现为：首先，物权行为和善意取得都要求标的物为特定物；其次，物权行为和善意取得都要求存在动产的"交付"行为；最后，物权行为与善意取得均以物权的公示公信为基础。

善意取得，也是以公示公信为基础的，如将动产的占有作为善意取得的要件，即是根据动产的公示方法——占有，产生了公信力。并相信其权利为占有人所享有。善意取得之所以不能适用于不动产，其理由也在于不动产登记已经产生了公信力，其思维在于根据登记状况，即可完全相信登记的权利人即为真

---

① 裴锡豫. 对渔溪次素二君所著"重复典卖与登记"之商榷 [J]. 法律评论, 1927, 5 (10): 16-17.
② 王利明. 物权法论（修订版）[M]. 北京：中国政法大学出版社, 2003: 94.

正的权利人。因此,根据不动产的登记,不会产生登记的权利人不是真正权利人的情形。因此,登记权利人的处分即为有权处分,而不会产生无权处分的情形,进而也就不会发生真正的权利人受到损害的情形,所以,在不动产无须适用善意取得。

物权行为以物权系对世权、绝对权为根本理念。故物权的特性必然要求物权能够得以公示,从而使社会上不特定的人能够知道物权的存在状态,进而履行自己的不作为义务。因此,物权行为本身即是对物权公示有着必然的要求。物权既然可以通过公示方法,向世人展示权利的主体及存在状态,则所展示出来的物权主体和存在状态,亦必然地要求具备公信力。换言之,通过外观所查知的权利状态应当是足以令人相信的。否则,所公示出来的物权难以给社会人安全感。正是基于物权的公示公信,物权行为得以与债权行为相区别。而物权行为与债权行为区别的理由即在于物权与债权的区别。债权为对人权,相对权。因而,债权对于一般的社会人并无不作为的义务要求。因此,债权无须公示,社会人也无须知道其权利状态。综上所论,物权行为系在物权的公示公信基础上自然演绎而来。

善意取得要求动产让与人实际占有动产,并且已经实际"交付"动产。善意取得的原理即在于动产受让人基于动产让与人占有动产的事实,结合物权的公示公信,能够合理推知该动产的物权为动产让与人(占有人)所享有,并且该动产已经通过"交付",使动产受让人实际占有了该受让动产。但是,由于动产的"易动性",动产的占有与动产的实际处分权利人难以完全吻合。所以会出现动产的实际占有人与动产的实际处分权利人分离的状态。由于对动产物权的公示方法,除"占有"外,尚未发现其他更为合适的公示方法。因此,才会出现基于物权的公示公信,而产生动产的善意取得。而对于不动产,由于不动产登记制度的确立,不动产的物权状态能够得以公示,世人皆可通过登记查知不动产的物权状态。通常情况下,不会出现不动产物权的实际处分权人与登记状态不符的情形,因此,善意取得并无适用于不动产的余地。

清末时期和民国前期的中国民法学著述中,对于物权行为与公示公信的关系鲜有研究。至民国后期,民法学者对物权行为与公示公信的关系,已有所论。

李宜琛先生在1933年版的《现代物权法论》中,在比较物权移转的"意思主义"与"形式主义"时论道:"两种主义之优劣,原非遽能加以论断。但形式主义之目的,自属对于所谓公信主义之忠实。故对于不具有表象之行为,绝不予以物权变动之效果。其不具有表象之债权契约虽有瑕疵,亦不能影响及于有表象之物权契约。"① 在此论中，李宜琛先生已经认识到物权移转的形式主义，"自属对于所谓公信主义之忠实"。并进而指出"不具有表象之债权契约虽有瑕疵，亦不能影响及于有表象之物权契约"的物权行为无因性，也是"忠实"于"公信主义"的必然要求。

另一位论及物权行为与公示公信关系的民法学者为刘志敫先生。刘志敫先生在其《民法物权编》中，对物权的公示公信有如下论述，"物权……变动时，极易引起纠纷，为求交易上之安全起见，有所谓公示及公信之原则存焉。我民法于此种观念，纵未明予揭载，然各章节中随处含有此意"②。可见，在刘志敫先生看来，虽民法"未明予揭载"，但物权变动行为是在公示公信基础上进行。

对于善意取得与物权公示公信的关系，近代的民法学则未能见相关论述。

四、近代中国的物权行为无因性与交易安全关系的发展

纵观近代中国民法学发展史，物权行为无因性与交易安全的关系经历了一个逐步发展的过程。

在民国前期的1922年，王凤瀛先生在比较法、德两国的物权移转主义时，认为德国采用形式主义，使物权契约得以独立存在，且使债权契约与物权契约互不影响。否则，"就实际上言之，债权与物权合而为一。债权无效，则物权之得丧变更，亦不发生效力。果如是也，第三人苟欲有所交易，必先调查甲乙间债权契约之是否合法，方能安心着手。然债权为当事人间对人契约，外人往往不得其中底蕴，于是踌躇彷徨，不敢贸然尝试，殊非保护交易安全之道"③。在这里，王凤瀛先生明确了物权行为的无因性具有保护交易安全的功能。

物权行为无因性所具备的保护交易安全的功能，在民国后期的民法学说中，也为学者所论及。如刘鸿渐先生在1933年版的《中华民国物权法论》中认为："如斯物权契约为无因行为，债权契约虽无效或被撤销，物权契约毫不受其影响。然而于此场合，物权之取得，为无法律上原因之取得，故依不当得利之原则，发生归还其物权之债务（民法一七九条）。然此不过发生相对权之债务关系而已，第三取得人之地位，不因此而受影响。故无因主义，有确保一般交易安

---

① 李宜琛. 现代物权法论 [M]. 上海：好望书店，1933：34.
② 刘志敫. 民法物权编 [M]. 方恒，张谷，校勘. 北京：中国政法大学出版社，2006：32.
③ 王凤瀛. 因法律行为而有物权之得丧变更者，应否以登记、交付为发生效力之要件？各国立法例不一，我国宜采何制？现在登记制度未能即行，宜代以如何方法？[J]. 法学会杂志，1922（9）：69-80.

全之利益也。"① （着重号为引者加）在此论述中，刘鸿渐先生对物权行为无因性与交易安全的关系，可谓观点明确。而在1934年，王传纪先生在论述物权意思表示的无因性时，也认为："就保护第三人观"，以使物权意思表示具有无因性"为优"。"第三人对于受让人可以安心交易，毋庸有所顾虑矣。"② 这些论述表明，民国后期的学者对物权行为无因性所具有的"保障交易安全"功能已经有了清楚的认识。

然而，随着民法学的发展，作为物权行为无因性的"交易安全"功能，逐渐成为物权行为无因性的根据和理由。柯凌汉先生在1935年版的《中华物权法论纲》中，即认为："物权行为之原因关系，非物权行为内容之一部；故其关系之存否，均与物权行为之效力无涉。唯其关系不存时，其当事人之一方，得依不当得利之规定，请求相对人返还利益，不得主张其物权行为之无效。是盖基于物权行为之无因性所生之结果，亦所以保护第三人之利益也。"③ 在此，柯凌汉先生还是将"交易安全"（保护第三人之利益）既作为物权行为无因性的结果，同时也将"保护第三人利益"作为物权行为具有无因性的理由。柯凌汉先生的此种学说可谓是由"交易安全"为物权行为无因性的"功能说"转变为"目的说"的过渡说法。

交易安全作为物权行为无因性的目的，早在1933年版的《现代物权法论》中，李宜琛先生已有所论。李宜琛先生在比较物权移转的"意思主义"与"形式主义"时，认为："两种主义之优劣，原非遽能加以论断。但形式主义之目的，自属对于所谓公信主义之忠实。故对于不具有表象之行为，绝不予以物权变动之效果。其不具有表象之债权契约虽有瑕疵，亦不能影响及于有表象之物权契约。是盖以保护交易安全为目的，而倾向团体主义者也。"④ （着重号为引者加）

刘志敷先生对交易安全作为物权行为之所以具有无因性的理由的解说更为清楚明确。在1936年版的《民法物权编》中，刘志敷先生认为："当事人交割一物后，第三人更由受让人取得其物时，势必连带受其影响，是使正当取得权利之第三人，而依上述客观原因之是否失效，左右其运命也，其为有害于交易之安全，殊甚明显。形式主义之民法，为防止此等弊害，故将与客观原因连续

---

① 刘鸿渐. 中华民国物权法论 [M]. 北平：北平朝阳学院，1933：60-61.
② 王传纪. 论物权的意思表示 [J]. 法学月刊，1934，1 (1)：13-18.
③ 柯凌汉. 中华物权法论纲 [M]. 上海：商务印书馆，1935：20.
④ 李宜琛. 现代物权法论 [M]. 上海：好望书店，1933：34.

发生之物权行为,另成一个独立观念,不使受客观原因之影响,成为不要因行为,而要因与否之因,即指客观原因而言也。"① 可见,在刘志敭先生看来,法律之所以使物权行为具有无因性,目的即在于保护交易安全。

梅仲协先生虽认为:"要因行为(德 Kausale Rechfsgese haefte)云者,以原因为法律行为之要件之谓也。"② 但在对于"有因行为""无因行为"的法律行为分类目的论述上,梅仲协先生则认为:"盖法律之所以是认非要因行为,诚欲使一般社会上之交易,臻于安全云尔。"③ 此论可谓"釜底抽薪",认某种法律行为系无因行为,在根本目的上意图保护交易安全。认定某种法律行为是否具有无因性,完全出于"交易安全"的考虑,因为法学之所以作出"有因行为""无因行为"的区分,即在于"保障交易安全"。故称某种法律行为是无因行为,则其最根本之目的即在于"保障交易安全"。

五、对物权行为无因性与交易安全的民法学思考

依近代民法学的研究,物权行为无因性确有保障交易安全的功能,且也正是为了保障交易安全,法学才认物权行为为无因行为。物权行为无因性之所以能够保障交易安全,即在于切断了物权行为效力受到债权行为效力影响的途径,从而保障了物权行为的效力。

依法律行为的基本原理,在债权行为无效,物权行为有效的情况下,如果依据物权行为的无因性,债权行为的效力对物权行为没有任何影响,标的物的物权依然可依物权契约而发生移转。这样,第三人再与物权受让人进行交易时,就不会发生物权受让人没有处分权的情形,从而使物权受让人与第三人的物权移转行为不会发生物权因受让人没有处分权而不能移转的情形,以达到保障交易安全的目的。

但如果依物权行为有因性,则债权行为无效,物权行为因具有有因性,也同时无效的情况下,物权受让人对于已经登记或交付的标的物仍然没有相应的物权。因而,物权受让人再将标的物的物权向第三人移转时,也就变为无权处分,从而不能发生物权移转效力,进而使第三人无法依物权移转的法律行为取得标的物的物权。如此,则社会上的交易安全不能确保。

从上述层面而言,物权行为无因性能够保障物权受让人与第三人之间,依

---

① 刘志敭. 民法物权编 [M]. 方恒,张谷,校勘. 北京:中国政法大学出版社,2006:44.
② 梅仲协. 民法要义 [M]. 重庆:公诚法律会计师事务所,1944:118.
③ 梅仲协. 民法要义 [M]. 重庆:公诚法律会计师事务所,1944:119.

物权设定或移转行为所发生的行为为有权处分行为，从而保障交易安全。

然而，在物权行为无因性与交易安全保障方面，近代民法学在一些方面却明显缺乏令人信服的学说解释。

（一）坚持物权行为有因性，就不能保障交易安全吗？

如果坚持物权行为有因性，在债权行为无效而物权行为有效的情况下，物权受让人将已经登记或交付的物权再行移转时，是不是第三人就不能获得物权，从而损害社会上的交易安全呢？

依近代民法学的研究状况，交易安全并非全部受到损害，最起码在动产交易领域，交易安全还是可以依据善意取得（即时取得）制度在一定程度上得到保障。

对于交易安全问题，清末传入的民法学既已有明确论述。在动产交易领域，善意取得正是为了保障交易安全而设。虽然善意取得的适用有多种限制，但在债权行为无效，物权行为也因受到债权行为影响也无效的情况下，已经由物权受让人占有的动产在与第三人交易时，如第三人系善意，且不属善意取得的例外情形，又动产已经交付的情况下，第三人完全可以取得该动产的所有权，则善意第三人的交易安全是能够在一定程度上得到保障的。且善意取得要求取得人系善意，这样，就对第三人的主观状态提出了要求，能够避免"恶意"的第三人取得动产物权，更能符合民法的诚实信用原则，也更能促进良好的社会风尚。

近代民法学仅以保障交易安全为唯一目的，从而论证物权行为无因性，显然缺乏足够的说服力。

（二）坚持物权行为无因性，就能够彻底保障交易安全了吗？

依近代民法学说，为保障交易安全，认物权行为为无因行为。如此，固然可以在债权契约无效，物权契约有效的情况下，能够使物权受让人的处分行为成为有权处分，使第三人能够依物权移转行为取得物权，从而能够保障安全。但问题是，承认物权行为具有无因性，就能够彻底保障交易安全了吗？

最起码在债权行为无效、物权行为也无效的情况下，物权行为的无因性难以保障交易安全。债权行为无效，物权行为也无效的情况下，则标的物的物权无法依物权行为发生移转，但在由物权受让人已经占有或登记的情况下，第三人在与其交易时，因物权行为的无效而并不享有标的物物权的受让人处分行为依然为无权处分，该处分行为难以发生物权移转效力，第三人的交易安全也就难以保障。

物权行为无因性必然要求债权行为的效力存在瑕疵。但更多情况下，物权行为与债权行为并无必然的联系。某人合法享有占有权，但没有处分权的情况下，对占有物进行的处分行为，就与债权行为并无直接关联。例如甲暂时将其表借于乙使用，但乙将该表的所有权移转于善意的丙，且丙向乙支付了合理的对价，那么丙是否能够取得表的所有权呢？在此情况下，物权行为无因性对交易安全的保障又在哪里呢？显然，此种情况下的交易安全与物权行为的无因性没有任何关联。

（三）物权行为无因性因能够保障物权受让人的有权处分，从而使第三人能够依法律行为取得标的物的物权，物权行为才具有无因性吗？

物权行为无因性能够保障交易相对人依物权移转行为取得物权，从而保障交易安全。但交易安全是坚持物权无因性的自然结果，还是为了保障交易安全，从而认物权行为为无因行为？换言之，物权行为无因性与交易安全的因果关系到底为何？随着近代民法学的发展，学者间对于上述二者的因果关系论述已经发生明显变化。

有因行为、无因行为的法律分类，自有其独特的存在价值和理论体系。在近代民法学发展之初，学者论述物权行为无因性，自以无因行为的定义、特征为据，从而得出物权行为系无因行为的结论。据此结论，进一步推导出物权行为无因性能够起到保障交易安全的功效。

然而，随着近代民法学的发展，学者们对物权行为无因性的认识逐步发生变化，将交易安全作为物权行为具备无因性的唯一理由。但若将交易安全作为物权行为具备无因性的唯一理由，则如有其他途径能够保障交易安全时，物权行为的无因品性必将受到存在价值的强烈质疑，甚至被完全否定。当代物权立法对物权行为无因性的否定，即是此种学说发展的必然结果。《中华人民共和国民法典》通过扩大善意取得的调整范围，将不动产取得也作为善意取得的对象之一，从而有效地解决了交易安全问题，且避免了恶意取得的情形，从而根本上否定了物权行为无因性。

因此，对于物权行为无因性，近代物权行为理论和当代物权行为理论都值得进一步探讨。

第六章

近代物权行为理论与近代中国的立法、司法

第一节 近代物权行为理论与近代中国的立法

物权行为观念在清末时期,已随日本民法学的整体输入而传入中国。物权契约在民国前期的司法适用,成为物权契约理论与司法实践相结合的极好典范。至民国后期,民法学界对物权行为理论的探讨,更是如火如荼。但近代中国民法学中的物权行为理论是否真正为近代中国的立法所采纳,是本节探讨的主题。

一、"大清民律草案"与近代物权行为理论

众所周知,"大清民律草案"的前三编,即总则、债编、物权编系由清政府聘请的日本民法学家松冈义正先生帮助起草。但问题是,松冈义正先生起草"大清民律草案"前三编时,是否已经对物权行为理论有充分把握,并在拟定法典条文时,有意识地以物权行为理论为指导,从而对与物权行为理论相关的内容作出规定呢?

(一)制定"大清民律草案"时的物权行为理论研究状况

松冈义正先生1906年来华,首先到京师法律学堂讲课,负责讲授民事关系的全部法律课程,其内容综括了民法总则、物权法、债权法、亲族法、继承法、民事诉讼法、破产法等。[①] 笔者未能发现松冈义正先生的讲义,对其在讲课时,是否讲授过物权契约内容,不得而知。

松冈义正先生在华授课和帮助制定民法期间,中国在日本的法科留学生将

[①] 熊达云. 松冈义正与京师法律学堂的民法学教育 [M]//李卓. 南开日本研究. 天津:天津人民出版社, 2014: 113-152.

在日本的听课讲义编辑成册，传至国内。同期，一些日本的民法学著作也被翻译至中国。

在由中国留学生编辑的众多民法学作品中，初版于1905年，由湖北法政编辑社社员编辑的《民法（财产总论、物权）》，在对契约的相关表述中，使用了"物权之契约"的用语。在该书第51页，论述"登记之理由"时，写道：

> 登记之理由有二：（一）保护债权者。按物权之原则，有契约即可成立，惟专以原则行使，弊窦必多。例如甲对于乙生债务，乙必知甲产足以相抵，乃得允许。然往往有因此而怠弃其权利者。债务者或已将其产移转于他人，而债权者未之知，及其知之，而其产已属他人有。其产之代价，抑或归于消费。债权者受损良多。故设此规定，使物权之契约虽已成立，而未登记，债权者无从调查，仍不得对抗之。此一理由也。（二）保护第一买主……。①（着重号为引者加）

"债权之契约"也已实际为清末时期的民法研习者所接受和使用。如初版于1907年，由陈国祥编辑的《民法总则》中的"编者识"，编者就指出："梅（指梅谦次郎，引者注）先生于本讲义讲授时，契约之部最详，是就一般讲义债权之契约总论，而以之入于总则中论之。盖不如他讲义，必拘于日本民法法典之顺序也。故于债权契约之总则、于其绪论及契约之成立，皆从省者，亦以其已详于此耳。"② 在该书的法律行为分类中，也已经提及"物权行为"的法律行为分类。

> 附案 以上所述之分类共通于一切之法律行为者。特其中为关于契约之事为最多耳。反之，若后述契约之分类之类别。即仅关于契约者，即双务契约、片务契约等，是也。此外，于他学者尚有几多之分类。即如冈松博士、志田博士、川名学士之分类。尚有所谓死因行为（即死后行为）及生间行为（即生前行为）。于志田氏又有所谓物权的行为、债权的行为、亲族法上之行为及相续法上之行为者。据志田氏云："……至物权的行为等之区别，以从民法之编别为主，以大体上之权利为标准。然于物权法中有被规定之债权；于亲族法中亦有被规定之债权。因而此区别，非贯彻从民法编别之趣旨者，不可不注意也。但亦有学者并物权的行为，与债权的行为而付以财产的行为之名称者。然于物权债权以外，亦有数多之财产权。同时，从精确之法理言之，则债权中亦包含非

---

① 湖北法政编辑社社员.民法（财产总论　物权）[M].东京：湖北法政编辑社，1906：51.

② 陈国祥.民法总则[M].天津：丙午社，1913：编者识。

财产权者。则知此见解不无谬误之处。"以上同博士民法总则讲义二四一及二四二页。①（着重号为引者加）

但从对"物权的行为"的法律行为分类评价来看，"物权的行为"被认为"从民法之编别为主，以大体上之权利为标准"，以及"此见解不无谬误之处"的评价结论来看，"物权的行为"并未被当时的学界所接受。

从翻译的民法学著作中，笔者未能查到有关"物权的行为""债权的行为"的法律行为分类，也未见到"物权之契约"或"债权之契约"的契约分类，更无关于"物权之契约"的定义、构成要件等系统论述。

在清末宣统年间的"直隶学堂讲习科讲义"中，讲述者李鸿文先生将"以物权设定移转为目的的意思表示"作为一节内容的标题。这表明，宣统年间的民法学者已经注意到物权意思表示与债权意思表示的区分，并开始在理论上注意到"以物权设定移转为目的的意思表示"的表述价值和意义。

松冈义正先生本人对物权行为或物权契约是何种态度呢？我们虽然未能见到有关松冈义正先生本人对物权契约的确切态度的资料。但从其他学者的论述中，我们可以间接地了解到松冈义正先生对物权契约的态度。如 1922 年，王凤瀛发表在《法学会杂志》上的《因法律行为而有物权之得丧变更者，应否以登记、交付为发生效力之要件？各国立法例不一，我国宜采何制？现在登记制度未能即行，宜代以如何方法？》一文，在比较法国物权移转主义与德国物权移转主义时，对松冈义正先生的观点即有所提及：

主张德国形式主义者，亦持之有故，言之成理。考其理由，有如下列数点：一、就法理上言之，债权契约仅能发生移转物权之请求权。物权契约乃能发生移转物权之效力，二者性质，各不相谋。债权契约之效力，不能直接及于物上，不得不有物权契约为设定移转之原因。苟如法制之混为一谈，则性质混杂，不能明了；且债权系对人权，物权系对世权。今对于当事人间，则不须登记或交付，即生效力，对于第三人则否，是与物权所以为绝对权之本质，不能一贯。（松冈氏民法讲义物权总论二三页），不如德国主义之适合物权性质。②（着重号为引者加）

在此段论述中，作者王凤瀛先生虽然注明是引用松冈义正先生的讲义，但

---

① 陈国祥. 民法总则 [M]. 天津：丙午社，1913：53.
② 王凤瀛. 因法律行为而有物权之得丧变更者，应否以登记、交付为发生效力之要件？各国立法例不一，我国宜采何制？现在登记制度未能即行，宜代以如何方法？[J]. 法学会杂志，1922（9）：69-80.

因是间接引用，虽然可以判断松冈义正先生完全支持德国法的物权移转形式主义立法例，认为"债权系对人权，物权系对世权。今对于当事人间，则不须登记或交付，即生效力，对于第三人则否，是与物权所以为绝对权之本质，不能一贯"，但松冈义正先生是否对德国的物权契约、债权契约区分的理论完全赞同并接受，则很难断定。

在民国的大理院判例［二年（1913年）上字第八号］中，物权契约的定义、与债权契约的区别以及物权契约有效成立要件等判例内容的出现，说明在民国初期的大理院推事中，对物权契约已经有着较为深刻的认识。

大理院推事究竟是在什么时期，通过什么方式获知了物权契约的相关知识，是在"大清民律草案"前三编内容确定之前？还是在"大清民律草案"内容确定之后，笔者所查阅的资料并未给予确切的答案。

因此，笔者很难确定地说，"大清民律草案"直接以物权契约理论为指导，制定了"大清民律草案"前三编的相关条文内容。

（二）"大清民律草案"条文规定分析

虽然未能查到资料，能够确切地证实松冈义正先生以物权行为理论为指导来制定"大清民律草案"，但这并不表明"大清民律草案"绝对没有受到物权行为理论的影响。有学者认为，松冈义正先生起草的前三编，其条目内容大致是日本民法的照搬，连律文词句也有许多模仿的痕迹；[①] 说"大清民律草案"完全模仿日本民法典，显然不能成立。如日本民法第一百七十六条规定："物权之设定及移转，仅因当事者之意思表示，遂生效力。"[②] 而"大清民律草案"第九百七十九条规定："依法律行为而有不动产物权之得、丧及变更者，非经登记，不生效力。"第九百八十条规定："动产物权之让与，非经交付动产，不生效力。……""大清民律草案"与日本民法的此处规定明显不同。无论"大清民律草案"是模仿日本民法，还是模仿德国民法，并非特别重要。重要的是，从其具体的法律条文中去求证"大清民律草案"是否受到物权行为理论的影响。

1. 债权的效力规定与物权行为存在的必要性

"大清民律草案"第五百五十八条对于"买卖"作出规定："买卖，因当事人之一造约明移转财产权于相对人，相对人约明支付其价金，而生效力。"第五

---

① 高海峰. 论日本对清末法制改革的影响［J］//叶孝信，郭建. 中国法制史研究［M］. 上海：学林出版社，2003：527-543.
② 湖北法政编辑社社员. 民法（财产总论、物权）［M］. 东京：湖北法政编辑社，1906：48.

百六十二条是对买卖效力的规定:"所有权之卖主负移转其权利之义务。若因其权利而占有其物者,并负交付其物之义务。"

由债权编对"买卖"的规定可知,买主与卖主间的"买卖"行为所形成的合意为"约明移转财产权",然"约明移转财产权",而并非"移转财产权"本身。因此,在"买卖"行为生效后,买方即享有请求卖主履行"移转财产权"的债权。与此规定相协调,在"大清民律草案"对于买卖效力的规定中,非常明确地规定"所有权之卖主"所应负的债务,即"移转其权利之义务"。另外,"若因其权利而占有其物者",卖主还应"交付其物"。由此规定可以看出,买主与卖主间在合意"约明移转财产权"之后,买主享有两项权利,相应的,卖主负有对应的两项义务:其中一项权利为"卖主应当移转权利"给买方,另外一项为,如果卖主因权利而占有"物"时,卖主还应"交付其物"。

从这些规定可以明显看出,"买卖"本身并不是"所有权"的权利移转。买主欲取得所有权,还需"卖主移转权利",在必要时,还应"交付其物"。这样,在因买卖而"移转财产权"的过程中,实际上存在着三个行为,一为买卖合意行为,二为权利移转行为,三为交付行为。

与债权编的"买卖"条款相对应,物权编的第九百七十九条规定:"依法律行为而有不动产物权之得、丧及变更者,非经登记,不生效力。"第九百八十条第一款的规定:"动产物权之让与非经交付动产,不生效力。但让受人先占有动产者,其物权之移转于合意时生效力。"这些"不动产物权之得、丧及变更""物权之移转""动产物权之让与"与债权编的买卖规定中的"约明移转财产权"的行为是一种什么关系呢?是否就是债权编规定的买卖效力中的"移转其权利"之行为呢?

第九百八十八条规定:"以不动产所有权之移转为标的,而结契约者,须以文书订之。"此处的"以不动产所有权之移转为标的"而结的"契约",是否是"约明移转财产权"的契约?

第九百八十条第一款规定的"受让人先占有动产者,其物权之移转于合意时生效力。"在此规定中,受让人实际上已经占有动产,此时的"物权之移转"的"合意"是否也是"约明移转财产权"的行为呢?

对于上述问题,笔者认为:"大清民律草案"对买卖及物权移转的规定中,明显区分了"约明移转财产权"的债权合意和"物权之移转"的物权合意,区分了"约明移转财产权"的债权契约和"以不动产所有权之移转为标的"的物权契约,实质上区分了债权行为与物权行为。

2. 物权移转形式主义

"大清民律草案"第九百七十九条规定:"依法律行为而有不动产物权之得、丧及变更者,非经登记,不生效力。"第九百八十条第一款规定:"动产物权之让与,非经交付动产,不生效力。但让受人先占有动产者,其物权之移转于合意时,生效力。"从该规定,明显可以看出,"大清民律草案"采用了物权移转形式主义。

"大清民律草案"采用德国的物权移转形式主义的根据何在?对此,可在"大清民律草案"的立法理由中寻到如此立法的解释。

"大清民律草案"第九百七十九条的立法理由为:

谨按物权既有极强之效力,得对抗一般之人,故关于不动产物权得丧变更之法律行为,若不令其履行方式,即对于第三人发生效力,第三人必蒙不测之损害,充其弊。必致使交易有不能安全之虞。自古各国为保护第三人之利益及交易安全,计设种种制度。现今各国为达此目的亦设种种制度。其欸目虽繁,举其重要。大别为三。一曰地券交付主义;二曰登记公示主义;三曰登记要件主义。地券交付主义……

登记公示者,……

登记要件主义者,……

地券交付主义办法失于繁杂,登记公示主义有已成物权不得对抗第三人之弊,与物权之本质不合,理论上亦不当,本案均不采用。登记要件主义,办法既简捷易行,亦不致有不得对抗第三人之物权,就实际理论言之,均臻妥协。此为本案所采用也。

"大清民律草案"第九百八十条的立法理由为:

谨按动产物权之让与,与不动产物权之让与,同为保护第三人之利益及保护交易安全计,应设一定之方式。而动产与不动产异,既无一定之地位,且种类极多,不得援用不动产物权应登记之例自不待言。自古各国皆以交付(即占有移转)为动产物权让与之公示方法。又以交付为动产物权成立之要件。盖占有移转,最能使第三人自外部推定动产物权之权利状态也。惟交付主义又分二。一为交付公示主义,以占有移转为让与动产物权之公示方法。在占有移转以前,当事人不得以动产物权之让与对抗第三人(虽不能对抗第三人,而当事人间依意思表示,即完全生效力)。一为交付要件主义,以占有移转为动产物权让与成立之要件。在占有移转以前,物权之让与匪惟不得对抗第三人,即于当事人之间亦不发生效力。交付公示主义办法繁杂,于交易上殊多不便,且有已成物权则不得对抗第三人之弊。就事实理论方言之,均觉未协交付要件主义。异是此第一项之设也。……

249

从立法理由中可以明显看出,"大清民律草案"之所以作出如此规定,是因为意识到"物权既有极强之效力","盖占有移转,最能使第三人自外部推定动产物权之权利状态也。"之所以不采用登记公示主义的理由在于:"登记公示主义有已成物权不得对抗第三人之弊,与物权之本质不合,理论上亦不当"。不采用"交付公示主义"的理由为:"交付公示主义办法繁杂,于交易上殊多不便,且有已成物权则不得对抗第三人之弊。"从这些立法理由可以看出,"大清民律草案"的立法者,正是本于"物权之本质",而对物权移转主义作出的抉择。如此立法的理论根据,及至今日,不仍是当代的物权行为理论支持者所持的根本观点和有力"武器"吗?

3. "不当利得"规定——物权行为无因性的立法体现

"大清民律草案"第九百二十九条规定:"无法律上之原因,因他人之给付或其他方法受利益,致他人损失者,负归还其利益之义务。虽有法律上之原因,而其后消灭或依法律行为之内容,因结果而为给付,其后不生结果者,亦同。以契约认诺债务关系成立或不成立者,视为给付。"

在这条规定中,"给付"成为理解"不当得利"的重要概念。因为,"给付"是形成不当得利债权的重要原因。那么何谓"给付"呢?

"大清民律草案"在债权编中的第一章第一节"债权之标的"中,对"给付"作出解释:"谨按债权之标的者,债务人之行为或不行为总称为给付者是也。"而"大清民律草案"第三百二十四条规定:"债权人得向债务人请求给付。前项给付不以财产价格者为限。"该条的立法理由谓:"谨按债权者即得向债务人请求其行为、不行为或忍耐之相对权。其行为、不行为或忍耐实为债权之标的,故总称为给付。至给付须有财产价格与否?古来议论不一,本案规定虽无财产价格之给付亦得为债权之标的,于实际上方为赅括。此本条所由设也。"可见,债务人向债权人的行为(包括移转财产权、登记或交付其物),都是"给付",那么因形成"给付"的原因,即形成债务的原因无效、被撤销或解除时,此"给付"自然"无法律上之原因",那么已为之"给付"(包括移转财产权、登记或交付其物),则应依"不当得利"规定,请求返还,而不是适用物上请求权的规定,请求返还原物。

如果认为前述分析还不够透彻清晰的话,"大清民律草案"第九百二十九条的不当得利规定立法理由,对此则予以明示:

谨按凡无法律上之原因而因他人之给付(如财产上之给付或劳务之给付是),或其他方法(如加工混合是),受利益致他人被损害者,不可(可能遗漏"不"字,引者加。)返还其利益于他人,否则于事理不合,且此法理于先有法律上之原因而其后消灭时（如撤销契约、解除契约之类），及为某种结果而为给付，其结果不发生时（如因其人将结婚而给以嫁赀，及其后其人不结婚之类），亦不可不适用之。而关于债务关系成立与否之契约上认诺，因其有重大效力，应与独立之财产给付同视。此本条所由设也。（着重号为引者加）

对于因契约被撤销或被解除时，物权行为无因性的否定者们主张依所有权的物上返还请求权，而使"物"得以返还。其根据在于，因契约无效，依无效的契约而为的履行行为自然也为无效，因此，"物"的所有权并不发生移转，其所有权仍归卖主所享有。卖主自然可依所有权的物上请求权，请求占有人返还。从"大清民律草案"的规定来看，此种主张并未为"大清民律草案"采纳。对此，"大清民律草案"对于所有权的规定也与不当得利的规定遥相呼应。

"大清民律草案"第九百八十六条规定："所有人对于以不法保留所有物之占有者，或侵夺所有物者，得回复之。"从此条规定来看，所有人对所有物的物上返还请求权，仅限于两种情况，一为不法保留，二为侵夺所有物。而因让与人与受让人间的"给付"行为，即"移转财产权"的行为以及"登记"或"交付"行为，物权受让人因而占有移转"物"的情形，而不属于第九百八十六条的"不法保留"，也不属于"侵夺所有物"。因此，在买卖契约无效、被撤销或被解除的情况下，要求物权受让人返还移转"物"时，无适用此条的余地。

（三）近代学者对"大清民律草案"是否采用物权行为理论的法学解释

"大清民律草案"是否采用物权行为理论？在无史料明确证实的情况下，以今人之观察，因时间久远，难免有所偏差。考求近代民法学人对此问题的看法，或许较为公正。

查近代的民法学著作，发觉对此问题的论述却并不多见，但也确有学者认为"大清民律草案"采用了物权行为理论的相关内容。

1922年，王凤瀛发表在《法学会杂志》上的《因法律行为而有物权之得丧变更者，应否以登记、交付为发生效力之要件？各国立法例不一，我国宜采何制？现在登记制度未能即行，宜代以如何方法？》一文，首先考察了法德二国立法的理由：

法国注重意思，故以两造合意之债权契约，为足移转所有权，无所谓物权契约之存在。债权契约以设定移转物权为目的者，其契约不仅发生债权债务关系，同时更发生物权得丧变更之效力，其债权之发生，与物权之移转，实依于同一行为而实现。唯有不特定物等数种例外耳。德国则不然，债权契约与物权契约，分别极清。债权自债权，物权自物权，仅有债权契约，不足以发生物权

251

移转之效力，必也不动产则以合意及登记为要件，动产则以合意及交付为要件。此种登记及交付，称为物权契约。在未登记、未交付以前，无所谓物权契约之存在，更何有物权效力之可言。此法国与德国根本不同之处。①

之后，在分析"大清民律草案"的物权移转形式主义规定时，王凤瀛先生论述道："民草规定，仿效德国，洵为斟酌尽善之法。"②

此处"民草"，因于1922年所论，系指"大清民律草案"，自不必多言。

可见，在王凤瀛先生看来，"大清民律草案""仿效德国"，认可物权契约的独立与存在，在物权移转模式上采用形式主义，"洵为斟酌尽善之法"。

再来看另一位近代民法学者对"大清民律草案"是否采用物权行为理论的论述。在初版于1928年，由欧宗祐编写的《民法总则》中，对此问题有所提及："债权行为与物权行为之关系如何，立法例及学说，颇不一致。法国学者解释彼国民法，均不承认物权契约之存在，而谓物权上之变动，即为直接由债权契约而生者。德国学者，则持反对之见解，谓债权行为，仅能发生债权债务关系；物权上之变动，应由物权行为发生。德国民法，即系采此见解。我国现行民法及新旧民律草案亦然。从学理上言之，自以后说为是。"③ 在这里，欧宗祐先生所指的"新旧民律"自然是指"民国民律草案"和"大清民律草案"。由此可见，近代的民法学者欧宗祐先生也认为："大清民律草案"采用了德国的物权行为理论。

综上论述来看，虽然还没有查到确切材料能够说明"大清民律草案"在起草时，就直接以物权行为理论为指导。但从"大清民律草案"的相关规定，以及近代民法学者的解释来看，"大清民律草案"的规定是与物权行为理论相一致的，不能认为是错误的。

二、"民国民律草案"与近代物权行为理论

（一）"民国民律草案"制定前的物权行为理论

在国家图书馆古籍馆里面，保存着一本由黄右昌先生编写的"朝阳大学法

---

① 王凤瀛. 因法律行为而有物权之得丧变更者，应否以登记、交付为发生效力之要件？各国立法例不一，我国宜采何制？现在登记制度未能即行，宜代以如何方法？[J]. 法学会杂志, 1922 (9): 69-80.

② 王凤瀛. 因法律行为而有物权之得丧变更者，应否以登记、交付为发生效力之要件？各国立法例不一，我国宜采何制？现在登记制度未能即行，宜代以如何方法？[J]. 法学会杂志, 1922 (9): 69-80.

③ 欧宗祐. 民法总则 [M]. 上海：商务印书馆，1933: 194-195.

律讲义",其为铅印本,名为《民法物权(本论、自物权)》。国家图书馆将此讲义的形成时间确定为1912年,但结合黄右昌先生的生平经历来看,笔者疑其时间的准确性。据学者考证,黄右昌先生是在1917年年底才开始出任北京大学法科本科教授,五四运动后,北京大学法科撤科改系,出任第一任法律系主任,至1922年4月。兼任清华大学、法政大学、朝阳大学、中国大学、民国大学和天津商学院的教授。[①] 因此,从记载来看,黄右昌先生的"朝阳大学法律讲义"的形成时间应当是在1917年之后了。但从黄右昌先生在讲义中对"民律草案"的称谓来看,应该是在"民国民律草案"公布之前,因为其对草案的称谓并未进行区分,而直称"民律草案",说明当时"民国民律草案"尚未公布,此处所指的"民律草案"应为"大清民律草案"。否则,黄右昌先生自应在对草案指称时,对"民律草案"进行必要区分,如"民国民律草案"或"大清民律草案",或者"民律一草"或"民律二草"。因此,从此点可以断定,该讲义是在1925年之前而形成。

负责"民国民律草案"物权编修订的黄右昌先生,在"朝阳大学法律讲义"当中,以"物权契约效力之主义"为标题,对物权契约相关内容进行了专节论述(具体论述内容参见本书第二章第二节相关内容)。虽然,在黄右昌先生对物权契约的论述中,还未见有物权契约无因性论述等内容,但是其对法国意思主义的学理、实践上的非难分析,以及其对德国物权形式主义模式的合理性论述,已足以表明黄右昌先生对物权行为理论的部分认识内容。因而,黄右昌先生在负责修订"民国民律草案"物权编时,不可能不受到其对物权行为理论学术观点的影响。

1922年,王凤瀛发表在《法学会杂志》上的《因法律行为而有物权之得丧变更者,应否以登记、交付为发生效力之要件?各国立法例不一,我国宜采何制?现在登记制度未能即行,宜代以如何方法?》一文,对德国的物权契约法理论述极为清楚,对于当时的立法是否采用物权行为理论观点的论证也极为有力。限于篇幅,对其论文内容,此处不再赘引。作为"民国民律草案"的修订者,又是法学家的黄右昌先生,对于此种有关立法的学术探讨意见,不可能不予注意。

实际上,随着对物权契约学理探讨的深入,学者的民法学著作中也相应出现"物权行为"的法律行为分类。如在林彬先生所著的《民法要论》中,在法

---

① 俞江. 近代中国的法律与学术[M]. 北京:北京大学出版社,2008:355;何勤华. 中国法学史:第三卷[M]. 北京:法律出版社,2006:654.

律行为的分类中,"物权行为"与"债权行为"即被作为法律行为的明确分类。这不能不说是物权契约探讨在民法总则上的学理确认和对物权契约在民法学理论上的提升。

总之,在"民国民律草案"以前,民法学理论界对物权行为理论的探讨研究成果较之前已明显增多,对物权契约的研究水平也有很大提高。负责"民国民律草案"制定的人员又都是当时著名的民法学家,对物权契约的这些民法学理论的研究成果不可能不予以重视,并进而影响"民国民律草案"的相关内容制定。

(二)"民国民律草案"对物权行为相关内容的修订

与"大清民律草案"相比,"民国民律草案"对买卖契约的债权表述、物权合意的存在、物权移转的形式主义以及物权行为无因性等大的方面,并未对"大清民律草案"的规定作出实质性修改。将两民律草案进行比较,可发现在小的方面,"民国民律草案"还是进行了变动,这些变动主要表现在以下方面:

其一,在买卖契约的债权效力方面,"大清民律草案"第五百五十八条规定:"买卖,因当事人之一造约明移转财产权于相对人,相对人约明支付其价金,而生效力。"而"民国民律草案"第四百三十二条的规定:"称买卖者,谓卖主约定移转财产权于买主;买主约定支付价金之契约。""民国民律草案"明显以"卖主""买主"替代了"当事人之一造"和"相对人",并且将"大清民律草案"的规定改造为对"买卖"的直接定义,从而删去了"而生效力"。

其二,在物权移转合意的独立存在方面,"大清民律草案"第九百八十八条规定:"以不动产所有权之移转为标的,而结契约者,须以文书订之。"而"民国民律草案"第七百五十条将之修改为:"不动产所有权之移转及他物权之设定或让与,须立书据。"可见,"民国民律草案"增加了"他物权之设定或让与","文书"也被改为"书据"。

其三,在物权行为无因性表现方面,"民国民律草案"对"大清民律草案"在内容上并无大的修改。"大清民律草案"第九百二十九条对不当得利的规定为:"无法律上之原因,因他人之给付或其他方法受利益,致他人损失者,负归还其利益之义务。虽有法律上之原因,而其后消灭,或依法律行为之内容,因结果而为给付,其后不生结果,亦同。"而"民国民律草案"第二百七十三条将不当得利的规定修改为:"无法律上之原因而受利益致他人受损害者,应返还其利益。虽有法律上之原因,而其后消灭,或法律行为之内容系就结果为给付,而其后不发生结果者,亦同。"显然"民国民律草案"删去了对产生"不当得利"的情形,即"因他人之给付或其他方法"。但从内容规定上来看,"民国民律草案"并无实质性变化,只表述更为简练。

在买卖的效力、物权移转形式主义方面以及所有权的物上回复请求权方面,与"大清民律草案"相比,"民国民律草案"则进行了实质的内容修改。

在买卖的效力方面,对"大清民律草案"的规定修订明显。如"大清民律草案"第五百六十二条规定:"所有权之卖主负移转其权利之义务。若因其权利而占有其物者,并负交付其物之义务。"而"民国民律草案"第四百三十七条规定:"卖主对于买主负交付标的物之义务,并应担保第三人就其标的物不得主张任何权利"。这样,卖主只是"担保第三人就其标的物不得主张任何权利。"不免让人怀疑,在卖主与买主之间是否存在所有权移转的合意,以及是否需要"所有权移转的合意",对此,"民国民律草案"并未明确。

在物权移转形式主义方面,"大清民律草案"第九百七十九条的规定:"依法律行为而有不动产物权之得、丧及变更者,非经登记,不生效力。"第九百八十条规定为:"动产物权之让与,非经交付动产,不生效力。但受让人先占有动产者,其物权之移转于合意时,生效力。""民国民律草案"第七百四十五条将之修订为:"不动产物权之取得、丧失及变更,非经登记,不生效力。"明显将"依法律行为"删掉。而第七百五十一条修改为:"动产物权之让与,非将动产交付,不生效力。但受让人先占有动产者,于让与合意时,即生物权移转之效力。"从这些修订内容,可以看出,"民国民律草案"扩大了不动产取得、丧失及变更的非经登记,不生效力的范围。"大清民律草案"只规定了"依法律行为而有不动产物权之得、丧及变更"的情况,对于继承等非依法律行为的"不动产物权之取得、丧失及变更",则不适用此条。但"民国民律草案"却删去了"依法律行为"的限定语,从而使"不动产物权之取得、丧失及变更"全部"非经登记,不生效力"。从而使社会上可能出现被继承人已经死亡,而被继承人未办理不动产的取得、丧失及变更登记,而使不动产物权的移转不能发生效力。

在所有权的物上回复请求权方面,"大清民律草案"第九百八十六条规定:"所有人对于以不法保留所有物之占有者,或侵夺所有物者,得回复之。"而"民国民律草案"第七百六十三条将此规定修改为:"所有人对于无权占有或侵夺所有物者,得回复之。"此条的修改对物权契约的影响在于,如因债权契约无效、被撤销或被解除,而物权契约有效的情况下,物权让与人是依不当得利规定请求返还利益?还是适用本条规定,因物权受让人对所有物"无权占有",而依物上请求权请求回复对物的占有?对此,未见"民国民律草案"作出明确的规定，从而不免对"民国民律草案"在物权契约的无因性方面产生怀疑？

综上所述，"民国民律草案"对有关物权变动的规定方面，与"大清民律草案"相比，受物权行为理论的影响程度相对较小。但从总体来看，物权行为理论内容仍然在"民国民律草案"的规定有所体现。

（三）近代学者对"民国民律草案"是否采用物权行为理论的法学解释

关于近代民法学者对"民国民律草案"是否采用物权行为理论的论述方面，除前述欧宗祐先生认为"民国民律草案"模仿德国，采用了物权行为理论的观点外，未见有其他学者的论述。

三、"中华民国民法"与近代物权行为理论

（一）"中华民国民法"制定以前的物权行为理论研究状况

由于"中华民国民法"的制定与"民国民律草案"的修订时间相距较短，"民国民律草案"修订之后，除可见到初版于1928年，由欧宗祐先生编写的《民法总则》，有对"物权行为"与"债权行为"的分类外，对于物权行为理论论述资料并未多见。因而，对"中华民国民法"制定以前的物权行为理论研究状况并不多知。

（二）"中华民国民法"对于物权行为相关内容的修订

对于物权行为理论的相关内容规定，"中华民国民法"的大部分条文既未沿袭"大清民律草案"的规定，也未照搬"民国民律草案"的规定，而是综合前两者规定，又进行了补充或修改。其中，买卖定义的规定，可谓融合了"大清民律草案"和"民国民律草案"的规定。"大清民律草案"第五百五十八条规定："买卖因当事人之一造约明移转财产权于相对人，相对人约明支付其价金，而生效力。""民国民律草案"四百三十二条将其修改为："称买卖者，谓卖主约定移转财产权于买主；买主约定支付价金之契约。"而"中华民国民法"基本沿用了"民国民律草案"的规定，但并未使用"卖主""买主"语词，而是使用了"当事人""一方""他方"。"中华民国民法"第三百四十五条的规定为："称买卖者，谓当事人约定一方移转财产权于他方，他方支付价金之契约。"因而，"中华民国民法"的规定更为科学准确，"民国民律草案"第四百三十二条的规定，因句子前面缺少"当事人"的约定，从而使"约定"缺乏双方的语境，读起来令人感觉有单方"承诺"之意。

"中华民国民法"对物权行为理论的相关规定，更多地表现为有所"创

新"。

在买卖效力的规定方面。"大清民律草案"第五百六十二条规定:"所有权之卖主负移转其权利之义务。若因其权利而占有其物者,并负交付其物之义务。""民国民律草案"第四百三十七条规定为:"卖主对于买主负交付标的物之义务,并应担保第三人就其标的物不得主张任何权利。""中华民国民法"第三百四十八条规定:"物之出卖人负交付其物于买受人并使其取得该物所有权之义务。权利之出卖人,负使买受人取得其权利之义务。如因其权利而得占有一定之物者,并负交付其物之义务。"可见"中华民国民法"既不规定"出卖人""负移转其权利之义务",也不强调"出卖人"应"担保第三人就其标的物不得主张任何权利",而是规定物之出卖人"负使买受人取得其权利之义务"。至于"买受人"的具体取得方式,则不仅限于由"出卖人"直接"移转",其他能够使"买受人取得其权利"均可。

在不动产物权合意的形式要求方面,"大清民律草案"第九百八十八条规定:"以不动产所有权之移转为标的,而结契约者,须以文书订之。""民国民律草案"第七百五十条将之修改为:"不动产所有权之移转及他物权之设定或让与,须立书据。""中华民国民法"第七百六十条则规定:"不动产物权之移转或设定,应以书面为之。"可见,"中华民国民法"的规定既不仅限于"移转",也不将"所有权"与"他物权"分开规定,而是将"所有权"与"他物权"并合为"不动产物权",同时采用选择性语气"移转或设定",而不再对"所有权移转""他物权让与"进行语词区分,并将"以书面为之"替代了"以文书订之"和"须立书据"的说法。

在不动产物权变动的合意方面,"大清民律草案"第九百七十九条规定:"依法律行为而有不动产物权之得、丧及变更者,非经登记,不生效力。""民国民律草案"第七百四十五条将之修订为:"不动产物权之取得、丧失及变更,非经登记,不生效力。"而"中华民国民法"第七百五十八条规定:"不动产物权,依法律行为而取得设定、丧失及变更者,非经登记,不生效力。"从某种程度而言,"中华民国民法"又恢复了"大清民律草案"的规定。

在动产物权变动的合意方面,"大清民律草案"第九百八十条规定:"动产物权之让与,非经交付动产,不生效力。但受让人先占有动产者,其物之移转于合意时,生效力。""民国民律草案"第七百五十一条修改为:"动产物权之让与,非将动产交付,不生效力。但让受人先占有动产者,于让与合意时,即生物权移转之效力。"而"中华民国民法"则增加了动产物权变动,无须交付的情形。"中华民国民法"第七百六十一条规定:"动产物权之让与,非将动产交付，不生效力。但受让人已占有动产者，于让与合意时，即生效力。让与动产物权，而让与人仍继续占有动产者，让与人与受让人间，得订立契约，使受让人因此取得，间接占有，以代交付。让与动产物权，如其动产由第三人占有时，让与人得以对于第三人之返还请求权，让与于受让人，以代交付。"显然，与"大清民律草案"和"民国民律草案"相比，"中华民国民法"的规定更为周全、简练。

在所有权的物上回复请求权方面，"大清民律草案"第九百八十六条规定："所有人对于以不法保留所有物之占有者，或侵夺所有物者，得回复之。""民国民律草案"第七百六十三条将此规定修改为："所有人对于无权占有或侵夺所有物者，得回复之。"对此，"中华民国民法"沿袭了"民国民律草案"的规定，但是增加了所有权人的保护情形。"中华民国民法"第七百六十七条规定："所有人对于无权占有或侵夺其所有物者，得请求返还之；对于妨害其所有权者，得请求除去之；有妨害其所有权之虞者，得请求防止之。"

与物上请求权增加规定的情形不同，"中华民国民法"在不当得利的规定方面，减少了规定情形。"大清民律草案"第九百二十九条规定："无法律上之原因，因他人之给付或其他方法受利益，致他人损失者，负归还其利益之义务。虽有法律上之原因，而其后消灭，或依法律行为之内容，因结果而为给付其后不生结果，亦同。""民国民律草案"第二百七十三条将不当得利的规定修改为："无法律上之原因而受利益致他人受损害者，应返还其利益。虽有法律上之原因，而其后消灭，或法律行为之内容系就结果为给付，而其后不发生结果者，亦同。""中华民国民法"第一百七十九条规定："无法律上之原因而受利益，致他人受损害者，应返还其利益。虽有法律上之原因，而其后已不存在者亦同。"显然，"法律行为之内容系就结果为给付"的情形已不再属于本条的规范范围。

从"中华民国民法"的这些规定来看，很难明确断定"中华民国民法"是否采用了物权行为理论。但从"买卖"的定义及相关义务规定来看，"中华民国民法"还是将"买卖"的债权义务与物权移转的相关意思表示合意明显区分。也就是，在物权行为的独立性方面，"中华民国民法"的规定似乎有所顾忌。而对于物权行为无因性方面，则单从"中华民国民法"规定来看，实难断定。

（三）近代民法学者对"中华民国民法"是否采用物权行为理论的解释

综合民国后期的民法学著作来看，学者们对"中华民国民法"采用了物权行为理论是"毫无疑义"的。但是，在对系根据何条判定"中华民国民法"采

用物权行为理论的问题上,学者间则存在以下两种观点:

1. 以民法七百五十八条、七百六十一条第一项前段,判定"中华民国民法"采纳物权行为理论。

主张此观点的学者有余荣昌先生。余荣昌先生认为:"民法第七百五十八条曰:不动产物权依法律行为而取得设定丧失及变更者,非经登记,不生效力。又第七百六十一条第一项前段曰:动产物权之让与,非将动产交付,不生效力。云者,盖采德法主义。即(一)认于债权契约之外,另有物权契约。(二)认物权的意思表示,须履行法定之方式,始生效力,而法定之方式即登记及交付是也。"①

此外,还有李宜琛先生。李宜琛先生在其1933年出版的《现代物权法论》中认为:"我民法之规定,'不动产依法律行为而取得设定丧失及变更者,非经登记,不生效力'。(第七五八条)'动产物权之让与,非将动产交付,不生效力'。(第七百六十一条一项前段)是盖采形式主义,与德意志民法之规定相同,当毋庸疑。是故,我民法亦系(1)承认于债权契约外,别有物权契约之存在,二者截然区分。(2)物权之变动,必履行法定之形式,即非具有物权之表象,不唯不足以对抗第三人,即当事人间亦不生效力。故为成立要件,而非对抗要件。"②

2. 应以民法第一百九十九条与第七百五十八条及第七百六十一条第一项前段规定,综合研求,更参以一般不当得利之法意。

主张此种观点的学者为法官训练所的刘志敫先生。刘志敫先生的观点,较为独特,有予以特别介绍之必要。

刘志敫先生认为,根据"中华民国民法"和"中华民国土地法"的规定,可以看出,"中华民国民法"承认物权契约观念,且为不要因行为。其根据之一,在于土地法第三十六规定了登记的绝对公信效力。"所谓登记绝对公信主义云者,即应登记之事项,须使社会一般人士,可以知悉。且发生绝对之效力。纵使登记有错误。依土地法第三六条之规定,亦属有效。不过发生损害时,依同法第三九条第一项前段,由地政机关或登记人负赔偿之责耳。"③ 既然土地法规定的登记绝对公信效力,则如在登记以后,而权利转移原因失效时,则已办理登记之后的登记名义人仍为实际权利人,因而不属于"无权占有"。"例如甲

---

① 余荣昌. 民法要论[M]. 北平: 北平朝阳学院, 1931: 8.
② 李宜琛. 现代物权法论[M]. 上海: 好望书店, 1933: 35-36.
③ 刘志敫, 刘友厚. 债权契约及物权契约与民法第七百六十条之研究[J]. 法治周报, 1933, 1(20): 1-4, 1(21): 3-7.

向乙购买房屋，因与订立买卖契约，并订明于最短期内，乙移转该屋。甲亦提早登记，借示征信。至于价金，则分三期缴纳。甲先缴三分之一，余则陆续支付。此项契约既无关于公益，自可自由订立。设各事均妥。待至第二期付价时，买受人甲无力给付，卖主乙需款孔殷，因以违约为理由，解除原订之买卖契约（虽房屋已移转，在理论言，仍无不可）。此时失效原因，系发生在不动产登记之后，依土地法第三六条之规定。登记应绝对有效，即不发生'无权占有'（民法第七六七条）之问题。"而又因该房屋"所有权之取得，全本于法律之规定而来，又不能谓为'或侵夺'（依同条）。即亦当然不能依民法第七六七条提起请求返还所有之诉。"则"此时除以不当得利之规定为救济外，绝无他法可资善后。"刘志敷先生由此得出结论："可见我民法于物权契约，系采不要因主义，而视为独立契约，与德民法之主义，实相脗合。"

刘志敷先生的另一根据在于："中华民国民法"的规定与之前的民律草案对"债之关系"与"移转权利之行为"的规定明显不同。"我新法与旧例（包括民债草案与大理院判例）之立法精神大异。在旧例以为创设债之关系，原则上为要因行为，例外认为不要因行为。此如债务之约束是（我对汝本不负债，现约定对汝负债）。我民债草案，于此例之外，尚有债务之承诺，亦为不要因行为，除此则均为要因行为。"而"至于移转权利之行为，为物权契约，旧例以不要因为原则，要因为例外。即当事人于物权契约，如约明须为要因行为时，则从其约定"。

"现例创设债之关系，均为要因，移转权利之行为为不要因"，"其理由与根据""可以新旧法典之目录比较"中得出结论。其所言所指为："新法已将债务不要因行为（如债务之约束与债务之承诺两者）删去。"

至于新民法为什么将"债务不要因行为"规定"删去"，在刘志敷先生看来，新民法如此规定的"法意不外以债务契约，如许依不要因行为成立，则于社会金融危害甚大。在票据法内之票据行为，虽为不要因，然以有严格之方式，故可任意流通。至于债务契约，既无方式之限制，如亦予与票据有同一通流之效力，则结果必影响于交易之安全。现行民法中，虽有债务承担之规定，然仍为要因行为，至于不要因之债权，已渐消灭（立法趋势）。再债权契约，吾民法系采契约自由主义，是否可以当事人之合意，而使变为不要因行为。关于此点，吾人以为绝对不可，因①吾民债虽采契约自由之原则，然限制甚多。例如民总内之第七十一条及第七十二条是。②关于利息。吾党义党纲皆立有限制之明文。如认债权契约得为不要因行为，则当事人可任意约定，即虽仅五〇〇元（五百元）之债务，亦可约定于若干时日偿还一千五百元之利息。是欲限制，而无从限制矣"。"故债之关系,应为绝对要因契约。"

物权契约为什么被作为"不要因"行为?刘志敩先生认为:"物权契约何以不须问及此原因,简言之,物权契约之所以为不要因者,全出于保持交易之安全之意耳。"虽然,"法律关系之变动,……其须有原因,为事实之自然状态,故创设债之关系,为要因行为,对于移转权利,则用人工方法而变更之(不要因)。以维持社会交易之安全"。然而,新民法的立法精神在于物权契约为不要因行为的根据又何在呢?刘志敩先生又答之曰:"其根据有二(甲)即物权法上于物权之取得,系重形式的,如亦要因,则形式不能维持。(乙)土地法之第三六条。于登记系采公信主义,即依该法登记,有绝对之效力。"

刘志敩先生认为:"财产权之移转,依民法物权规定,动产以交付为手续,而不动产则须登记,买受人始取得其所有权,故云重形式。"新民法为什么作如此规定呢?刘志敩先生又答之曰:"其所以如此者,在求交易之安全。"此又如何能够保障"交易之安全"呢?刘志敩先生进一步分析道:"吾人取得一物后,苟法律不加保障,必使当事人忧惧,而标的物之所以移转,又有其种种原因。此原因,有时为无效,有时或撤销,他人对之,随时可予收回,其影响于交易之安全甚大。"如果新民法不对此规定,则存在交易不安全的弊端。"法律为救济此弊计,故特严格其形式,使已取得者,可保持于相当条件之下,保持其移转效力也。"

刘志敩先生进一步分析道:"形式,既所以谋交易安全,则于移转权利的原因有失效情形时,理论上自可使物权行为独立,不受此失效之影响,"但在债权行为失效时,利益平衡又该如何处理呢?刘志敩认为:"而于因失效所生之反常事实(例如买卖契约经撤销后,其标的物仍在买主手中之类),则依不当得利之规定救济之(非依七六七条救济)。""所谓失效者,例如甲乙二人订一买卖契约,甲之标的物已交于乙手,依物权契约重形式之规定,本将成为无偿移转,然因吾民法结构甚严,纵不因失效而动摇物权契约之本身行为,仍许依不当得利规定,请求返还其移转之物,因此交易之安全可保,且无不公平之虞,观此可知吾民法于物权契约之所以重形式,而又为不要因之原因也。"

由以上分析可知,刘志敩先生得出民法承认物权契约观念,且认其为不要因行为的主要根据在于民法中"不当得利"的规定。

其他学者对于"不当得利"的规定认识,并不与刘志敩先生的认识相同。其他学者认为"不当得利"与"所有权回复"规定,应"同时并用",而非"并列"适用。

其他学者举例言:"(一)消费物之收回,非将民法第七六七条与不当得利之办法，同时并用不可。——已移转之标的物，因其性质不同，而救济办法亦异。此如消费物（例如米油等是）须上述之两办法同时并用始可。盖米油等消费物，在未被消费前，固可依民法第七六七条规定办理。若已消费，则原物灭失，自可以同种类同数量之物以代替之，此时即发生债编上不当得利之问题。故此二办法，应同时或先后并用，而非仅能用其一也。（二）标的物如已流入善意第三人手中，此时亦不能仅依第七六七条为救济，并须改引不当得利之规定。"

对于"持异说"学者的两个例子，刘志敫先生认为"以上两点，……均可打破。在前述二种事例，应依民法第二一五条之规定解决，不能作为反驳之论据。"

刘志敫先生指出："考吾民法第二一五条系定入债编关于债之标的节内，该条规定，谓不能回复原状或回复原状显有重大困难者，应以金钱赔偿其损害。"对于"消费物之收回"问题，"谓契约有失效原因时，依民法第七六七条之规定，于标的物未被消费前，可予回复。如该消费物已灭失，则依不当得利规定，以为救济"。但是，刘志敫先生认为："前例消费物之收回，比为无权占有某物，已近勉强。退一步言之，即认为无权占有，可依第七六七条规定，请求回复。然就学理上言，受益者本有回复原状之义务。如无相当之物代替，则依第二一五条变为金钱赔偿；有则更不成问题。"因此，刘志敫先生得出结论："前例另有适当规定可资援据，尚难引作第七六七条应与不当得利规定同时并用之证明。"

至于"标的物流入善意第三人手中"的例子，刘志敫先生认为："其标的物既已流入善意第三人手中，虽似已越过第七六七条所定范围，得依不当得利规定请求返还。"但是否可依"不当得利规定"，需要再进行具体分析。"然当知该物最初移转之原因，如出于物权行为，固可依不当得利规定救济。"但是，"若原主之丧失占有，出于被夺等事由，则该物纵使流入善意第三人手中，原主于法定限度内，仍可追回其物。现占有人即亦负有回复原状之义务。此时若有不能回复或回复有重大困难之情形，则仍属民法第二一五条之问题，其不能引作有利之论据，亦极明显（此项标的物已流入第三人手，如欲依民法上物权有追及性之作用，以为救济，则限制甚多）"。

最后，刘志敫先生得出结论："综上所述，不当得利与回复所有权之规定并列，即我民法承认物权契约观念，且为不要因行为之明证（不当得利规定于债编内，专为不要因行为之物权因失效原因而设之救济规定。回复所有权，则规

<<< 第六章　近代物权行为理论与近代中国的立法、司法

定于物权编内）。"①

为使读者更充分地了解刘志敫先生的观点，特将其相关论述摘录如下，以为共飨：

然则物权行为之观念，究依何种法条以为征验耶，则又答之曰，应以民法第 199 条与第 758 条及第 761 条第 1 项前段规定，综合研求，更参以一般不当得利之法意，即可发现根据，盖属一种解释问题。②

现行民法于不动产物权之变动，第 758 条示明依登记始生效力，动产物权则于第 761 条第 1 项前段示明以交付动产为准，是我民法亦取形式主义。当事人若仅形成第 199 条之债务关系，仍不能变动其物权，必俟践行前述登记或交付之形式，方有变动效力可言，足证我民法确认物权行为之观念。且使与第 199 条之债权行为离而为二，物权行为因具此独立及无因性格，故遇其客观原因失效，仍能合法存在，民法第 179 条以下各规定，实为救济此项问题而设，前款言我民法上须将第 199 条及第 758 条第 761 条与不当得利规定综合研求，始见物权行为之根据者此也。……据上所述，可知我民法于债权行为外，确应承认物权行为之观念。③

刘志敫先生观点之重要论据在于土地法第三十六条的绝对公信力的规定，"于登记系采公信主义，即依该法登记，有绝对之效力。""所谓登记绝对公信主义云者，即应登记之事项，须使社会一般人士，可以知悉，且发生绝对之效力。纵使登记有错误，依土地法第三六条之规定，亦属有效，不过发生损害时，依同法第三九条第一项前段，由地政机关或登记人负赔偿之责耳。"

然而，对于"绝对公信主义"之理解，其他学者似有不同看法。"不动产之登记，只为不动产上物权行为之有效要件，非登记自体能单独发生物权之变动。故其物权行为不成立或无效时，其登记亦不发生效力，从其物权即不生变动。最高法院民国二十一年上字第一一四八号判决要旨云：'在施行不动产登记条例之区域内，依该条例第三条所定应行登记之事项，业经登记，固得对抗第三人，惟所谓应行登记之事项，必须有此事实，而为登记，始能发生登记之效力。'即斯意也。"柯凌汉先生此番所论及所引最高法院判例，意在论证"登记"并不具有绝对的公信力。对于此点，柯凌汉先生还通过注释进一步解释道："德国民法第八九二条以下，及瑞士民法第九七三条以下规定：'在不动产登记无效之场

---

① 刘志敫，刘友厚. 债权契约及物权契约与民法第七百六十条之研究 [J]. 法治周报，1933，1 (20)：1-4，1 (21)：3-7.
② 刘志敫. 民法物权编 [M]. 北京：中国政法大学出版社，2006：42.
③ 刘志敫. 民法物权编 [M]. 北京：中国政法大学出版社，2006：44-45.

合，若第三人误信为有效，由登记簿上之权利人取得权利，或对之为给付时，则其已登记之权利关系，视为存在。'不外欲以保护善意第三人之利益，并以贯彻登记制度之精神。学者称此种登记效力，曰公信力（öffentlicher Glaube, foi publicque）。法日两国民法则均无此规定，应与我民法取同一之解释。"① 可见，柯凌汉先生对于登记公信力的解释与刘志敿先生有些不同。在柯凌汉先生看来，"中华民国民法"与德国、瑞士民法对不动产移转登记的规定并不相同，而与法、日"取同一之解释"。

曹杰先生也认为"中华民国民法"的规定与"德、瑞法例亦有不同之点"。曹杰先生论道："现今各国为保护第三人之利益及交易安全计，设有种种制度，大别之为三：一曰地券交付主义，……二曰登记对抗要件主义，……三曰登记生效要件主义，……第三主义，就实际与理论言，均臻允合德国、瑞士与多数立法例行之。吾民法第七五八条即采第三主义者也。但吾民法与德、瑞法例亦有不同之点，即非以登记自体能单独生物权之变动，故登记原因如不存在，即登记权利与实质权利不符合时，从而其登记亦不生实质效力。唯与土地法第三六条比照观察，不能使人无疑，诚憾事也。"② 由此番论述可知，曹杰先生并不认为"中华民国民法"作出了物权行为无因性的规定。因为其认为："登记原因如不存在，即登记权利与实质权利不符合时，从而其登记亦不生实质效力。"但曹杰先生也注意到了土地法第三六条的规定，"比照观察，不能使人无疑"。

第二节　近代物权行为理论与最高法院判例、会议决议

物权行为观念自清末输入之后，随着近代民法学的发展而不断完善。至民国初年，物权契约的定义、要件以及与债权契约的区别等内容已经明确地出现在大理院判例中，并且对之后的大理院的审判实践起着事实上的规范引导作用。这一点也可从之后的大理院判例内容中明确地看出。

民国初期，在特定的历史和政治环境下，法学共同体逐渐形成。"北洋政府时期没有法典，大理院以最高司法机关身份，通过司法审查的功能，在许多方面特别是民事法领域中，实际上代行了立法的职能。在法院体系内部，下级法院惟大理院判决例是瞻。所以，一案之出，若有新的观点或倾向，必风传天下，

---

① 柯凌汉. 中华物权法论纲 [M]. 上海：商务印书馆, 1935：20.
② 曹杰. 中国民法物权论 [M]. 周旋, 勘校. 北京：中国方正出版社, 2004：22.

大理院遂为众目所瞩。大理院推事的挑选,于是极为严格,非学界名流不可。"① 因此,大理院的这些民事判例也在相当程度上反映了近代中国民法学在民国前期的发展状况。

1927年,最高法院成立,取代了此前的大理院,成为全国最高的审判机关。最高法院成立后的最初两三年里,学者为最高法院法官的情况,并未发生明显变化。只是随着"中华民国民法"等法典在1930年前后逐步公布实施,学者才开始慢慢退出审判机关,回归大学校园。②

物权行为理论在民国前期的大理院和最高法院的适用判例,本书第二章已将其作为反映民国前期的物权行为理论发展状况的历史材料,而予以使用。本节主要以民国后期的最高法院判例和会议决议内容为对象,对物权行为理论在民国后期的法院审判中的适用状况进行分析。

一、物权行为要件的适用

大理院二年(1913年)上字第八号判例的内容说明,在民国前期,民法学理论对物权行为的要件已经有了较为深入的研究。至民国后期,学者对物权行为的研究成果已极为常见。虽说法不一,理解稍异,但对物权行为的基本要件(如特定物要件、当事人处分权要件等)的理解,学者并无差别。

"中华民国民法"对于物权行为的有效成立要件,并未进行集中规定,而是分散在不同的章节之中。最高法院在适用时,自亦是个案不同,分别裁判。"中华民国民法"虽并未明确使用"物权行为"和"物权契约",但是,在最高法院的判例中,则明显对物权行为与债权行为进行了区分,并分别适用了不同的要件。

物权行为的要件在民国后期最高法院的适用主要表现在以下四个方面:

(一)不动产物权契约须书面形式

"中华民国民法"第七百六十条规定:"不动产物权之移转或设定,应以书面为之。"虽然,民法学界对此条规定是对不动产物权行为的规定,但还是对不动产债权行为的规定,有所分歧。从最高法院的判例内容来看,最高法院的法官们则明显将该条作为了不动产物权行为所应具备的要件之一。如最高法院十九年(1930)上字第三五九号判例中就有"设定不动产担保物权,应订立书据,否则不生物权法上之效力"的判决内容。而最高法院十九年(1930年)上字第

---

① 俞江. 近代中国民法学中的私权理论 [M]. 北京:北京大学出版社,2003:18.
② 俞江. 近代中国民法学中的私权理论 [M]. 北京:北京大学出版社,2003:18-19.

三三五号判例，则明显是对债权契约的判决内容。该判决书谓："买卖契约非要式行为，除第一百六十六条情形外，不论言词或书据只需意思表示合致即可成立，其写立书据者，亦无履行何种方式之必要。若嘱人签字即系授权行为，当然对于本人直接生效。"① 虽然，在此判例中，最高法院并未强调此系针对"不动产买卖契约"而言，但从判例内容不难推定，"买卖契约非要式行为"中的"买卖契约"自然包括动产买卖契约和不动产买卖契约。说"买卖契约非要式行为"也就自然包括了"不动产买卖契约"为非要式行为。因此，订立不动产买卖债权契约，也就不要求采用书面形式。换言之，书面形式并非买卖债权契约的要件。

最高法院判例对不动产物权契约的书面形式要件的适用，较多情况，是与不动产债权契约相互比较时，对不动产物权契约的书面形式要件予以强调。如最高法院二十年（1931年）上字第一二〇七号判例就称："不动产物权移转之契约，虽以书立契据为必要之方式，而关于买卖不动产之债权契约，则本为不要式行为，若双方就房屋之标的物及价金互相同意，即不能谓其买卖之债权契约尚未成立。"很显然，最高法院在此判例中，对"不动产物权移转之契约"和"买卖不动产之债权契约"采用了不同的要件标准。"不动产物权移转之契约"应"以书立契据为必要之方式"。不动产物权契约应具备书面形式要件的解释可谓明显。

物权契约"书面要件"的意义，即在于不具备书面要件时，不能发生物权移转效力或者物权法上的效力。对此，最高法院在适用物权契约的书面要件时，态度也是极为明确。如最高法院二十二年（1933年）上字第二一号判例即是对不动产物权移转行为缺少书面要件时，不生物权移转效力，但债权契约效力却不受影响的判例。该判例称："不动产物权之移转，未以书面为之者，固不生效力。惟当事人间约定一方以其不动产之物权移转于他方，他方支付价金之买卖契约已成立者，出卖人即负有成立移转物权之书面，使买受人取得该不动产物权之义务。"另外，最高法院二十二年（1933年）上字第九一四号判例，也是对不动产买卖未具备书面要件时，不生物权移转效力的判例。该判例认为："不动产买卖之未立书面者，固不生物权移转之效力，惟当事人若已就标的物及价金互相同意，则其买卖之债权契约即为成立，买受人对于出卖人自有请求履行之权利。"此判例虽有"不动产买卖"和"不动产物权移转"的用语区分使用不严谨之瑕疵，但从未具备书面要件的后果来看，此判例还是对物权移转契

---

① 最高法院判例 [EB/OL]. S-link：电子六法全书.

约与"买卖之债权契约"进行了区分，表明了"书面"为物权移转契约的必备要件。

（二）物权行为的公示要件及其效果

"中华民国民法"公布后，对于物权变动的生效条件予以明确规定，即不动产物权取得、设定、丧失及变更，非经登记不生效力，动产物权之让与，非将动产交付，不生效力（特殊情况除外）。在民法学中的物权行为理论上，物权行为应当公示也被作为物权行为有效成立的一个要件来看待。因此，物权行为只有经过公示，即不动产进行登记，动产进行交付之后（特殊情况除外），物权变动才能发生效力。

物权行为的公示要件对于解决卖主将同一标的物进行"重复买卖"行为，具有重要的意义。因为，以公示要件（即"交付"或"登记"）作为判断物权是否设定或移转的标志，可以使物权的设定、移转行为能够从外观得知，可以有效避免当事人对标的物的不知情状态。同时，对虽然约定将物权设定或移转内容，但未实际"登记"或"交付"的行为，赋予债权行为的效力，也使受损害的当事人享有请求损害赔偿的救济途径。

最高法院十九年（1930年）上字第一三八号判例，即是对"二重买卖"作出的一个判例。该判例称："卖主就同一标的物为二重买卖，如前买约仅生债权关系，而后买约已发生物权关系时，前之买主不得主张后买约为无效。"在这个判例中，最高法院以"买约"发生的权利关系为标准，将"买约"所发生的关系分为"债权关系"和"物权关系"，并最终保护"物权关系"的存在。遗憾的是，最高法院的这个判例中，并未能明确判断出"债权关系"和"物权关系"的标准，所以也很难看出该判例对物权行为理论中公示要件的适用。

其实，早在民国前期的1921年，大理院即以"十年上字第七〇四号"判例，确立了此规则的存在。"中华民国民法"颁布生效后，虽然该法规定，不动产物权变动非经登记，不生效力；动产物权让与，非经交付不生效力。但由于当时的登记制度尚未在全国建立起来，该条实际上在尚未建立登记制度的省份，根本无法适用。最高法院也以判例的形式，确认了在尚未建立登记制度的省份，该条并不适用的现实。因此，在尚未建立登记制度的省份，法院仍然适用民国前期的"判例法"（即大理院判例）。而最高法院十九年（1930年）上字第一三八号判例，正是对大理院十年（1921年）上字第七〇四号判例的"判例法"的适用。大理院十年（1921年）上字第七〇四号判例称："卖主就同一标的物为二重买卖，在前之卖约仅发生债权关系，而后之卖约已发生物权关系者，即令后买主缔结卖约。实有恶意,其对于前买主亦仅发生是否侵害债权及应否赔偿损失之问题。前买主对于后买主不能就该标的物已经发生之物权关系主张其为无效。"① 将大理院十年（1921年）上字第七○四号判例与最高法院十九年（1930年）上字第一三八号判例相比,可以看出,除个别"卖约""买约"的变化外,两个判例的实质内容完全一致。

然而,原大理院判例似乎也未能给出判断"物权关系"和"债权关系"的具体标准。对此,学者曹杰先生,对该判例的适用有过研究。曹杰先生在其1934年出版的《民法判解研究》中,对大理院十年（1921年）上字第七○四号判例的"论断"为:"按不动产物权之取得,以登记为生效要件,此在已实行登记制度区域之地方,固可适用民法第七百五十八条以资认定。若未举办登记,则在一物二卖之场合,如何解决,仍有准据本号判例之余地,即在债权契约,只需有当事人之合意,在物权契约,则必以直接发生物权上之变动为目的。究为债权契约,抑为物权契约,自应就具体事件审认之。惟就通例而言,*占有之移转*、*书据之订立*、*标的物之确定*,就标的物有无处分权,均足为二者区分之标准,至税契过割等事,亦堪为证据资料,判例固未示明,实用上不可不注意也。"②（着重号为引者加）

虽然,对于物权行为公示要件的适用,在发现确切的资料记载之前,与判例形成的期日相隔不长时间的学者"论断",或许对我们有所启示。

之后,最高法院三十年（1941年）上字第一二五三号判例,也为与"二重买卖"相关的判例。最高法院三十年（1941年）上字第一二五三判例称:"物之出卖人固有使买受人取得该物所有权之义务,惟买卖契约成立后,出卖人为二重买卖,并已将该物之所有权移转于后之买受人者,移转该物所有权于原买受人之义务即属不能给付,原买受人对于出卖人仅得请求赔偿损害,不得请求为移转该物所有权之行为。"

在这个判例中,最高法院仍然巧妙地回避了物权行为公示要件（即不动产"登记",动产"交付"）的明确表述,而是将十一年之前判例中的"物权关系"转化为"已将该物之所有权移转",然而何为"物之所有权移转于后之买受人",最高法院在判例中也未予以详尽说明。但有理由相信,依据"中华民国民法"以及最高法院判例,"物之所有权移转于后之买受人"是指符合包括物权行为公示要件在内的全部有效条件下的所有权移转。在实行登记区域,不动产

---

① 郭卫. 大理院判决例全书 [M]. 上海:上海会文堂新记书局,1932:157.
② 曹杰. 民法判解研究 [M]. 上海:上海法学书局,1934:69-70.

所有权移转自登记发生效力。在未实行登记区域，则以"占有移转"作为所有权移转的标志。

（三）处分权要件区分

契约当事人对标的物具有处分权是物权行为（物权契约）的有效成立要件之一。因而，判断当事人是否具有对标的物处分权是区别物权行为和债权行为的标准之一，也是判断物权是否能够发生移转的标准之一。

最高法院三十七年（1948年）上字七六四五号判例就是利用了当事人的处分权要件，对"买卖契约"与"移转所有权之契约"进行的区分。该判例称："买卖契约与移转所有权之契约不同，出卖人对于出卖之标的物，不以有处分权为必要。"

当事人享有处分权是物权行为的有效成立要件之一。当事人对标的物不具有处分权，自然不能发生物权移转的效力。最高法院十九年（1930年）上字第二〇一四号判例，即是依该要件作出的判决。最高法院十九年（1930年）第二〇一四号判例称："共有人中一人处分共有物，非其他共有人共同处分者，必事前为他共有人之同意或得其事后之追认，其处分行为始能有效。"在这个判例中，由于共有人中的一个，不具有处分共有物的处分权，其对共有物作出的处分行为，如果未在事前征得其他共有人之"同意"，或者事后未能征得其他共有人对其处分行为的"事后之追认"，那么，其处分行为自然不能发生效力。

但同时，最高法院十九年（1930年）上字第二〇一四号判例也已表明，如果无权处分行为人之后取得对标的物的处分权，或者经过处分权人同意、追认的，行为人的处分行为就由无权处分转变为有权处分，其处分仍然发生物权效力，而无须再另行作出有权处分行为。对此，最高法院三十年（1941年）上字第三四四号判例也判称："无权利人就权利标的物所为之处分，经有权利人之承认始生效力，在民法第一百十八条第一项设有明文，是无权利人得权利人之同意后，就权利标的物所为之处分，应认为有效，自不待言。"最高法院三十一年（1942年）上字第二八九八号判例也称："被上诉人甲于丙生前，将丙之田产让与于被上诉人乙为业，纵令当时系无权处分，但其后甲已因继承丙之遗产，而取得此项田产之所有权，依民法第一百十八条第二项之规定，其处分即属自始有效。"

最高法院的这些判例都充分说明了"处分权"要件在有关物权变动效力判例中的适用。

（四）物权意思表示的要件区分

意思表示是法律行为的核心成分。虽然，在近代中国的物权行为理论研究中，不同的学者，对物权意思表示作为物权行为的有效要件是否有必要单独列出，表现出不同的态度。有的将物权意思表示单独列出，有的将之作为物权行为的一般（普通）要件看待。但是，对物权意思表示作为物权行为的有效要件，近代民法学者固然无疑义。

然而，由于物权行为的抽象性，近代中国的民法学者对物权意思表示经历了一个逐渐理解的过程。对于物权的意思表示难以理解的主要原因在于：无论是在民法学理论，还是在"民律草案、中华民国民法"中，"买卖"定义中的"约定"物权变动的债权意思表示，与物权变动中的物权意思表示，难以区分。对此，最高法院三十二年（1943年）上字第四三四九号判例，即是强调不动产物权移转中，必须有物权意思表示存在的判例。该判例认为："不动产物权之移转，应以书面为之，民法第七百六十条定有明文。此项书面，除应依同法第三条之规定外，固无其他一定之方法。但其内容须有移转特定不动产之所有权，或其他物权之意思表示，自不待言。"

二、物权行为无因性的适用

物权行为无因性，是近代民法学者争论最为激烈的问题之一。[①] 对于"中华民国民法"是否采用了物权行为无因性，学者间也是见仁见智，观点各不相同。

作为全国最高审判机关的最高法院，对于物权行为无因性的问题，在判例内容中，一致表现出认可的姿态。如最高法院二十三年（1934年）上字一五二八号判例称："因履行契约而为给付后，该契约经撤销者，给付之目的既归消灭，给付受领人受此利益之法律上原因即已失其存在，依民法第一百七十九条之规定，自应返还其利益。"

在物权行为因履行债权契约而发生的情况下，债权契约被撤销后，"因履行契约而为给付"是以物上回复请求权返还？还是依不当得利返还？虽然，此两者初看起来，均为返还，但其权利基础明显不同。前者系依据物权（具体而言是所有权）而行使的请求权，后者系依据债权（不当得利债权）而行使的请求权。如果依前者要求返还，则表明在债权契约被撤销时，因履行债权契约而发生的物权行为效力，在债权契约被撤销时，受到债权契约效力的影响而成为无效行为。因而，在无效的情况下，物权（所有权）自然不会发生移转，当事人即可依据物上请求权，要求返还原物或进行赔偿。而如果依后者为权利基础要

[①] 王去非. 民法物权要义 [M]. 上海：上海法学书局，1934：29.

求返还，则表明在债权契约被撤销时，因履行债权契约而发生的物权行为效力，并未受到债权契约效力的影响，仍为有效行为，也就是说，因为物权契约具有无因性，所以物权契约的效力并未受到债权契约被撤销的影响，物权（所有权）仍然发生移转。只不过当事人可依不当得利的债权规定，有权请求返还所得利益。

对于上述请求返还的权利基础，最高法院二十三年（1934年）上字一五二八号判例予以明确，即"依民法第一百七十九条之规定，自应返还其利益"。而民法第一百七十九条的规定，正是"不当得利"的规定。

最高法院二十八年（1939年）上字第二一一三号判例也是对物权行为无因性的适用。该判例称："民法第二百五十四条所谓解除契约，固指解除债权契约而言，但本于债权契约而成立物权移转契约后，如有解除契约之原因，仍得将该债权契约解除。债权契约解除时，物权契约之效力虽仍存在，而依民法第二百五十九条之规定，受物权移转之一方，负有将该物权移转于他方以回复原状之义务，不得谓物权契约一经成立，债权契约即不得解除。"在这个判例中，最高法院在解释民法第二百五十四条规定时，认为存在两个契约：债权契约和物权契约。民法第二百五十四条所指的解除契约，是指解除债权契约。如果债权契约解除，因为物权行为具有无因性，所以物权契约的效力并不因债权契约的解除而受到影响，物权契约的效力仍然存在。但是应依民法第二百五十九条之规定，"负有将该物权移转于他方以回复原状之义务"。

可以看出，最高法院二十八年（1939年）上字第二一一三号判例与最高法院二十三年（1934年）上字一五二八号判例的权利基础并不相同。前者判决返还的依据为民法第二百五十九条之契约解除的规定，而后者则为债权契约被撤销时的返还，依据为民法第一七九条的规定。虽然判决依据各不相同，但判决内容所表现出的物权契约无因性的认识上，则为一致。

三、物权行为与债权行为关系的适用

根据近代中国民法学的物权行为理论研究，物权行为的发生有三种情形：第一种情形为其他法律行为的成立，第二种情形为其他法律行为的生效，第三种情形为履行债务行为。在这三种情形中，第三种情形最为常见。

在物权行为因履行债务行为的发生的情形中，物权行为与债权行为的区分最为基本，而在这两种法律行为所形成的关系中，恰当区分两种法律关系在审判实践中也显得尤为重要。

(一) 物权行为与债权行为的区分

在物权行为因履行债务行为而发生的情形中，物权行为与债权行为往往纠合在一起，使得二者的区分显属不易。最高法院二十七年（1938年）上字第八一六号判例，即是对两种法律行为区分的典型判例。该判例称："不动产之买受人虽未支付价金，而依物权法之规定，出卖人移转所有权于买受人之法律行为已生效力者，自不能因买受人尚未支付价金，即谓其所有权未曾取得。"很明显，在这个判例中，当事人因将不动产买卖和价金支付的债权行为，与"移转所有权"的物权行为纠合在一起，而认为债务人因不履行"支付价金"的债务时，必然影响当事人之间的"移转所有权"物权行为效力，从而认为"买受人尚未支付价金"时，"其所有权未曾取得"。这种认识的根源在于未能正确认识物权行为与债权行为的关系，而将两者纠缠在一起。

与上一判例相比，最高法院二十八年（1939年）上字第二二三三号判例所表现的物权行为与债权行为关系，则相对简单。最高法院二十八年（1939年）上字第二二三三号判例认为："物之出卖人依民法第三百四十八条第一项之规定，负有使买受人取得该物所有权之义务。不动产所有权之移转，应以书面为之，为民法第七百六十条之所明定，不动产之出卖人对于买受人自有订立书面，以移转其所有权于买受人之义务。"在这一判例中，最高法院即明确将因"买卖"所发生的债权契约效力，与因履行债权契约而发生的物权行为，明确区分。"物之出卖人"因"买卖"而"负有使买受人取得该物所有权之义务"，但"买卖"即并非"移转所有权"本身。债务人还需履行债务，即以书面形式，订立所有权移转契约。在判例所述情形之下，履行债务的行为正是所谓的"物权行为"。

最高法院三十三年（1944年）上字第二四八九号判例也表现出了最高法院对物权行为与其他法律行为关系的适用。最高法院第三十三年（1944年）上字第二四八九号判例称："公同共有人中之一人，以公同共有物所有权之移转为买卖契约之标的，并非所谓以不能之给付为契约标的，其移转所有权之处分行为。虽因未经其他公同共有人之承认不能发生效力，而其关于买卖债权契约则非无效。"在这个判例中，共有人之一虽然没有共有物的处分权，但因债权行为并不以当事人对标的物享有处分权为要件，所以，债权行为的效力完全可以有效成立，共有人也就负有全面适当履行债务行为的义务，也就是说，共有人负有作出物权行为的义务。至于其因不享有共有物的处分权而不能够充分适当履行债务的行为,则仅系债权契约当事人违反债权契约的违约行为。

(二) 因履行债务而为物权行为

在物权行为与其他法律行为的关系中,因履行债务而为物权行为最为常见。但是,如果当事人对于两种法律行为的关系不够明晰,也极易发生纠纷。

最高法院判例中,就有因未能正确认识履行债务行为而为物权行为的情形,所酿成的纠纷。最高法院则通过理顺债权行为和物权行为的关系,使因履行债务而为物权行为的纠纷得到公正解决。

最高法院三十年(1941年)上字第四四一号判例,即为因对物权行为与债权行为的关系认识不清导致的纠纷所作出的判决。该判例称:"不动产之出卖人于买卖契约成立后,本有使物权契约合法成立之义务。系争之买卖契约,苟已合法成立,纵令移转物权契约未经某甲签名,欠缺法定方式,但被上诉人为某甲之概括继承人,负有补正法定方式,使物权契约合法成立之义务,自不得借口该物权契约尚未合法成立,即请求确认买卖契约为不存在。"在这个判例中,当事人的主张是既然物权契约尚未合法成立,则买卖契约就为不存在。显然,当事人将物权行为与债权行为相混淆,认为物权行为的成立与存在会影响债权行为的成立与存在。最高法院则明确指出:"纵令移转物权契约未经某甲签名,欠缺法定方式,但被上诉人为某甲之概括继承人,负有补正法定方式,使物权契约合法成立之义务。"从而,使因履行债务行为而为物权行为的关系在本案中得以适用,使诉讼当事人明确债权行为与物权行为之关系。

相似的判例,还有最高法院三十一年(1942年)上字第五一五号判例。该判例判称:"被上诉人于民国二十八年四月五日立给上诉人之当契,并未亲自签名,仅在出当人名下画有十字,亦未经二人在该当契上签名证明,为原审合法认定之事实,原判决以被上诉人所为设定典权之行为,不依法定方式,认为不能发生物权契约之效力,固非不当,惟两造当时约定由上诉人支付定额典价,占有被上诉人之某处田业而为使用收益,其互相表示意思既属一致,即已成立一种债权契约,虽其设定典权契约,因欠缺法定方式而无效,然该债权契约未经解除,被上诉人对于上诉人仍负补正法定方式,使典权设定契约合法成立之义务,自不得借口物权契约无效,即谓该债权契约为不存在,请求准其返还原典价取回典物。"这个判例,也是因为没有明晰物权行为与债权行为的关系而酿成的纠纷。同样,通过理清物权行为与债权行为的关系,则纠纷之解决自然水到渠成。

与上述两最高法院判例有些不同，最高法院三十八年（1949年）台上字———号判例，则是首先对物权契约与债权契约进行区分，然后再依债权契约的效力，而使当事人"负有履行物权移转必要程序之义务"，即"为物权行为"的义务。从而使因履行债务而为物权行为的关系判定至为清楚。该判例认为："买卖契约不过一种以移转物权为目的之债权契约，尚难谓即为移转物权之物权契约。惟经双方合意之债权契约已经成立，上诉人基于买卖契约，请求被上诉人履行物权移转必要程序之义务，如非另有其他情事，尚非无据。"

四、物权行为理论适用对于民事诉讼法的适用影响

民国后期的审判实践中，不仅有民事实体法适用物权行为理论的判例，作为程序法的民事诉讼法也因物权行为理论的适用，而需要在诉讼标的认识上作出必要的解释和说明。最高法院三十一年（1942年）度决议（一〇）① 和最高法院三十二年（1943年）上字第二二五七号判例，② 即是因为物权行为理论在审判实践中的适用，而对民事诉讼标的作出必要解释。

为便于论述，特将最高法院大法官会议决议引述如下：

【会议次别】最高法院31年度决议

【会议日期】民国〈三十一〉年09月22日

【相关法条】民事诉讼法第247条

【决议】

确认之诉除确认证书真伪之诉外，应以法律关系为诉讼标的，此观民事诉讼法第二百四十七条之规定自明。契约为法律关系之发生原因，非即法律关系之本身，契约之存在与否，或有效与否，本属一种事实问题或法律问题，不得为确认之诉之标的。惟诉之形式，系求确认契约之存在与否或有效与否，而实不外就一造基于契约主张之法律关系，求为确认其存在与否之判决者，仍应认其诉讼标的为法律关系，故甲基于其与乙订立之买卖契约，向丙主张债权，丙因而提起确认之诉时，虽其诉之声明，求为确认买卖契约无效，或对自己不生效力之判决，亦应认为确认甲之债权不存在之诉，此项诉讼只需以主张债权之甲为被告，不必以乙为共同被告，又甲将乙之土地出卖与丙，订立所有权移转契约，乙因而提起确认之诉时，虽其诉之声明求为确认买卖契约或物权移转契

---

① 最高法院判例［EB/OL］. S-link：电子六法全书.
② 最高法院判例［EB/OL］. S-link：电子六法全书.

约无效或对自己不生效力之判决，亦应认为确认自己之所有权仍属存在之诉。此项诉讼只需以现在主张所有权之丙为被告，不必甲为共同被告。①

最高法院三十二年（1943年）上字第二二五七号判例内容：

确认之诉，除确认证书真伪之诉外，应以法律关系为诉讼标的，此观民事诉讼法第二百四十七条之规定自明，契约为法律关系之发生原因，非即法律关系之本身，契约之有效与否，本属一种法律问题，不得为确认之诉之标的，惟以自己之所有物，经无处分权人与人订立所有权移转契约为原因，提起确认之诉时，虽其诉之声明系求确认物权移转契约为无效，而其真意实系以物权移转契约无效为理由，求为确认自己之所有权仍属存在之判决，其诉讼标的仍为法律关系，而非契约之无效。

很明显，最高法院三十一年（1942年）度的大法官会议决议（一〇）与最高法院三十二年（1943年）上字第二二五七号判例内容基本相同。极有可能是后者依据前者的决议而作出的判决。虽然，这两项内容均已不"参考"或"援用"，但是从决议和判例内容均可看出，因为物权行为理论的适用，使得无处分权之当事人所为的物权契约，对如何在诉讼法上确定其诉讼标的而作出的必要解释和判定。这不能不说是因物权行为理论的适用而使对民事诉讼法的适用产生的影响！

第三节　近代物权行为理论与"司法院"解释例

1927年，"国民政府成立后，统一解释法令之权初以最高法院，继改属'司法院'"②。1929年之前，即"民国十八年以前之解释例，系最高法院掌管"③。"司法院"自民国十八年（1929年）起行使解释法令之权。"最高法院用解字编号发表，……'司法院'改用院字编号，"④ 对于法令作出统一解释。

在"司法院"的这些法令解释中，我们也可看出，"司法院"运用了物权行为理论，对相关法律适用中的疑难问题进行了解释。

---

① 最高法院判例［EB/OL］.S-link：电子六法全书.
② 郭卫，周定枚.最高法院法令解释总集［M］.上海：上海法学书局，1934：刊例.
③ 朱鸿达.司法院解释例要旨汇览［M］.上海：世界书局，1931：例言.
④ 郭卫，周定枚.最高法院法令解释总集［M］.上海：上海法学书局，1934：刊例.

一、物权行为要件的解释适用

物权行为与债权行为相区别，因而物权行为本身要求具备特殊的有效成立要件。在民国后期，一般认为，物权行为除具备法律行为的一般要件外，还需具备四项要件：（1）契约标的物为特定物；（2）当事人对于契约标的物有处分权；（3）物权行为应当公表。所谓公表是指不动产需通过"登记"的方式对物权的设定、移转行为进行公开表现。（4）不动产物权设定、移转合意应当采用书面形式。

对于法院或其他部门要求解释的法律疑难问题，"司法院"依据物权行为理论进行了解释。

（一）不动产物权行为的书面形式要件在"司法院"解释中的应用

如在1946年6月24日，"司法院"即利用物权行为理论的要件之一，即以院解字第三一三一号对执行当中遇到的问题作出解释："某甲虽曾将其产业（不动产）立约定卖于某乙，并受某乙定金，但既未立契，自仅发生债之关系，不得以此对抗业依强制执行第九十八条取得所有权之某丁。"[1] 在这一解释中，"司法院"明显以不动产物权设定、移转需采用书面形式的物权行为有效成立要件，对某甲与某乙的产业（不动产）契约进行解释，"未立契"，即产业（不动产）移转契约未采用书面形式。而物权行为理论认为，不动产物权的移转行为应当采用书面形式。既未采用书面形式，也就当然不能发生物权移转的物权效力，某甲与某乙之间"自仅发生债之关系"。

（二）物权行为的当事人处分权要件，在"司法院"解释中的应用

在司法实践中，由于民国后期的物权公示制度尚未真正完全确立，对他人物权进行"无权处分"的情形较为常见。"司法院"运用物权行为理论，对"无权处分"的解释也较为多见。

如1936年1月30日，"司法院"的院字第一三九二号解释，即对寺庙住持将庙产典卖的法律适用案例解释为："寺庙住持违反监督寺庙条例第八条规定，擅将庙产典卖，系属无权处分，不生典卖之效力，违反该条规定而为处分之住持，若已物故。其承继住持职务之人，倘于擅行典卖之事无干，自不适用同条例第十一条之规定。"在这个解释中，"司法院"即以寺庙主持对庙产并无处分

---

[1] 最高法院判例 [EB/OL]. S-link：电子六法全书.

权为由，认定其典卖庙产的物权移转行为，"不生典卖之效力"。

又如1936年6月25日，"司法院"的院字第一五一六号解释，对无权设定抵押权的行为进行解释道："丙就与甲、乙共有之房地，未得甲、乙同意，私擅设定抵押权，无论该房地曾否为所有权保存登记，其抵押行为均不能有效"。但因处分行为人，对共有房地，并无完全的处分权，依物权行为理论，无处分权的当事人的抵押设定行为"不能有效"。

再如1939年6月7日，"司法院"的院字第一八八九号的解释，也是对已经登记的处分行为效力的解释。在这个解释中，"司法院"认为："债务人于其不动产已依补订民事执行办法第三十一条执行假扣押后，所为移转所有权于第三人之处分，对于债权人为无效。在施行不动产登记条例区域内，登记官吏误为所有权移转之登记者，自得由债权人提起涂销登记之诉。"这个解释对当事人的处分权要求更为明显，即使"登记官吏误为所有权移转之登记"，已经符合物权行为公示的要件，但因不具有处分权，此所有权移转仍难以发生效力。

还如1941年2月4日，"司法院"的院字第二一二七号解释，这个解释中，物权行为理论的处分权要件再一次成为物权行为理论应用的典范。"行政官署没收未获案犯人之不动产，予以拍卖，其没收固为行政处分，而其拍卖，则为民法上之契约（参照院字第一九一六号解释），该官署在法律上如无没收之权限，国库并不能因此取得物权，其因拍卖而订立之物权移转契约，在民法上即属无效"。国库既然并不能取得物权，其所订立之物权移转契约，因难以符合物权行为的有效要件，也就难被认为有效。

二、物权行为与债权行为关系的解释分析

物权意思表示与债权意思表示的关系，存在着三种情形，即（1）只有物权意思表示而没有债权意思表示；（2）物权意思表示与债权意思表示同时存在；（3）物权意思表示与债权意思表示异时存在。虽然，理论上的存在情形分析固为简单，但面对复杂的社会现实，司法人员对具体的物权意思表示与债权意思表示关系，则难免"糊涂"。如"司法院"的院字一九五八号解释，即是针对物权意思表示与债权意思表示的关系确认。

1940年1月18日，"司法院"以"院字第一九五八号"，做出如下解释：

甲、原呈所谓先买权，当指土地法第一百七十三条之优先承买权而言，此项优先承买权，以出租人出卖耕地时，得依同样条件优先承买，为其内容，实

277

属订立买卖契约之请求权,买卖契约订立后,始有耕地所有权之移转请求权,唯其将来可以取得耕地所有权移转请求权之原因,业已存在,应解为将来之请求权,许为预告登记,如其优先承买权未为预告登记,则在买卖契约订立后,自得就耕地所有权之移转请求权,为预告登记。

……

乙、原呈所举之例,如系地上权之设定,且定有地上权存续期间者,将来存续期间届满时,地上权当然消灭,无所谓使地上权消灭之请求权,惟土地所有人与地上权人约定,地上权存续期间届满时,地上权人应将该地上房屋之所有权移转于土地所有人者,得就将来之房屋所有权移转请求权,为预告登记。

在这个解释中,似乎并未见物权意思表示的踪影,但"司法院"的解释推理却无一不是围绕意思表示的关系而展开。如在解释"甲"中的"依同样条件优先承买","实属订立买卖契约之请求权",在这里,"司法院"明显将"先买权"作为法定的债权意思表示,即请求"出租人"订立买卖契约,而"买卖契约订立"也是一个债权意思表示,因此债权意思表示所形成的债权即为"耕地所有权之移转请求权",只待"所有权之移转"的意思表示时,物权才能发生移转,"所有权之移转"的意思表示才是一个真正的物权意思表示。

在解释"乙"中,"意思表示"的关系也较复杂。如地上权设定的意思表示之后,在"将来存续期间届满时,地上权当然消灭",而并不需要债权意思表示来结束物权意思表示,也就是,"无所谓使地上权消灭之请求权"。但是,也可在当事人物权意思表示的同时,双方当事人还可另外形成一个债权意思表示,即"土地所有人与地上权人约定,地上权存续期间届满时,地上权人应将该地上房屋之所有权移转于土地所有人"。而在此债权意思表示之后,为履行此债权意思表示,又需一个物权意思表示。

总之,必须真正明晰物权意思表示与债权意思表示的关系,才能在司法实践中实际应用,正确分析和解释既相互关联,又互相区分的法律行为。

物权行为与其他法律行为也存在着三种情形,即(一)物权行为为其他法律行为的成立要件;(二)物权行为为其他法律行为的生效要件;(三)物权行为为债务行为的履行行为。

在日常的生活中,最为常见的应当是第三种情形,即物权行为为债权行为的履行行为的情形。因此,此种情形也最容易发生纠纷。"司法院"对因此情形发生的法律纠纷进行解释时,更为明显地体现了物权行为理论的运用。

如 1939 年 9 月 13 日，"司法院"的院字第一九一六号解释，即是因履行债权行为而为物权行为的情形作出的推理分析。"行政官署放领官产，虽系基于公法为国家处理公务，而其所为放领之行为则系代表国库，与承领订立私法上之买卖契约。所卖官产，如为土地法第八条所列不得私有之土地，其因履行买卖契约，而订立之物权契约，法律上当然无效，无待于上级行政官署之撤销。至物权契约是否无效，及物权契约无效时，其债权关系如何，官署与承领人间有争执者，应向法院提起民事诉讼以求解决。"

在上述解释中，"司法院"虽主要是对纠纷解决程序的解释，但从该解释的推理分析，明显看出，"司法院"将一个土地所有权的移转行为，分为一个形成债权债务关系的"买卖契约"，和一个"因履行买卖契约，而订立之物权契约"。在这一过程中，后一行为即"订立的物权契约"的行为，即是以履行在前的"买卖契约"而存在和发生。并且，"司法院"认为两个契约的效力应当分别认定，如"物权契约是否无效，及物权契约无效时，其债权关系如何"。由此解释可以看出，"司法院"对于两契约之关系，自属了然于心。

三、物权行为理论对"司法院"民事诉讼法的解释影响

民事诉讼法作为程序法，为民事实体法的实施提供保障。物权行为理论虽然与民事诉讼法并无直接关系，但物权行为理论的应用，会对民事实体权利的确立产生影响。物权契约理论对民事实体权利的确定，会影响民事实体权利的保护途径。当事人在实体权利受到侵害而欲寻求司法救济时，其所要求保护的民事诉讼标的也就略有不同。

"中华民国民法"虽然规定了不动产物权非经登记不生效力，动产物权非经交付不生效力。但是，由于民国时期并未真正建立起与"中华民国民法"规定相配套的"登记"制度。因而，不动产物权难以有适当的公示途径。同时，由于 1922 年公布的"不动产登记条例"，系采用登记相对公信主义。也就是说，虽然从登记簿册上可以查知不动产的权利主体，但是由于该登记不具有绝对的公信力，该不动产的真正权利人有时却并非簿册上的登记权利人。因此，物权的交易安全并不能得到有效保障。在此情况下，物权行为理论体系下的"无权处分"情形自然增多。依物权行为理论，当事人拥有处分权是物权行为的有效成立要件。在当事人对标的物并无处分权的情况下，标的物的物权在当事人之间自然无法实现有效移转。

为了保护交易安全，法律必须设置一定的制度。善意取得（即时取得）即是出于保护交易安全的目的而设置的一项制度。但是，善意取得并不能保护全部物权交易的安全，因为善意取得主要是针对动产而言的，不动产则无适用善意取得的余地。因为不动产主要通过登记制度来实现公示，但此种公示，则必须以登记的绝对公信力为前提，即所谓"公示公信"制度。否则，所公示的权利主体并非真正权利人，第三人进行交易时，必有所谓登记权利人的"无权处分"情况存在，真正权利人随时可能以当事人并无处分权为由，而使物权移转契约无效，由此，社会交易安全纵难保障。1922年公布的"不动产登记条例"恰恰采用了登记的相对公信主义，因此，社会上的"无权处分"必然增多，物权移转契约不能发生效力的情形相应增加。而在动产物权不为真正权利人占有，不动产物权登记权利人而即为非真正权利人的情况下，真正权利人只能诉诸法院，请求保障所有权。

如果标的物的真正权利人，通过行使诉讼权而求保护自己的物权，则诉讼标的不得不成为困扰当事人和法院的一个难题。

依物权行为理论，无权处分行为在未得到权利人同意或追认的情况下，物权并不能发生变动。也就是说，物权仍属原真正权利人所享有。但是，对于并不为自己占有或者登记为权利人的情况下，真正权利人为了保护自己的物权，有时需要通过诉讼的方式，要求公权力的介入。但在确定此民事诉讼标的时，存在着两个互相关联的问题。一为无权处分人与他人所订立的所有权移转契约，一为真正权利人对于所有物的所有权。为了保护自己的所有权，必须首先认定该所有权移转契约无效。而真正权利人是请求法院确认无权处分契约当事人的物权移转契约无效？还是要求确认自己拥有所有权？此两问题密切关联，并带有一定的模糊性，民国时期的法院法官也难免不受其惑。

1944年，"司法院"依请示，以院字第二七七五号，对因采用物权行为理论而形成的程序问题作出解释。"确认之诉除确认证书真伪之诉外，应以法律关系为诉讼标的，此观民事诉讼法第二百四十七条之规定自明，契约为法律关系之发生原因，非即法律关系，契约之有效与否，本不得为确认之诉之标的，惟原告如以自己之所有物经被告本于他人无权订立之所有权移转契约，主张所有权提起确认之诉，虽其诉之声明系求为确认所有权移转契约无效之判决，而其真意实系主张自己之所有权，不因此项无效之契约而移转于被告，求为确认所有权仍属于自己而不属于被告之判决，自应认其诉讼标的为所有权。法院认其诉为有理由时,判决理由内虽须说明所有权移转契约之无效,其主文内祇须确认该物之所有权仍属于原告,无须确认所有权移转契约无效。"

在这个解释中,我们可以清楚地看到物权行为理论的应用。因为物权行为处分权要件的存在,当事人没有处分权的物权契约不能发生物权移转效力。但这一契约却事实上影响着所有权的实现,因为,物的占有人或登记权利人,必然要有物权移转契约作为保护自己权利的"挡箭牌"。因而,确认该物权契约的效力自是必经程序。对此,主张所有权的诉讼当事人,势必产生"真意"与"声明"的脱离。然其诉讼标的是"物权移转契约无效",还是"所有权"。对此,"司法院"的院字第二七七五号解释认为,"自应认其诉讼标的为所有权"。

这一解释,还对法院中此类诉讼的判决文书写法作出要求,即"法院认其诉为有理由时,判决理由内虽须说明所有权移转契约之无效,其主文内祇须确认该物之所有权仍属于原告,无须确认所有权移转契约无效。"

参考文献

一、著作

[1] 张知本，邹麟书，刘燮臣. 法学通论 [M]. 武汉：法政编辑社，1905.

[2] 彭树棠. 民法（债权、担保）[M]. 武汉：法政编辑社，1905.

[3] 湖北法政编辑社社员. 法学通论 [M]. 武汉：法政编辑社，1906.

[4] 湖北法政编辑社社员. 民法（财产总论、物权）[M]. 东京：湖北法政编辑社，1906.

[5] 孟森. 新编法学通论 [M]. 上海：商务印书馆，1910.

[6] 周大烈. 民法总则 [M]. 上海：上海群益书店，丙午社，1913.

[7] 姚华. 民法财产（物权）[M]. 天津：丙午社，1913.

[8] 陈承泽，王侔. 共和国教科书法制大要 [M]. 上海：商务印书馆，1913.

[9] 东方法学会. 民法要览（第二卷）[M]. 上海：泰东图书局，1913.

[10] 壬许. 民法财产（债权担保）[M]. 天津：丙午社，1913.

[11] 东方法学会. 民法要览 [M]. 上海：泰东图书局，1914.

[12] 东方法学会. 民法要览（第一卷、总则篇）[M]. 上海：泰东图书局，1919.

[13] 赵欣伯. 民刑法要论 [M]. 上海：商务印书馆，1923.

[14] 赵修鼎. 契约法论 [M]. 上海：商务印书馆，1927.

[15] 郑爰诹. 现行律民事有效部分集解 [M]. 上海：世界书局，1928.

[16] 法政学社. 国民政府新颁行民法总则详解 [M]. 上海：广益书局，1929.

[17] 楼桐荪. 民法总则编释义 [M]. 上海：上海新学会社，1929.

[18] 郑爰诹. 民法总则集解 [M]. 上海：上海世界书局，1929.

[19] 朱采真,朱鸿达.民法总则新论[M].上海:上海世界书局,1929.

[20] 张季忻.民法总则概要[M].上海:上海世界书局,1929.

[21] 蒋伯年.民法纲要[M].上海:上海法学社,广益书局,1929.

[22] 陈戢人.民法学概论[M].上海:上海民治书局,时还书局,1929.

[23] 胡长清.民法总则[M].上海:上海商务印书馆,1930.

[24] 朱采真,朱鸿达.民法新论[M].上海:上海世界书局,1930.

[25] 朱鸿达.民法物权编集解[M].上海:上海世界书局,1930.

[26] 姚骥.民法物权概要[M].上海:上海世界书局,1930.

[27] 姚骥.民法债编概要[M].上海:世界书局,1930.

[28] 楼桐荪,董叔平.民法物权编释义[M].上海:上海法政学社,1930.

[29] 王去非.民法物权论[M].上海:上海法学编译社,1930.

[30] 陈瑾昆.民法通义债编总论[M].北平:北平朝阳学院,1930.

[31] 屠景山.民法物权原论[M].上海:世界书局,1930.

[32] 朱方.民法债编详解[M].上海:上海法政学社,1930.

[33] 戴修瓒.民法债编各论[M].上海:上海法学编译社,1930.

[34] 郑爱诹.民法债编集解[M].上海:世界书局,1930.

[35] 立法院秘书处.民法(总则、债编、物权)[M].上海:民智书局,1930.

[36] 吴学义.民事法论丛[M].南京:南京法律评论社,1931.

[37] 胡长清.民法债总论[M].上海:上海商务印书馆,1931.

[38] 上海法学编译社.民法债问答[M].上海:上海会文堂新记书局,1931.

[39] 陈瑾昆,李良,王宗鉴.民法通义总则[M].北平:北平朝阳大学,1931.

[40] 郑爱诹,朱鸿达.民法债编集解[M].上海:世界书局1931.

[41] 胡长清.契约法论[M].上海:商务印书馆,1931.

[42] 刘陆民.中华民法原理[M].上海:上海太平洋书店,1931.

[43] 周新民.民法要论(民法总论)[M].上海:上海华通书局1931.

[44] 余荣昌.民法要论[M].北平:北平朝阳学院,1931.

[45] 欧阳谿.民法总则释义[M].上海:上海法学编译社,1931.

[46] 孙晓村. 民法总则 ABC [M]. 上海：上海世界书局，1931.

[47] 韦维清，石颎. 民法债编各论 [M]. 上海：上海大东书局，1931.

[48] 周新民. 民法债编分则新论 [M]. 上海：上海法学编译社，1932.

[49] 钟洪声. 物权新论 [M]. 上海：大东书局，1932.

[50] 洪文澜. 民法债编通则释义 [M]. 上海：上海法学编译社，会文堂新记书局1932.

[51] 季手文. 民法债编分则释义 [M]. 上海：上海会文堂新记书局，上海法学编译社，1932.

[52] 欧阳谿. 民法总则释义 [M]. 上海：上海法学编译社出版，1933.

[53] 欧宗祐. 民法总则 [M]. 上海：商务印书馆，1933.

[54] 徐谦. 民法总论 [M]. 上海：上海法学编译社，1933.

[55] 李宜琛. 现代物权法论 [M]. 上海：好望书店，1933.

[56] 王去非. 现代物权法论 [M]. 上海：世界书局，1933.

[57] 胡庆育. 法学通论 [M]. 上海：太平洋书店，1933.

[58] 刘鸿渐，佟朝珍. 中华民国物权法论 [M]. 北平：北平朝阳学院，1933.

[59] 朱芳. 民法总则详解 [M]. 上海：上海法政学社，1933.

[60] 朱方. 民法物权编 [M]. 上海：上海法政学社，1933.

[61] 欧宗祐. 民法总则 [M]. 上海：商务印书馆，1933.

[62] 胡庆育. 法学通论 [M]. 上海：太平洋书店，1933.

[63] 王去非. 民法物权要义 [M]. 上海：上海法学书局，1934.

[64] 胡长清. 契约法论 [M]. 上海：商务印书馆，1934.

[65] 胡元义. 民法总则 [M]. 北平：北平好望书店，1934.

[66] 曹杰. 民法判解研究 [M]. 上海：上海法学书局，1934.

[67] 胡长清. 民法物权 [M]. 上海：上海商务印书馆，1934.

[68] 朱婴. 民法总则浅释 [M]. 上海：上海法学书局，1935.

[69] 柯凌汉. 民法物权 [M]. 上海：上海商务印书馆，1935.

[70] 柯凌汉. 中华物权法论纲 [M]. 上海：商务印书馆，1935.

[71] 金公亮. 契据讲话 [M]. 上海：上海商务印书馆，1935.

[72] 吴学义. 法学纲要 [M]. 上海：中华书局，1935.

[73] 吴经熊，华懋生. 法学文选 [M]. 上海：会文堂新记书局，1935.

[74] 朱方. 民法总则详解 [M]. 上海：上海法政学社, 1936.

[75] 彭时. 判解大全 [M]. 上海：神州国光社, 1936.

[76] 张正学. 民法总则注释 [M]. 上海：上海商务印书馆, 1936.

[77] 吴经熊. 超越东西方 [M]. 上海：上海法学编译社, 1936.

[78] 华懋生. 民法物权释义 [M]. 上海：上海法学编译社, 1936.

[79] 朱方. 民法物权编详解 [M]. 上海：上海广益书局, 1936.

[80] 杨幼炯. 近代中国立法史 [M]. 上海：上海商务印书馆, 1936.

[81] 曹杰, 李家超. 中国民法物权论 [M]. 上海：上海商务印书馆, 1937.

[82] 张正学, 曹杰. 民法总则注释 [M]. 上海：上海商务印书馆, 1937.

[83] 吴传颐. 近代欧陆民法之演变 [M]. 重庆：重庆独立出版社, 1945.

[84] 欧阳谿. 民法总则释义 [M]. 上海：会文堂新记书局, 1946.

[85] 李宜琛. 民法总则 [M]. 南京：国立编译馆, 1947.

[86] 蔡肇瑸. 民法总则 [M]. 上海：上海大东书局, 1947.

[87] 戴修瓒. 民法债编总论 [M]. 上海：上海法学编译社, 1947.

[88] 蔡兆瑸. 民法总则 [M]. 上海：上海大东书局, 1947.

[89] 梁其林. 中国民法法理图解 [M]. 南京：南京法律评论社, 中华警察学术研究社, 1948.

[90] 潘维和. 中国民事法史 [M]. 台北：汉林出版社 1982.

[91] 李贵连. 沈家本与中国法律现代化 [M]. 北京：光明日报出版社 1989.

[92] 叶孝信. 中国民法史 [M]. 上海：上海人民出版社, 1993.

[93] 胡长清. 中国民法总论 [M]. 北京：中国政法大学出版社, 1997.

[94] 何勤华. 当代日本法学：人与作品 [M]. 上海：上海社会科学院出版社, 1997.

[95] 王泽鉴. 民法学说与判例研究 [M]. 北京：中国政法大学出版社, 1998.

[96] 梅仲协. 民法要义 [M]. 北京：中国政法大学出版社, 1998.

[97] 李贵连. 二十世纪的中国法学 [M]. 北京：北京大学出版社, 1998.

[98] 何勤华. 日本法律发达史 [M]. 上海：上海人民出版社, 1999.

[99] 史尚宽. 物权法论 [M]. 北京：中国政法大学出版社, 2000.

[100] 谢振民．中华民国立法史［M］．北京：中国政法大学出版社，2000．

[101] 王健．沟通两个世界的法律意义［M］．北京：中国政法大学出版社，2001．

[102] 董安生．民事法律行为［M］．北京：中国人民大学出版社，2002．

[103] 谢在全，等．民法七十年之回顾与展望纪念论文集［M］．北京：中国政法大学出版社，2002．

[104] 李贵连．近代中国法制与法学［M］．北京：北京大学出版社，2002．

[105] 李蠹，李贵连．中外法学之最［M］．北京：法律出版社，2002．

[106] 王利明．民商法理论争议问题——无权处分［M］．北京：中国人民大学出版社，2003．

[107] 俞江．近代中国民法学中的私权理论［M］．北京：北京大学出版社，2003．

[108] 叶孝信，郭建．中国法律史研究［M］．上海：学林出版社，2003．

[109] 何勤华．20世纪日本法学［M］．北京：商务印书馆，2003．

[110] 王立民．中国法制史［M］．上海：上海人民出版社，2003．

[111] 何勤华．20世纪外国民商法的变革［M］．北京：法律出版社，2004．

[112] 何勤华．民国法学论文精粹（第三卷民商法律篇）［M］．北京：法律出版社，2004．

[113] 何勤华．外国法律史研究［M］．北京：中国政法大学出版社，2004．

[114] 李宜琛．民法总则［M］．胡骏，勘校．北京：中国方正出版社，2004．

[115] 欧阳谿．法学通论［M］．陈颐，勘校．北京：中国方正出版社，2004．

[116] 曹杰．中国民法物权论［M］．周旋，勘校．北京：中国方正出版社，2004．

[117] 王茵．不动产物权变动和交易安全：日德法三国物权变动模式的比较研究［M］．北京：商务印书馆，2004．

[118] 孙宪忠．中国物权法原理［M］．北京：法律出版社，2004．

[119] 李倩．民国时期契约制度研究［M］．北京：北京大学出版社，2005．

[120] 王利明．物权法研究［M］．北京：中国人民大学出版社，2005．

[121] 郭建．中国财产法史稿［M］．北京：中国政法大学出版社，2005．

［122］何勤华．中国法学史：全三卷［M］．北京：法律出版社，2006．

［123］刘志敫．民法物权编［M］．方恒，张谷，校勘．北京：中国政法大学出版社，2006．

［124］李祖荫．比较民法：债编通则［M］．魏琼，勘校．北京：中国方正出版社，2006．

［125］周伯峰．民国初年"契约自由"的概念的诞生：以大理院的言说实践为中心［M］．北京：北京大学出版社，2006．

［126］赵冀韬．负担处分与处分行为的区分——以德国法为考察对象［M］．北京：法律出版社，2006．

［127］于海涌．绝对物权行为理论与物权法律制度研究［M］．北京：北京大学出版社，2006．

［128］柴荣．中国古代物权法研究［M］．北京：中国检察出版社，2007．

［129］侯强．中国近代法律教育转型与社会变迁研究［M］．北京：中国社会科学出版社，2008．

［130］何勤华．外国法制史［M］．北京：清华大学出版社，2008．

二、译著

［1］梅谦次郎．民法财产物权［M］．樊树勋，译．东京：湖北法政编辑社，1905．

［2］富井政章．民法原论［M］．陈海瀛，陈海超，译．上海：商务印书馆，1907．

［3］织田万．法学通论［M］．刘崇佑，译．上海：商务印书馆，1908．

［4］梅谦次郎．民法要义（总则编）［M］．孟森，译．上海：商务印书馆，1909．

［5］梅谦次郎．日本民法要义（总则编）［M］．孟森，译．上海：商务印书馆，1910．

［6］户水宽人．法制经济通论［M］．何燏时，汪兆铭，译．上海：商务印书馆，1913．

［7］梅谦次郎．日本民法要义物权编［M］．孟森，陈承泽，陈时夏，译．上海：商务印书馆，1913．

［8］梅谦次郎．日本民法要义（债权编）［M］．孟森，译．上海：商务印

书馆，1913.

[9] 三潴信三. 物权法提要 [M]. 孙芳, 译. 上海：商务印书馆，1934.

[10] 近江幸治. 民法讲义 [M]. 王茵, 译. 北京：北京大学出版社，2006.

三、期刊

[1] 马德润. 德意志帝国民法全书 [J]. 法政介闻，1908 (1).

[2] 梁橘客. 评民律草案第二十九条 [J]. 法政学报，1914 (3).

[3] 王亮筹, 董琪. 比较民法概要 [J]. 法政学报，1918 (4-12).

[4] 许藻镕. 财产法改正之必要 [J]. 法学会杂志，1921 (1).

[5] 王凤瀛. 因法律行为而有物权之得丧变更者，应否以登记、交付为发生效力之要件？各国立法例不一，我国宜采何制？现在登记制度未能即行，宜代以如何方法？[J]. 法学会杂志，1922 (9).

[6] 张志让. 英德契约法之比较 [J]. 法律周刊，1923 (3-4).

[7] 吴东府. 土地房产出卖时先尽本族购买之习惯应认有法之效力 [J]. 政法月刊，1923 (1).

[8] 张志让. 德国民法之根本主义 [J]. 法律周刊，1923 (5).

[9] 薛长炘. 对于民草物权编修正之我见 [J]. 法律周刊，1923 (7).

[10] 马德润. 俄国新民法概要 [J]. 法律周刊，1923 (7-8).

[11] 王干生. 要物契约否定论 [J]. 法治月刊，1924 (2).

[12] 仲祖龄. 买卖上之法律关系 [J]. 钱业月报，1924 (4).

[13] 曾泽芬. 民律草案第三百六十条第一项规定之根据 [J]. 法律评论，1924 (31).

[14] 曾泽芬. 债权让与应否仅依让与契约成立完全生效之商榷 [J]. 法律评论，1924 (38).

[15] 涂身洁. 对于民草物权篇第九九六条之意见 [J]. 法律评论，1924 (76).

[16] 朱广文. 善意占有 [J]. 法律评论，1925 (95).

[17] 朱广文. 不动产物权变动由于意思表示以外之原因者其与登记之关系 [J]. 法律评论，1925 (97-99).

[18] 仲铭. 苏俄民法之内容及其特性 [J]. 法律评论，1925，116 (119-121).

[19] 杨鹏. 我国修订民法应取之方针 [J]. 法律评论, 1925 (124-125).

[20] 渔溪. 重复典卖与登记 [J]. 法律评论, 1927 (202).

[21] 次素. 对渔溪君所著"重复典卖与登记"之商榷 [J]. 法律评论, 1927, 4 (50).

[22] 陶惟能. 契约元素中之常素偶素制限问题 [J]. 法律评论, 1927, 5 (10).

[23] 裴锡豫. 对渔溪次素二君所著"重复典卖与登记"之商榷 [J]. 法律评论, 1927, 5 (10).

[24] 吴振源. 契约之社会性与法律 [J]. 法律评论, 1927 (219).

[25] 渔溪. 重复典当登记之商榷 [J]. 法律评论, 1927 (225).

[26] 梁云山. 瑞士民法之概要 [J]. 法律评论, 1928 (1-2).

[27] 曾志鹄. 物权法论 [J]. 法政学报, 1928 (2-4).

[28] 胡长清. 民法之基础观念 [J]. 法律评论, 1929 (1).

[29] 愚笙. 意思表示论 [J]. 法学新论, 1929 (97-98).

[30] 李祖庆. 中国民法之过去与现在 [J]. 法学季刊, 1930 (3).

[31] 胡汉民. 民法物权篇精神 [J]. 法学新报, 1930 (103-105).

[32] 李祖荫. 中华民国新民法概评 [J]. 法律评论, 1930 (24-25).

[33] 抱素. 混合契约论 [J]. 法学季刊, 1930 (1).

[34] 王去非. 民法物权 [J]. 现代法学, 1931 (1).

[35] 王宠惠. 比较民法导言 [J]. 中华法学杂志, 1931 (3).

[36] 薛祀光. 混合契约之分类 [J]. 社会科学论丛月刊, 1931 (3).

[37] 次咸. 民法第一九九条第二项之研究 [J]. 法律评论, 1931 (17).

[38] 胡长清. 民法第六四条第一项后段之研究 [J]. 法律评论, 1931 (20).

[39] 曹杰. 论民法上规定之物 [J]. 法律评论, 1931 (23).

[40] 曹杰. 民法第九十条与第九十三条之研究 [J]. 法律评论, 1931 (30).

[41] 吕溪. 对于新民法上的几点疑问 [J]. 法律评论, 1930 (31).

[42] 张寿吾. 民法八三二条与八四〇条比较的研究 [J]. 法律评论, 1931 (34).

[43] 胡长清. 论买卖之标的 [J]. 法律评论, 1931 (415).

[44] 邵铎. 所有权移转登记请求权之性质 [J]. 法律评论, 1931 (419).

[45] 朱志奋. 我国契约法与英美契约法之比较 [J]. 现代法学, 1932 (11-12).

[46] 余荣昌. 法律行为效力之状态论 [J]. 法学专刊, 1933 (1).

[47] 茂载. 要物契约之研究 [J]. 社会科学季刊, 1933 (1).

[48] 韦维清. 不动产物权之移转设定中国向以书面为要求为之沿革 [J]. 法轨, 1933.

[49] 季手文. 混合契约论 [J]. 法治周报, 1933 (2).

[50] 谭克宽. 法律行为论 [J]. 政法月刊, 1933 (2).

[51] 王发泰. 不当利得与侵权行为之比较 [J]. 政法月刊, 1933 (3-4).

[52] 聂辉扬. 评王去非民法物权论 [J]. 学风, 1933 (10).

[53] 刘笃. 船舶让与之要件 [J]. 法律评论, 1933 (486-487).

[54] 王传纪. 论物权的意思表示 [J]. 法学月刊, 1934, 1 (1).

[55] 经生. 对于现在各国民法之新趋势与我国民法精神之所在及其优点之研究 [J]. 政法月刊, 1934 (7-8).

[56] 任建科. 物权契约效力之立法主义之研究 [J]. 政法月刊, 1934 (7-8).

[57] 曹杰. 民法第九七五条解释论之商榷 [J]. 法律评论, 1934 (43).

[58] 郭继泰. 契约法之研究 [J]. 法轨期刊, 1935 (1).

[59] 炎生. 契约之重述及阐明 [J]. 东吴法声, 1936 (1).

[60] 白水. 要物契约研究 [J]. 东吴法声, 1936 (2).

[61] 李景禧. 物权行为论 [J]. 法律评论, 1948 (14-15).

[62] 王立民. 论清末德国法对中国近代法制形成的影响 [J]. 上海社会科学院学术季刊, 1996 (2).

[63] 王立民. 清末中国从日本民法中吸取德国民法 [J]. 法学, 1997 (1).

[64] 郝铁川. 中国近代法学留学生与法制近代化 [J]. 法学研究, 1997 (6).

[65] 俞江. "契约"与"合同"之辩 [J]. 中国社会科学, 2003 (6).

[66] 何勤华. 中国近代民商法学的诞生与成长 [J]. 法商研究, 2004 (1).

[67] 朱庆育. 意思表示与法律行为 [J]. 比较法研究, 2004 (1).

[68] 何勤华. 传教士与中国近代法学 [J]. 法制与社会发展, 2004 (5).

[69] 何勤华. 法科留学生与中国近代法学 [J]. 法学论坛, 2004 (6).

[70] 横田秀雄. 论物权契约 [J]. 张其威, 译. 东北大学周刊, 1927 (35-37).

四、论文

[1] 田士永. 物权行为理论研究 [D]. 北京：中国政法大学, 2000.

[2] 李秀清. 日耳曼法研究 [D]. 上海：华东政法学院, 2004.

[3] 朱晓喆. 近代欧陆民法思想的变迁 [D]. 上海：华东政法学院, 2004.

[4] 孟祥沛. 中日民法近代化比较研究 [D]. 上海：华东政法学院, 2004.